Écrits 2

Jacques Lacan

Écrits 2

Nouvelle édition

TEXTE INTÉGRAL

Éditions du Seuil

Cette nouvelle édition, en deux volumes,
des *Écrits* de Jacques Lacan
reproduit intégralement l'édition originale de 1966.
La préface inédite qui figurait dans la première édition
en poche du tome 1 est en outre conservée
dans le tome 2 de cette nouvelle édition.

ISBN 978-2-02-038053-9
ISBN général de la nouvelle édition en poche : 2-02-038054-4
(ISBN 1re publication : 2-02-002752-6)
(ISBN 1re publication en poche du tome 2 : 2-02-000596-4)

© Éditions du Seuil, novembre 1966,
janvier 1970 pour la préface,
février 1971 pour la première édition en poche,
octobre 1999 pour la présente édition
et la composition du volume.

Le Code de la propriété intellectuelle interdit les copies ou reproductions destinées à une utilisation collective. Toute représentation ou reproduction intégrale ou partielle faite par quelque procédé que ce soit, sans le consentement de l'auteur ou de ses ayants cause, est illicite et constitue une contrefaçon sanctionnée par les articles L. 335-2 et suivants du Code de la propriété intellectuelle.

V

D'une question préliminaire
à tout traitement possible de la psychose

Cet article contient le plus important de ce que nous avons donné à notre séminaire pendant les deux premiers trimestres de l'année d'enseignement 1955-56, donc le troisième en restant excepté. Paru dans *la Psychanalyse*, vol. 4.

> Hoc quod triginta tres per annos in ipso loco studui,
> et Sanctae Annae Genio loci, et dilectae juventuti,
> quae eo me sectata est, diligenter dedico.

I. *Vers Freud.*

1. Un demi-siècle de freudisme appliqué à la psychose laisse son problème encore à repenser, autrement dit au *statu quo ante*.

On pourrait dire qu'avant Freud sa discussion ne se détache pas d'un fonds théorique qui se donne comme psychologie et n'est qu'un résidu « laïcisé » de ce que nous appellerons la longue coction métaphysique de la science dans l'École (avec l'É majuscule que lui doit notre révérence).

Or si notre science, concernant la *physis*, en sa mathématisation toujours plus pure, ne garde de cette cuisine qu'un relent si discret qu'on peut légitimement s'interroger s'il n'y a pas eu substitution de personne, il n'en est pas de même concernant l'*antiphysis* (soit l'appareil vivant qu'on veut apte à prendre mesure de ladite physis), dont l'odeur de graillon trahit sans aucun doute la pratique séculaire dans ladite cuisine de la préparation des cervelles.

C'est ainsi que la théorie de l'abstraction, nécessaire à rendre compte de la connaissance, s'est fixée en une théorie abstraite des facultés du sujet, que les pétitions sensualistes les plus radicales n'ont pu rendre plus fonctionnelles à l'endroit des effets subjectifs.

Les tentatives toujours renouvelées d'en corriger les résultats par les contrepoids variés de l'affect, doivent en effet rester vaines, tant qu'on omet de questionner si c'est bien le même sujet qui en est affecté.

2. C'est la question qu'on apprend sur les bancs de l'école (avec un petit é) à éluder une fois pour toutes : puisque même admises les alternances d'identité du *percipiens*, sa fonction constituante de l'unité du *perceptum* n'est pas discutée. Dès lors la diversité de structure du *perceptum* n'affecte dans le *percipiens* qu'une diversité de registre, en dernière analyse celle des *sensoriums*. En droit cette diversité est toujours surmontable, si le *percipiens* se tient à la hauteur de la réalité.

C'est pourquoi ceux à qui vient la charge de répondre à la question que pose l'existence du fou, n'ont pu s'empêcher d'interposer entre elle et eux ces bancs de l'école, dont ils ont trouvé en cette occasion la muraille propice à s'y tenir à l'abri.

Nous osons en effet mettre dans le même sac, si l'on peut dire, toutes les positions qu'elles soient mécanistes ou dynamistes en la matière, que la genèse y soit de l'organisme ou du psychisme, et la structure de la désintégration ou du conflit, oui, toutes, si ingénieuses qu'elles se montrent, pour autant qu'au nom du fait, manifeste, qu'une hallucination est un *perceptum* sans objet, ces positions s'en tiennent à demander raison au *percipiens* de ce *perceptum*, sans que quiconque s'avise qu'à cette requête, un temps est sauté, celui de s'interroger si le *perceptum* lui-même laisse un sens univoque au *percipiens* ici requis de l'expliquer.

Ce temps devrait paraître pourtant légitime à tout examen non prévenu de l'hallucination verbale, pour ce qu'elle n'est réductible, nous allons le voir, ni à un *sensorium* particulier, ni surtout à un *percipiens* en tant qu'il lui donnerait son unité.

C'est une erreur en effet de la tenir pour auditive de sa nature, quand il est concevable à la limite qu'elle ne le soit à aucun degré (chez un sourd-muet par exemple, ou dans un registre quelconque non auditif d'épellement hallucinatoire), mais surtout à considérer que l'acte d'ouïr n'est pas le même, selon qu'il vise la cohérence de la chaîne verbale, nommément sa surdétermination à chaque instant par l'après-coup de sa séquence, comme aussi bien la suspension à chaque instant de sa valeur à l'avènement d'un sens toujours prêt à renvoi, – ou selon qu'il s'accommode dans la parole à la modulation sonore, à telle fin d'analyse acoustique : tonale ou phonétique, voire de puissance musicale.

Ces rappels très abrégés suffiraient à faire valoir la différence des subjectivités intéressées dans la visée du *perceptum* (et combien elle est méconnue dans l'interrogatoire des malades et la nosologie des « voix »).

Mais on pourrait prétendre réduire cette différence à un niveau d'objectivation dans le *percipiens*.

Or il n'en est rien. Car c'est au niveau où la « synthèse » subjective confère son plein sens à la parole, que le sujet montre tous les paradoxes dont il est le patient dans cette perception singulière. Que ces paradoxes apparaissent déjà quand c'est l'autre qui profère la parole, c'est ce que manifeste assez chez le sujet la possibilité de lui obéir en tant qu'elle commande son écoute et sa mise en garde, car d'entrer seulement dans son audience, le sujet tombe sous le coup d'une suggestion à laquelle il n'échappe qu'à réduire l'autre à n'être que le porte-parole d'un discours qui n'est pas de lui ou d'une intention qu'il y tient en réserve.

Mais plus frappante encore est la relation du sujet à sa propre parole, où l'important est plutôt masqué par le fait purement acoustique qu'il ne saurait parler sans s'entendre. Qu'il ne puisse s'écouter sans se diviser n'a rien non plus de privilégié dans les comportements de la conscience. Les cliniciens ont fait un pas meilleur en découvrant l'hallucination motrice verbale par détection de mouvements phonatoires ébauchés. Mais ils n'ont pas articulé pour autant où réside le point crucial, c'est que le *sensorium* étant indifférent dans la production d'une chaîne signifiante :

1° celle-ci s'impose par elle-même au sujet dans sa dimension de voix ;

2° elle prend comme telle une réalité proportionnelle au temps, parfaitement observable à l'expérience, que comporte son attribution subjective ;

3° sa structure propre en tant que signifiant est déterminante dans cette attribution qui, dans la règle, est distributive, c'est-à-dire à plusieurs voix, donc qui pose comme telle le *percipiens*, prétendu unifiant, comme équivoque.

3. Nous illustrerons ce qui vient d'être énoncé par un phénomène détaché d'une de nos présentations cliniques de l'année 1955-56, soit l'année même du séminaire dont nous évoquons ici le travail. Disons que semblable trouvaille ne peut être que le prix d'une soumission entière, même si elle est avertie, aux positions proprement subjectives du malade, positions qu'on force trop souvent à les réduire dans le dialogue au processus morbide, renforçant alors la difficulté de les pénétrer d'une réticence provoquée non sans fondement chez le sujet.

Il s'agissait en effet d'un de ces délires à deux dont nous avons dès longtemps montré le type dans le couple mère-fille, et où le sentiment d'intrusion, développé en un délire de surveillance, n'était que le développement de la défense propre à un binaire affectif, ouvert comme tel à n'importe quelle aliénation.

C'était la fille qui, lors de notre examen, nous produisit pour preuve des injures auxquelles toutes deux étaient en butte de la part de leurs voisins, un fait concernant l'ami de la voisine qui était censée les harceler de ses assauts, après qu'elles eussent dû mettre fin avec elle à une intimité d'abord complaisamment accueillie. Cet homme, donc partie dans la situation à un titre indirect, et figure au reste assez effacée dans les allégations de la malade, avait à l'entendre, lancé à son adresse en la croisant dans le couloir de l'immeuble, le terme malsonnant de : « Truie ! »

Sur quoi nous, peu enclin à y reconnaître la rétorsion d'un « Cochon ! » trop facile à extrapoler au nom d'une projection qui ne représente jamais en pareil cas que celle du psychiatre, lui demandâmes tout uniment ce qui en elle-même avait pu se proférer l'instant d'avant. Non sans succès : car elle nous concéda d'un sourire avoir en effet murmuré à la vue de l'homme, ces mots dont à l'en croire, il n'avait pas à prendre ombrage : « Je viens de chez le charcutier... »

Qui visaient-ils ? Elle était bien en peine de le dire, nous mettant en droit de l'y aider. Pour leur sens textuel, nous ne pourrons négliger le fait entre autres que la malade avait pris le congé le plus soudain de son mari et de sa belle famille

Du traitement possible de la psychose

et donné ainsi à un mariage réprouvé par sa mère un dénouement resté depuis sans épilogue, à partir de la conviction qu'elle avait acquise que ces paysans ne se proposaient rien de moins, pour en finir avec cette propre à rien de citadine, que de la dépecer congrûment.

Qu'importe cependant qu'il faille ou non recourir au fantasme du corps morcelé pour comprendre comment la malade, prisonnière de la relation duelle, répond à nouveau ici à une situation qui la dépasse.

À notre fin présente il suffit que la malade ait avoué que la phrase était allusive, sans qu'elle puisse pour autant montrer rien que perplexité quant à saisir sur qui des coprésents ou de l'absente portait l'allusion, car il apparaît ainsi que le *je*, comme sujet de la phrase en style direct, laissait en suspens, conformément à sa fonction dite de *shifter* en linguistique[1], la désignation du sujet parlant, aussi longtemps que l'allusion, dans son intention conjuratoire sans doute, restait elle-même oscillante. Cette incertitude prit fin, passée la pause, avec l'apposition du mot « truie », lui-même trop lourd d'invective pour suivre isochroniquement l'oscillation. C'est ainsi que le discours vint à réaliser son intention de rejet dans l'hallucination. Au lieu où l'objet indicible est rejeté dans le réel, un mot se fait entendre, pour ce que, venant à la place de ce qui n'a pas de nom, il n'a pu suivre l'intention du sujet, sans se détacher d'elle par le tiret de la réplique : opposant son antistrophe de décri au maugrément de la strophe restituée dès lors à la patiente avec l'index du je, et rejoignant dans son opacité les jaculations de l'amour, quand, à court de signifiant pour appeler l'objet de son épithalame, il y emploie le truchement de l'imaginaire le plus cru. « Je te mange... – Chou ! » « Tu te pâmes... – Rat ! »

4. Cet exemple n'est ici promu que pour saisir au vif que la fonction d'irréalisation n'est pas tout dans le symbole. Car

---

[1]. Roman Jakobson emprunte ce terme à Jespersen pour désigner ces mots du code qui ne prennent sens que des coordonnées (attribution, datation, lieu d'émission) du message. Référés à la classification de Pierce, ce sont des symboles-index. Les pronoms personnels en sont l'exemple éminent : leurs difficultés d'acquisition comme leurs déficits fonctionnels illustrent la problématique engendrée par ces signifiants dans le sujet. (Roman Jakobson. *Shifters, verbal categories, and the russian verb*, Russian language project, Department of Slavic languages and litteratures, Harvard University, 1957.)

pour que son irruption dans le réel soit indubitable, il suffit qu'il se présente, comme il est commun, sous forme de chaîne brisée[2].

On y touche aussi cet effet qu'a tout signifiant une fois perçu de susciter dans le *percipiens* un assentiment fait du réveil de la duplicité cachée du second par l'ambiguïté manifeste du premier.

Bien entendu tout ceci peut être tenu pour effets de mirage dans la perspective classique du sujet unifiant.

Il est seulement frappant que cette perspective, réduite à elle-même, n'offre sur l'hallucination par exemple, que des vues d'une telle pauvreté que le travail d'un fou, sans doute aussi remarquable que s'avère être le Président Schreber en ses *Mémoires d'un névropathe*[3], puisse, après avoir reçu le meilleur accueil, dès avant Freud, des psychiatres, être tenu même après lui, pour un recueil à proposer pour s'introduire dans la phénoménologie de la psychose, et pas seulement au débutant[4].

Il nous a, à nous-même, fourni la base d'une analyse de structure, quand, dans notre séminaire de l'année 1955-1956 sur les structures freudiennes dans les psychoses, nous en avons, suivant le conseil de Freud, repris l'examen.

La relation entre le signifiant et le sujet, que cette analyse découvre, se rencontre, on le voit en cet exorde, dès l'aspect des phénomènes, si, revenant de l'expérience de Freud, on sait le point où elle conduit.

Mais ce départ du phénomène, convenablement poursuivi, retrouverait ce point, comme ce fut le cas pour nous quand une première étude de la paranoïa nous mena il y a trente ans au seuil de la psychanalyse[5].

---

2. Cf. le séminaire du 8 février 1956 où nous avons développé l'exemple de la vocalisation « normale » de : la paix du soir.
3. *Denkwürdigkeiten eines Nervenkranken, von Dr. jur. Daniel-Paul Schreber, Senätspräsident beim kgl. Oberlandesgericht Dresden a-D.*-Oswald Mutze in Leipzig, 1903, dont nous avons préparé la traduction française à l'usage de notre groupe.
4. C'est notamment l'opinion qu'exprime l'auteur de la traduction anglaise de ces *Mémoires*, parue l'année de notre séminaire (cf. *Memoirs of my nervous illness*, translated by Ida Macalpine and Richard Hunter, W.M. Dawson and sons, London), dans son introduction, p. 25. Elle rend compte au même lieu de la fortune du livre, p. 6-10.
5. C'est notre thèse de doctorat en médecine intitulée : *De la psychose paranoïaque dans ses rapports avec la personnalité*, que notre maître

Du traitement possible de la psychose

Nulle part en effet la conception fallacieuse d'un processus psychique au sens de Jaspers, dont le symptôme ne serait que l'indice, n'est plus hors de propos que dans l'abord de la psychose, parce que nulle part le symptôme, si on sait le lire, n'est plus clairement articulé dans la structure elle-même.

Ce qui nous imposera de définir ce processus par les déterminants les plus radicaux de la relation de l'homme au signifiant.

5. Mais il n'est pas besoin d'en être là pour s'intéresser à la variété sous laquelle se présentent les hallucinations verbales dans les *Mémoires* de Schreber, ni pour y reconnaître des différences tout autres que celles où on les classe « classiquement », selon leur mode d'implication dans le *percipiens* (le degré de sa « croyance ») ou dans la réalité d'icelui (« l'auditivation ») : à savoir bien plutôt les différences qui tiennent à leur structure de parole, en tant que cette structure est déjà dans le *perceptum*.

À considérer le seul texte des hallucinations, une distinction s'y établit aussitôt pour le linguiste entre phénomènes de code et phénomènes de message.

Aux phénomènes de code appartiennent dans cette approche les voix qui font usage de la *Grundsprache*, que nous traduisons par langue-de-fond, et que Schreber décrit (S. 13-I)[6], comme « un allemand quelque peu archaïque, mais toujours rigoureux qui se signale tout spécialement par sa grande richesse en euphémismes ». Ailleurs (S. 167-XII) il se reporte avec regret « à sa forme authentique pour ses traits de noble distinction et de simplicité ».

Cette partie des phénomènes est spécifiée en des locutions néologiques par leur forme (mots composés nouveaux, mais composition ici conforme aux règles de la langue du patient)

Heuyer, écrivant à notre personne, jugea fort pertinemment en ces termes : Une hirondelle ne fait pas le printemps, y ajoutant à propos de notre bibliographie : Si vous avez lu tout cela, je vous plains. J'en avais tout lu, en effet.

6. Les parenthèses comprenant la lettre S suivie de chiffres (respectivement arabe et romain) seront employées dans ce texte pour renvoyer à la page et au chapitre correspondants des *Denkwürdigkeiten* dans l'édition originale, pagination très heureusement reportée dans les marges de la traduction anglaise.

et par leur emploi. Les hallucinations informent le sujet des formes et des emplois qui constituent le néocode : le sujet leur doit, par exemple, au premier chef, la dénomination de *Grundsprache* pour le désigner.

Il s'agit de quelque chose d'assez voisin de ces messages que les linguistes appellent *autonymes* pour autant que c'est le signifiant même (et non ce qu'il signifie) qui fait l'objet de la communication. Mais cette relation, singulière mais normale, du message à lui-même, se redouble ici de ce que ces messages sont tenus pour supportés par des êtres dont ils énoncent eux-mêmes les relations dans des modes qui s'avèrent être très analogues aux connexions du signifiant. Le terme de *Nervenanhang* que nous traduisons par : annexion-de-nerfs, et qui aussi provient de ces messages, illustre cette remarque pour autant que passion et action entre ces êtres se réduisent à ces nerfs annexés ou désannexés, mais aussi que ceux-ci, tout autant que les rayons divins *(Gottesstrahlen)* auxquels ils sont homogènes, ne sont rien d'autre que l'entification des paroles qu'ils supportent. (S. 130-X : ce que les voix formulent : « N'oubliez pas que la nature des rayons est qu'ils doivent parler. »)

Relation ici du système à sa propre constitution de signifiant qui serait à verser au dossier de la question du métalangage, et qui va à notre avis à démontrer l'impropriété de cette notion si elle visait à définir des éléments différenciés dans le langage.

Remarquons d'autre part que nous nous trouvons ici en présence de ces phénomènes que l'on a appelés à tort intuitifs, pour ce que l'effet de signification y anticipe sur le développement de celle-ci. Il s'agit en fait d'un effet du signifiant, pour autant que son degré de certitude (degré deuxième : signification de signification) prend un poids proportionnel au vide énigmatique qui se présente d'abord à la place de la signification elle-même.

L'amusant dans ce cas est que c'est à mesure même que pour le sujet cette haute tension du signifiant vient à tomber, c'est-à-dire que les hallucinations se réduisent à des ritournelles, à des serinages, dont le vide est imputé à des êtres sans intelligence ni personnalité, voire franchement effacés du registre de l'être, que c'est dans cette mesure même, disons-nous, que les voix font état de la *Seelenauffassung*, de la conception-des-âmes (selon la langue fondamentale), laquelle conception se manifeste en un catalogue de pensées qui n'est pas indigne d'un livre de psychologie classique. Catalogue lié dans les voix à une intention pédantesque, ce qui n'empêche pas le sujet d'y apporter les commentaires les plus pertinents. Notons que dans ces commentaires la source des termes est toujours soigneusement distinguée, par exemple que si le sujet emploie le mot *Instanz* (S. note de 30-II-Conf. notes de 11 à 21-I), il souligne en note : ce mot-là est de moi.

C'est ainsi que ne lui échappe pas l'importance primordiale des pensées-de-mémoire *(Erinnerungsgedanken)* dans l'économie psychique, et qu'il en indique aussitôt la preuve dans l'usage poétique et musical de la reprise modulatoire.

Notre patient qui qualifie impayablement cette « conception des âmes » comme « la représentation quelque peu idéalisée que les âmes se sont formée de la vie et de la pensée humaine » (S. 164-XII), croit en avoir « gagné des aperçus sur l'essence du procès de la pensée et du sentiment chez l'homme que bien des psychologues pourraient lui envier » (S. 167-XII).

Nous le lui accordons d'autant plus volontiers qu'à leur différence, ces connaissances dont il apprécie si humoristiquement la portée, il ne se figure pas les tenir de la nature des choses, et que, s'il croit devoir en tirer parti, c'est, nous venons de l'indiquer, à partir d'une analyse sémantique [7] !

Mais pour reprendre notre fil, venons-en aux phénomènes que nous opposerons aux précédents comme phénomènes de message.

Il s'agit des messages interrompus, dont se soutient une relation entre le sujet et son interlocuteur divin à laquelle ils donnent la forme d'un *challenge* ou d'une épreuve d'endurance.

La voix du partenaire limite en effet les messages dont il s'agit, à un commencement de phrase dont le complément de sens ne présente pas au reste de difficulté pour le sujet, sauf par son côté harcelant, offensant, le plus souvent d'une

---

7. Notons que notre hommage ici ne fait que prolonger celui de Freud, qui ne répugne pas à reconnaître dans le délire lui-même de Schreber une anticipation de la théorie de la Libido (*G.W.*, t. VIII, p. 315).

ineptie de nature à le décourager. La vaillance dont il témoigne à ne pas faillir dans sa réplique, voire à déjouer les pièges où on l'induit, n'est pas le moins important pour notre analyse du phénomène.

Mais nous nous arrêterons ici encore au texte même de ce qu'on pourrait appeler la provocation (ou mieux la protase) hallucinatoire. D'une telle structure, le sujet nous donne les exemples suivants (S. 217-XVI) : 1) Nun will ich mich (maintenant, je vais me...) ; 2) Sie sollen nämlich... (Vous devez quant à vous...) ; 3) Das will ich mir... (Je vais y bien...), pour nous en tenir à ceux-ci, – auxquels il doit répliquer par leur supplément significatif, pour lui non douteux, à savoir : 1° me rendre au fait que je suis idiot ; 2° quant à vous, être exposé (mot de la langue fondamentale) comme négateur de Dieu et adonné à un libertinage voluptueux, sans parler du reste ; 3° bien songer.

On peut remarquer que la phrase s'interrompt au point où se termine le groupe des mots qu'on pourrait appeler termes-index, soit ceux que leur fonction dans le signifiant désigne, selon le terme employé plus haut, comme *shifters*, soit précisément les termes qui, dans le code, indiquent la position du sujet à partir du message lui-même.

Après quoi la partie proprement lexicale de la phrase, autrement dit celle qui comprend les mots que le code définit par leur emploi, qu'il s'agisse du code commun ou du code délirant, reste élidée.

N'est-on pas frappé par la prédominance de la fonction du signifiant dans ces deux ordres de phénomènes, voire incité à rechercher ce qu'il y a au fond de l'association qu'ils constituent : d'un code constitué de messages sur le code, et d'un message réduit à ce qui dans le code indique le message.

Tout ceci nécessiterait d'être reporté avec le plus grand soin sur un graphe [8], où nous avons tenté cette année même de représenter les connexions internes au signifiant en tant qu'elles structurent le sujet.

Car il y a là une topologie qui est tout à fait distincte de celle que pourrait faire imaginer l'exigence d'un parallélisme immédiat de la forme des phénomènes avec leurs voies de conduction dans le névraxe.

---

8. Cf. p. 288.

Mais cette topologie, qui est dans la ligne inaugurée par Freud, quand il s'engagea, après avoir ouvert avec les rêves le champ de l'inconscient, à en décrire la dynamique, sans se sentir lié à aucun souci de localisation corticale, est justement ce qui peut préparer le mieux les questions, dont on interrogera la surface du cortex.

Car ce n'est qu'après l'analyse linguistique du phénomène de langage que l'on peut établir légitimement la relation qu'il constitue dans le sujet, et du même coup délimiter l'ordre des « machines » (au sens purement associatif qu'a ce terme dans la théorie mathématique des réseaux) qui peuvent réaliser ce phénomène.

Il n'est pas moins remarquable que ce soit l'expérience freudienne qui ait induit l'auteur de ces lignes dans la direction ici présentée. Venons-en donc à ce qu'apporte cette expérience dans notre question.

II. *Après Freud.*

1. Que Freud ici nous a-t-il apporté ? Nous sommes entré en matière en affirmant que pour le problème de la psychose, cet apport avait abouti à une retombée.

Elle est immédiatement sensible dans le simplisme des ressorts qu'on invoque en des conceptions qui se ramènent toutes à ce schéma fondamental : comment faire passer l'intérieur dans l'extérieur ? Le sujet en effet a beau englober ici un Ça opaque, c'est tout de même en tant que *moi*, c'est-à-dire, de façon tout à fait exprimée dans l'orientation psychanalytique présente, en tant que ce même *percipiens* increvable, qu'il est invoqué dans la motivation de la psychose. Ce *percipiens* a tout pouvoir sur son corrélatif non moins inchangé : la réalité, et le modèle de ce pouvoir est pris dans une donnée accessible à l'expérience commune, celle de la projection affective.

Car les théories présentes se recommandent pour le mode absolument incritiqué, sous lequel ce mécanisme de la projection y est mis en usage. Tout y objecte et rien n'y fait pourtant, et moins que tout l'évidence clinique qu'il n'y a rien de commun entre la projection affective et ses prétendus effets délirants, entre la jalousie de l'infidèle et celle de l'alcoolique par exemple.

Que Freud, dans son essai d'interprétation du cas du président Schreber, qu'on lit mal à le réduire aux rabâchages qui ont suivi, emploie la forme d'une déduction grammaticale pour y présenter l'aiguillage de la relation à l'autre dans la psychose : soit les différents moyens de nier la proposition : Je l'aime, dont il s'ensuit, que ce jugement négatif se structure en deux temps : le premier, le renversement de la valeur du verbe : Je le hais, ou d'inversion du genre de l'agent ou de l'objet : ce n'est pas moi, ou bien ce n'est pas lui, c'est elle (ou inversement), – le deuxième d'interversion des sujets : il me hait, c'est elle qu'il aime, c'est elle qui m'aime, – les problèmes logiques formellement impliqués dans cette déduction ne retiennent personne.

Bien plus, que Freud dans ce texte écarte expressément le mécanisme de la projection comme insuffisant à rendre compte du problème, pour entrer à ce moment dans un très long, détaillé et subtil développement sur le refoulement, offrant pourtant des pierres d'attente à notre problème, disons seulement que celles-ci continuent à se profiler inviolées au-dessus de la poussière remuée du chantier psychanalytique.

2. Freud a depuis apporté *l'Introduction au narcissisme*. On s'en est servi au même usage, à un pompage, aspirant et refoulant au gré des temps du théorème, de la libido par le *percipiens*, lequel est ainsi apte à gonfler et à dégonfler une réalité baudruche.

Freud donnait la première théorie du mode selon lequel le moi se constitue d'après l'autre dans la nouvelle économie subjective, déterminée par l'inconscient : on y répondait en acclamant dans ce *moi* la retrouvaille du bon vieux *percipiens* à toute épreuve et de la fonction de synthèse.

Comment s'étonner qu'on n'en ait tiré d'autre profit pour la psychose que la promotion définitive de la notion de *perte de la réalité* ?

Ce n'est pas tout. En 1924, Freud écrit un article incisif : *la Perte de la réalité dans la névrose et la psychose*, où il ramène l'attention sur le fait que le problème n'est pas celui de la perte de la réalité, mais du ressort de ce qui s'y substitue.

Discours aux sourds, puisque le problème est résolu ; le magasin des accessoires est à l'intérieur, et on les sort au gré des besoins.

En fait tel est le schéma dont même M. Katan, dans ses études où il revient si attentivement sur les étapes de la psychose chez Schreber, guidé par son souci de pénétrer la phase prépsychotique, se satisfait, quand il fait état de la défense contre la tentation instinctuelle, contre la masturbation et l'homosexualité dans ce cas, pour justifier le surgissement de la fantasmagorie hallucinatoire, rideau interposé par l'opération du *percipiens* entre la tendance et son stimulant réel.

Que cette simplicité nous eût soulagés dans un temps, si nous l'avions estimée devoir suffire au problème de la création littéraire dans la psychose !

3. Au demeurant quel problème ferait-il encore obstacle au discours de la psychanalyse, quand l'implication d'une tendance dans la réalité répond de la régression de leur couple ? Quoi pourrait lasser des esprits qui s'accommodent qu'on leur parle de la régression, sans qu'on y distingue la régression dans la structure, la régression dans l'histoire et la régression dans le développement (distinguées par Freud en chaque occasion comme topique, temporelle ou génétique) ?

Nous renonçons à nous attarder ici à l'inventaire de la confusion. Il est usé pour ceux que nous formons et il n'intéresserait pas les autres. Nous nous contenterons de proposer à leur méditation commune, l'effet de dépaysement que produit, au regard d'une spéculation qui s'est vouée à tourner en rond entre développement et entourage, la seule mention des traits qui sont pourtant l'armature de l'édifice freudien : à savoir l'équivalence maintenue par Freud de la fonction imaginaire du phallus dans les deux sexes (longtemps le désespoir des amateurs de fausses fenêtres « biologiques », c'est-à-dire naturalistes), le complexe de castration trouvé comme phase normative de l'assomption par le sujet de son propre sexe, le mythe du meurtre du père rendu nécessaire par la présence constituante du complexe d'Œdipe dans toute histoire personnelle, et, *last but not...*, l'effet de dédoublement porté dans la vie amoureuse par l'instance même répétitive de l'objet toujours à retrouver en tant qu'unique. Faut-il rappeler encore le caractère foncièrement dissident de la notion de la pulsion dans Freud, la disjonction de principe de la tendance, de sa direction et de son objet, et non seulement sa « perversion » originelle, mais son implication dans une systématique conceptuelle, celle dont Freud a marqué la place, dès les premiers pas de sa doctrine, sous le titre des théories sexuelles de l'enfance ?

Ne voit-on pas qu'on est depuis longtemps loin de tout cela dans un naturisme éducatif qui n'a plus d'autre principe que la notion de gratification et son pendant : la frustration, nulle part mentionnée dans Freud.

Sans doute les structures révélées par Freud continuent-elles à soutenir non seulement dans leur plausibilité, mais dans leur manœuvre les vagues dynamismes dont la psychanalyse d'aujourd'hui prétend orienter son flux. Une technique déshabitée n'en serait même que plus capable de « miracles », – n'était le conformisme de surcroît qui en réduit les effets à ceux d'un ambigu de suggestion sociale et de superstition psychologique.

4. Il est même frappant qu'une exigence de rigueur ne se manifeste jamais que chez des personnes que le cours des choses maintient par quelque côté hors de ce concert, telle Mme Ida Macalpine qui nous met dans le cas de nous émerveiller, de rencontrer, à la lire, un esprit ferme.

Sa critique du cliché qui se confine dans le facteur de la répression d'une pulsion homosexuelle, au reste tout à fait indéfinie, pour expliquer la psychose, est magistrale, et elle le démontre à plaisir sur le cas même de Schreber. L'homosexualité, prétendue déterminante de la psychose paranoïaque, est proprement un symptôme articulé dans son procès.

Ce procès est dès longtemps engagé, au moment où le premier signe en apparaît chez Schreber sous l'aspect d'une de ces idées hypnopompiques, qui dans leur fragilité nous présentent des sortes de tomographies du *moi*, idée dont la fonction imaginaire nous est suffisamment indiquée dans sa forme : qu'il serait *beau* d'être une femme en train de subir l'accouplement.

Mme Ida Macalpine, pour ouvrir là une juste critique, en vient pourtant à méconnaître que Freud, s'il met tellement l'accent sur la question homosexuelle, c'est d'abord pour démontrer qu'elle conditionne l'idée de grandeur dans le délire, mais que plus essentiellement il y dénonce le mode d'altérité selon lequel s'opère la métamorphose du sujet, autrement dit la place où se succèdent ses « transferts » délirants. Elle eût mieux fait de se fier à la raison pour laquelle Freud ici encore s'obstine dans une référence à l'Œdipe à quoi elle n'agrée pas.

Cette difficulté l'eût menée à des découvertes qui nous eussent éclairés à coup sûr, car tout est encore à dire sur la fonction de ce qu'on appelle l'Œdipe inversé. Mme Macalpine préfère rejeter ici tout recours à l'Œdipe, pour y suppléer par un fantasme de procréation, que l'on observe chez l'enfant des deux sexes, et ce sous la forme de fantasmes de grossesse, qu'elle tient d'ailleurs pour liés à la structure de l'hypochondrie[9].

Ce fantasme est en effet essentiel, et je noterai même ici que le premier cas où j'ai obtenu ce fantasme chez un homme, ce fut par une voie qui a fait date dans ma carrière, et que ce n'était ni un hypochondriaque, ni un hystérique.

Ce fantasme, elle éprouve même finement, *mirabile* par le temps qui court, le besoin de le lier à une structure symbolique. Mais pour trouver celle-ci hors de l'Œdipe, elle va chercher des références ethnographiques dont nous mesurons mal dans son écrit l'assimilation. Il s'agit du thème « héliolithique », dont un des tenants les plus éminents de l'école

---

9. Qui veut trop prouver s'égare. C'est ainsi que Mme Macalpine, d'ailleurs bien inspirée à s'arrêter au caractère, noté par le patient lui-même comme bien trop persuasif (S. 39-IV), de l'invigoration suggestive à laquelle se livre le Pr Flechsig (que tout nous indique avoir été plus calme d'ordinaire), auprès de Schreber quant aux promesses de la cure de sommeil qu'il lui propose, Mme Macalpine, disons-nous, interprète longuement les thèmes de procréation qu'elle tient pour suggérés par ce discours (v. *Memoirs...*, Discussion, p. 396, lignes 12 et 21), en s'appuyant sur l'emploi du verbe *to deliver* pour désigner l'effet attendu du traitement sur ses troubles, ainsi que sur celui de l'adjectif *prolific* dont elle traduit, d'ailleurs en le sollicitant extrêmement, le terme allemand : *ausgiebig*, appliqué au sommeil en cause.

Or le terme *to deliver* n'est, lui, pas à discuter quant à ce qu'il traduit, pour la simple raison qu'il n'y a rien à traduire. Nous nous sommes frotté les yeux devant le texte allemand. Le verbe y est simplement oublié par l'auteur ou par le typographe, et Mme Macalpine, dans son effort de traduction, nous l'a, à son insu, restitué. Comment ne pas trouver bien mérité le bonheur qu'elle a dû éprouver plus tard à le retrouver si conforme à ses vœux !

diffusionniste anglaise s'est fait le supporter. Nous savons le mérite de ces conceptions, mais elles ne nous paraissent pas le moins du monde appuyer l'idée que Mme Macalpine entend donner d'une procréation asexuée comme d'une conception « primitive »[10].

L'erreur de Mme Macalpine se juge d'ailleurs, et en ceci qu'elle arrive au résultat le plus opposé à ce qu'elle cherche.

À isoler un fantasme dans une dynamique qu'elle qualifie d'intrapsychique, selon une perspective qu'elle ouvre sur la notion du transfert, elle aboutit à désigner dans l'incertitude du psychotique à l'égard de son propre sexe, le point sensible où doit porter l'intervention de l'analyste, opposant les heureux effets de cette intervention à celui catastrophique, constamment observé, en effet, chez les psychotiques, de toute suggestion dans le sens de la reconnaissance d'une homosexualité latente.

Or l'incertitude à l'endroit du sexe propre est justement un trait banal dans l'hystérie, dont Mme Macalpine dénonce les empiétements dans le diagnostic.

C'est qu'aucune formation imaginaire n'est spécifique[11], aucune n'est déterminante ni dans la structure, ni dans la dynamique d'un processus. Et c'est pourquoi on se condamne à manquer l'une et l'autre quand dans l'espoir d'y mieux atteindre, on veut faire fi de l'articulation symbolique que Freud a découverte en même temps que l'inconscient, et qui lui est en effet consubstantielle : c'est la nécessité de cette articulation qu'il nous signifie dans sa référence méthodique à l'Œdipe.

---

10. Macalpine, *op. cit.*, p. 361 et p. 379-380.
11. Nous demandons à Mme Macalpine (v. *Memoirs*..., p. 391-392) si le chiffre 9, en tant qu'il est impliqué dans des durées aussi diverses que les délais de 9 heures, de 9 jours, de 9 mois, de 9 ans, qu'elle nous fait jaillir à tous les bouts de l'anamnèse du patient, pour le retrouver à l'heure d'horloge où son angoisse a reporté la mise en train de la cure de sommeil évoquée plus haut, voire dans l'hésitation entre 4 et 5 jours renouvelée à plusieurs reprises dans une même période de sa remémoration personnelle, doit être conçu comme faisant partie comme tel, c'est-à-dire comme symbole, de la relation imaginaire isolée par elle comme fantasme de procréation.

La question intéresse tout le monde, car elle diffère de l'usage que fait Freud dans *L'homme aux loups* de la forme du chiffre V supposée conservée de la pointe de l'aiguille sur le pendule lors d'une scène perçue à l'âge de un an et demi, pour la retrouver dans le battement des ailes du papillon, les jambes ouvertes d'une fille, etc.

5. Comment imputer à Mme Macalpine le méfait de cette méconnaissance, puisque faute d'être dissipée, elle a été dans la psychanalyse toujours en s'accroissant ?

C'est pourquoi d'une part les psychanalystes en sont réduits pour définir le clivage minimal, bien exigible entre la névrose et la psychose, à s'en remettre à la responsabilité du *moi* à l'endroit de la réalité : ce que nous appelons laisser le problème de la psychose au *statu quo ante*.

Un point était pourtant désigné très précisément comme le pont de la frontière entre les deux domaines.

Ils en ont même fait l'état le plus démesuré à propos de la question du transfert dans la psychose. Ce serait manquer de charité que de rassembler ici ce qui s'est dit sur ce sujet. Voyons-y seulement l'occasion de rendre hommage à l'esprit de Mme Ida Macalpine, quand elle résume une position bien conforme au génie qui se déploie à présent dans la psychanalyse en ces termes : en somme les psychanalystes s'affirment en état de guérir la psychose dans tous les cas où il ne s'agit pas d'une psychose [12].

C'est sur ce point que Midas, un jour légiférant sur les indications de la psychanalyse, s'exprima en ces termes : « Il est clair que la psychanalyse n'est possible qu'avec un sujet pour qui il y a un autre ! » Et Midas traversa le pont aller et retour en le prenant pour un terrain vague. Comment en aurait-il été autrement, puisqu'il ne savait pas que là était le fleuve ?

Le terme d'autre, inouï jusque-là du peuple psychanalyste, n'avait pas pour lui d'autre sens que le murmure de roseaux.

III. *Avec Freud.*

1. Il est assez frappant qu'une dimension qui se fait sentir comme celle d'Autre-chose dans tant d'expériences que les hommes vivent, non point du tout sans y penser, bien plutôt en y pensant, mais sans penser qu'ils pensent, et comme Télémaque pensant à la dépense, n'ait jamais été pensée jusqu'à être congrûment dite par ceux que l'idée de pensée assure de penser.

---

12. Lire *p. cit.*, son introduction, p. 13-19.

Le désir, l'ennui, la claustration, la révolte, la prière, la veille (je voudrais qu'on s'arrête à celle-ci puisque Freud s'y réfère expressément par l'évocation au milieu de son Schreber d'un passage du *Zarathoustra* de Nietzsche [13]), la panique enfin sont là pour nous témoigner de la dimension de cet Ailleurs, et pour y appeler notre attention, je ne dis pas en tant que simples états d'âme que le pense-sans-rire peut remettre à leur place, mais beaucoup plus considérablement en tant que principes permanents des organisations collectives, hors desquelles il ne semble pas que la vie humaine puisse longtemps se maintenir.

Sans doute n'est-il pas exclu que le pense-à-penser le plus pensable, pensant lui-même être cet Autre-chose, ait pu toujours mal tolérer cette éventuelle concurrence.

Mais cette aversion devient tout à fait claire, une fois faite la jonction conceptuelle, à laquelle nul n'avait encore pensé, de cet Ailleurs avec le lieu, présent pour tous et fermé à chacun, où Freud a découvert que sans qu'on y pense, et sans donc que quiconque puisse penser y penser mieux qu'un autre, ça pense. Ça pense plutôt mal, mais ça pense ferme : car c'est en ces termes qu'il nous annonce l'inconscient : des pensées qui, si leurs lois ne sont pas tout à fait les mêmes que celles de nos pensées de tous les jours nobles ou vulgaires, sont parfaitement articulées.

Plus moyen donc de réduire cet Ailleurs à la forme imaginaire d'une nostalgie, d'un Paradis perdu ou futur ; ce qu'on y trouve, c'est le paradis des amours enfantines, où baudelaire de Dieu ! il s'en passe de vertes.

Au reste s'il nous restait un doute, Freud a nommé le lieu de l'inconscient d'un terme qui l'avait frappé dans Fechner (lequel n'est pas du tout en son expérimentalisme le réaliste que nous suggèrent nos manuels) : *ein anderer Schauplatz*, une autre scène ; il le reprend vingt fois dans ses œuvres inaugurales.

Cette aspersion d'eau fraîche ayant, nous l'espérons, ranimé les esprits, venons-en à la formulation scientifique de la relation à cet Autre du sujet.

---

13. Avant le lever du soleil, *Vor Sonnenaufgang* : *Also sprach Zarathustra*, Dritter Teil. C'est le 4ᵉ chant de cette troisième partie.

Du traitement possible de la psychose

2. Nous appliquerons, « pour fixer les idées » et les âmes ici en peine, nous appliquerons ladite relation sur le schéma £ déjà produit et ici simplifié :

SCHÉMA £ :

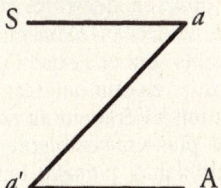

signifiant que la condition du sujet S (névrose ou psychose) dépend de ce qui se déroule en l'Autre A. Ce qui s'y déroule est articulé comme un discours (l'inconscient est le discours de l'Autre), dont Freud a cherché d'abord à définir la syntaxe pour les morceaux qui dans des moments privilégiés, rêves, lapsus, traits d'esprit, nous en parviennent.

À ce discours, comment le sujet serait-il intéressé, s'il n'était pas partie prenante ? Il l'est, en effet, en tant que tiré aux quatre coins du schéma : à savoir S, son ineffable et stupide existence, *a*, ses objets, *a'*, son moi, à savoir ce qui se reflète de sa forme dans ses objets, et A le lieu d'où peut se poser à lui la question de son existence.

Car c'est une vérité d'expérience pour l'analyse qu'il se pose pour le sujet la question de son existence, non pas sous l'espèce de l'angoisse qu'elle suscite au niveau du *moi* et qui n'est qu'un élément de son cortège, mais en tant que question articulée : « Que suis-je là ? », concernant son sexe et sa contingence dans l'être, à savoir qu'il est homme ou femme d'une part, d'autre part qu'il pourrait n'être pas, les deux conjuguant leur mystère, et le nouant dans les symboles de la procréation et de la mort. Que la question de son existence baigne le sujet, le supporte, l'envahisse, voire le déchire de toutes parts, c'est ce dont les tensions, les suspens, les fantasmes que l'analyste rencontre, lui témoignent ; encore faut-il dire que c'est au titre d'éléments du discours particulier, où cette question dans l'Autre s'articule. Car c'est parce que ces phénomènes s'ordonnent dans les figures de ce discours qu'ils ont fixité de symptômes, qu'ils sont lisibles et se résolvent quand ils sont déchiffrés.

3. Il faut donc insister sur ce que cette question ne se présente pas dans l'inconscient comme ineffable, que cette question y est une mise en question, soit : qu'avant toute analyse elle y est articulée en éléments discrets. Ceci est capital, car ces éléments sont ceux que l'analyse linguistique nous commande d'isoler en tant que signifiants, et que voici saisis dans leur fonction à l'état pur au point à la fois le plus invraisemblable et le plus vraisemblable :
– le plus invraisemblable, puisque leur chaîne se trouve subsister dans une altérité par rapport au sujet, aussi radicale que celle des hiéroglyphes encore indéchiffrables dans la solitude du désert ;
– le plus vraisemblable, parce que là seul peut apparaître sans ambiguïté leur fonction d'induire dans le signifié la signification en lui imposant leur structure.

Car certes les sillons qu'ouvre le signifiant dans le monde réel, vont chercher pour les élargir les béances qu'il lui offre comme étant, au point qu'une ambiguïté peut subsister quant à saisir si le signifiant n'y suit pas la loi du signifié.

Mais il n'en est pas de même au niveau de la mise en question non pas de la place du sujet dans le monde, mais de son existence en tant que sujet, mise en question qui, à partir de lui, va s'étendre à sa relation intra-mondaine aux objets, et à l'existence du monde en tant qu'elle peut être aussi mise en question au-delà de son ordre.

4. Il est capital de constater dans l'expérience de l'Autre inconscient où Freud nous guide, que la question ne trouve pas ses linéaments en de protomorphes foisonnements de l'image, en des intumescences végétatives, en des franges animiques s'irradiant des palpitations de la vie.

C'est là toute la différence de son orientation d'avec l'école de Jung qui s'attache à de telles formes : *Wandlungen der libido*. Ces formes peuvent être promues au premier plan d'une mantique, car on peut les produire par des techniques appropriées (promouvant les créations imaginaires : rêveries, dessins, etc.) en un site repérable : on le voit sur notre schéma, tendu entre a et a', soit dans le voile du mirage narcissique, éminemment propre à soutenir de ses effets de séduction et de capture tout ce qui vient s'y refléter.

Si Freud a rejeté cette mantique, c'est au point où elle négligeait la fonction directrice d'une articulation signifiante, qui prend effet de sa loi interne et d'un matériel soumis à la pauvreté qui lui est essentielle.

De même que c'est dans toute la mesure où ce style d'articulation s'est maintenu, par la vertu du verbe freudien, même démembré, dans la communauté qui se prétend orthodoxe, qu'une différence subsiste aussi profonde entre les deux écoles, encore qu'au point où les choses en sont venues, aucune des deux ne soit en état d'en formuler la raison. Moyennant quoi le niveau de leur pratique apparaîtra bientôt se réduire à la distance des modes de rêverie de l'Alpe et de l'Atlantique.

Pour reprendre la formule qui avait tant plu à Freud dans la bouche de Charcot, « ceci n'empêche pas d'exister » l'Autre à sa place A.

Car ôtez-l'en, l'homme ne peut même plus se soutenir dans la position de Narcisse. L'anima, comme par l'effet d'un élastique, se rapplique sur l'*animus* et l'*animus* sur l'animal, lequel entre S et *a* soutient avec son *Umwelt* des « relations extérieures » sensiblement plus serrées que les nôtres, sans qu'on puisse dire au reste que sa relation à l'Autre soit nulle, mais seulement qu'elle ne nous apparaît pas autrement que dans de sporadiques ébauches de névrose.

5. Le £ de la mise-en-question du sujet dans son existence a une structure combinatoire qu'il ne faut pas confondre avec son aspect spatial. À ce titre, il est bien le signifiant même qui doit s'articuler dans l'Autre, et spécialement dans sa topologie de quaternaire.

Pour supporter cette structure, nous y trouvons les trois signifiants où peut s'identifier l'Autre dans le complexe d'Œdipe. Ils suffisent à symboliser les significations de la reproduction sexuée, sous les signifiants de relation de l'amour et de la procréation.

Le quatrième terme est donné par le sujet dans sa réalité, comme telle forclose dans le système et n'entrant que sous le mode du mort dans le jeu des signifiants, mais devenant le sujet véritable à mesure que ce jeu des signifiants va le faire signifier.

Ce jeu des signifiants n'est en effet pas inerte, puisqu'il

est animé dans chaque partie particulière par toute l'histoire de l'ascendance des autres réels que la dénomination des Autres signifiants implique dans la contemporanéité du Sujet. Bien plus, ce jeu en tant qu'il s'institue en règle au-delà de chaque partie, structure déjà dans le sujet les trois instances : moi (idéal), réalité, surmoi, dont la détermination sera le fait de la deuxième topique freudienne.

Le sujet d'autre part entre dans le jeu en tant que mort, mais c'est comme vivant qu'il va le jouer, c'est dans sa vie qu'il lui faut prendre la couleur qu'il y annonce à l'occasion. Il le fera en se servant d'un *set* de figures imaginaires, sélectionnées parmi les formes innombrables des relations animiques, et dont le choix comporte un certain arbitraire, puisque pour recouvrir homologiquement le ternaire symbolique, il doit être numériquement réduit.

Pour ce faire, la relation polaire par où l'image spéculaire (de la relation narcissique) est liée comme unifiante à l'ensemble d'éléments imaginaires dit du corps morcelé, fournit un couple qui n'est pas seulement préparé par une convenance naturelle de développement et de structure à servir d'homologue à la relation symbolique Mère-Enfant. Le couple imaginaire du stade du miroir, par ce qu'il manifeste de contre nature, s'il faut le rapporter à une prématuration spécifique de la naissance chez l'homme, se trouve approprié à donner au triangle imaginaire la base que la relation symbolique puisse en quelque sorte recouvrir. (Voir le schéma R.)

C'est en effet par la béance qu'ouvre cette prématuration dans l'imaginaire et où foisonnent les effets du stade du miroir, que l'animal humain est *capable* de s'imaginer mortel, non qu'on puisse dire qu'il le pourrait sans sa symbiose avec le symbolique, mais plutôt que sans cette béance qui l'aliène à sa propre image, cette symbiose avec le symbolique n'aurait pu se produire, où il se constitue comme sujet à la mort.

6. Le troisième terme du ternaire imaginaire, celui où le sujet s'identifie à l'opposé avec son être de vivant, n'est rien d'autre que l'image phallique dont le dévoilement dans cette fonction n'est pas le moindre scandale de la découverte freudienne.

Inscrivons ici dès maintenant, au titre de visualisation

Du traitement possible de la psychose

conceptuelle de ce double ternaire, ce que nous appellerons dès lors le schéma R, et qui représente les lignes de conditionnement du *perceptum*, autrement dit de l'objet, en tant que ces lignes circonscrivent le champ de la réalité, bien loin d'en seulement dépendre.

C'est ainsi qu'à considérer les sommets du triangle symbolique : I comme l'idéal du moi, M comme le signifiant de l'objet primordial, et P comme la position en A du Nom-du-Père, on peut saisir comment l'épinglage homologique de la signification du sujet S sous le signifiant du phallus peut retentir sur le soutien du champ de la réalité, délimité par le quadrangle M*im*I. Les deux autres sommets de celui-ci, *i* et *m*, représentent les deux termes imaginaires de la relation narcissique, soit le moi et l'image spéculaire.

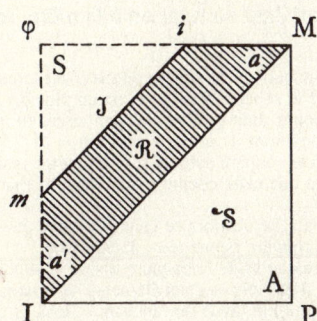

SCHÉMA R :

On peut ainsi situer de *i* à M, soit en *a*, les extrémités des segments S*i*, S*a*^{1}, S*a*^{2}, S*a*^{n}, SM, où placer les figures de l'autre imaginaire dans les relations d'agression érotique où elles se réalisent, – de même de *m* à I, soit en *a'*, les extrémités de segments S*m*, S*a'*^{1}, S*a'*^{2}, S*a'*^{n}, SI, où le moi s'identifie, depuis son *Urbild* spéculaire jusqu'à l'identification paternelle de l'idéal du moi [14].

---

14. Repérer dans ce schéma R l'objet *a* est intéressant pour éclairer ce qu'il apporte sur le champ de la réalité (champ qui le barre).

Quelque insistance que nous ayons mis depuis à le développer – en énonçant que ce champ ne fonctionne qu'à s'obturer de l'écran du fantasme, – ceci demande encore beaucoup d'attention.

Peut-être y aurait-il intérêt à reconnaître qu'énigmatique alors, mais par-

Ceux qui ont suivi notre séminaire de l'année 1956-57 savent l'usage que nous avons fait du ternaire imaginaire ici posé, dont l'enfant en tant que désiré constitue réellement le sommet I, pour rendre à la notion de Relation d'objet[15], quelque peu discréditée par la somme des niaiseries qu'on a prétendu ces derniers temps valider sous sa rubrique, le capital d'expérience qui s'y rattache légitimement.

Ce schéma en effet permet de démontrer les relations qui se rapportent non pas aux stades préœdipiens qui ne sont pas bien entendu inexistants, mais analytiquement impensables (comme l'œuvre trébuchante mais guidée de Mme Mélanie Klein le met suffisamment en évidence), mais aux stades prégénitaux en tant qu'ils s'ordonnent dans la rétroaction de l'Œdipe.

Tout le problème des perversions consiste à concevoir comment l'enfant, dans sa relation à la mère, relation consti-

---

faitement lisible pour qui sait la suite, comme c'est le cas si l'on prétend s'en appuyer, ce que le schéma R étale, c'est un plan projectif.

Notamment les points dont ce n'est pas par hasard (ni par jeu) que nous avons choisi les lettres dont ils se correspondent m M, i I et qui sont ceux dont s'encadre la seule coupure valable sur ce schéma (soit la coupure $\overline{mi}$, $\overline{MI}$), indiquent assez que cette coupure isole dans le champ une bande de Moebius.

C'est tout dire, puisque dès lors ce champ ne sera que le tenant-lieu du fantasme dont cette coupure donne toute la structure.

Nous voulons dire que seule la coupure révèle la structure de la surface entière de pouvoir y détacher ces deux éléments hétérogènes que sont (marqués dans notre algorithme ($\$ \lozenge a$) du fantasme) : le $\$$, S barré de la bande ici à attendre où elle vient en effet, c'est-à-dire recouvrant le champ $\mathcal{R}$ de la réalité, et le a qui correspond aux champs $\mathcal{I}$ et $\mathcal{S}$.

C'est donc en tant que représentant de la représentation dans le fantasme, c'est-à-dire comme sujet originairement refoulé que le $\$$, S barré du désir, supporte ici le champ de la réalité, et celui-ci ne se soutient que de l'extraction de l'objet a qui pourtant lui donne son cadre.

En mesurant par des échelons, tous vectorialisés d'une intrusion du seul champ $\mathcal{I}$ dans le champ $\mathcal{R}$, ce qui n'est bien articulé dans notre texte que comme effet du narcissisme, il est donc tout à fait exclu que nous voulions y faire revenir, par une porte de derrière quelconque, que ces effets (« système des identifications », lisons-nous) puissent théoriquement fonder, en quelque façon que ce soit, la réalité.

Qui a suivi nos exposés topologiques (qui ne se justifient de rien que de la structure à articuler du fantasme), doit bien savoir que dans la bande de Moebius, il n'y a rien de mesurable qui soit à retenir dans sa structure, et qu'elle se réduit, comme le réel ici intéressé, à la coupure elle-même.

Cette note est indicative pour le moment actuel de notre élaboration topologique (juillet 1966).

15. Titre de ce séminaire.

tuée dans l'analyse non pas par sa dépendance vitale, mais par sa dépendance de son amour, c'est-à-dire par le désir de son désir, s'identifie à l'objet imaginaire de ce désir en tant que la mère elle-même le symbolise dans le phallus.

Le phallocentrisme produit par cette dialectique est tout ce que nous avons à retenir ici. Il est bien entendu entièrement conditionné par l'intrusion du signifiant dans le psychisme de l'homme, et strictement impossible à déduire d'aucune harmonie préétablie dudit psychisme à la nature qu'il exprime.

Cet effet imaginaire qui ne peut être ressenti comme discordance qu'au nom du préjugé d'une normativité propre à l'instinct, a déterminé pourtant la longue querelle, éteinte aujourd'hui mais non sans dommage, concernant la nature primaire ou secondaire de la phase phallique. Ne serait l'extrême importance de la question, cette querelle mériterait notre intérêt par les exploits dialectiques qu'elle a imposés au Dr Ernest Jones pour soutenir de l'affirmation de son entier accord avec Freud une position diamétralement contraire, à savoir celle qui le faisait, avec des nuances sans doute, le champion des féministes anglaises, férues du principe du « chacun son » : aux boys le phalle, aux girls le c...

7. Cette fonction imaginaire du phallus, Freud l'a donc dévoilée comme pivot du procès symbolique qui parachève *dans les deux sexes* la mise en question du sexe par le complexe de castration.

La mise à l'ombre actuelle de cette fonction du phallus (réduit au rôle d'objet partiel) dans le concert analytique, n'est que la suite de la mystification profonde dans laquelle la culture en maintient le symbole, ceci s'entend dans le sens où le paganisme lui-même ne le produisait qu'au terme de ses plus secrets mystères.

C'est en effet dans l'économie subjective, telle que nous la voyons commandée par l'inconscient, une signification qui n'est évoquée que par ce que nous appelons une métaphore, précisément la métaphore paternelle.

Et ceci nous ramène, puisque c'est avec Mme Macalpine que nous avons choisi de dialoguer, à son besoin de référence à un « héliolithisme », par quoi elle prétend voir codifée la procréation dans une culture pré-œdipienne, où la fonction procréatrice du père serait éludée.

Tout ce qu'on pourra avancer dans ce sens, sous quelque forme que ce soit, n'en mettra que mieux en valeur la fonction de signifiant qui conditionne la paternité.

Car dans un autre débat du temps où les psychanalystes s'interrogeaient encore sur la doctrine, le Dr Ernest Jones avec une remarque plus pertinente que devant, n'a pas apporté un argument moins inapproprié.

Concernant en effet l'état des croyances dans quelque tribu australienne, il s'est refusé à admettre qu'aucune collectivité d'hommes puisse méconnaître ce fait d'expérience que, sauf exception énigmatique, aucune femme n'enfante sans avoir eu un coït, ni même ignorer le laps requis de cet antécédent. Or ce crédit qui nous paraît tout à fait légitimement accordé aux capacités humaines d'observation du réel, est très précisément ce qui n'a pas dans la question la moindre importance.

Car, si l'exige le contexte symbolique, la paternité n'en sera pas moins attribuée à la rencontre par la femme d'un esprit à telle fontaine ou dans tel monolithe où il sera censé siéger.

C'est bien ce qui démontre que l'attribution de la procréation au père ne peut être l'effet que d'un pur signifiant, d'une reconnaissance non pas du père réel, mais de ce que la religion nous a appris à invoquer comme le Nom-du-Père.

Nul besoin d'un signifiant bien sûr pour être père, pas plus que pour être mort, mais sans signifiant, personne, de l'un ni de l'autre de ces états d'être, ne saura jamais rien.

Je rappelle ici à l'usage de ceux que rien ne peut décider à chercher dans les textes de Freud un complément aux lumières que leurs moniteurs leur dispensent, avec quelle insistance s'y trouve soulignée l'affinité des deux relations signifiantes que nous venons d'évoquer, à chaque fois que le sujet névrosé (l'obsessionnel spécialement) la manifeste par la conjonction de leurs thèmes.

Comment Freud ne la reconnaîtrait-il pas en effet, alors que la nécessité de sa réflexion l'a mené à lier l'apparition du signifiant du Père, en tant qu'auteur de la Loi, à la mort, voire au meurtre du Père, – montrant ainsi que si ce meurtre est le moment fécond de la dette par où le sujet se lie à vie à la Loi, le Père symbolique en tant qu'il signifie cette Loi est bien le Père mort.

IV. *Du côté de Schreber.*

1. Nous pouvons maintenant entrer dans la subjectivité du délire de Schreber.

La signification du phallus, avons-nous dit, doit être évoquée dans l'imaginaire du sujet par la métaphore paternelle.

Ceci a un sens précis dans l'économie du signifiant dont nous ne pouvons ici que rappeler la formalisation, familière à ceux qui suivent notre séminaire de cette année sur les formations de l'inconscient. À savoir : *formule de la métaphore*, ou *de la substitution signifiante* :

$$\frac{S}{S'} \cdot \frac{S'}{x} \rightarrow S\left(\frac{1}{s}\right)$$

où les grands S sont des signifiants, x la signification inconnue et s le signifié induit par la métaphore, laquelle consiste dans la substitution dans la chaîne signifiante de S à S'. L'élision de S', ici représentée par sa rature, est la condition de la réussite de la métaphore.

Ceci s'applique ainsi à la métaphore du Nom-du-Père, soit la métaphore qui substitue ce Nom à la place premièrement symbolisée par l'opération de l'absence de la mère.

$$\frac{\text{Nom-du-Père}}{\text{Désir de la Mère}} \cdot \frac{\text{Désir de la Mère}}{\text{Signifié au sujet}} \rightarrow \text{Nom-du-Père}\left(\frac{A}{\text{Phallus}}\right)$$

Essayons de concevoir maintenant une circonstance de la position subjective où, à l'appel du Nom-du-Père réponde, non pas l'absence du père réel, car cette absence est plus que compatible avec la présence du signifiant, mais la carence du signifiant lui-même.

Ce n'est pas là une conception à laquelle rien ne nous prépare. La présence du signifiant dans l'Autre, est en effet une présence fermée au sujet pour l'ordinaire, puisque ordinairement c'est à l'état de refoulé *(verdrängt)* qu'elle y persiste, que de là elle insiste pour se représenter dans le signifié, par son automatisme de répétition *(Wiederholungszwang)*.

Extrayons de plusieurs textes de Freud un terme qui y est assez articulé pour les rendre injustifiables si ce terme n'y désigne pas une fonction de l'inconscient distincte du refoulé. Tenons pour démontré ce qui fut le cœur de mon séminaire sur les psychoses, à savoir que ce terme se rapporte à l'implication la plus nécessaire de sa pensée quand elle se mesure au phénomène de la psychose : c'est le terme de *Verwerfung*.

Il s'articule dans ce registre comme l'absence de cette *Bejahung*, ou jugement d'attribution, que Freud pose comme précédent nécessaire à toute application possible de la *Verneinung*, qu'il lui oppose comme jugement d'existence : cependant que tout l'article où il détache cette *Verneinung* comme élément de l'expérience analytique, démontre en elle l'aveu du signifiant même qu'elle annule.

C'est donc aussi sur le signifiant que porte la *Bejahung* primordiale, et d'autres textes permettent de le reconnaître, et nommément la lettre 52 de la correspondance avec Fliess, où il est expressément isolé en tant que terme d'une perception originelle sous le nom de signe, *Zeichen*.

La *Verwerfung* sera donc tenue par nous pour *forclusion* du signifiant. Au point où, nous verrons comment, est appelé le Nom-du-Père, peut donc répondre dans l'Autre un pur et simple trou, lequel par la carence de l'effet métaphorique provoquera un trou correspondant à la place de la signification phallique.

C'est la seule forme sous laquelle il nous soit possible de concevoir ce dont Schreber nous présente l'aboutissement comme celui d'un dommage qu'il n'est en état de dévoiler qu'en partie et où, dit-il, avec les noms de Flechsig et de Schreber, le terme de « meurtre d'âmes » (*Seelenmord* : S. 22-II) joue un rôle essentiel [16].

Il est clair qu'il s'agit là d'un désordre provoqué au joint le plus intime du sentiment de la vie chez le sujet, et la censure qui mutile le texte avant l'addition que Schreber

---

16. Voici le texte : *Einleitend habe ich dazu zu bemerken, dass bei der Genesis der betreffenden Entwicklung deren erste Anfänge weit, vielleicht bis zum 18. Jahrhundert zurückreichen, einertheils* die Namen Flechsig und Schreber [souligné par nous] *(wahrscheinlich nicht in der Beschränkung auf je ein Individuum der betreffenden Familien) und anderntheils der Begriff des* Seelenmords [en « Sperrdruck » dans le texte] *eine Hauptrolle spielen.*

annonce aux explications assez détournées qu'il a essayées de son procédé, laisse à penser qu'il y associait au nom de personnes vivantes, des faits dont les conventions de l'époque toléraient mal la publication. Aussi bien le chapitre suivant manque-t-il en entier, et Freud a-t-il dû pour exercer sa perspicacité, se contenter de l'allusion au *Faust*, au *Freischütz*, et au *Manfred* de Byron, cette dernière œuvre (à laquelle il suppose emprunté le nom d'*Ahriman*, soit d'une des apophanies de Dieu dans le délire de Schreber) lui ayant semblé prendre dans cette référence toute sa valeur de son thème : le héros meurt de la malédiction portée en lui par la mort de l'objet d'un inceste fraternel.

Pour nous, puisque avec Freud nous avons choisi de faire confiance à un texte, qui, à ces mutilations près, certes regrettables, reste un document dont les garanties de crédibilité s'égalent aux plus élevées, c'est dans la forme la plus développée du délire avec laquelle le livre se confond, que nous nous emploierons à montrer une structure, qui s'avérera semblable au procès même de la psychose.

2. Dans cette voie, nous constaterons avec la nuance de surprise où Freud voit la connotation subjective de l'inconscient reconnu, que le délire déploie toute sa tapisserie autour du pouvoir de création attribué aux paroles dont les rayons divins *(Gottesstrahlen)* sont l'hypostase.

Cela commence comme un leitmotiv au premier chapitre : où l'auteur d'abord s'arrête à ce que l'acte de faire naître une existence de rien, prend de choquant pour la pensée, de contrarier l'évidence que l'expérience lui procure dans les transformations d'une matière où la réalité trouve sa substance.

Il accentue ce paradoxe de son contraste avec les idées plus familières à l'homme qu'il nous certifie être, comme s'il en était besoin : un Allemand *gebildet* de l'époque wilhelminienne, nourri du métascientisme haeckelien, à l'appui de quoi il fournit une liste de lectures, occasion pour nous de compléter, en nous y rapportant, ce que Gavarni appelle quelque part une crâne idée de l'Homme [17].

---

17. Il s'agit notamment de la *Natürliche Schöpfungsgeschichte* du Dr Ernst Haeckel (Berlin, 1872), et de l'*Urgeschichte der Menschheit* d'Otto Casari (Brockhaus, Leipzig, 1877).

C'est même ce paradoxe réfléchi de l'intrusion d'une pensée pour lui jusque-là impensable, où Schreber voit la preuve qu'il a dû se passer quelque chose qui ne vienne pas de son propre mental : preuve à quoi, semble-t-il, seules les pétitions de principe, plus haut dégagées dans la position du psychiatre, nous mettent en droit de résister.

3. Ceci dit, quant à nous, tenons-nous-en à une séquence de phénomènes que Schreber établit en son quinzième chapitre (S. 204-215).

On sait à ce moment que le soutien de sa partie dans le jeu forcé de la pensée *(Denkzwang)* où le contraignent les paroles de Dieu (v. *supra*, I-5), a un enjeu dramatique qui est que Dieu dont nous verrons plus loin le pouvoir de méconnaissance, tenant le sujet pour anéanti, le laisse en panne ou en plan *(liegen lassen)*, menace sur laquelle nous reviendrons.

Que l'effort de réplique à quoi donc le sujet est ainsi suspendu, disons, dans son être de sujet, vienne à manquer par un moment de Penser-à-rien *(Nichtsdenken)*, qui semble bien être le plus humainement exigible des repos (Schreber dicit), voici ce qui se produit selon lui :

1. Ce qu'il appelle le miracle de hurlement *(Brüllenwunder)*, cri tiré de sa poitrine et qui le surprend au-delà de tout avertissement, qu'il soit seul ou devant une assistance horrifiée par l'image qu'il lui offre de sa bouche soudain béante sur l'indicible vide, et qu'abandonne le cigare qui s'y fixait l'instant d'avant ;

2. L'appel au secours (« *Hülfe* » *rufen*), émis des « nerfs divins détachés de la masse », et dont le ton plaintif se motive du plus grand éloignement où Dieu se retire ;

(deux phénomènes où le déchirement subjectif est assez indiscernable de son mode signifiant, pour que nous n'insistions pas) ;

3. L'éclosion prochaine, soit dans la zone occulte du champ perceptif, dans le couloir, dans la chambre voisine, de manifestations qui, sans être extraordinaires, s'imposent au sujet comme produites à son intention ;

4. L'apparition à l'échelon suivant du lointain, soit hors de la prise des sens, dans le parc, *dans le réel*, de créations miraculeuses, c'est-à-dire nouvellement créées, créations

Du traitement possible de la psychose

dont Mme Macalpine note finement qu'elles appartiennent toujours à des espèces volantes : oiseaux ou insectes.

Ces derniers météores du délire n'apparaissent-ils pas comme la trace d'un sillage, ou comme un effet de frange, montrant les deux temps où le signifiant qui s'est tu dans le sujet, fait, de sa nuit, d'abord jaillir une lueur de signification à la surface du réel, puis fait le réel s'illuminer d'une fulgurance projetée du dessous de son soubassement de néant ?

C'est ainsi qu'à la pointe des effets hallucinatoires, ces créatures qui, si l'on voulait appliquer en toute rigueur le critère de l'apparition du phénomène *dans la réalité*, mériteraient seules le titre d'hallucinations, nous recommandent de reconsidérer dans leur solidarité symbolique le trio du Créateur, de la Créature, et du Créé, qui ici se dégage.

4. C'est de la position du Créateur en effet que nous remonterons à celle du Créé, qui subjectivement la crée.

Unique dans sa Multiplicité, Multiple dans son Unité (tels sont les attributs rejoignant Héraclite, dont Schreber le définit), ce Dieu, démultiplié en effet en une hiérarchie de royaumes qui, à elle seule, vaudrait une étude, se dégrade en êtres chapardeurs d'identités désannexées.

Immanent à ces êtres, dont la capture par leur inclusion dans l'être de Schreber menace son intégrité, Dieu n'est pas sans le support intuitif d'un hyperespace, où Schreber voit même les transmissions signifiantes se conduire le long de fils *(Fäden)*, qui matérialisent le trajet parabolique selon lequel elles entrent dans son crâne par l'occiput (S. 315-P.S. V).

Cependant à mesure du temps, Dieu laisse-t-il sous ses manifestations s'étendre toujours plus loin le champ des êtres sans intelligence, des êtres qui ne savent pas ce qu'ils disent, des êtres d'inanité, tels ces oiseaux miraculés, ces oiseaux parlants, ces vestibules du ciel *(Vorhöfe des Himmels)*, où la misogynie de Freud a détecté au premier coup d'œil, les oies blanches qu'étaient les jeunes filles dans les idéaux de son époque, pour se le voir confirmer par les noms propres[18] que

---

18. La relation du nom propre à la voix est à situer dans la structure à double versant du langage vers le message et vers le code, où nous nous sommes déjà référés. *Vide* I. 5. C'est elle qui décide du caractère de trait d'esprit du jeu de mots sur le nom propre.

le sujet plus loin leur donne. Disons seulement qu'elles sont pour nous bien plus représentatives par l'effet de surprise que provoquent en elles la similarité des vocables et les équivalences purement homophoniques où elles se fient pour leur emploi (Santiago = Carthago, Chinesenthum = Jesum Christum, etc., S. 210-XV).

Dans la même mesure, l'être de Dieu dans son essence, se retire toujours plus loin dans l'espace qui le conditionne, retrait qui s'intuitionne dans le ralentissement croissant de ses paroles, allant jusqu'à la scansion d'un épellement bredouillant (S. 223-XVI). Si bien qu'à suivre seulement l'indication de ce procès, nous tiendrions cet Autre unique à quoi s'articule l'existence du sujet, pour surtout propre à vider les lieux (S. note de 196-XIV) où se déploie le bruissement des paroles, si Schreber ne prenait soin de nous informer de surcroît que ce Dieu est forclos de tout autre aspect de l'échange. Il le fait en s'en excusant, mais quelque regret qu'il en ait, il lui faut bien le constater : Dieu n'est pas seulement imperméable à l'expérience ; il est incapable de comprendre l'homme vivant ; il ne le saisit que par l'extérieur (qui semble bien être en effet son mode essentiel) ; toute intériorité lui est fermée. Un « système de notes » *(Aufschreibesystem)* où se conservent actes et pensées, rappelle, certes, de façon glissante le carnet tenu par l'ange gardien de nos enfances catéchisées, mais au-delà notons l'absence de toute trace de sondage des reins ou des cœurs (S. 20 I.).

C'est ainsi encore qu'après que la purification des âmes *(Laüterung)* aura en elles aboli toute persistance de leur identité personnelle, tout se réduira à la subsistance éternelle de ce verbiage, par quoi seulement Dieu a à connaître des ouvrages mêmes que construit l'ingéniosité des hommes (S. 300-P.S. II).

Comment ici ne pas remarquer que le petit-neveu de l'auteur des *Novae species insectorum* (Johann-Christian-Daniel von Schreber), souligne qu'aucune des créatures de miracle, n'est d'une espèce nouvelle, – ni ajouter qu'à l'encontre de Mme Macalpine qui y reconnaît la Colombe qui du giron du Père véhicule vers la Vierge le message fécond du Logos, elles nous évoquent plutôt celle que l'illusionniste fait pulluler de l'ouverture de son gilet ou de sa manche ?

Par quoi nous en viendrons enfin à nous étonner que le sujet en proie à ces mystères, ne doute pas, pour Créé qu'il soit, ni de parer par ses paroles aux embûches d'une consternante niaiserie de son Seigneur, ni de se maintenir envers et contre la destruction, qu'il le croit capable de mettre en œuvre à son endroit comme à l'endroit de quiconque, par un droit qui l'y fonde au nom de l'ordre de l'Univers *(Weltordnung)*, droit qui, pour être de son côté, motive cet exemple unique de la victoire d'une créature qu'une chaîne de désordres a fait tomber sous le coup de la « perfidie » de son créateur. (« Perfidie », le mot lâché, non sans réserve, est en français : S. 226-XVI.)

Voilà-t-il pas à la création continuée de Malebranche un étrange pendant, que ce créé récalcitrant, qui se maintient contre sa chute par le seul soutien de son verbe et par sa foi dans la parole.

Cela vaudrait bien une resucée des auteurs du bac de philo, parmi lesquels nous avons peut-être trop dédaigné ceux qui sont hors de la ligne de la préparation du bonhomme psychologique où notre époque trouve la mesure d'un humanisme, croyez-vous pas, peut-être un peu plat.

*De Malebranche ou de Locke,
Plus malin le plus loufoque...*

Oui, mais lequel est-ce ? Voilà le hic, mon cher collègue. Allons, quittez cet air empesé. Quand donc vous sentirez-vous à l'aise, là où vous êtes chez vous ?

5. Essayons maintenant de reporter la position du sujet telle qu'elle se constitue ici dans l'ordre symbolique sur le ternaire qui la repère dans notre schéma R.

Il nous semble bien alors que si le Créé I y assume la place en P laissée vacante de la Loi, la place du Créateur s'y désigne de ce *liegen lassen*, laisser en plan, fondamental, où paraît se dénuder, de la forclusion du Père, l'absence qui a permis de se construire à la primordiale symbolisation M de la Mère.

De l'une à l'autre, une ligne qui culminerait dans les Créatures de la parole, occupant la place de l'enfant refusé aux espoirs du sujet (v. inf. : *Post-scriptum*), se concevrait ainsi comme contournant le trou creusé dans le champ du signifiant par la forclusion du Nom-du-Père (v. Schéma I, p. 49).

C'est autour de ce trou où le support de la chaîne signifiante manque au sujet, et qui n'a pas besoin, on le constate, d'être ineffable pour être panique, que s'est jouée toute la lutte où le sujet s'est reconstruit. Cette lutte, il l'a menée à son honneur, et les vagins du ciel (autre sens du mot *Vorhöfe*, v. supra), les jeunes filles de miracle qui assiégeaient les bords du trou de leur cohorte, en firent la glose, dans les gloussements d'admiration arrachés à leurs gorges de harpies : « *Verfluchter Kerl !* Damné garçon ! » Autrement dit : c'est un rude lapin. Hélas ! C'était par antiphrase.

6. Car déjà et naguère s'était ouverte pour lui dans le champ de l'imaginaire la béance qui y répondait au défaut de la métaphore symbolique, celle qui ne pouvait trouver à se résoudre que dans l'accomplissement de l'*Entmannung* (l'émasculation).

Objet d'horreur d'abord pour le sujet, puis accepté comme un compromis raisonnable (*vernünftig*, S. 177-XIII), dès lors parti pris irrémissible (S. note de la p. 179-XIII), et motif futur d'une rédemption intéressant l'univers.

Si nous n'en sommes pas quittes pour autant avec le terme d'*Entmannung*, il nous embarrassera sûrement moins que Mme Ida Macalpine dans la position que nous avons dit être la sienne. Sans doute pense-t-elle y mettre ordre en substituant le mot *unmanning* au mot *emasculation* que le traducteur du tome III des *Collected Papers* avait innocemment cru suffire à le rendre, voire en prenant ses garanties contre le maintien de cette traduction dans la version autorisée en préparation. Sans doute y retient-elle quelque imperceptible suggestion étymologique, par quoi se différencieraient ces termes, sujets pourtant à un emploi identique [19].

Mais à quoi bon ? Mme Macalpine repoussant comme impropère [20] la mise en cause d'un organe qu'à se rapporter aux Mémoires, elle ne veut promis qu'à une résorption paci-

---

19. Macalpine, *op. cit.*, p. 398.
20. C'est là l'orthographe du mot anglais actuellement en usage, dans l'admirable traduction en vers des 10 premiers chants de l'*Iliade* par Hugues Salel, qui devrait suffire à le faire survivre en français.

fique dans les entrailles du sujet, entend-elle par là nous représenter le tapinois craintif où il se réfugie quand il grelotte, ou l'objection de conscience à la description de laquelle s'attarde avec malice l'auteur du *Satyricon* ?

Ou croirait-elle peut-être qu'il se soit agi jamais d'une castration réelle dans le complexe du même nom ?

Sans doute est-elle fondée à remarquer l'ambiguïté qu'il y a à tenir pour équivalentes la transformation du sujet en femme *(Verweiblichung)* et l'éviration (car tel est bien le sens de *Entmannung*). Mais elle ne voit pas que cette ambiguïté est celle de la structure subjective elle-même qui la produit ici : laquelle comporte que cela qui confine au niveau imaginaire à la transformation du sujet en femme, soit justement ceci qui le fasse déchoir de toute hoirie d'où il puisse légitimement attendre l'affectation d'un pénis à sa personne. Ceci pour la raison que si être et avoir s'excluent en principe, ils se confondent, au moins quant au résultat, quand il s'agit d'un manque. Ce qui n'empêche pas leur distinction d'être décisive pour la suite.

Comme on s'en aperçoit à remarquer que ce n'est pas pour être forclos du pénis, mais pour devoir être le phallus que le patient sera voué à devenir une femme.

La parité symbolique *Mädchen = Phallus*, ou en anglais l'équation *Girl = Phallus*, comme s'exprime M. Fenichel[21], à qui elle donne le thème d'un essai méritoire encore qu'un peu embrouillé, a sa racine dans les chemins imaginaires, par où le désir de l'enfant trouve à s'identifier au manque-à-être de la mère, auquel bien entendu elle-même fut introduite par la loi symbolique où ce manque est constitué.

C'est le même ressort qui fait que les femmes dans le réel servent, ne leur en déplaise, d'objets pour les échanges qu'ordonnent les structures élémentaires de la parenté et qui se perpétuent à l'occasion dans l'imaginaire, tandis que ce qui se transmet parallèlement dans l'ordre symbolique, c'est le phallus.

---

21. *Die symbolische Gleichung Mädchen = Phallus*, in *Int. Zeitschrift für Psychoanalyse*, XXII, 1936, traduit depuis sous le titre : *The symbolic equation : Girl = Phallus* dans le *Psychoanalytic Quarterly*, 1949, XX, vol. 3, p. 303-324. Notre langue nous permet d'y apporter le terme à notre sens plus approprié de pucelle.

7. Ici l'identification, quelle qu'elle soit, par quoi le sujet a assumé le désir de la mère, déclenche, d'être ébranlée, la dissolution du trépied imaginaire (remarquablement c'est dans l'appartement de sa mère où il s'est réfugié, que le sujet a son premier accès de confusion anxieuse avec raptus suicide : S. 39-40-IV).

Sans doute la divination de l'inconscient a-t-elle très tôt averti le sujet que, faute de pouvoir être le phallus qui manque à la mère, il lui reste la solution d'être la femme qui manque aux hommes.

C'est même là le sens de ce fantasme, dont la relation a été très remarquée sous sa plume et que nous avons cité plus haut de la période d'incubation de sa seconde maladie, à savoir l'idée « qu'il serait beau d'être une femme en train de subir l'accouplement ». Ce pont aux ânes de la littérature schrébérienne s'épingle ici à sa place.

Cette solution pourtant était alors prématurée. Car pour la *Menschenspielerei* (terme apparu dans la langue fondamentale, soit dans la langue de nos jours : du rififi chez les hommes) qui normalement devait s'ensuivre, on peut dire que l'appel aux braves devait tomber à plat, pour la raison que ceux-ci devinrent aussi improbables que le sujet lui-même, soit aussi démunis que lui de tout phallus. C'est qu'était omis dans l'imaginaire du sujet, non moins pour eux que pour lui, ce trait parallèle au tracé de leur figure qu'on peut voir dans un dessin du petit Hans, et qui est familier aux connaisseurs du dessin de l'enfant. C'est que les autres n'étaient plus dès lors que des « images d'hommes torchées à la six-quatre-deux », pour unir dans cette traduction des : *flüchtig hingemachte Männer*, les remarques de M. Niederland sur les emplois de *hinmachen* au coup d'aile d'Édouard Pichon dans l'usage du français [22].

De sorte que l'affaire était en passe de piétiner de façon assez déshonorante, si le sujet n'avait trouvé à la racheter brillamment.

Lui-même en a articulé l'issue (en novembre 1895, soit deux ans après le début de sa maladie) sous le nom de *Ver-*

---

22. Cf. Niederland (W. G.) (1951), « Three Notes on the Schreber Case », *Psychoanal. Quarterly*, XX, 579. Édouard Pichon est l'auteur de la traduction en français de ces termes par : Ombres d'hommes bâclés à la six-quatre-deux.

söhnung : le mot a le sens d'expiation, de propitiation, et, vu les caractères de la langue fondamentale, doit être tiré encore plus vers le sens primitif de la *Sühne*, c'est-à-dire vers le sacrifice, alors qu'on l'accentue dans le sens du compromis (compromis de raison, cf. p. 42, dont le sujet motive l'acceptation de son destin).

Ici Freud allant bien au-delà de la rationalisation du sujet lui-même, admet paradoxalement que la réconciliation (puisque c'est le sens plat qui a été choisi en français), dont le sujet fait état, trouve son ressort dans le maquignonnage du partenaire qu'elle comporte, à savoir dans la considération que l'épouse de Dieu contracte en tout cas une alliance de nature à satisfaire l'amour-propre le plus exigeant.

Nous croyons pouvoir dire que Freud a ici failli à ses propres normes et de la façon la plus contradictoire, en ce sens qu'il accepte comme moment tournant du délire ce qu'il a refusé dans sa conception générale, à savoir de faire dépendre le thème homosexuel de l'idée de grandeur (nous faisons à nos lecteurs le crédit qu'ils connaissent son texte).

Cette défaillance a sa raison dans la nécessité, soit dans le fait que Freud n'avait pas encore formulé l'*Introduction au narcissisme*.

8. Sans doute n'eût-il pas trois ans après (1911-1914) manqué le vrai ressort du renversement de la position d'indignation, que soulevait d'abord en la personne du sujet l'idée de l'*Entmannung* : c'est très précisément que dans l'intervalle *le sujet était mort*.

C'est du moins l'événement que les voix, toujours renseignées aux bonnes sources et toujours égales à elles-mêmes dans leur service d'information, lui firent connaître après coup avec sa date et le nom du journal dans lequel il était passé à la rubrique nécrologique (S. 81-VII).

Pour nous, nous pouvons nous contenter de l'attestation que nous en apportent les certificats médicaux, en nous donnant au moment convenable le tableau du patient plongé dans la stupeur catatonique.

Ses souvenirs de ce moment, comme il est d'usage, ne manquent pas. C'est ainsi que nous savons que, modifiant la coutume qui veut qu'on entre en son trépas les pieds devant, notre patient, pour ne le franchir qu'en transit, se complut à s'y tenir les pieds dehors, c'est-à-dire sortis par la fenêtre sous le tendancieux prétexte d'y chercher la fraîcheur (S. 172-XII), renouvelant peut-être ainsi (laissons ceci à apprécier à ceux qui ne s'intéresseront ici qu'à l'avatar imaginaire) la présentation de sa naissance.

Mais ce n'est pas là une carrière qu'on reprend à cinquante ans bien comptés, sans en éprouver quelque dépaysement. D'où le portrait fidèle que les voix, annalistes disons-nous, lui donnèrent de lui-même comme d'un « cadavre lépreux conduisant un autre cadavre lépreux » (S. 92-VII), description très brillante, il faut en convenir, d'une identité réduite à la confrontation à son double psychique, mais qui en outre rend patente la régression du sujet, non pas génétique mais topique, au stade du miroir, pour autant que la relation à l'autre spéculaire s'y réduit à son tranchant mortel.

Ce fut aussi le temps où son corps n'était qu'un agrégat de colonies de « nerfs » étrangers, une sorte de dépotoir pour des fragments détachés des identités de ses persécuteurs (S. XIV).

La relation de tout cela à l'homosexualité, assurément manifeste dans le délire, nous paraît nécessiter une réglementation plus poussée de l'usage qu'on peut faire de cette référence dans la théorie.

L'intérêt en est grand, puisqu'il est certain que l'usage de ce terme dans l'interprétation peut entraîner des dommages graves, s'il ne s'éclaire pas des relations symboliques que nous tenons ici pour déterminantes.

9. Nous croyons que cette détermination symbolique se démontre dans la forme où la structure imaginaire vient à se restaurer. À ce stade, celle-ci présente deux aspects que Freud lui-même a distingués.

Le premier est celui d'une pratique transsexualiste, nullement indigne d'être rapprochée de la « perversion » dont de nombreuses observations ont précisé les traits depuis[23].

Bien plus, nous devons signaler ce que la structure que nous dégageons ici peut avoir d'éclairant sur l'insistance si singulière, que montrent les sujets de ces observations, à

---

23. Cf. la très remarquable thèse de Jean-Marc Alby, *Contribution à l'étude du transsexualisme*, Paris, 1956.

Du traitement possible de la psychose

obtenir pour leurs exigences les plus radicalement rectifiantes l'autorisation, voire si l'on peut dire la main-à-la-pâte, de leur père.

Quoi qu'il en soit, nous voyons notre sujet s'abandonner à une activité érotique, qu'il souligne être strictement réservée à la solitude, mais dont pourtant il avoue les satisfactions. C'est à savoir celles que lui donne son image dans le miroir, quand, revêtu des affûtiaux de la parure féminine, rien, dit-il, dans le haut de son corps, ne lui paraît d'aspect à ne pouvoir convaincre tout amateur éventuel du buste féminin (S. 280-XXI).

À quoi il convient de lier, croyons-nous, le développement, allégué comme perception endosomatique, des nerfs dits de la volupté féminine dans son propre tégument, nommément dans les zones où ils sont censés être érogènes chez la femme.

Une remarque, celle qu'à sans cesse s'occuper à la contemplation de l'image de la femme, à ne jamais détacher sa pensée du support de quelque chose de féminin, la volupté divine n'en serait que mieux comblée, nous fait virer dans l'autre aspect des fantasmes libidinaux.

Celui-ci lie la féminisation du sujet à la coordonnée de la copulation divine.

Freud en a très bien vu le sens de mortification, en mettant en relief tout ce qui lie la « volupté d'âme » *(Seelenwollust)* qui y est incluse, à la « béatitude » *(Seligkeit)* en tant qu'elle est l'état des âmes décédées *(abschiedenen Wesen)*.

Que la volupté désormais bénie soit devenue béatitude de l'âme, c'est là, en effet, un tournant essentiel, dont Freud, remarquons-le, souligne la motivation linguistique, en suggérant que l'histoire de sa langue pourrait peut-être l'éclairer[24].

C'est seulement faire une erreur sur la dimension où la lettre se manifeste dans l'inconscient, et qui, conformément à son instance propre de lettre, est bien moins étymologique (précisément diachronique) qu'homophonique (précisément synchronique). Il n'y a rien, en effet, dans l'histoire de la langue allemande qui permette de rapprocher *selig* de *Seele*, ni le bonheur qui porte « aux cieux » les amants, pour autant que c'est lui que Freud évoque dans l'aria qu'il cite de Don

---

24. Cf. Freud, *Psychoanalytische Bemerkungen über einem autobiographisch beschriebenen Fall von Paranoia, G.W.*, t. VIII, p. 264, n. 1.

Juan, de celui qu'aux âmes dites bienheureuses promet le séjour du ciel. Les défunts ne sont *selig* en allemand que par emprunt au latin, et pour ce qu'en cette langue fut dite bienheureuse leur mémoire *(beatae memoriae, seliger Gedächtnis)*. Leurs *Seelen* ont plutôt affaire avec les lacs *(Seen)* où elles séjournèrent dans un temps, qu'avec quoi que ce soit de leur béatitude. Reste que l'inconscient se soucie plus du signifiant que du signifié, et que « feu mon père » peut y vouloir dire que celui-ci était le feu de Dieu, voire commander contre lui l'ordre de : feu !

Passée cette digression, il reste que nous sommes ici dans un au-delà du monde, qui s'accommode fort bien d'un ajournement indéfini de la réalisation de son but.

Assurément en effet quand Schreber aura achevé sa transformation en femme, l'acte de fécondation divine aura lieu, dont il est bien entendu (S. 3-Introd.) que Dieu ne saurait s'y commettre dans un obscur cheminement à travers des organes. (N'oublions pas l'aversion de Dieu à l'endroit du vivant.) C'est donc par une opération spirituelle que Schreber sentira s'éveiller en lui le germe embryonnaire dont il a déjà connu aux premiers temps de sa maladie le frémissement.

Sans doute la nouvelle humanité spirituelle des créatures schrébériennes sera-t-elle tout entière engendrée de ses entrailles, pour que renaisse l'humanité pourrie et condamnée de l'âge actuel. C'est bien là une sorte de rédemption, puisqu'on a ainsi catalogué le délire, mais qui ne vise que la créature à venir, car celle du présent est frappée d'une déchéance corrélative de la captation des rayons divins par la volupté qui les rive à Schreber (S. 51-52-V).

En quoi la dimension de mirage se dessine, que le temps indéfini où sa promesse s'atermoie, souligne encore, et que profondément conditionne l'absence de médiation dont le fantasme témoigne. Car on peut voir qu'il parodie la situation du couple de survivants ultimes qui, par suite d'une catastrophe humaine se verrait, avec le pouvoir de repeupler la terre, confronté à ce que l'acte de la reproduction animale porte en soi-même de total.

Ici encore on peut placer sous le signe de la créature le point tournant d'où la ligne fuit en ses deux branches, celle de la jouissance narcissique et celle de l'identification idéale. Mais c'est au sens où son image est l'appeau de la capture

Du traitement possible de la psychose

imaginaire où l'une et l'autre s'enracinent. Et là aussi, la ligne tourne autour d'un trou, précisément celui où le « meurtre d'âmes » a installé la mort.

Cet autre gouffre fut-il formé du simple effet dans l'imaginaire de l'appel vain fait dans le symbolique à la métaphore paternelle ? Ou nous faut-il le concevoir comme produit en un second degré par l'élision du phallus, que le sujet ramènerait pour la résoudre à la béance mortifère du stade du miroir ? Assurément le lien cette fois génétique de ce stade avec la symbolisation de la Mère en tant qu'elle est primordiale, ne saurait manquer d'être évoqué, pour motiver cette solution.

Pouvons-nous repérer les points géométriques du schéma R sur un schéma de la structure du sujet au terme du procès psychotique ? Nous le tentons dans le schéma I, présenté ci-dessous.

Sans doute ce schéma participe-t-il de l'excès où s'oblige toute formalisation qui veut se présenter dans l'intuitif.

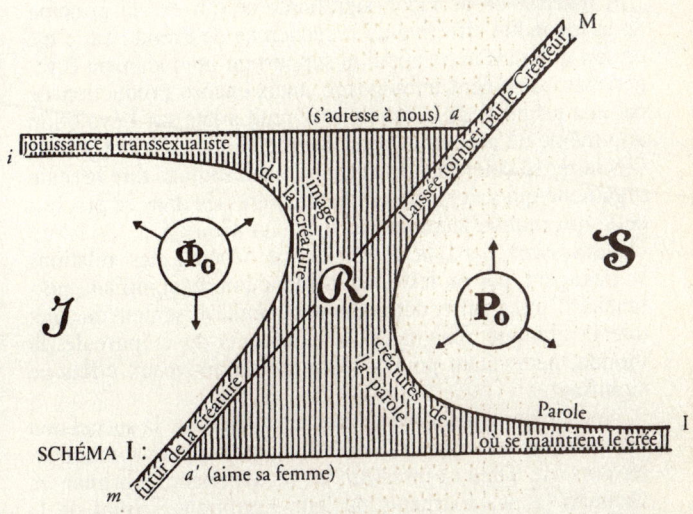

SCHÉMA I :

C'est dire que la distorsion qu'il manifeste entre les fonctions qu'y identifient les lettres qui y sont reportées du schéma R, ne peut être appréciée qu'à son usage de relance dialectique.

Pointons ici seulement dans la double courbe de l'hyperbole qu'il dessine, au glissement près de ces deux courbes le long d'une des droites directrices de leur asymptote, le lien rendu sensible, dans la double asymptote qui unit le moi délirant à l'autre divin, de leur divergence imaginaire dans l'espace et dans le temps à la convergence idéale de leur conjonction. Non sans relever que d'une telle forme Freud a eu l'intuition, puisqu'il a introduit lui-même le terme : *asymptotisch* à ce propos [25].

Toute l'épaisseur de la créature réelle s'interpose par contre pour le sujet entre la jouissance narcissique de son image et l'aliénation de la parole où l'Idéal du moi a pris la place de l'Autre.

Ce schéma démontre que l'état terminal de la psychose ne représente pas le chaos figé où aboutit la retombée d'un séisme, mais bien plutôt cette mise au jour de lignes d'efficience, qui fait parler quand il s'agit d'un problème de solution élégante.

Il matérialise de façon signifiante ce qui est au principe de la fécondité effective de la recherche de Freud ; car c'est un fait que sans autre appui ni support qu'un document écrit, non pas seulement témoignage, mais encore production de cet état terminal de la psychose, Freud a jeté sur l'évolution elle-même du procès les premières lumières qui aient permis d'éclairer sa détermination propre, nous voulons dire la seule organicité qui soit essentiellement intéressée dans ce procès : celle qui motive la structure de la signification.

Ramassées dans la forme de ce schéma, les relations se dégagent, par où les effets d'induction du signifiant, portant sur l'imaginaire, déterminent ce bouleversement du sujet que la clinique désigne sous les aspects du crépuscule du monde, nécessitant pour y répondre de nouveaux effets de signifiant.

Nous avons dans notre séminaire montré que la succession symbolique des royaumes antérieurs, puis des royaumes postérieurs de Dieu, l'inférieur et le supérieur, Ahriman et Ormuzd, et les tournants de leur « politique » (mot de la langue de fond) à l'endroit du sujet, donnent justement ces réponses aux différentes étapes de la dissolution imaginaire,

---

25. Freud, *G.W.*, t. VIII, p. 284 et la note.

Du traitement possible de la psychose

que les souvenirs du malade et les certificats médicaux connotent d'ailleurs suffisamment, pour y restituer un ordre du sujet.

Pour la question que nous promouvons ici sur l'incidence aliénante du signifiant, nous y retiendrons ce nadir d'une nuit de juillet 94 où Ahriman, le Dieu inférieur, se dévoilant à Schreber dans l'appareil le plus impressionnant de sa puissance, l'interpella de ce mot simple et, au dire du sujet, courant dans la langue fondamentale [26] : *Luder !*

Sa traduction mérite mieux que le recours au dictionnaire Sachs-Villatte dont on s'est contenté en français. La référence de M. Niederland au *lewd* anglais qui veut dire putain, ne nous paraît pas recevable dans son effort pour rejoindre le sens de chiffe ou de salope qui est celui de son emploi d'injure ordurière.

Mais si nous tenons compte de l'archaïsme signalé comme caractéristique de la langue de fond, nous nous croyons autorisé à rapporter ce terme à la racine du *leurre* français, du *lure* anglais, qui est bien la meilleure allocution *ad hominem* à quoi l'on puisse s'attendre venant du symbolique : le grand Autre a de ces impertinences.

Reste la disposition du champ $\mathcal{R}$ dans le schéma, pour autant qu'elle représente les conditions sous lesquelles la réalité s'est restaurée pour le sujet : pour lui sorte d'îlot dont la consistance lui est imposée après l'épreuve par sa constance [27], pour nous liée à ce qui la lui rend habitable, mais aussi qui la distord, à savoir des remaniements excentriques de l'imaginaire $\mathcal{J}$ et du symbolique $\mathcal{S}$, qui la réduisent au champ de leur décalage.

La conception subordonnée que nous devons nous faire de la fonction de la réalité dans le processus, dans sa cause comme dans ses effets, est ici l'important.

Nous ne pouvons nous étendre ici sur la question pourtant de premier plan de savoir ce que nous sommes pour le sujet, nous à qui il s'adresse en tant que lecteurs, ni sur ce qui

---

26. S. 136-X.
27. Lors de l'acmé de la dissolution imaginaire, le sujet a montré dans son aperception délirante un recours singulier à ce critère de la réalité, qui est de revenir toujours à la même place, et pourquoi les astres nous la représentent éminemment : c'est le motif désigné par ses voix sous le nom d'arrimage aux terres (*Anbinden an Erden*, S. 125-IX).

demeure de sa relation à sa femme, à qui était dédié le premier dessein de son livre, dont les visites durant sa maladie ont toujours été accueillies par la plus intense émotion, et pour qui il nous affirme, concurremment à son aveu le plus décisif de sa vocation délirante, « avoir conservé l'ancien amour » (S. note de p. 179-XIII).

Le maintien dans le schéma I du trajet *Saa'*A y symbolise l'opinion que nous avons prise de l'examen de ce cas, que la relation à l'autre en tant qu'à son semblable, et même une relation aussi élevée que celle de l'amitié au sens où Aristote en fait l'essence du lien conjugal, sont parfaitement compatibles avec le désaxement de la relation au grand Autre, et tout ce qu'elle comporte d'anomalie radicale, qualifiée, improprement mais non sans quelque portée d'approche, dans la vieille clinique, de délire partiel.

Il vaudrait pourtant mieux ce schéma de le mettre au panier, s'il devait, à l'instar de tant d'autres, aider quiconque à oublier dans une image intuitive l'analyse qui la supporte.

Qu'on y pense seulement en effet, on aperçoit comment l'interlocutrice dont nous saluons une dernière fois l'authentique réflexion, Mme Ida Macalpine, y trouverait son compte, à seulement y méconnaître ce qui nous l'a fait constituer.

Ce que nous affirmons ici, c'est qu'à reconnaître le drame de la folie, la raison est à son affaire, *sua res agitur*, parce que c'est dans la relation de l'homme au signifiant que ce drame se situe.

Le péril qu'on évoquera de délirer avec le malade, n'est pas pour nous intimider, plus qu'il ne fit à Freud.

Nous tenons avec lui qu'il convient d'écouter celui qui parle, quand il s'agit d'un message qui ne provient pas d'un sujet au-delà du langage, mais bien d'une parole au-delà du sujet. Car c'est alors qu'on entendra cette parole, que Schreber capte dans l'Autre, quand d'Ahriman à Ormuzd, du Dieu malin au Dieu absent, elle porte la semonce où la loi même du signifiant s'articule : « *Aller Unsinn hebt sich auf !* » « Tout Non-Sens s'annule ! » (S. 182-183-XIII et 312-P.S. IV).

Point où nous retrouvons (laissant à ceux qui s'occuperont de nous plus tard le soin de savoir pourquoi nous l'avons laissé dix ans en suspens) le dire de notre dialogue avec Henri

Ey[28] : « L'être de l'homme non seulement ne peut être compris sans la folie, mais il ne serait pas l'être de l'homme s'il ne portait en lui la folie comme la limite de sa liberté. »

V. *Post-scriptum.*

Nous enseignons suivant Freud que l'Autre est le lieu de cette mémoire qu'il a découverte sous le nom d'inconscient, mémoire qu'il considère comme l'objet d'une question restée ouverte en tant qu'elle conditionne l'indestructibilité de certains désirs. À cette question nous répondrons par la conception de la chaîne signifiante, en tant qu'une fois inaugurée par la symbolisation primordiale (que le jeu : *Fort ! Da !*, mis en lumière par Freud à l'origine de l'automatisme de répétition, rend manifeste), cette chaîne se développe selon des liaisons logiques dont la prise sur ce qui est à signifier, à savoir l'être de l'étant, s'exerce par les effets de signifiant, décrits par nous comme métaphore et comme métonymie.

C'est dans un accident de ce registre et de ce qui s'y accomplit, à savoir la forclusion du Nom-du-Père à la place de l'Autre, et dans l'échec de la métaphore paternelle que nous désignons le défaut qui donne à la psychose sa condition essentielle, avec la structure qui la sépare de la névrose.

Ce propos, que nous apportons ici comme question préliminaire à tout traitement possible de la psychose, poursuit sa dialectique au-delà : nous l'arrêtons pourtant ici, nous allons dire pourquoi.

C'est d'abord que de notre halte il vaut d'indiquer ce qu'on découvre.

Une perspective qui n'isole pas la relation de Schreber à Dieu de son relief subjectif, la marque de traits négatifs qui la font apparaître plutôt mélange qu'union de l'être à l'être, et qui, dans la voracité qui s'y compose avec le dégoût, dans la complicité qui en supporte l'exaction, ne montre rien, pour appeler les choses par leur nom, de la Présence et de la Joie qui illuminent l'expérience mystique : opposition que ne démontre pas seulement, mais que fonde l'absence étonnante

---

28. *Propos sur la causalité psychique* (Rapport du 28 septembre 1946 pour les Journées de Bonneval), cf. ici même, t. I, p. 150.

dans cette relation du *Du*, nous voulons dire du Tu, dont certaines langues réservent le vocable *(Thou)* à l'appel de Dieu et à l'appel à Dieu, et qui est le signifiant de l'Autre dans la parole.

Nous savons les fausses pudeurs qui sont de mise dans la science à cet endroit, elles sont compagnes des fausses pensées de la cuistrerie, quand elle arguë de l'ineffable du vécu, voire de la « conscience morbide », pour désarmer l'effort dont elle se dispense, à savoir celui qui est requis au point où justement ce n'est pas ineffable puisque ça parle, où le vécu, loin de séparer, se communique, où la subjectivité livre sa structure véritable, celle où ce qui s'analyse est identique à ce qui s'articule.

Aussi bien du même belvédère où nous a porté la subjectivité délirante, nous tournerons-nous aussi vers la subjectivité scientifique : nous voulons dire celle que le savant à l'œuvre dans la science, partage avec l'homme de la civilisation qui la supporte. Nous ne nierons pas qu'au point du monde où nous résidons, nous en avons vu assez là-dessus pour nous interroger sur les critères par où l'homme d'un discours sur la liberté qu'il faut bien qualifier de délirant (nous y avons consacré un de nos séminaires), d'un concept du réel où le déterminisme n'est qu'un alibi, vite angoissant si l'on tente d'en étendre le champ au hasard (nous l'avons fait éprouver à notre auditoire dans une expérience test), d'une croyance qui le rassemble pour la moitié au moins de l'univers sous le symbole du père Noël (ce qui ne peut échapper à personne), nous détournerait de le situer, par une analogie légitime, dans la catégorie de la psychose sociale, – pour l'instauration de laquelle Pascal, si nous ne nous trompons pas, nous aurait précédé.

Qu'une telle psychose s'avère compatible avec ce qu'on appelle le bon ordre, c'est ce qui n'est pas douteux, mais ce n'est pas non plus ce qui autorise le psychiatre, fût-il le psychanalyste, à se fier à sa propre compatibilité avec cet ordre pour se croire en possession d'une idée adéquate de la *réalité* à quoi son patient se montrerait inégal.

Peut-être dans ces conditions ferait-il mieux d'élider cette idée de son appréciation des fondements de la psychose : ce qui ramène notre regard à l'objectif de son traitement.

Pour mesurer le chemin qui nous en sépare, qu'il nous

suffise d'évoquer l'amas de lenteurs dont ses pèlerins l'ont jalonné. Chacun sait qu'aucune élaboration, si savante soit-elle, du mécanisme du transfert, n'est parvenue à faire qu'il ne soit pas dans la pratique conçu comme une relation purement duelle dans ses termes et parfaitement confuse dans son substrat.

Introduisons la question de ce qu'à seulement prendre le transfert pour sa valeur fondamentale de phénomène de répétition, il devrait répéter dans les personnages persécuteurs où Freud ici désigne son effet ?

Réponse molle qui nous arrive : à suivre votre démarche, une carence paternelle sans doute. Dans ce style on ne s'est pas privé d'en écrire de toutes les couleurs : et « l'entourage » du psychotique a fait l'objet d'une recension minutieuse de tous les bouts d'étiquette biographiques et caractérologiques que l'anamnèse permettait de décoller des *dramatis personae*, voire de leurs « relations interhumaines [29] ».

Procédons pourtant selon les termes de structure que nous avons dégagés.

Pour que la psychose se déclenche, il faut que le Nom-du-Père, *verworfen*, forclos, c'est-à-dire jamais venu à la place de l'Autre, y soit appelé en opposition symbolique au sujet.

C'est le défaut du Nom-du-Père à cette place qui, par le trou qu'il ouvre dans le signifié amorce la cascade des remaniements du signifiant d'où procède le désastre croissant de l'imaginaire, jusqu'à ce que le niveau soit atteint où signifiant et signifié se stabilisent dans la métaphore délirante.

Mais comment le Nom-du-Père peut-il être appelé par le sujet à la seule place d'où il ait pu lui advenir et où il n'a jamais été ? Par rien d'autre qu'un père réel, non pas du tout forcément par le père du sujet, par Un-père.

Encore faut-il que cet Un-père vienne à cette place où le sujet n'a pu l'appeler d'auparavant. Il y suffit que cet Un-père se situe en position tierce dans quelque relation qui ait pour base le couple imaginaire a-a', c'est-à-dire moi-objet ou

---

29. Cf. la thèse sur *Le milieu familial des schizophrènes* (Paris, 1957), d'André Green : travail dont le mérite certain n'eût pas souffert si de plus sûrs repères l'eussent guidé vers un meilleur succès ; nommément quant à l'approche de ce qu'on y appelle bizarrement la « fracture psychotique ».

idéal-réalité, intéressant le sujet dans le champ d'agression érotisé qu'il induit.

Qu'on recherche au début de la psychose cette conjoncture dramatique. Qu'elle se présente pour la femme qui vient d'enfanter, en la figure de son époux, pour la pénitente avouant sa faute, en la personne de son confesseur, pour la jeune fille enamourée en la rencontre du « père du jeune homme », on la trouvera toujours, et on la trouvera plus aisément à se guider sur les « situations » au sens romanesque de ce terme. Qu'on entende ici au passage que ces situations sont pour le romancier sa ressource véritable, à savoir celle qui fait sourdre la « psychologie profonde », où aucune visée psychologique ne saurait le faire accéder[30].

Pour aller maintenant au principe de la forclusion *(Verwerfung)* du Nom-du-Père, il faut admettre que le Nom-du-Père redouble à la place de l'Autre le signifiant lui-même du ternaire symbolique, en tant qu'il constitue la loi du signifiant.

L'essai n'en saurait rien coûter, semble-t-il, à ceux qui dans leur quête des coordonnées d'« environnement » de la psychose errent comme âmes en peine de la mère frustrante à la mère gavante, non sans ressentir qu'à se diriger du côté de la situation du père de famille, ils brûlent, comme on dit au jeu de cache-tampon.

Encore dans cette recherche tâtonnante sur une carence paternelle, dont la répartition ne laisse pas d'inquiéter entre le père tonnant, le père débonnaire, le père tout-puissant, le père humilié, le père engoncé, le père dérisoire, le père au ménage, le père en vadrouille, ne serait-il pas abusif d'attendre quelque effet de décharge de la remarque suivante : à savoir que les effets de prestige qui sont en jeu en tout cela, et où (grâce au ciel !) la relation ternaire de l'Œdipe n'est pas tout à fait omise, puisque la révérence de la mère y est tenue pour décisive, se ramènent à la rivalité des deux parents dans l'imaginaire du sujet, – soit à ce qui s'articule dans la question dont l'adresse apparaît être régulière, pour ne pas dire obligatoire, en toute enfance qui se respecte : « Qui est-ce que tu aimes le mieux, papa ou maman ? »

---

30. Nous souhaitons ici bonne chance à celui de nos élèves qui s'est engagé dans la voie de cette remarque, où la critique peut s'assurer d'un fil qui ne la trompe pas.

Du traitement possible de la psychose

Nous ne visons à rien réduire par ce rapprochement : bien au contraire, car cette question, où l'enfant ne manque jamais de concrétiser l'écœurement qu'il ressent de l'infantilisme de ses parents, est précisément celle dont ces véritables enfants que sont les parents (il n'y en a en ce sens pas d'autres qu'eux dans la famille) entendent masquer le mystère de leur union ou de leur désunion selon les cas, à savoir de ce que leur rejeton sait fort bien être tout le problème et qu'il se pose comme tel.

On nous dira là-dessus qu'on met précisément l'accent sur le lien d'amour et de respect, par où la mère met ou non le père à sa place idéale. Curieux, répondrons-nous d'abord, qu'on ne fasse guère état des mêmes liens en sens inverse, en quoi s'avère que la théorie participe au voile jeté sur le coït des parents par l'amnésie infantile.

Mais ce sur quoi nous voulons insister, c'est que ce n'est pas uniquement de la façon dont la mère s'accommode de la personne du père, qu'il conviendrait de s'occuper, mais du cas qu'elle fait de sa parole, disons le mot, de son autorité, autrement dit de la place qu'elle réserve au Nom-du-Père dans la promotion de la loi.

Plus loin encore la relation du père à cette loi doit-elle être considérée en elle-même, car on y trouvera la raison de ce paradoxe, par quoi les effets ravageants de la figure paternelle s'observent avec une particulière fréquence dans les cas où le père a réellement la fonction de législateur ou s'en prévaut, qu'il soit en fait de ceux qui font les lois ou qu'il se pose en pilier de la foi, en parangon de l'intégrité ou de la dévotion, en vertueux ou en virtuose, en servant d'une œuvre de salut, de quelque objet ou manque d'objet qu'il y aille, de nation ou de natalité, de sauvegarde ou de salubrité, de legs ou de légalité, du pur, du pire ou de l'empire, tous idéaux qui ne lui offrent que trop d'occasions d'être en posture de démérite, d'insuffisance, voire de fraude, et pour tout dire d'exclure le Nom-du-Père de sa position dans le signifiant.

Il n'en faut pas tant pour obtenir ce résultat, et nul de ceux qui pratiquent l'analyse des enfants ne niera que le mensonge de la conduite ne soit par eux perçu jusqu'au ravage. Mais qui articule que le mensonge ainsi perçu implique la référence à la fonction constituante de la parole ?

Il s'avère ainsi qu'un peu de sévérité n'est pas de trop pour donner à la plus accessible expérience son sens véridique. Les suites qu'on en peut attendre dans l'examen et la technique, se jugent ailleurs.

Nous ne donnons ici que ce qu'il faut pour apprécier la maladresse avec laquelle les auteurs les mieux inspirés manient ce qu'ils trouvent de plus valable à suivre Freud sur le terrain de la prééminence qu'il accorde au transfert de la relation au père dans la genèse de la psychose.

Niederland en donne l'exemple remarquable [31] en attirant l'attention sur la généalogie délirante de Flechsig, construite avec les noms de la lignée réelle de Schreber, Gottfried, Gottlieb, Fürchtegott, Daniel surtout qui s'y transmet de père en fils et dont il donne le sens en hébreu, pour montrer dans leur convergence vers le nom de Dieu *(Gott)* une chaîne symbolique importante à manifester la fonction du père dans le délire.

Mais faute d'y distinguer l'instance du Nom-du-Père dont il ne suffit évidemment pas, pour la reconnaître, qu'elle soit ici visible à l'œil nu, il manque l'occasion d'y saisir la chaîne où se trament les agressions érotiques éprouvées par le sujet, et de contribuer par là à mettre à sa place ce qu'il faut appeler proprement l'homosexualité délirante.

Comment dès lors se serait-il arrêté à ce que la phrase citée plus haut des premières lignes du deuxième chapitre [32] de Schreber recèle en son énoncé : un de ces énoncés si manifestement faits pour qu'on ne les entende point, qu'ils doivent retenir l'oreille. Que veut dire à la prendre à la lettre l'égalité de plan où l'auteur joint les noms de Flechsig et de Schreber au meurtre d'âmes pour nous introduire au principe de l'abus dont il est victime ? Il faut laisser quelque chose à pénétrer aux glossateurs de l'avenir.

Aussi incertain est l'essai, où s'exerce M. Niederland dans le même article, de préciser à partir du sujet cette fois, et non plus du signifiant (lesquels termes lui sont bien entendu étrangers), le rôle de la fonction paternelle dans le déclenchement du délire.

S'il prétend en effet pouvoir désigner l'occasion de la psychose dans la simple assomption de la paternité par le

---

31. *Op. cit.*
32. Cf. cette phrase citée dans la note de la page 36.

sujet, ce qui est le thème de son essai, il est alors contradictoire de tenir pour équivalents la déception notée par Schreber de ses espoirs de paternité et son accession à la Haute Cour, dont son titre de *Senätspräsident* souligne la qualité de Père (conscrit) qu'elle lui assigne : ceci pour la seule motivation de sa seconde crise, sans préjudice de la première que l'échec de sa candidature au Reichstag expliquerait de la même façon.

Alors que la référence à la position tierce où le signifiant de la paternité est appelé dans tous ces cas, serait correcte et lèverait cette contradiction.

Mais dans la perspective de notre propos, c'est la forclusion *(Verwerfung)* primordiale qui domine tout par son problème, et les considérations qui précèdent ne nous laissent ici sans vert.

Car à se reporter à l'œuvre de Daniel Gottlob Moritz Schreber, fondateur d'un institut d'orthopédie à l'université de Leipzig, éducateur, ou mieux, pour l'articuler en anglais, « éducationnaliste », réformateur social « avec une vocation d'apôtre pour apporter aux masses la santé, le bonheur et la félicité » (sic. Ida Macalpine, *loc. cit.*, p. 1[33]) par la culture physique, initiateur de ces lopins de verdure destinés à entretenir chez l'employé un idéalisme potager, qui gardent encore en Allemagne le nom de *Schrebergärten*, sans parler des quarante éditions de la *Gymnastique médicale de chambre*, dont les petits bonshommes « torchés à la six-quatre-deux » qui l'illustrent, sont quasiment évoqués par Schreber (S. 166-XII), nous pourrons tenir pour passées les limites où le natif et le natal vont à la nature, au naturel, au naturisme, voire à la naturalisation, où la vertu tourne au vertige, le legs à la ligue, le salut à la saltation, où le pur touche au malempire, et où nous ne serons pas étonnés que l'enfant, à l'instar du mousse de la pêche célèbre de Prévert, envoie ballader *(verwerfe)* la baleine de l'imposture, après en avoir, selon le trait de ce morceau immortel, percé la trame de père en part.

---

33. En note de la même page, Mme Ida Macalpine cite le titre d'un des livres de cet auteur, ainsi conçu, *Glückseligkeitslehre für das physische Leben des Menschen*, soit : *Cours de félicité bienheureuse pour la vie physique de l'homme.*

Nul doute que la figure du Pr Flechsig, en sa gravité de chercheur (le livre de Mme Macalpine nous donne une photo qui nous le montre se profilant sur le colossal agrandissement d'un hémisphère cérébral), n'ait pas réussi à suppléer au vide soudain aperçu de la *Verwerfung* inaugurale : (« *Kleiner Flechsig !* Petit Flechsig ! » clament les voix.)

Du moins est-ce la conception de Freud, en tant qu'elle désigne dans le transfert que le sujet a opéré sur la personne de Flechsig le facteur qui a précipité le sujet dans la psychose.

Moyennant quoi, quelques mois après, les jaculations divines feront entendre leur concert dans le sujet pour envoyer le Nom du Père se faire f... avec aux fesses le Nom de D...[34] et fonder le Fils dans sa certitude qu'au bout de ses épreuves, il ne saurait mieux faire que de « faire[35] » sur le monde entier (S. 226-XVI).

C'est ainsi que le dernier mot où « l'expérience intérieure » de notre siècle nous ait livré son comput, se trouve

---

34. S. 194-XIV. *Die Redensart « Ei verflucht »... war noch ein Uberbleibsel der Grundsprache, in welcher die Worte « Ei verflucht, das sagt sich schwer » jedesmal gebraucht werden, wenn irgend ein mit der Weltordnung unerträgliche Erscheinung in das Bewusstsein der Seelen trat, z. B. « Ei verflucht, das sagt sich schwer, dass der liebe Gott sich f... lässt ».*

35. Nous croyons pouvoir emprunter au registre même de la *Grundsprache* cet euphémisme, dont les voix pourtant et Schreber lui-même contrairement à leur coutume se dispensent ici.

Croyant mieux remplir les devoirs de la rigueur scientifique à pointer l'hypocrisie qui, en ce détour comme en d'autres, réduit au bénin, voire au niais, ce que démontre l'expérience freudienne. Nous voulons dire l'emploi indéfinissable qu'on fait ordinairement de références telles que celle-ci : à ce moment de son analyse, le malade a régressé à la phase anale. Il ferait beau voir la figure de l'analyste si le malade venait à « pousser », voire seulement à baver sur son divan.

Tout ceci n'est que retour masqué à la sublimation qui trouve abri dans l'*inter urinas et faeces nascimur*, y impliquant que cette origine sordide ne concerne que notre corps.

Ce que l'analyse découvre est tout autre chose. Ce n'est pas sa guenille, c'est l'être même de l'homme qui vient à prendre rang parmi les déchets où les premiers ébats ont trouvé leur cortège, pour autant que la loi de la symbolisation où doit s'engager son désir, le prend dans son filet par la position d'objet partiel où il s'offre en arrivant au monde, à un monde où le désir de l'Autre fait la loi.

Cette relation est bien entendu articulée en clair par Schreber en ce qu'il rapporte, pour le dire sans laisser d'ambiguïté, à l'acte de ch..., — nommément le fait d'y sentir se rassembler les éléments de son être, dont la dispersion dans l'infini de son délire fait sa souffrance.

être articulé avec cinquante ans d'avance par la théodicée à laquelle Schreber est en butte : « Dieu est une p...[36]. »

Terme où culmine le processus par quoi le signifiant s'est « déchaîné » dans le réel, après que la faillite fut ouverte du Nom-du-Père, – c'est-à-dire du signifiant qui dans l'Autre, en tant que lieu du signifiant, est le signifiant de l'Autre en tant que lieu de la loi.

Nous laisserons là pour le moment cette question préliminaire à tout traitement possible des psychoses, qui introduit, on le voit, la conception à se former de la manœuvre, dans ce traitement, du transfert.

Dire ce que sur ce terrain nous pouvons faire, serait prématuré, parce que ce serait aller maintenant « au-delà de Freud », et qu'il n'est pas question de dépasser Freud, quand la psychanalyse d'après Freud en est revenue, comme nous l'avons dit, à l'étape d'avant.

Du moins est-ce ce qui nous écarte de tout autre objet que de restaurer l'accès de l'expérience que Freud a découverte.

Car user de la technique qu'il a instituée, hors de l'expérience à laquelle elle s'applique, est aussi stupide que d'ahaner à la rame quand le navire est sur le sable.

(Déc. 1957-janv. 1958)

---

36. Sous la forme : *Die Sonne ist eine Hure* (S. 384-App.). Le soleil est pour Schreber l'aspect central de Dieu. L'expérience intérieure, dont il s'agit ici, est le titre de l'ouvrage central de l'œuvre de Georges Bataille. Dans *Madame Edwarda*, il décrit de cette expérience l'extrémité singulière.

La direction de la cure
et les principes de son pouvoir

Rapport du colloque de Royaumont 10-13 juillet 1958 [1]

I. *Qui analyse aujourd'hui ?*

1. Qu'une analyse porte les traits de la personne de l'analysé, on en parle comme de ce qui va de soi. Mais on croit faire preuve d'audace à s'intéresser aux effets qu'y aurait la personne de l'analyste. C'est du moins ce qui justifie le frémissement qui nous parcourt aux propos à la mode sur le contre-transfert, contribuant sans doute à en masquer l'impropriété conceptuelle : pensez de quelle hauteur d'âme nous témoignons à nous montrer dans notre argile être faits de la même que ceux que nous pétrissons.

J'ai écrit là un vilain mot. Il est léger pour ceux qu'il vise, quand on ne met même plus de forme aujourd'hui à avouer que sous le nom de psychanalyse on s'emploie à une « rééducation émotionnelle du patient » [22] [2].

Situer à ce niveau l'action de l'analyste emporte une position de principe, au regard de quoi tout ce qui peut se dire du contre-transfert, même à n'être pas vain, fera office de diversion. Car c'est au-delà que gît dès lors l'imposture que nous voulons ici déloger [3].

---

1. Premier rapport du Colloque international réuni à cette date, à l'invitation de la Société française de psychanalyse, paru dans *La Psychanalyse*, vol. 6.
2. Les chiffres entre crochets renvoient aux références placées à la fin de ce rapport.
3. Pour retourner contre l'esprit d'une société un terme au prix duquel on peut l'apprécier, quand la sentence où Freud s'égale aux présocratiques : *Wo es war, soll Ich werden*, s'y traduit tout uniment à l'usage français, par : Le Moi doit déloger le Ça.

La direction de la cure

Nous ne dénonçons pas pour autant ce que la psychanalyse d'aujourd'hui a d'antifreudien. Car en cela il faut lui savoir gré d'avoir mis bas le masque, puisqu'elle se targue de dépasser ce que d'ailleurs elle ignore, n'ayant retenu de la doctrine de Freud que juste assez pour sentir combien ce qu'elle vient à énoncer de son expérience, y est dissonant.

Nous entendons montrer en quoi l'impuissance à soutenir authentiquement une *praxis*, se rabat, comme il est en l'histoire des hommes commun, sur l'exercice d'un pouvoir.

2. Le psychanalyste assurément dirige la cure. Le premier principe de cette cure, celui qu'on lui épelle d'abord, qu'il retrouve partout dans sa formation au point qu'il s'en imprègne, c'est qu'il ne doit point diriger le patient. La direction de conscience, au sens du guide moral qu'un fidèle du catholicisme peut y trouver, est ici exclue radicalement. Si la psychanalyse pose des problèmes à la théologie morale, ce ne sont pas ceux de la direction de conscience, en quoi nous rappelons que la direction de conscience en pose aussi.

La direction de la cure est autre chose. Elle consiste d'abord à faire appliquer par le sujet la règle analytique, soit les directives dont on ne saurait méconnaître la présence au principe de ce qu'on appelle « la situation analytique », sous le prétexte que le sujet les appliquerait au mieux sans y penser.

Ces directives sont dans une communication initiale posées sous forme de consignes dont, si peu que les commente l'analyste, on peut tenir que jusque dans les inflexions de leur énoncé, ces consignes véhiculeront la doctrine que s'en fait l'analyste au point de conséquence où elle est venue pour lui. Ce qui ne le rend pas moins solidaire de l'énormité des préjugés qui chez le patient attendent à cette même place : selon l'idée que la diffusion culturelle lui a permis de se former du procédé et de la fin de l'entreprise.

Ceci déjà suffit à nous montrer que le problème de la direction s'avère, dès les directives du départ, ne pouvoir se formuler sur une ligne de communication univoque, ce qui nous oblige à en rester là de ce temps pour l'éclairer de sa suite.

Posons seulement qu'à le réduire à sa vérité, ce temps consiste à faire oublier au patient qu'il s'agit seulement de paroles, mais que cela n'excuse pas l'analyste de l'oublier lui-même [16].

3. Au reste avons-nous annoncé que c'est par le côté de l'analyste que nous entendions engager notre sujet.

Disons que dans la mise de fonds de l'entreprise commune, le patient n'est pas seul avec ses difficultés à en faire l'écot. L'analyste aussi doit payer :

– payer de mots sans doute, si la transmutation qu'ils subissent de l'opération analytique, les élève à leur effet d'interprétation ;
– mais aussi payer de sa personne, en tant que, quoi qu'il en ait, il la prête comme support aux phénomènes singuliers que l'analyse a découverts dans le transfert ;
– oubliera-t-on qu'il doit payer de ce qu'il y a d'essentiel dans son jugement le plus intime, pour se mêler d'une action qui va au cœur de l'être (*Kern unseres Wesens*, écrit Freud [6]) : y resterait-il seul hors de jeu ?

Que ceux dont les vœux vont à nos armes, ne s'inquiètent pas pour moi, à la pensée que je m'offre ici encore à des adversaires toujours heureux de me renvoyer à ma métaphysique.

Car c'est au sein de leur prétention à se suffire de l'efficacité, que s'élève un propos comme celui-ci : que l'analyste guérit moins par ce qu'il dit et fait que par ce qu'il est [22]. Personne apparemment n'y demandant raison d'un tel propos à son auteur, non plus qu'on ne le rappelle à la pudeur, quand, avec un sourire lassé à l'adresse de la dérision qu'il encourt, c'est à la bonté, à la sienne (il faut être bon, nulle transcendance dans le contexte), qu'il s'en remet pour mettre un terme à un débat sans issue sur la névrose du transfert[4]. Mais qui aurait la cruauté d'interroger celui qui ploie sous le faix de la valise, quand son port clairement donne à penser qu'elle est pleine de briques ?

Pourtant l'être est l'être, qui que ce soit qui l'invoque, et nous avons le droit de demander ce qu'il vient faire ici.

---

4. « Comment terminer le traitement analytique », *Revue franç. de Psychanalyse*, 1954, IV, p. 519 et *passim*. Pour mesurer l'influence d'une telle formation, lire : Ch.-H. Nodet, « Le psychanalyste », *L'Évolution psychiatrique*, 1957, n° IV, p. 689-691.

4. Je remettrai donc l'analyste sur la sellette, en tant que je le suis moi-même, pour remarquer qu'il est d'autant moins sûr de son action qu'il y est plus intéressé dans son être.

Interprète de ce qui m'est présenté en propos ou en actes, je décide de mon oracle et l'articule à mon gré, seul maître à mon bord après Dieu, et bien entendu loin de pouvoir mesurer tout l'effet de mes paroles, mais en cela justement averti et tâchant à y parer, autrement dit libre toujours du moment et du nombre, autant que du choix de mes interventions, au point qu'il semble que la règle ait été ordonnée tout entière à ne gêner en rien mon faire d'exécutant, ce à quoi est corrélatif l'aspect de « matériel », sous lequel mon action ici prend ce qu'elle a produit.

5. Quant au maniement du transfert, ma liberté s'y trouve par contre aliénée du dédoublement qu'y subit ma personne, et nul n'ignore que ce soit là qu'il faille chercher le secret de l'analyse. Ceci n'empêche pas qu'on se croie en progrès à ce docte propos : que la psychanalyse doive être étudiée comme une situation à deux. Sans doute y met-on des conditions qui en restreignent les mouvements, mais il reste que la situation ainsi conçue sert à articuler (et sans plus d'artifice que la rééducation émotionnelle plus haut citée) les principes d'un dressage du Moi dit faible, et par un Moi qu'on aime à croire de force à remplir ce projet, car il est fort. Qu'on ne l'émette pas sans gêne, c'est ce dont témoignent des repentirs dont la gaucherie frappe, comme celui qui précise ne pas céder sur l'exigence d'une « guérison par le dedans » [22][5]. Mais il n'en est que plus significatif de constater que l'assentiment du sujet, par son rappel en ce passage, ne vient qu'au second temps d'un effet d'abord imposé.

Ce n'est pas pour notre plaisir que nous étalons ces déviations, mais plutôt pour de leurs écueils faire balises à notre route.

En fait, tout analyste (fût-il de ceux qui s'égarent ainsi)

---

5. Nous promettons à nos lecteurs de ne plus les fatiguer dans ce qui vient, d'aussi sottes formules, qui ici n'ont vraiment d'autre utilité que de montrer où on en est arrivé le discours analytique. Nous nous en sommes excusé auprès de nos auditeurs étrangers qui en avaient sans doute autant à leur service dans leur langue, mais peut-être pas tout à fait de la même platitude.

ressent toujours le transfert dans l'émerveillement de l'effet le moins attendu d'une relation à deux qui serait comme les autres. Il se dit qu'il a là à composer avec un phénomène dont il n'est pas responsable, et l'on sait l'insistance que Freud a mise à souligner sa spontanéité chez le patient.

Depuis quelque temps, les analystes dans les révisions déchirantes dont ils nous régalent, insinueraient volontiers que cette insistance dont ils se firent longtemps rempart, traduirait chez Freud quelque fuite devant l'engagement que suppose la notion de situation. On est, voyez-vous, à la page.

Mais c'est plutôt l'exaltation facile de leur geste à jeter les sentiments, mis au titre de leur contre-transfert, dans le plateau d'une balance où la situation s'équilibrerait de leur pesée, qui pour nous témoigne d'un malheur de la conscience corrélatif d'une démission à concevoir la vraie nature du transfert.

On ne saurait raisonner de ce que l'analysé fait supporter de ses fantasmes à la personne de l'analyste, comme de ce qu'un joueur idéal suppute des intentions de son adversaire. Sans doute y a-t-il aussi stratégie, mais qu'on ne se trompe pas à la métaphore du miroir pour autant qu'elle convienne à la surface unie que présente au patient l'analyste. Visage clos et bouche cousue n'ont point ici le même but qu'au bridge. Plutôt par là l'analyste s'adjoint-il l'aide de ce qu'on appelle à ce jeu le mort, mais c'est pour faire surgir le quatrième qui de l'analysé va être ici le partenaire, et dont l'analyste va par ses coups s'efforcer de lui faire deviner la main : tel est le lien, disons d'abnégation, qu'impose à l'analyste l'enjeu de la partie dans l'analyse.

On pourrait poursuivre la métaphore en déduisant de là son jeu selon qu'il se place « à droite » ou « à gauche » du patient, c'est-à-dire en posture de jouer après ou avant le quatrième, c'est-à-dire de jouer avant ou après celui-ci avec le mort.

Mais ce qu'il y a de certain, c'est que les sentiments de l'analyste n'ont qu'une place possible dans ce jeu, celle du mort ; et qu'à le ranimer, le jeu se poursuit sans qu'on sache qui le conduit.

Voilà pourquoi l'analyste est moins libre en sa stratégie qu'en sa tactique.

6. Allons plus loin. L'analyste est moins libre encore en ce qui domine stratégie et tactique : à savoir sa politique, où il ferait mieux de se repérer sur son manque à être que sur son être.

Pour dire les choses autrement : son action sur le patient lui échappe avec l'idée qu'il s'en fait, s'il n'en reprend pas le départ dans ce par quoi elle est possible, s'il ne retient pas le paradoxe de ce qu'elle a d'écartelé, pour réviser au principe la structure par où toute action intervient dans la réalité.

Pour les psychanalystes d'aujourd'hui, ce rapport à la réalité va de soi. Ils en mesurent les défections chez le patient sur le principe autoritaire des éducateurs de toujours. Seulement ils s'en remettent à l'analyse didactique de garantir son maintien à un taux suffisant chez les analystes, dont on ne laisse pas de sentir que, pour faire face aux problèmes de l'humanité qui s'adresse à eux, leurs vues seront parfois un peu locales. Ce n'est que reculer le problème d'un échelon individuel.

Et l'on n'est guère rassuré, quand ils tracent le procédé de l'analyse dans la réduction chez le sujet des écarts, imputés à son transfert et à ses résistances, mais repérés par rapport à la réalité, à les entendre se récrier sur la « situation toute simple » qu'offrirait l'analyse pour en prendre la mesure. Allons ! l'éducateur n'est pas près d'être éduqué, s'il peut juger aussi légèrement d'une expérience qu'il a dû pourtant lui-même traverser.

On présume à une telle appréciation que ces analystes eussent donné à cette expérience d'autres biais, s'ils avaient dû se fier à leur sens de la réalité pour l'inventer eux-mêmes : priorité scabreuse à imaginer. Ils s'en doutent un peu, et c'est pourquoi ils sont si pointilleux à en préserver les formes.

On conçoit que pour étayer une conception si évidemment précaire, certains outre-océan aient éprouvé le besoin d'y introduire une valeur stable, un étalon de la mesure du réel : c'est l'*ego* autonome. C'est l'ensemble supposé organisé des fonctions les plus disparates à prêter leur support au sentiment d'innéité du sujet. On le tient pour autonome, de ce qu'il serait à l'abri des conflits de la personne *(non-conflictual sphere)* [14].

On reconnaît là un mirage éculé que la psychologie d'introspection la plus académique avait déjà rejeté comme intenable. Cette régression est pourtant célébrée comme un retour au bercail de la « psychologie générale ».

Quoi qu'il en soit, elle résout la question de l'être de l'analyste[6]. Une équipe d'*egos* moins égaux sans doute qu'autonomes (mais à quelle estampille d'origine se reconnaissaient-ils dans la suffisance de leur autonomie ?), s'offre aux Américains pour les guider vers la *happiness*, sans déranger les autonomies, égoïstes ou non, qui pavent de leurs sphères sans conflit l'*American way* d'y parvenir.

7. Résumons-nous. Si l'analyste n'avait affaire qu'à des résistances, il y regarderait à deux fois avant de faire une interprétation, comme c'est bien son cas en effet, mais il en serait quitte avec cette prudence.

Seulement cette interprétation, s'il la donne, va être reçue comme venant de la personne que le transfert lui impute d'être. Acceptera-t-il de bénéficier de cette erreur sur la personne ? La morale de l'analyse n'y contredit pas, à condition qu'il interprète cet effet, faute de quoi l'analyse en resterait à une suggestion grossière.

Position incontestable, sauf que c'est comme venant de l'Autre du transfert que la parole de l'analyste sera encore entendue et que la sortie du sujet hors du transfert est ainsi reculée *ad infinitum*.

C'est donc pour ce que le sujet, à l'analyste, impute d'être (d'être qui soit ailleurs), qu'il est possible qu'une interprétation revienne à la place, d'où elle peut porter sur la répartition des réponses.

Mais là qui dira ce qu'il est, l'analyste, et ce qu'il en reste au pied du mur de la tâche d'interpréter ? Qu'il ose le dire lui-même, si, qu'il soit un homme, c'est tout ce qu'il a à nous répondre. Qu'il en ait ou pas, serait donc toute l'affaire : c'est pourtant là qu'il tourne bride, non seulement pour l'impudence du mystère, mais parce qu'en cet avoir, c'est de

---

6. En France le doctrinaire de l'être, plus haut cité, a été droit à cette solution : l'être du psychanalyste est inné [cf. *La P.D.A.*, I, p. 136].

La direction de la cure

l'être qu'il s'agit, et comment. Nous verrons plus loin que ce comment n'est pas commode.

Aussi préfère-t-il se rabattre sur son Moi, et sur la réalité dont il connaît un bout. Mais alors le voilà à je et à moi avec son patient. Comment faire, s'ils sont à couteaux tirés ? C'est ici qu'astucieusement on compte sur les intelligences qu'on doit avoir dans la place, dénommée en l'occasion la partie saine *du moi*, celle qui pense comme nous.

C.Q.N.R.P.D., peut-on conclure, ce qui nous ramène au problème du départ, soit à réinventer l'analyse.

Ou à la refaire : en traitant le transfert comme une forme particulière de la résistance.

Beaucoup le professent. C'est à eux que nous posons la question qui intitule ce chapitre : Qui est l'analyste ? Celui qui interprète en profitant du transfert ? Celui qui l'analyse comme résistance ? Ou celui qui impose son idée de la réalité ?

Question qui peut pincer de plus près ceux à qui elle s'adresse, et être moins facile à esquiver que la question : qui parle ? dont tel de mes élèves leur cornait les oreilles sur le compte du patient. Car leur réponse d'impatients ; un animal de notre espèce, à la question changée serait plus fâcheusement tautologique, de devoir dire : moi.

Tout cru.

II. *Quelle est la place de l'interprétation ?*

1. Ce qui précède ne donne pas réponse à tout ce qui s'y promeut de questions pour un novice. Mais à rassembler les problèmes actuellement agités autour de la direction de l'analyse en tant que cette actualité reflète son usage présent, nous croyons y avoir respecté les proportions.

C'est dire la moindre place que tient l'interprétation dans l'actualité psychanalytique, – non qu'on en ait perdu le sens mais que l'abord de ce sens témoigne toujours d'un embarras. Il n'est pas d'auteur qui s'y affronte sans procéder par détachement de tous les modes d'interventions verbales, qui ne sont pas l'interprétation : explications, gratifications, réponses à la demande..., etc. Le procédé devient révélateur quand il se rapproche du foyer de l'intérêt. Il impose que même un propos articulé pour amener le sujet à prendre vue *(insight)* sur une de ses conduites, et spécialement dans sa signification de résistance, peut recevoir tout autre nom, confrontation par exemple, fût-elle du sujet à son propre dire, sans mériter celui d'interprétation, seulement d'être un dire éclairant.

Les efforts d'un auteur sont touchants à tenter de forcer la théorie de la forme pour y trouver la métaphore qui lui permette d'exprimer ce que l'interprétation apporte de résolution dans une ambiguïté intentionnelle, de fermeture à une incomplétude qui n'est pourtant réalisée qu'après coup [2].

2. On sent que c'est la nature d'une transmutation dans le sujet, qui ici se dérobe, et d'autant plus douloureusement pour la pensée qu'elle lui échappe du moment même qu'elle passe au fait. Nul index ne suffit en effet à montrer où agit l'interprétation, si l'on n'admet radicalement un concept de la fonction du signifiant, qui saisisse où le sujet s'y subordonne au point d'en être suborné.

L'interprétation, pour déchiffrer la diachronie des répétitions inconscientes, doit introduire dans la synchronie des signifiants qui s'y composent, quelque chose qui soudain rende la traduction possible, – précisément ce que permet la fonction de l'Autre dans le recel du code, c'étant à propos de lui qu'en apparaît l'élément manquant.

Cette importance du signifiant dans la localisation de la vérité analytique, apparaît en filigrane, dès qu'un auteur se tient ferme aux connexions de l'expérience dans la définition des apories. Qu'on lise Edward Glover, pour mesurer le prix qu'il paye du défaut de ce terme : quand à articuler les vues les plus pertinentes, il trouve l'interprétation partout, faute de pouvoir l'arrêter nulle part, et jusque dans la banalité de l'ordonnance médicale, et qu'il en vient à dire tout uniment, sans qu'on sache s'il s'entend, que la formation du symptôme est une interprétation inexacte du sujet [13].

L'interprétation ainsi conçue devient une sorte de phlogistique : manifeste en tout ce qui se comprend à tort ou à raison, pour peu qu'il nourrisse la flamme de l'imaginaire, de cette pure parade qui, sous le nom d'agressivité, fait les choux gras de la technique de ce temps-là (1931-, c'est bien assez neuf pour être encore d'aujourd'hui. Cf. [13]).

C'est seulement à ce que l'interprétation vienne culminer

dans l'hic et nunc de ce jeu, qu'elle se distinguera de la lecture de la *signatura rerum* où Jung rivalise avec Boehme. L'y suivre irait fort peu à l'être de nos analystes.

Mais être à l'heure de Freud est bien d'une autre tablature, pour quoi il n'est pas superflu d'en savoir démonter l'horloge.

3. Notre doctrine du signifiant est d'abord discipline, où se rompent ceux que nous formons, aux modes d'effet du signifiant dans l'avènement du signifié, seule voie à concevoir qu'à s'y inscrire l'interprétation puisse produire du nouveau.

Car elle ne se fonde dans aucune assomption des archétypes divins, mais dans le fait que l'inconscient ait la structure radicale du langage, qu'un matériel y joue selon des lois, qui sont celles que découvre l'étude des langues positives, des langues qui sont ou furent effectivement parlées.

La métaphore du phlogistique que nous inspirait Glover à l'instant, prend son appropriation de l'erreur qu'elle évoque : la signification n'émane pas plus de la vie que le phlogistique dans la combustion ne s'échappe des corps. Bien plutôt faudrait-il en parler comme de la combinaison de la vie avec l'atome O du signe[7], du signe, en tant d'abord qu'il connote la présence *ou* l'absence, en apportant essentiellement l'*et* qui les lie, puisqu'à connoter la présence ou l'absence, il institue la présence sur fonds d'absence, comme il constitue l'absence dans la présence.

On se souviendra qu'avec la sûreté de sa démarche dans son champ, Freud cherchant le modèle de l'automatisme de répétition, s'arrête au carrefour d'un jeu d'occultation et d'une scansion alternative de deux phonèmes, dont la conjugaison chez un enfant le frappe.

C'est aussi bien qu'y apparaît du même coup la valeur de l'objet en tant qu'insignifiant (ce que l'enfant fait apparaître et disparaître), et le caractère accessoire de la perfection phonétique auprès de la distinction phonématique, dont personne ne contesterait à Freud qu'il soit en droit de la traduire

---

7. O, qui plutôt que d'être vocalisé comme la lettre symbolique de l'oxygène, évoquée par la métaphore poursuivie, peut être lu : zéro, en tant que ce chiffre symbolise la fonction essentielle de la place dans la structure du signifiant.

immédiatement par les *Fort ! Da !* de l'allemand parlé par lui adulte [9].

Point d'insémination d'un ordre symbolique qui préexiste au sujet infantile et selon lequel il va lui falloir se structurer.

4. Nous nous épargnerons de donner les règles de l'interprétation. Ce n'est pas qu'elles ne puissent être formulées, mais leurs formules supposent des développements que nous ne pouvons tenir pour connus, faute de pouvoir les condenser ici.

Tenons-nous-en à remarquer qu'à lire les commentaires classiques sur l'interprétation, on regrette toujours de voir combien peu de parti l'on sait tirer des données même qu'on avance.

Pour en donner un exemple, chacun témoigne à sa façon que pour confirmer le bien-fondé d'une interprétation, ce n'est pas la conviction qu'elle entraîne qui compte, puisque l'on en reconnaîtra bien plutôt le critère dans le matériel qui viendra à surgir à sa suite.

Mais la superstition psychologisante est tellement puissante dans les esprits qu'on sollicitera toujours le phénomène dans le sens d'un assentiment du sujet, omettant tout à fait ce qui résulte des propos de Freud sur la *Verneinung* comme forme d'aveu, dont le moins qu'on puisse dire est qu'on ne saurait la faire équivaloir à un chou blanc.

C'est ainsi que la théorie traduit comment la résistance est engendrée dans la pratique. C'est aussi ce que nous voulons faire entendre, quand nous disons qu'il n'y a pas d'autre résistance à l'analyse que celle de l'analyste lui-même.

5. Le grave est qu'avec les auteurs d'aujourd'hui, la séquence des effets analytiques semble prise à l'envers. L'interprétation ne serait, à suivre leurs propos qu'un ânonnement par rapport à l'ouverture d'une relation plus large où enfin l'on se comprend (« par le dedans » sans doute).

L'interprétation devient ici une exigence de la faiblesse à laquelle il nous faut venir en aide. C'est aussi quelque chose de bien difficile à lui faire avaler sans qu'elle le rejette. C'est les deux à la fois, c'est-à-dire un moyen bien incommode.

Mais c'est là seulement l'effet des passions de l'analyste : sa crainte qui n'est pas de l'erreur, mais de l'ignorance, son

La direction de la cure

goût qui n'est pas de satisfaire, mais de ne pas décevoir, son besoin qui n'est pas de gouverner, mais de garder le dessus. Il ne s'agit nullement du contre-transfert chez tel ou tel ; il s'agit des conséquences de la relation duelle, si le thérapeute ne la surmonte pas, et comment la surmonterait-il s'il en fait l'idéal de son action ?

Primum vivere sans doute : il faut éviter la rupture. Que l'on classe sous le nom de technique la civilité puérile et honnête à enseigner à cette fin, passe encore. Mais que l'on confonde cette nécessité physique, de la présence du patient au rendez-vous, avec la relation analytique, on se trompe et on fourvoie le novice pour longtemps.

6. Le transfert dans cette perspective devient la sécurité de l'analyste, et la relation au réel, le terrain où se décide le combat. L'interprétation qui a été ajournée jusqu'à la consolidation du transfert, devient dès lors subordonnée à la réduction de celui-ci.

Il en résulte qu'elle se résorbe dans un *working through*, qu'on peut fort bien traduire simplement par travail du transfert, qui sert d'alibi à une sorte de revanche prise de la timidité initiale, c'est-à-dire à une insistance qui ouvre la porte à tous les forçages, mis sous le pavillon du renforcement du Moi [21-22].

7. Mais a-t-on observé, à critiquer la démarche de Freud, telle qu'elle se présente par exemple dans l'homme aux rats, que ce qui nous étonne comme une endoctrination préalable, tient simplement à ce qu'il procède exactement dans l'ordre inverse ? À savoir qu'il commence par introduire le patient à un premier repérage de sa position dans le réel, dût celui-ci entraîner une précipitation, ne reculons pas à dire une systématisation, des symptômes [8].

Autre exemple notoire : quand il réduit Dora à constater que ce grand désordre du monde de son père, dont le dommage fait l'objet de sa réclamation, elle a fait plus que d'y participer, qu'elle s'en était faite la cheville et qu'il n'eût pu se poursuivre sans sa complaisance [7].

J'ai dès longtemps souligné le procédé hégélien de ce renversement des positions de la belle âme quant à la réalité qu'elle accuse. Il ne s'agit guère de l'y adapter, mais de lui montrer qu'elle n'y est que trop bien adaptée, puisqu'elle concourt à sa fabrication.

Mais ici s'arrête le chemin à parcourir avec l'autre. Car déjà le transfert a fait son œuvre, montrant qu'il s'agit de bien autre chose que des rapports du Moi au monde.

Freud ne semble pas toujours très bien s'y retrouver, dans les cas dont il nous a fait part. Et c'est pour cela qu'ils sont si précieux.

Car il a tout de suite reconnu que c'était là le principe de son pouvoir, en quoi il ne se distinguait pas de la suggestion, mais aussi que ce pouvoir ne lui donnait la sortie du problème qu'à la condition de ne pas en user, car c'est alors qu'il prenait tout son développement de transfert.

À partir de ce moment ce n'est plus à celui qu'il tient en sa proximité qu'il s'adresse, et c'est la raison pourquoi il lui refuse le face à face.

L'interprétation chez Freud est si hardie qu'à l'avoir vulgarisée, nous ne reconnaissons plus sa portée de mantique. Quand il dénonce une tendance, ce qu'il appelle *Trieb*, tout autre chose qu'un instinct, la fraîcheur de la découverte nous masque ce que le *Trieb* implique en soi d'un avènement de signifiant. Mais quand Freud amène au jour ce qu'on ne peut appeler que les lignes de destinée du sujet, c'est la figure de Tirésias dont nous nous interrogeons devant l'ambiguïté où opère son verdict.

Car ces lignes devinées concernent si peu le Moi du sujet, ni tout ce qu'il peut présentifier *hic* et *nunc* dans la relation duelle, que c'est à tomber pile, dans le cas de l'homme aux rats, sur le pacte qui a présidé au mariage de ses parents, sur ce qui s'est passé donc bien avant sa naissance –, que Freud y retrouve ces conditions mêlées : d'honneur sauvé de justesse, de trahison sentimentale, de compromis social et de dette prescrite, dont le grand scénario compulsionnel qui lui a amené le patient semble être le décalque cryptographique, – et vient à y motiver enfin les impasses où se fourvoient sa vie morale et son désir.

Mais le plus fort est que l'accès à ce matériel n'a été ouvert que par une interprétation où Freud a présumé d'une interdiction que le père de l'homme aux rats aurait portée sur la légitimation de l'amour sublime à quoi il se voue, pour expliquer la marque d'impossible dont, sous tous ses modes, ce

La direction de la cure 75

lien paraît pour lui frappé. Interprétation dont le moins qu'on puisse dire est qu'elle est inexacte, puisqu'elle est démentie par la réalité qu'elle présume, mais qui pourtant est vraie en ce que Freud y fait preuve d'une intuition où il devance ce que nous avons apporté sur la fonction de l'Autre dans la névrose obsessionnelle, en démontrant que cette fonction dans la névrose obsessionnelle s'accommode d'être tenue par un mort, et qu'en ce cas elle ne saurait mieux l'être que par le père, pour autant que, mort en effet, il a rejoint la position que Freud a reconnue pour être celle du Père absolu.

8. Que ceux qui nous lisent et ceux qui suivent notre enseignement, nous pardonnent s'ils retrouvent ici des exemples un peu rebattus par moi à leurs oreilles.

Ce n'est pas seulement parce que je ne puis faire état de mes propres analyses pour démontrer le plan où porte l'interprétation, quand l'interprétation s'avérant coextensive à l'histoire, ne peut être communiquée dans le milieu communicant où se passent beaucoup de nos analyses, sans risque de découvrir l'anonymat du cas. Car j'ai réussi en telle occasion à en dire assez sans en dire trop, c'est-à-dire à faire entendre mon exemple, sans que personne, hors de l'intéressé, l'y reconnaisse.

Ce n'est pas non plus que je tienne l'homme aux rats pour un cas que Freud ait guéri, car si j'ajoutais que je ne crois pas que l'analyse soit pour rien dans la conclusion tragique de son histoire par sa mort sur le champ de bataille, que n'offrirais-je à honnir à ceux qui mal y pensent ?

Je dis que c'est dans une direction de la cure qui s'ordonne, comme je viens de le démontrer, selon un procès qui va de la rectification des rapports du sujet avec le réel, au développement du transfert, puis à l'interprétation, que se situe l'horizon où à Freud se sont livrées les découvertes fondamentales, sur lesquelles nous vivons encore concernant la dynamique et la structure de la névrose obsessionnelle. Rien de plus, mais aussi rien de moins.

La question est maintenant posée de savoir si ce n'est pas à renverser cet ordre que nous avons perdu cet horizon.

9. Ce qu'on peut dire, c'est que les voies nouvelles où l'on a prétendu légaliser la marche ouverte par le découvreur, font

la preuve d'une confusion dans les termes qu'il faut la singularité pour révéler. Nous reprendrons donc un exemple qui a déjà contribué à notre enseignement ; bien entendu, il est choisi d'un auteur de qualité et spécialement sensible, de par sa souche, à la dimension de l'interprétation. Il s'agit d'Ernst Kris et d'un cas qu'il ne nous dissimule pas avoir repris de Melitta Schmideberg [15].

Il s'agit d'un sujet inhibé dans sa vie intellectuelle et spécialement inapte à aboutir à quelque publication de ses recherches, – ceci en raison d'une impulsion à plagier dont il ne semble pas pouvoir se rendre maître. Tel est le drame subjectif.

Melitta Schmideberg l'avait compris comme la récurrence d'une délinquance infantile ; le sujet volait friandises et bouquins, et c'est par ce biais qu'elle a entrepris l'analyse du conflit inconscient.

Ernst Kris se donne les gants de reprendre le cas selon une interprétation plus méthodique, celle qui procède de la surface à la profondeur, qu'il dit. Qu'il la mette sous le patronage de la psychologie de l'*ego* selon Hartmann, dont il a cru devoir se faire le supporter, est accessoire pour apprécier ce qui va se passer. Ernst Kris change la perspective du cas et prétend donner au sujet l'*insight* d'un nouveau départ à partir d'un fait qui n'est qu'une répétition de sa compulsion, mais où Kris très louablement ne se contente pas des dires du patient ; et quand celui-ci prétend avoir pris malgré lui les idées d'un travail qu'il vient d'achever dans un ouvrage qui, revenu à sa mémoire, lui a permis de le contrôler après coup, il va aux pièces et découvre que rien apparemment n'y dépasse ce que comporte la communauté du champ de recherches. Bref, s'étant assuré que son patient n'est pas plagiaire quand il croit l'être, il entend lui démontrer qu'il veut l'être pour s'empêcher de l'être vraiment, – ce qu'on appelle analyser la défense avant la pulsion, qui ici se manifeste dans l'attrait pour les idées des autres.

Cette intervention peut être présumée erronée, par le seul fait qu'elle suppose que défense et pulsion sont concentriques et, pour ainsi dire, l'une sur l'autre moulées.

Ce qui prouve qu'elle l'est en effet, c'est ce en quoi Kris la trouve confirmée, à savoir qu'au moment où il croit pouvoir demander au malade ce qu'il pense de la veste ainsi retournée, celui-ci rêvant un instant lui rétorque que depuis quelque temps, au sortir de la séance, il rôde dans une rue qui cumule les petits restaurants attrayants, pour y lorgner sur les menus l'annonce de son plat favori : des cervelles fraîches.

Aveu qui, plutôt que d'être à considérer comme sanctionnant le bonheur de l'intervention par le matériel qu'il apporte, nous paraît plutôt avoir la valeur corrective de l'*acting out*, dans le rapport même qu'il en fait.

Cette moutarde après dîner que le patient respire, me semble plutôt dire à l'amphitryon qu'elle a fait défaut au service. Si compulsif qu'il soit à la humer, elle est un *hint* ; symptôme transitoire sans doute, elle avertit l'analyste : vous êtes à côté.

Vous êtes à côté en effet, reprendrai-je, m'adressant à la mémoire d'Ernst Kris, telle qu'elle me revient du Congrès de Marienbad, où au lendemain de ma communication sur le stade du miroir, je pris congé, soucieux que j'étais d'aller prendre l'air du temps, d'un temps lourd de promesses, à l'Olympiade de Berlin. Il m'objecta gentiment : « Ça ne se fait pas ! » (cette locution en français), déjà gagné à ce penchant au respectable qui peut-être ici infléchit sa démarche.

Est-ce là ce qui vous égare, Ernst Kris, ou seulement que droites soient vos intentions, car votre jugement l'est aussi à n'en pas douter, mais les choses, elles, sont en chicane.

Ce n'est pas que votre patient ne vole pas, qui ici importe. C'est qu'il ne... Pas de ne : c'est qu'il vole *rien*. Et c'est cela qu'il eût fallu lui faire entendre.

Tout à l'inverse de ce que vous croyez, ce n'est pas sa défense contre l'idée de voler qui lui fait croire qu'il vole. C'est qu'il puisse avoir une idée à lui, qui ne lui vient pas à l'idée, ou ne le visite qu'à peine.

Inutile donc de l'engager dans ce procès de faire la part, où Dieu lui-même ne saurait se reconnaître, de ce que son copain lui barbote de plus ou moins original quand il discute avec lui le bout de gras.

Cette envie de cervelle fraîche ne peut-elle vous rafraîchir vos propres concepts, et vous faire souvenir dans les propos de Roman Jakobson de la fonction de la métonymie, nous y reviendrons tout à l'heure.

Vous parlez de Melitta Schmideberg comme si elle avait confondu la délinquance avec le Ça. Je n'en suis pas si sûr et, à me référer à l'article où elle cite ce cas, le libellé de son titre me suggère une métaphore.

Vous traitez le patient comme un obsédé, mais il vous tend la perche avec son fantasme de comestible : pour vous donner l'occasion d'avoir un quart d'heure d'avance sur la nosologie de votre époque en diagnostiquant : anorexie mentale. Vous rafraîchirez du même coup en le rendant à son sens propre ce couple de termes que son emploi commun a réduit au douteux aloi d'une indication étiologique.

Anorexie, dans ce cas, quant au mental, quant au désir dont vit l'idée, et ceci nous mène au scorbut qui règne sur le radeau où je l'embarque avec les vierges maigres.

Leur refus symboliquement motivé me paraît avoir beaucoup de rapport avec l'aversion du patient pour ce qu'il cogite. D'avoir des idées, son papa déjà, vous nous le dites, n'avait pas la ressource. Est-ce pas que le grand-père qui s'y était illustré, l'en aurait dégoûté ? Comment le savoir ? Sûrement vous avez raison en faisant du signifiant : grand, inclus au terme de parenté, l'origine, sans plus, de la rivalité jouée avec le père pour le plus grand poisson pris à la pêche. Mais ce challenge de pure forme m'inspire plutôt qu'il veuille dire : rien à frire.

Rien de commun donc entre votre procession, dite à partir de la surface, et la rectification subjective, mise en vedette plus haut dans la méthode de Freud où aussi bien elle ne se motive d'aucune priorité topique.

C'est qu'aussi cette rectification chez Freud est dialectique, et part des dires du sujet, pour y revenir, ce qui veut dire qu'une interprétation ne saurait être exacte qu'à être... une interprétation.

Prendre parti ici sur l'objectif, est un abus, ne serait-ce que pour ce que le plagiarisme est relatif aux mœurs en usage[8].

---

8. Exemple ici : aux U.S.A. où Kris a abouti, publication vaut titre, et un enseignement comme le mien devrait chaque semaine prendre ses garanties de priorité contre le pillage dont il ne manquerait pas d'être l'occasion. En France, c'est sous un mode d'infiltration que mes idées pénètrent dans un groupe, où l'on obéit aux ordres qui interdisent mon enseignement. Pour y être maudites, des idées n'y peuvent servir que de parure à quelques dandys. N'importe : le vide qu'elles font retentir, qu'on me cite ou non, y fait entendre une autre voix.

Mais l'idée que la surface est le niveau du superficiel est elle-même dangereuse.

Une autre topologie est nécessaire pour ne pas se tromper quant à la place du désir.

Effacer le désir de la carte quand déjà il est recouvert dans le paysage du patient, n'est pas la meilleure suite à donner à la leçon de Freud.

Ni le moyen d'en finir avec la profondeur, car c'est à la surface qu'elle se voit comme dartre aux jours de fête fleurissant le visage.

III. *Où en est-on avec le transfert ?*

1. C'est au travail de notre collègue Daniel Lagache qu'il faut recourir pour se faire une histoire exacte des travaux qui, autour de Freud poursuivant son œuvre et depuis qu'il nous l'a léguée, ont été consacrés au transfert, par lui découvert. L'objet de ce travail va bien au-delà, en apportant dans la fonction du phénomène les distinctions de structure, essentielles pour sa critique. Qu'il suffise de rappeler la si pertinente alternative qu'il pose, quant à sa nature dernière, entre besoin de répétition et répétition du besoin.

Un tel travail, si nous croyons dans notre enseignement en avoir su tirer les conséquences qu'il emporte, met bien en évidence par l'ordonnance qu'il introduit, à quel point sont souvent partiels les aspects où se concentrent les débats, et notamment combien l'emploi ordinaire du terme, dans l'analyse même, reste adhérent à son abord le plus discutable s'il est le plus vulgaire : d'en faire la succession ou la somme des sentiments positifs ou négatifs que le patient porte à son analyste.

Pour mesurer où nous en sommes dans notre communauté scientifique, peut-on dire que l'accord ni la lumière aient été faits sur les points suivants où ils sembleraient pourtant exigibles : est-ce le même effet de la relation à l'analyste, qui se manifeste dans l'énamoration primaire observée au début du traitement et dans la trame de satisfactions qui rend cette relation si difficile à rompre, quand la névrose de transfert semble dépasser les moyens proprement analytiques ? Est-ce bien encore la relation à l'analyste et sa frustration fondamentale qui, dans la période seconde de l'analyse, soutient la scansion : frustration, agression, régression, où s'inscriraient les effets les plus féconds de l'analyse ? Comment faut-il concevoir la subordination des phénomènes, quand leur mouvance est traversée par les fantasmes qui impliquent ouvertement la figure de l'analyste ?

De ces obscurités persistantes, la raison a été formulée en une étude exceptionnelle par sa perspicacité : à chacune des étapes où l'on a tenté de réviser les problèmes du transfert, les divergences techniques qui en motivaient l'urgence, n'ont pas laissé place à une critique véritable de sa notion [20].

2. C'est une notion si centrale pour l'action analytique que nous voulons ici rejoindre, qu'elle peut servir de mesure pour la partialité des théories où l'on s'attarde à la penser. C'est dire qu'on ne se trompera pas à en juger d'après le maniement du transfert qu'elles emportent. Ce pragmatisme est justifié. Car ce maniement du transfert ne fait qu'un avec sa notion, et si peu élaborée que soit celle-ci dans la pratique, elle ne peut faire que se ranger aux partialités de la théorie.

D'autre part l'existence simultanée de ces partialités ne les fait pas se compléter pour autant. En quoi se confirme qu'elles souffrent d'un défaut central.

Pour y ramener déjà un peu d'ordre, nous réduirons à trois ces particularités de la théorie, dussions-nous par là sacrifier nous-même à quelque parti pris, moins grave pour être seulement d'exposé.

3. Nous lierons le génétisme, en ce qu'il tend à fonder les phénomènes analytiques dans les moments du développement qui y sont intéressés et à se nourrir de l'observation dite directe de l'enfant, à une technique particulière : celle qui fait porter l'essentiel de ce procédé sur l'analyse des défenses.

Ce lien est historiquement manifeste. On peut même dire qu'il n'est pas fondé autrement, puisque ce lien n'est constitué que par l'échec de la solidarité qu'il suppose.

On peut en montrer le départ dans la créance légitime, faite à la notion d'un Moi inconscient où Freud a réorienté sa doctrine. Passer de là à l'hypothèse que les mécanismes de défense qui se groupaient sous sa fonction, devaient eux-mêmes pouvoir trahir une loi d'apparition comparable, voire correspondante à la succession des phases par où Freud avait essayé de rejoindre l'émergence pulsionnelle à la physiologie, – c'est le pas qu'Anna Freud, dans son livre sur *Les mécanismes de défense*, propose de franchir pour le mettre à l'épreuve de l'expérience.

C'eût pu être l'occasion d'une critique féconde des rapports du développement avec les structures, manifestement plus complexes, que Freud introduit dans la psychologie. Mais l'opération glissa plus bas, tant plus tentant était d'essayer d'insérer dans les étapes observables du développement sensorimoteur et des capacités progressives d'un comportement intelligent, ces mécanismes, supposés se détacher de leur progrès.

On peut dire que les espoirs qu'Anna Freud plaçait dans une telle exploration, ont été déçus : rien ne s'est révélé dans cette voie d'éclairant pour la technique, si les détails qu'une observation de l'enfant éclairée par l'analyse, a permis d'apercevoir, sont parfois très suggestifs.

La notion de *pattern*, qui vient ici fonctionner comme alibi de la typologie mise en échec, patronne une technique qui, à poursuivre la détection d'un *pattern* inactuel, penche volontiers à en juger sur son écart d'un *pattern* qui trouve dans son conformisme les garanties de sa conformité. On n'évoquera pas sans vergogne les critères de réussite où aboutit ce travail postiche : le passage à l'échelon supérieur du revenu, la sortie de secours de la liaison avec la secrétaire, réglant l'échappement de forces strictement asservies dans le conjungo, la profession et la communauté politique, ne nous paraissent pas d'une dignité à requérir l'appel, articulé dans le *planning* de l'analyste, voire dans son interprétation, à la Discorde des instincts de vie et de mort, – fût-ce à décorer son propos du qualificatif prétentieux d'« économique », pour le poursuivre, à contresens complet de la pensée de Freud, comme le jeu d'un couple de forces homologues en leur opposition.

4. Moins dégradée dans son relief analytique, nous paraît la deuxième face où apparaît ce qui se dérobe du transfert : à savoir l'axe pris de la relation d'objet.

Cette théorie, à quelque point de ravalement qu'elle soit

venue ces derniers temps en France, a comme le génétisme son origine noble. C'est Abraham, qui en a ouvert le registre, et la notion d'objet partiel est sa contribution originale. Ce n'est pas ici le lieu d'en démontrer la valeur. Nous sommes plus intéressés à en indiquer la liaison à la partialité de l'aspect qu'Abraham détache du transfert, pour le promouvoir dans son opacité comme la capacité d'aimer : soit comme si c'était là une donnée constitutionnelle chez le malade où puisse se lire le degré de sa curabilité, et notamment le seul où échouerait le traitement de la psychose.

Nous avons ici en effet deux équations. Le transfert qualifié de sexuel *(Sexualübertragung)* est au principe de l'amour qu'on a appelé objectal en français (en allemand : *Objektliebe*). La capacité de transfert mesure l'accès au réel. On ne saurait trop souligner ce qu'il y a ici de pétition de principe.

À l'envers des présupposés du génétisme qui entend se fonder sur un ordre des émergences formelles dans le sujet, la perspective abrahamienne s'explique en une finalité, qui s'autorise d'être instinctuelle, en ce qu'elle s'image de la maturation d'un objet ineffable, l'Objet avec un grand O qui commande la phase de l'objectalité (significativement distinguée de l'objectivité par sa substance d'affect).

Cette conception ectoplasmique de l'objet a vite montré ses dangers en se dégradant dans la dichotomie grossière qui se formule en opposant le caractère prégénital au caractère génital.

Cette thématique primaire se développe sommairement en attribuant au caractère prégénital les traits accumulés de l'irréalisme projectif, de l'autisme plus ou moins dosé, de la restriction des satisfactions par la défense, du conditionnement de l'objet par une isolation doublement protectrice quant aux effets de destruction qui le connotent, soit un amalgame de tous les défauts de la relation d'objet pour montrer les motifs de la dépendance extrême qui en résulte pour le sujet. Tableau qui serait utile malgré son parti pris de confusion, s'il ne semblait fait pour servir de négatif à la berquinade « du passage de la forme prégénitale à la forme génitale », où les pulsions « ne prennent plus ce caractère de besoin de possession incoercible, illimité, inconditionnel, comportant un aspect destructif. Elles sont véritablement tendres, aimantes, et si le sujet ne s'y montre pas pour autant oblatif, c'est-à-dire désintéressé, et si ces objets » (ici l'auteur se souvient de mes remarques) « sont aussi foncièrement des objets narcissiques que dans le cas précédent, il est ici capable de compréhension, d'adaptation à l'autre. D'ailleurs, la structure intime de ces relations objectales montre que la participation de l'objet à son propre plaisir à lui, est indispensable au bonheur du sujet. Les convenances, les désirs, les besoins de l'objet (quelle salade !)[9] sont pris en considération au plus haut point ».

Ceci n'empêche pas pourtant que « le Moi a ici une stabilité qui ne risque pas d'être compromise par la perte d'un Objet significatif. Il reste indépendant de ses objets ».

« Son organisation est telle que le mode de pensée qu'il utilise est essentiellement logique. Il ne présente pas spontanément de régression à un mode d'appréhension de la réalité qui soit archaïque, la pensée affective, la croyance magique n'y jouant qu'un rôle absolument secondaire, la symbolisation ne va pas en étendue et en importance au-delà de ce qu'elle est dans la vie habituelle (!!)[9]. Le style des relations entre le sujet et l'objet est des plus évolués *(sic)*[9]. »

Voilà ce qui est promis à ceux qui « à la fin d'une analyse réussie... s'aperçoivent de l'énorme différence de ce qu'ils croyaient autrefois être la joie sexuelle, et de ce qu'ils éprouvent maintenant ».

On comprend que pour ceux qui ont d'emblée cette joie, « la relation génitale soit, pour tout dire, sans histoire » [21].

Sans autre histoire que de se conjuguer irrésistiblement dans le verbe : se taper le derrière au lustre, dont la place nous paraît ici marquée pour le scoliaste futur d'y rencontrer son occasion éternelle.

5. S'il faut en effet suivre Abraham quand il nous présente la relation d'objet comme typiquement démontrée dans l'activité du collectionneur, peut-être la règle n'en est-elle pas donnée dans cette antinomie édifiante, mais plutôt à chercher dans quelque impasse constitutive du désir comme tel.

Ce qui fait que l'objet se présente comme brisé et décom-

---

9. Parenthèse de l'auteur du présent rapport.

posé, est peut-être autre chose qu'un facteur pathologique. Et qu'a à faire avec le réel cet hymne absurde à l'harmonie du génital ?

Faut-il rayer de notre expérience le drame de l'œdipisme, quand il a dû par Freud être forgé justement pour expliquer les barrières et les ravalements *(Erniedrigungen)*, qui sont les plus banaux dans la vie amoureuse, fût-elle la plus accomplie ?

Est-ce à nous de camoufler en mouton frisé du Bon Pasteur, Éros, le Dieu noir ?

La sublimation sans doute est à l'œuvre dans cette oblation qui rayonne de l'amour, mais qu'on s'attache à aller un peu plus loin dans la structure du sublime, et qu'on ne le confonde pas, ce contre quoi Freud en tout cas s'inscrit en faux, avec l'orgasme parfait.

Le pire est que les âmes qui s'épanchent dans la tendresse la plus naturelle en viennent à se demander si elles satisfont au normalisme délirant de la relation génitale, – fardeau inédit qu'à l'instar de ceux que maudit l'Évangéliste, nous avons lié pour les épaules des innocents.

Cependant qu'à nous lire, si quelque chose en parvient à des temps où l'on ne saura plus à quoi répondaient en pratique ces effervescents propos, on pourra s'imaginer que notre art s'employait à ranimer la faim sexuelle chez des retardés de la glande, – à la physiologie de laquelle nous n'avons pourtant en rien contribué, et pour avoir en fait fort peu à en connaître.

6. Il faut au moins trois faces à une pyramide, fût-elle d'hérésie. Celle qui ferme le dièdre ici décrit dans la béance de la conception du transfert, s'efforce, si l'on peut dire, d'en rejoindre les bords.

Si le transfert prend sa vertu d'être ramené à la réalité dont l'analyste est le représentant, et s'il s'agit de faire mûrir l'Objet dans la serre chaude d'une situation confinée, il ne reste plus à l'analysé qu'un objet, si l'on nous permet l'expression, à se mettre sous la dent, et c'est l'analyste.

D'où la notion d'introjection intersubjective qui est notre troisième erreur, de s'installer malheureusement dans une relation duelle.

Car il s'agit bien d'une voie unitive dont les sauces théoriques diverses qui l'accommodent selon la topique à laquelle on se réfère, ne peuvent que conserver la métaphore, en la variant selon le niveau de l'opération considérée comme sérieux : introjection chez Ferenczi, identification au Surmoi de l'analyste chez Strachey, transe narcissique terminale chez Balint.

Nous entendons attirer l'attention sur la substance de cette consommation mystique, et si une fois de plus nous devons prendre à partie ce qui se passe à notre porte, c'est parce qu'on sait que l'expérience analytique prend sa force du particulier.

C'est ainsi que l'importance donnée dans la cure au fantasme de la dévoration phallique dont l'image de l'analyste fait les frais, nous paraît digne d'être relevée, dans sa cohérence avec une direction de la cure qui la fait tenir tout entière dans l'aménagement de la distance entre le patient et l'analyste comme objet de la relation duelle.

Car malgré la débilité de la théorie dont un auteur systématise sa technique, il n'en reste pas moins qu'il analyse vraiment, et que la cohérence révélée dans l'erreur est ici le garant de la fausse-route effectivement pratiquée.

C'est la fonction privilégiée du signifiant phallus dans le mode de présence du sujet au désir qui ici est illustrée, mais dans une expérience qu'on peut dire aveugle : ceci faute de toute orientation sur les rapports véritables de la situation analytique, laquelle, comme aussi bien que toute autre situation où l'on parle, ne peut, à vouloir l'inscrire dans une relation duelle, qu'être écrasée.

La nature de l'incorporation symbolique étant méconnue, et pour cause, et étant exclu qu'il se consomme quoi que ce soit de réel dans l'analyse, il apparaîtra, aux repères élémentaires de mon enseignement, que rien ne saurait plus être reconnu que d'imaginaire dans ce qui se produit. Car il n'est pas nécessaire de connaître le plan d'une maison pour se cogner la tête contre ses murs : pour ce faire, on s'en passe même assez bien.

Nous avons nous-même indiqué à cet auteur, en un temps où nous débattions entre nous, qu'à se tenir à un rapport imaginaire entre les objets, il ne restait que la dimension de la distance à pouvoir l'ordonner. Ce n'était pas dans la visée qu'il y abonde.

Faire de la distance la dimension unique où se jouent les relations du névrosé à l'objet, engendre des contradictions insurmontables, qui se lisent assez, autant à l'intérieur du système que dans la direction opposée que des auteurs différents tireront de la même métaphore pour organiser leurs impressions. Trop ou trop peu de distance à l'objet, paraîtront quelquefois se confondre au point de s'embrouiller. Et ce n'est pas la distance de l'objet, mais bien plutôt sa trop grande intimité au sujet qui paraissait à Ferenczi caractériser le névrosé.

Ce qui décide de ce que chacun veut dire, c'est son usage technique, et la technique du *rapprocher*, quelque impayable que soit l'effet du terme non traduit dans un exposé en anglais, révèle dans la pratique une tendance qui confine à l'obsession.

On a peine à croire que l'idéal prescrit dans la réduction de cette distance à zéro (*nil* en anglais), ne laisse pas voir à son auteur que s'y concentre son paradoxe théorique.

Quoi qu'il en soit, il n'est pas douteux que cette distance est prise pour paramètre universel, réglant les variations de la technique (quelque chinois qu'apparaisse le débat sur leur ampleur) pour le démantèlement de la névrose.

Ce que doit une telle conception aux conditions spéciales de la névrose obsessionnelle, n'est pas à mettre tout entier du côté de l'objet.

Il ne semble même pas à son actif qu'il y ait un privilège à relever des résultats qu'elle obtiendrait dans la névrose obsessionnelle. Car s'il nous est permis comme à Kris de faire état d'une analyse, reprise en second, nous pouvons témoigner qu'une telle technique où le talent n'est pas à contester, a abouti à provoquer dans un cas clinique de pure obsession chez un homme, l'irruption d'une énamoration qui n'était pas moins effrénée pour être platonique, et qui ne s'avéra pas moins irréductible pour s'être faite sur le premier à portée des objets du même sexe dans l'entourage.

Parler de perversion transitoire peut ici satisfaire un optimiste actif, mais au prix de reconnaître, dans cette restauration atypique du tiers de la relation par trop négligé, qu'il ne convient pas de tirer trop fort sur le ressort de la proximité dans la relation à l'objet.

7. Il n'y pas de limite aux abrasements de la technique par sa déconceptualisation. Nous avons déjà fait référence aux trouvailles de telle analyse sauvage dont ce fut notre étonnement douloureux qu'aucun contrôle ne se fût alarmé. Pouvoir sentir son analyste, apparut dans un travail une réalisation à prendre à la lettre, pour y marquer l'heureuse issue du transfert.

On peut apercevoir ici une sorte d'humour involontaire qui est ce qui fait le prix de cet exemple. Il eût comblé Jarry. Ce n'est en somme que la suite à quoi l'on peut s'attendre de prendre au réel le développement de la situation analytique : et il est vrai qu'à part la gustation, l'olfactif est la seule dimension qui permette de réduire à zéro *(nil)* la distance, cette fois dans le réel. L'indice à y trouver pour la direction de la cure et les principes de son pouvoir est plus douteux.

Mais qu'une odeur de cage erre dans une technique qui se conduit au pifomètre, comme on dit, n'est pas un trait seulement de ridicule. Les élèves de mon séminaire se souviennent de l'odeur d'urine qui fait le tournant d'un cas de perversion transitoire, auquel nous nous sommes arrêtés pour la critique de cette technique. On ne peut dire qu'il fut sans lien avec l'accident qui motive l'observation, puisque c'est à épier une pisseuse à travers la fissure d'une cloison de *water* que le patient transposa soudain sa *libido*, sans que rien, semblait-il, l'y prédestinât : les émotions infantiles liées au fantasme de la mère phallique ayant jusque-là pris le tour de la phobie [23].

Ce n'est pas un lien direct pourtant, pas plus qu'il ne serait correct de voir dans ce voyeurisme une inversion de l'exhibition impliquée dans l'atypie de la phobie au diagnostic fort justement posé : sous l'angoisse pour le patient d'être raillé pour sa trop grande taille.

Nous l'avons dit, l'analyste à qui nous devons cette remarquable publication, y fait preuve d'une rare perspicacité en revenant, jusqu'au tourment, à l'interprétation qu'elle a donnée d'une certaine armure apparue dans un rêve, en position de poursuivant et de surcroît armée d'un injecteur à Fly-tox, comme d'un symbole de la mère phallique.

N'eussé-je pas dû plutôt parler du père ? s'interroge-t-elle.

Et de justifier qu'elle s'en soit détournée par la carence du père réel dans l'histoire du patient.

Mes élèves sauront ici déplorer que l'enseignement de mon séminaire n'ait pu alors l'aider, puisqu'ils savent sur quels principes je leur ai appris à distinguer l'objet phobique en tant que signifiant à tout faire pour suppléer au manque de l'Autre, et le fétiche fondamental de toute perversion en tant qu'objet aperçu dans la coupure du signifiant.

À son défaut, que cette novice douée ne s'est-elle souvenue du dialogue des armures dans le *Discours sur le peu de réalité*, d'André Breton ? Cela l'eût mise sur la voie.

Mais comment l'espérer quand cette analyse recevait en contrôle une direction qui l'inclinait à un harcèlement constant pour ramener le patient à la situation réelle ? Comment s'étonner qu'au contraire de la reine d'Espagne, l'analyste ait des jambes, quand elle-même le souligne dans la rudesse de ses rappels à l'ordre du présent ?

Bien sûr ce procédé n'est-il pas pour rien dans l'issue bénigne de l'*acting out* ici en examen : puisque aussi bien l'analyste qui en est d'ailleurs consciente, s'est trouvée en permanence d'intervention castratrice.

Mais pourquoi alors attribuer ce rôle à la mère, dont tout indique dans l'anamnèse de cette observation, qu'elle a toujours opéré plutôt comme entremetteuse ?

L'Œdipe défaillant a été compensé, mais toujours sous la forme, désarmante ici de naïveté, d'une invocation tout à fait forcée sinon arbitraire de la personne du mari de l'analyste, ici favorisée par le fait que, psychiatre lui-même, c'est lui qui s'est trouvé la pourvoir de ce patient.

Ce n'est pas là circonstance commune. Elle est en tout cas à récuser comme extérieure à la situation analytique.

Les détours sans grâce de la cure ne sont pas en eux-mêmes ce qui laisse réservé sur son issue, et l'humour, probablement non sans malice, des honoraires de la dernière séance détournés comme prix du stupre, ne fait pas mal augurer de l'avenir.

La question qu'on peut soulever est celle de la limite entre l'analyse et la rééducation, quand son procès même se guide sur une sollicitation prévalente de ses incidences réelles. Ce qu'on voit à comparer dans cette observation les données de la biographie aux formations transférentielles : l'apport du déchiffrement de l'inconscient est vraiment minimum. Au

La direction de la cure

point qu'on se demande si la plus grande part n'en reste pas intacte dans l'enkystement de l'énigme qui, sous l'étiquette de perversion transitoire, fait l'objet de cette instructive communication.

8. Que le lecteur non analyste ne s'y trompe pas : rien n'est ici pour déprécier un travail que l'épithète virgilienne d'*improbus* qualifie justement.

Nous n'avons d'autre dessein que d'avertir les analystes du glissement que subit leur technique, à méconnaître la vraie place où se produisent ses effets.

Infatigables à tenter de la définir, on ne peut dire qu'à se replier sur des positions de modestie, voire à se guider sur des fictions, l'expérience qu'ils développent soit toujours inféconde.

Les recherches génétiques et l'observation directe sont loin de s'être coupées d'une animation proprement analytique. Et pour avoir repris nous-même dans une année de notre séminaire les thèmes de la relation d'objet, nous avons montré le prix d'une conception où l'observation de l'enfant se nourrit de la plus juste remise au point de la fonction du maternage dans la genèse de l'objet : nous voulons dire la notion de l'objet transitionnel, introduite par D. W. Winnicott, point clef pour l'explication de la genèse du fétichisme [27].

Il reste que les incertitudes flagrantes de la lecture des grands concepts freudiens, sont corrélatives des faiblesses qui grèvent le labeur pratique.

Nous voulons faire entendre que c'est à la mesure des impasses éprouvées à saisir leur action dans son authenticité que les chercheurs comme les groupes, viennent à la forcer dans le sens de l'exercice d'un pouvoir.

Ce pouvoir, ils le substituent à la relation à l'être où cette action prend place, faisant déchoir ses moyens, nommément ceux de la parole, de leur éminence véridique. C'est pourquoi c'est bien une sorte de retour du refoulé, si étrange soit-elle, qui, des prétentions les moins disposées à s'embarrasser de la dignité de ces moyens, fait s'élever ce pataquès d'un recours à l'être comme à une donnée du réel, quand le discours qui y règne, rejette toute interrogation qu'une platitude superbe n'aurait pas déjà reconnue.

IV. *Comment agir avec son être.*

1. C'est très tôt dans l'histoire de l'analyse que la question de l'être de l'analyste apparaît. Que ce soit par celui qui ait été le plus tourmenté par le problème de l'action analytique, n'est pas pour nous surprendre. On peut dire en effet que l'article de Ferenczi, *Introjection et transfert*, datant de 1909 [3], est ici inaugural et qu'il anticipe de loin sur tous les thèmes ultérieurement développés de la topique.

Si Ferenczi conçoit le transfert comme l'introjection de la personne du médecin dans l'économie subjective, il ne s'agit plus ici de cette personne comme support d'une compulsion répétitive, d'une conduite inadaptée ou comme figure d'un fantasme. Il entend par là l'absorption dans l'économie du sujet de tout ce que le psychanalyste présentifie dans le duo comme hic et nunc d'une problématique incarnée. Cet auteur n'en vient-il pas à l'extrême d'articuler que l'achèvement de la cure ne puisse être atteint que dans l'aveu fait par le médecin au malade du délaissement dont lui-même est en position de souffrir [10] ?

2. Faut-il payer de ce prix en comique que se voie simplement reconnu le manque à être du sujet comme le cœur de l'expérience analytique, comme le champ même où se déploie la passion du névrosé ?

Hors ce foyer de l'école hongroise aux brandons maintenant dispersés et bientôt cendres, seuls les Anglais dans leur froide objectivité ont su articuler cette béance dont témoigne le névrosé à vouloir justifier son existence, et par là implicitement distinguer de la relation interhumaine, de sa chaleur et de ses leurres, cette relation à l'Autre où l'être trouve son statut.

Qu'il nous suffise de citer Ella Sharpe et ses remarques pertinentes à suivre les véritables soucis du névrosé [24]. Leur force est dans une sorte de naïveté que reflètent les brusqueries, célèbres à juste titre, de son style de thérapeute

---

10. Rectification du texte en la phrase avant-dernière et à la première ligne du paragraphe suivant (1966).

et d'écrivain. Ce n'est pas un trait ordinaire qu'elle aille jusqu'à la gloriole dans l'exigence qu'elle impose d'une omni-science à l'analyste, pour lire correctement les intentions des discours de l'analysé.

On doit lui savoir gré de mettre en première place dans les écoles du praticien une culture littéraire, même si elle ne paraît pas s'apercevoir que dans la liste des lectures minimales qu'elle leur propose, prédominent les œuvres d'imagination où le signifiant du phallus joue un rôle central sous un voile transparent. Ceci prouve simplement que le choix n'est pas moins guidé par l'expérience que n'est heureuse l'indication de principe.

3. Autochtones ou non, c'est encore par des Anglais que la fin de l'analyse a été le plus catégoriquement définie par l'identification du sujet à l'analyste. Assurément, l'opinion varie si c'est de son Moi ou de son Surmoi qu'il s'agit. On ne maîtrise pas si aisément la structure que Freud a dégagée dans le sujet, faute d'y distinguer le symbolique, de l'imaginaire et du réel.

Disons seulement que des propos aussi faits pour heurter, ne sont pas forgés sans que rien n'en presse ceux qui les avancent. La dialectique des objets fantasmatiques promue dans la pratique par Mélanie Klein, tend à se traduire dans la théorie en termes d'identification.

Car ces objets partiels ou non, mais assurément signifiants, le sein, l'excrément, le phallus, le sujet les gagne ou les perd sans doute, en est détruit ou les préserve, mais surtout il *est* ces objets, selon la place où ils fonctionnent dans son fantasme fondamental, et ce mode d'identification ne fait que montrer la pathologie de la pente où est poussé le sujet dans un monde où ses besoins sont réduits à des valeurs d'échange, cette pente elle-même ne trouvant sa possibilité radicale que de la mortification que le signifiant impose à sa vie en la numérotant.

4. Il semblerait que le psychanalyste, pour seulement aider le sujet, devrait être sauvé de cette pathologie, laquelle ne s'insère, on le voit, sur rien de moins que sur une loi de fer.

C'est bien pourquoi on imagine que le psychanalyste devrait être un homme heureux. N'est-ce pas au reste le bonheur qu'on vient lui demander, et comment pourrait-il le donner s'il ne l'avait un peu ? dit le bon sens.

Il est de fait que nous ne nous récusons pas à promettre le bonheur, en une époque où la question de sa mesure s'est compliquée : au premier chef en ceci que le bonheur, comme l'a dit Saint-Just, est devenu un facteur de la politique.

Soyons juste, le progrès humaniste d'Aristote à saint François (de Sales) n'avait pas comblé les apories du bonheur.

On perd son temps, on le sait, à rechercher la chemise d'un homme heureux, et ce qu'on appelle une ombre heureuse est à éviter pour les maux qu'elle propage.

C'est bien dans le rapport à l'être que l'analyste a à prendre son niveau opératoire, et les chances que lui offre à cette fin l'analyse didactique ne sont pas seulement à calculer en fonction du problème supposé déjà résolu pour l'analyste qui l'y guide.

Il est des malheurs de l'être que la prudence des collèges et cette fausse honte qui assure les dominations, n'osent pas retrancher de soi.

Une éthique est à formuler qui intègre les conquêtes freudiennes sur le désir : pour mettre à sa pointe la question du désir de l'analyste.

5. La décadence qui marque la spéculation analytique spécialement dans cet ordre ne peut manquer de frapper, à seulement être sensible à la résonance des travaux anciens.

À force de comprendre des tas de choses, les analystes dans leur ensemble s'imaginent que comprendre porte sa fin de soi et que ce ne peut être qu'un *happy end*. L'exemple de la science physique peut pourtant leur montrer que les plus grandioses réussites n'impliquent pas que l'on sache où l'on va.

Il vaut souvent mieux de ne pas comprendre pour penser, et l'on peut galoper à comprendre sur des lieues sans que la moindre pensée en résulte.

Ce fut même le départ des behaviouristes : renoncer à comprendre. Mais faute de toute autre pensée en une matière, la nôtre, qui est l'*antiphysis*, ils ont pris le biais de se servir, sans le comprendre, de ce que nous comprenons : occasions pour nous d'un regain d'orgueil.

L'échantillon de ce que nous sommes capables de produire

La direction de la cure

en fait de morale est donné par la notion d'oblativité. C'est un fantasme d'obsessionnel, de soi-même incompris : tout pour l'autre, mon semblable, y profère-t-on, sans y reconnaître l'angoisse que l'Autre (avec un grand A) inspire de n'être pas un semblable.

6. Nous ne prétendons pas apprendre aux psychanalystes ce que c'est que penser. Ils le savent. Mais ce n'est pas qu'ils l'aient compris d'eux-mêmes. Ils en ont pris la leçon chez les psychologues. La pensée est un essai de l'action, répètent-ils gentiment. (Freud lui-même donne dans ce godant, ce qui ne l'empêche pas d'être un rude penseur et dont l'action s'achève dans la pensée.)

À vrai dire, la pensée des analystes est une action qui se défait. Cela laisse quelque espoir que, si on leur y fait penser, de la reprendre, ils en viennent à la repenser.

7. L'analyste est l'homme à qui l'on parle et à qui l'on parle librement. Il est là pour cela. Qu'est-ce que cela veut dire ?

Tout ce qu'on peut dire sur l'association des idées n'est qu'habillage psychologiste. Les jeux de mots induits sont loin ; au reste, par leur protocole, rien n'est moins libre.

Le sujet invité à parler dans l'analyse ne montre pas dans ce qu'il dit, à vrai dire, une liberté bien grande. Non pas qu'il soit enchaîné par la rigueur de ses associations : sans doute elles l'oppriment, mais c'est plutôt qu'elles débouchent sur une libre parole, sur une parole pleine qui lui serait pénible.

Rien de plus redoutable que de dire quelque chose qui pourrait être vrai. Car il le deviendrait tout à fait, s'il l'était, et Dieu sait ce qui arrive quand quelque chose, d'être vrai, ne peut plus rentrer dans le doute.

Est-ce là le procédé de l'analyse : un progrès de la vérité ? J'entends déjà les goujats murmurer de mes analyses intellectualistes : quand je suis en flèche, que je sache, à y préserver l'indicible.

Que ce soit au-delà du discours que s'accommode notre écoute, je le sais mieux que quiconque, si seulement j'y prends le chemin d'entendre, et non pas d'ausculter. Oui certes, non pas d'ausculter la résistance, la tension, l'opisthotonos, la pâleur, la décharge adrénalinique *(sic)* où se reformerait un Moi plus fort *(resic)* : ce que j'écoute est d'entendement.

L'entendement ne me force pas à comprendre. Ce que j'entends n'en reste pas moins un discours, fût-il aussi peu discursif qu'une interjection. Car une interjection est de l'ordre du langage, et non du cri expressif. C'est une partie du discours qui ne le cède à aucune autre pour les effets de syntaxe dans telle langue déterminée.

À ce que j'entends sans doute, je n'ai rien à redire, si je n'en comprends rien, ou qu'à y comprendre quelque chose, je sois sûr de m'y tromper. Ceci ne m'empêcherait pas d'y répondre. C'est ce qui se fait hors l'analyse en pareil cas. Je me tais. Tout le monde est d'accord que je frustre le parleur, et lui tout le premier, moi aussi. Pourquoi ?

Si je le frustre, c'est qu'il me demande quelque chose. De lui répondre, justement. Mais il sait bien que ce ne serait que paroles. Comme il en a de qui il veut. Il n'est même pas sûr qu'il me saurait gré que ce soit de bonnes paroles, encore moins de mauvaises. Ces paroles, il ne me les demande pas. Il me demande..., du fait qu'il parle : sa demande est intransitive, elle n'emporte aucun objet.

Bien sûr sa demande se déploie sur le champ d'une demande implicite, celle pour laquelle il est là : de le guérir, de le révéler à lui-même, de lui faire connaître la psychanalyse, de le faire qualifier comme analyste. Mais cette demande, il le sait, peut attendre. Sa demande présente n'a rien à faire avec cela, ce n'est même pas la sienne, car après tout, c'est moi qui lui ai offert de parler. (Le sujet seul est ici transitif.)

J'ai réussi en somme ce que dans le champ du commerce ordinaire, on voudrait pouvoir réaliser aussi aisément : avec de l'offre j'ai créé la demande.

8. Mais c'est une demande, si l'on peut dire, radicale.

Sans doute Mme Macalpine a raison de vouloir chercher dans la seule règle analytique le moteur du transfert. Encore s'égare-t-elle en désignant dans l'absence de tout objet, la porte ouverte sur la régression infantile [24]. Ce serait plutôt un obstacle, car chacun sait, et les psychanalystes d'enfant

La direction de la cure

les premiers, qu'il faut pas mal de menus objets, pour entretenir une relation avec l'enfant.

Par l'intermédiaire de la demande, tout le passé s'entrouvre jusqu'au fin fond de la première enfance. Demander, le sujet n'a jamais fait que ça, il n'a pu vivre que par ça, et nous prenons la suite.

C'est par cette voie que la régression analytique peut se faire et qu'elle se présente en effet. On en parle comme si le sujet se mettait à faire l'enfant. Sans doute cela arrive, et cette simagrée n'est pas du meilleur augure. Elle sort en tout cas de l'ordinairement observé dans ce qu'on tient pour régression. Car la régression ne montre rien d'autre que le retour au présent, de signifiants usités dans des demandes pour lesquelles il y a prescription.

9. Pour reprendre le départ, cette situation explique le transfert primaire, et l'amour où parfois il se déclare.

Car si l'amour, c'est donner ce qu'on n'a pas, il est bien vrai que le sujet peut attendre qu'on le lui donne, puisque le psychanalyste n'a rien d'autre à lui donner. Mais même ce rien, il ne le lui donne pas, et cela vaut mieux : et c'est pourquoi ce rien, on le lui paie, et largement de préférence, pour bien montrer qu'autrement cela ne vaudrait pas cher.

Mais si le transfert primaire reste le plus souvent à l'état d'ombre, ce n'est pas cela qui empêchera cette ombre de rêver et de reproduire sa demande, quand il n'y a plus rien à demander. Cette demande d'être vide, n'en sera que plus pure.

On remarquera que l'analyste donne pourtant sa présence, mais je crois qu'elle n'est d'abord que l'implication de son écoute, et que celle-ci n'est que la condition de la parole. Aussi bien pourquoi la technique exigerait-elle qu'il la fît si discrète s'il n'en était pas ainsi ? C'est plus tard que sa présence sera remarquée.

Au reste, le sentiment le plus aigu de sa présence est-il lié à un moment où le sujet ne peut que se taire, c'est-à-dire où il recule même devant l'ombre de la demande.

Ainsi l'analyste est-il celui qui supporte la demande, non comme on le dit pour frustrer le sujet, mais pour que reparaissent les signifiants où sa frustration est retenue.

10. Or il convient de rappeler que c'est dans la plus ancienne demande que se produit l'identification primaire, celle qui s'opère de la toute-puissance maternelle, à savoir celle qui non seulement suspend à l'appareil signifiant la satisfaction des besoins, mais qui les morcelle, les filtre, les modèle aux défilés de la structure du signifiant.

Les besoins se subordonnent aux mêmes conditions conventionnelles qui sont celles du signifiant en son double registre : synchronique d'opposition entre éléments irréductibles, diachronique de substitution et de combinaison, par quoi le langage, s'il ne remplit certes pas tout, structure tout de la relation inter-humaine.

D'où l'oscillation qu'on remarque dans les propos de Freud sur les rapports du Surmoi et de la réalité. Le Surmoi n'est pas bien entendu la source de la réalité, comme il le dit quelque part, mais il en trace les voies, avant de retrouver dans l'inconscient les premières marques idéales où les tendances se constituent comme refoulées dans la substitution du signifiant aux besoins.

11. Il n'est nul besoin dès lors de chercher plus loin le ressort de l'identification à l'analyste. Elle peut être très diverse, mais ce sera toujours une identification à des signifiants.

À mesure que se développe une analyse, l'analyste a affaire tour à tour à toutes les articulations de la demande du sujet. Encore doit-il, comme nous le dirons plus loin, n'y répondre que de la position du transfert.

Qui ne souligne au reste l'importance de ce qu'on pourrait appeler l'hypothèse permissive de l'analyse ? Mais il n'est pas besoin d'un régime politique particulier pour que ce qui n'est pas interdit, devienne obligatoire.

Les analystes que nous pouvons dire fascinés par les séquelles de la frustration, ne tiennent qu'une position de suggestion qui réduit le sujet à repasser sa demande. Sans doute est-ce là ce qu'on entend par rééducation émotionnelle.

La bonté est sans doute là nécessaire plus qu'ailleurs, mais elle ne saurait guérir le mal qu'elle engendre. L'analyste qui veut le bien du sujet, répète ce à quoi il a été formé, et même

La direction de la cure

à l'occasion tordu. Jamais la plus aberrante éducation n'a eu d'autre motif que le bien du sujet.

On conçoit une théorie de l'analyse qui, à l'encontre de l'articulation délicate de l'analyse de Freud, réduit à la peur le ressort des symptômes. Elle engendre une pratique où s'imprime ce que j'ai appelé ailleurs la figure obscène et féroce du Surmoi, où il n'y a pas d'autre issue, à la névrose de transfert que de faire asseoir le malade pour lui montrer par la fenêtre les aspects riants de la nature en lui disant : « Allez-y. Maintenant vous êtes un enfant sage [22]. »

V. *Il faut prendre le désir à la lettre.*

1. Un rêve après tout, n'est qu'un rêve, entend-on dire aujourd'hui [22]. N'est-ce rien que Freud y ait reconnu le désir ?

Le désir, non pas les tendances. Car il faut lire la *Traumdeutung* pour savoir ce que veut dire ce que Freud y appelle désir.

Il faut s'arrêter à ces vocables de *Wunsch*, et de *Wish* qui le rend en anglais, pour les distinguer du désir, quand ce bruit de pétard mouillé où ils fusent, n'évoque rien moins que la concupiscence. Ce sont des vœux.

Ces vœux peuvent être pieux, nostalgiques, contrariants, farceurs. Une dame peut faire un rêve, que n'anime d'autre désir que de fournir à Freud qui lui a exposé la théorie que le rêve est un désir, la preuve qu'il n'en est rien. Le point à retenir est que ce désir s'articule en un discours bien rusé. Mais il n'est pas moins important d'apercevoir les conséquences de ce que Freud se satisfasse d'y reconnaître le désir du rêve et la confirmation de sa loi, pour ce que veut dire le désir en sa pensée.

Car il étend plus loin son excentricité, puisqu'un rêve de punition peut à son gré signifier le désir de ce que la punition réprime.

Ne nous arrêtons pas aux étiquettes des tiroirs, bien que beaucoup les confondent avec le fruit de la science. Lisons les textes ; suivons la pensée de Freud en ces détours qu'elle nous impose et dont n'oublions pas qu'en les déplorant lui-même au regard d'un idéal du discours scientifique, il affirme qu'il y fut forcé par son objet [11].

L'on voit alors que cet objet est identique à ces détours, puisque au premier tournant de son ouvrage, il débouche, touchant le rêve d'une hystérique, sur le fait que s'y satisfait par déplacement, précisément ici par allusion au désir d'une autre, un désir de la veille, lequel est soutenu dans sa position éminente par un désir qui est bien d'un autre ordre, puisque Freud l'ordonne comme le désir d'avoir un désir insatisfait [7] [12].

Qu'on compte le nombre de renvois qui s'exercent ici pour porter le désir à une puissance géométriquement croissante. Un seul indice ne suffirait pas à en caractériser le degré. Car il faudrait distinguer deux dimensions à ces renvois : un désir de désir, autrement dit un désir signifié par un désir (le désir chez l'hystérique d'avoir un désir insatisfait, est signifié par son désir de caviar : le désir de caviar est son signifiant), s'inscrit dans le registre différent d'un désir substitué à un désir (dans le rêve, le désir de saumon fumé propre à l'amie est substitué au désir de caviar de la patiente, ce qui constitue la substitution d'un signifiant à un signifiant) [13].

2. Ce que nous trouvons ainsi n'a rien de microscopique, pas plus qu'il n'y a besoin d'instruments spéciaux pour reconnaître que la feuille a les traits de structure de la plante dont elle est détachée. Même à n'avoir jamais vu de plante que dépouillée de feuille, on s'apercevrait tout de suite qu'une feuille est plus vraisemblablement une partie de la plante qu'un morceau de peau.

Le désir du rêve de l'hystérique, mais aussi bien n'importe

---

11. Cf. la Lettre 118 (11-IX-1899) à Fliess in : *Aus den Anfängen*, Imago pub., Londres.
12. Voici ce rêve tel qu'il est consigné du récit qu'en fait la patiente à la page 152 des *G.W.*, t. II-III : « Je veux donner un dîner. Mais il ne me reste qu'un peu de saumon fumé. Je me mets en tête de faire le marché, quand je me rappelle que c'est dimanche après-midi et que tous les magasins sont fermés. Je me dis que je vais appeler au téléphone chez quelques fournisseurs. Mais le téléphone est en dérangement. Ainsi il me faut renoncer à mon envie de donner un dîner. »
13. En quoi Freud motive l'identification hystérique, de préciser que le saumon fumé joue pour l'amie le même rôle que le caviar joue pour la patiente.

La direction de la cure

quel bout de rien à sa place dans ce texte de Freud, résume ce que tout le livre explique des mécanismes dits inconscients, condensation, glissement, etc., en attestant leur structure commune : soit la relation du désir à cette marque du langage, qui spécifie l'inconscient freudien et décentre notre conception du sujet.

Je pense que mes élèves apprécieront l'accès que je donne ici à l'opposition fondamentale du signifiant au signifié, où je leur démontre que commencent les pouvoirs du langage, non sans qu'à en concevoir l'exercice, je ne leur laisse du fil à retordre.

Je rappelle l'automatisme des lois par où s'articulent dans la chaîne signifiante :

a) la substitution d'un terme à un autre pour produire l'effet de métaphore ;

b) la combinaison d'un terme à un autre pour produire l'effet de métonymie [17].

Appliquons-les ici, on voit apparaître qu'en tant que dans le rêve de notre patiente, le saumon fumé, objet du désir de son amie, est tout ce qu'elle a à offrir, Freud en posant que le saumon fumé est ici substitué au caviar qu'il tient d'ailleurs pour le signifiant du désir de la patiente, nous propose le rêve comme métaphore du désir.

Mais qu'est-ce que la métaphore sinon un effet de sens positif, c'est-à-dire un certain passage du sujet au sens du désir ?

Le désir du sujet étant ici présenté comme ce qu'implique son discours (conscient), à savoir comme préconscient, – ce qui est évident puisque son mari est prêt à satisfaire son désir, mais que la patiente qui l'a persuadé de l'existence de ce désir, tient à ce qu'il n'en fasse rien, mais ce qu'il faut encore être Freud pour articuler comme le désir d'avoir un désir insatisfait –, il reste qu'il faille aller plus avant pour savoir ce qu'un tel désir veut dire dans l'inconscient.

Or le rêve n'est pas l'inconscient, mais nous dit Freud, sa voie royale. Ce qui nous confirme que c'est par effet de la métaphore qu'il procède. C'est cet effet que le rêve découvre. Pour qui ? Nous y reviendrons tout à l'heure.

Voyons pour l'instant que le désir, s'il est signifié comme insatisfait, l'est par le signifiant : caviar, en tant que le signifiant le symbolise comme inaccessible, mais que, dès lors qu'il se glisse comme désir dans le caviar, le désir du caviar est sa métonymie : rendue nécessaire par le manque à être où il se tient.

La métonymie est, comme je vous l'enseigne, cet effet rendu possible de ce qu'il n'est nulle signification qui ne renvoie à une autre signification, et où se produit leur plus commun dénominateur, à savoir le peu de sens (communément confondu avec l'insignifiant), le peu de sens, dis-je, qui s'avère au fondement du désir, et lui confère l'accent de perversion qu'il est tentant de dénoncer dans l'hystérie présente.

Le vrai de cette apparence est que le désir est la métonymie du manque à être.

3. Revenons maintenant au livre qu'on appelle : *La science des rêves (Traumdeutung)*, mantique plutôt, ou mieux signifiance.

Freud ne prétend pas du tout y épuiser du rêve les problèmes psychologiques. Qu'on le lise pour constater qu'à ces problèmes peu exploités (les recherches restent rares, sinon pauvres, sur l'espace et le temps dans le rêve, sur son étoffe sensorielle, rêve en couleur ou atonal, et l'odorant, le sapide et le grain tactile y viennent-ils, si le vertigineux, le turgide et le lourd y sont ?), Freud ne touche pas. Dire que la doctrine freudienne est une psychologie est une équivoque grossière.

Freud est loin d'entretenir cette équivoque. Il nous avertit au contraire que dans le rêve ne l'intéresse que son élaboration. Qu'est-ce à dire ? Exactement ce que nous traduisons par sa structure de langage. Comment Freud s'en serait-il avisé, puisque cette structure par Ferdinand de Saussure n'a été articulée que depuis ? Si elle recouvre ses propres termes, il n'en est que plus saisissant que Freud l'ait anticipée. Mais où l'a-t-il découverte ? Dans un flux signifiant dont le mystère consiste en ce que le sujet ne sait pas même où feindre d'en être l'organisateur.

Le faire s'y retrouver comme désirant, c'est à l'inverse de l'y faire se reconnaître comme sujet, car c'est comme en dérivation de la chaîne signifiante que court le ru du désir et le sujet doit profiter d'une voie de bretelle pour y attraper son propre *feed-back.*

Le désir ne fait qu'assujettir ce que l'analyse subjective.

4. Et ceci nous ramène à la question laissée plus haut : à qui le rêve découvre-t-il son sens avant que vienne l'analyste ? Ce sens préexiste à sa lecture comme à la science de son déchiffrement.

L'une et l'autre démontrent que le rêve est fait pour la reconnaissance..., mais notre voix fait long feu pour achever : du désir. Car le désir, si Freud dit vrai de l'inconscient et si l'analyse est nécessaire, ne se saisit que dans l'interprétation.

Mais reprenons ; l'élaboration du rêve est nourrie par le désir ; pourquoi notre voix défaille-t-elle à achever, de reconnaissance, comme si le second mot s'éteignait qui, tout à l'heure le premier, résorbait l'autre dans sa lumière. Car enfin ce n'est pas en dormant qu'on se fait reconnaître. Et le rêve, nous dit Freud, sans paraître y voir la moindre contradiction, sert avant tout le désir de dormir. Il est repli narcissique de la *libido* et désinvestissement de la réalité.

Au reste il est d'expérience que, si mon rêve vient à rejoindre ma demande (non la réalité, comme on dit improprement, qui peut préserver mon sommeil), ou ce qui se montre ici lui être équivalent, la demande de l'autre, je m'éveille.

5. Un rêve après tout n'est qu'un rêve. Ceux qui dédaignent maintenant son instrument pour l'analyse, ont trouvé, comme nous l'avons vu, des voies plus sûres et plus directes pour ramener le patient aux bons principes, et aux désirs normaux, ceux qui satisfont à des vrais besoins. Lesquels ? Mais les besoins de tout le monde, mon ami. Si c'est cela qui vous fait peur, fiez-vous-en à votre psychanalyste, et montez à la tour Eiffel pour voir comme Paris est beau. Dommage qu'il y en ait qui enjambent la balustrade dès le premier étage, et justement de ceux dont tous les besoins ont été ramenés à leur juste mesure. Réaction thérapeutique négative, dirons-nous.

Dieu merci ! Le refus ne va pas si loin chez tous. Simplement, le symptôme repousse comme herbe folle, compulsion de répétition.

Mais ce n'est là bien entendu qu'une maldonne : on ne guérit pas parce qu'on se remémore. On se remémore parce qu'on guérit. Depuis qu'on a trouvé cette formule, la reproduction des symptômes n'est plus une question, mais seulement la reproduction des analystes ; celle des patients est résolue.

6. Un rêve donc n'est qu'un rêve. On peut même lire sous la plume d'un psychanalyste qui se mêle d'enseigner, que c'est une production du Moi. Ceci prouve qu'on ne court pas grand risque à vouloir éveiller les hommes du rêve : le voici qui se poursuit en pleine lumière, et chez ceux qui ne se complaisent guère à rêver.

Mais même pour ceux-ci, s'ils sont psychanalystes, Freud sur le rêve doit être lu, parce qu'il n'est pas possible autrement ni de comprendre ce qu'il entend par le désir du névrosé, par refoulé, par inconscient, par l'interprétation, par l'analyse elle-même, ni d'approcher quoi que ce soit de sa technique ou de sa doctrine. On va voir les ressources du petit rêve que nous avons piqué plus haut, pour notre propos.

Car ce désir de notre spirituelle hystérique (c'est Freud qui la qualifie ainsi), je parle de son désir éveillé, de son désir de caviar, c'est un désir de femme comblée et qui justement ne veut pas l'être. Car son boucher de mari s'y entend pour mettre à l'endroit des satisfactions dont chacun a besoin, les points sur les i, et il ne mâche pas ses mots à un peintre qui lui fait du plat, Dieu sait dans quel obscur dessein, sur sa bobine intéressante : « Des clous ! une tranche du train de derrière d'une belle garce, voilà ce qu'il vous faut, et si c'est moi que vous attendez pour vous l'offrir, vous pouvez vous l'accrocher où je pense. »

Voilà un homme dont une femme ne doit pas avoir à se plaindre, un caractère génital, et donc qui doit veiller comme il faut, à ce que la sienne, quand il la baise, n'ait plus besoin après de se branler. Au reste, Freud ne nous dissimule pas qu'elle en est très éprise, et qu'elle l'agace sans cesse.

Mais voilà, elle ne veut pas être satisfaite sur ses seuls vrais besoins. Elle en veut d'autres gratuits, et pour être bien sûre qu'ils le sont, ne pas les satisfaire. C'est pourquoi à la question : qu'est-ce que la spirituelle bouchère désire ?, on peut répondre : du caviar. Mais cette réponse est sans espoir parce que du caviar, c'est elle aussi qui n'en veut pas.

7. Ce n'est pas là tout de son mystère. Loin que cette impasse l'enferme, elle y trouve la clef des champs, la clef

La direction de la cure

du champ des désirs de toutes les spirituelles hystériques, bouchères ou pas, qu'il y a dans le monde.

C'est ce que Freud saisit dans une de ces vues de biais dont il surprend le vrai, fracassant au passage ces abstractions dont les esprits positifs font volontiers l'explication de toutes choses : ici l'imitation chère à Tarde. Il faut faire jouer dans le particulier la cheville essentielle qu'il donne là de l'identification hystérique. Si notre patiente s'identifie à son amie, c'est de ce qu'elle est inimitable en ce désir insatisfait pour ce saumon, que Dieu damne ! si ce n'est Lui qui le fume.

Ainsi le rêve de la patiente répond à la demande de son amie qui est de venir dîner chez elle. Et l'on ne sait ce qui peut bien l'y pousser, hors qu'on y dîne bien, sinon le fait dont notre bouchère ne perd pas la corde : c'est que son mari en parle toujours avec avantage. Or maigre comme elle est, elle n'est guère faite pour lui plaire, lui qui n'aime que les rondeurs.

N'aurait-il pas lui aussi un désir qui lui reste en travers, quand tout en lui est satisfait ? C'est le même ressort qui, dans le rêve, va du désir de son amie faire l'échec de sa demande.

Car si précisément symbolisée que soit la demande par l'accessoire du téléphone nouveau-né, c'est pour rien. L'appel de la patiente n'aboutit pas ; il ferait beau voir que l'autre engraisse pour que son mari s'en régale.

Mais comment une autre peut-elle être aimée (n'est-ce pas assez, pour que la patiente y pense, que son mari la considère ?) par un homme qui ne saurait s'en satisfaire (lui, l'homme à la tranche de postérieur) ? Voilà la question mise au point, qui est très généralement celle de l'identification hystérique.

8. C'est cette question que devient le sujet ici même. En quoi la femme s'identifie à l'homme, et la tranche de saumon fumé vient à la place du désir de l'Autre.

Ce désir ne suffisant à rien (comment avec cette seule tranche de saumon fumé recevoir tout ce monde ?), il me faut bien à la fin des fins (et du rêve) renoncer à mon désir de donner à dîner (soit à ma recherche du désir de l'Autre, qui est le secret du mien). Tout est raté, et vous dites que le rêve est la réalisation d'un désir. Comment arrangez-vous cela, professeur ?

Ainsi interpellés, il y a beau temps que les psychanalystes ne répondent plus, ayant renoncé eux-mêmes à s'interroger sur les désirs de leurs patients : ils les réduisent à leurs demandes, ce qui simplifie la tâche pour les convertir en les leurs propres. N'est-ce pas là la voie du raisonnable, et ils l'ont adoptée.

Mais il arrive que le désir ne s'escamote pas si facilement pour être trop visible, planté au beau milieu de la scène sur la table des agapes comme ici, sous l'aspect d'un saumon, joli poisson par fortune, et qu'il suffit de présenter, comme il se fait au restaurant sous une toile fine, pour que la levée de ce voile s'égale à celle à quoi l'on procédait au terme des antiques mystères.

Être le phallus, fût-il un phallus un peu maigre. Voilà-t-il pas l'identification dernière au signifiant du désir ?

Ça n'a pas l'air d'aller de soi pour une femme, et il en est parmi nous qui préfèrent ne plus avoir rien à faire avec ce logographe. Allons-nous avoir à épeler le rôle du signifiant pour nous retrouver sur les bras le complexe de castration, et cette envie de pénis dont puisse Dieu nous tenir quitte, quand Freud parvenu à cette croix ne savait plus où se tirer, n'apercevant au-delà que le désert de l'analyse ?

Oui, mais il les menait jusque-là, et c'était un lieu moins infesté que la névrose de transfert, qui vous réduit à chasser le patient en le priant d'aller doucement pour emmener ses mouches.

9. Articulons pourtant ce qui structure le désir.

Le désir est ce qui se manifeste dans l'intervalle que creuse la demande en deçà d'elle-même, pour autant que le sujet en articulant la chaîne signifiante, amène au jour le manque à être avec l'appel d'en recevoir le complément de l'Autre, si l'Autre, lieu de la parole, est aussi le lieu de ce manque.

Ce qui est ainsi donné à l'Autre de combler et qui est proprement ce qu'il n'a pas, puisque à lui aussi l'être manque, est ce qui s'appelle l'amour, mais c'est aussi la haine et l'ignorance.

C'est aussi, passions de l'être, ce qu'évoque toute demande au-delà du besoin qui s'y articule, et c'est bien ce dont le

La direction de la cure

sujet reste d'autant plus proprement privé que le besoin articulé dans la demande est satisfait.

Bien plus, la satisfaction du besoin n'apparaît là que comme le leurre où la demande d'amour s'écrase, en renvoyant le sujet au sommeil où il hante les limbes de l'être, en le laissant en lui parler. Car l'être du langage est le non-être des objets, et que le désir ait été par Freud découvert à sa place dans le rêve, depuis toujours le scandale de tous les efforts de la pensée pour se situer dans la réalité, suffit à nous instruire.

Être ou ne pas être, dormir, rêver peut-être, les rêves soi-disant les plus simples de l'enfant (« simple » comme la situation analytique sans doute), montrent simplement des objets miraculeux ou interdits.

10. Mais l'enfant ne s'endort pas toujours ainsi dans le sein de l'être, surtout si l'Autre qui a aussi bien ses idées sur ses besoins, s'en mêle, et à la place de ce qu'il n'a pas, le gave de la bouillie étouffante de ce qu'il a, c'est-à-dire confond ses soins avec le don de son amour.

C'est l'enfant que l'on nourrit avec le plus d'amour qui refuse la nourriture et joue de son refus comme d'un désir (anorexie mentale).

Confins où l'on saisit comme nulle part que la haine rend la monnaie de l'amour, mais où c'est l'ignorance qui n'est pas pardonnée.

En fin de compte, l'enfant en refusant de satisfaire à la demande de la mère, n'exige-t-il pas que la mère ait un désir en dehors de lui, parce que c'est là la voie qui lui manque vers le désir ?

11. Un des principes en effet qui découlent de ces prémisses, c'est que :
– si le désir est en effet dans le sujet de cette condition qui lui est imposée par l'existence du discours de faire passer son besoin par les défilés du signifiant ;
– si d'autre part, comme nous l'avons donné à entendre plus haut, en ouvrant la dialectique du transfert, il faut fonder la notion de l'Autre avec un grand A, comme étant le lieu de déploiement de la parole (l'autre scène, *eine andere Schauplatz*, dont parle Freud dans la *Traumdeutung*) ;

– il faut poser que, fait d'un animal en proie au langage, le désir de l'homme est le désir de l'Autre.

Ceci vise une tout autre fonction que celle de l'identification primaire plus haut évoquée, car il ne s'agit pas de l'assomption par le sujet des insignes de l'autre, mais cette condition que le sujet a à trouver la structure constituante de son désir dans la même béance ouverte par l'effet des signifiants chez ceux qui viennent pour lui à représenter l'Autre, en tant que sa demande leur est assujettie.

Peut-être peut-on ici entrevoir au passage la raison de cet effet d'occultation qui nous a retenu dans la reconnaissance du désir du rêve. Le désir du rêve n'est pas assumé par le sujet qui dit : « Je » dans sa parole. Articulé pourtant au lieu de l'Autre, il est discours, discours dont Freud a commencé d'énoncer comme telle la grammaire. C'est ainsi que les vœux qu'il constitue n'ont pas de flexion optative pour modifier l'indicatif de leur formule.

En quoi l'on verrait à une référence linguistique que ce qu'on appelle l'aspect du verbe est ici celui de l'accompli (vrai sens de la *Wunscherfüllung*).

C'est cette ex-sistence *(Entstellung)*[14] du désir dans le rêve qui explique que la signifiance du rêve y masque le désir, cependant que son mobile s'évanouit d'être seulement problématique.

12. Le désir se produit dans l'au-delà de la demande, de ce qu'en articulant la vie du sujet à ses conditions, elle y émonde le besoin, mais aussi il se creuse dans son en-deçà, en ce que, demande inconditionnelle de la présence et de l'absence, elle évoque le manque à être sous les trois figures du rien qui fait le fonds de la demande d'amour, de la haine qui va à nier l'être de l'autre et de l'indicible de ce qui s'ignore dans sa requête. Dans cette aporie incarnée dont on

---

14. Dont il ne faut pas oublier : que le terme est employé pour la première fois dans la *Traumdeutung* au sujet du rêve, – que cet emploi donne son sens et du même coup celui du terme : distorsion qui le traduit quand les Anglais l'appliquent au Moi. Remarque qui permet de juger l'usage que l'on fait en France du terme de distorsion du Moi, par quoi les amateurs du renforcement du Moi, mal avertis de se méfier de ces « faux amis » que sont les mots anglais (les mots, n'est-ce pas, ont si peu d'importance), entendent simplement... un Moi tordu.

peut dire en image qu'elle emprunte son âme lourde aux rejetons vivaces de la tendance blessée, et son corps subtil à la mort actualisée dans la séquence signifiante, le désir s'affirme comme condition absolue.

Moins encore que le rien qui passe dans la ronde des significations qui agitent les hommes, il est le sillage inscrit de la course, et comme la marque du fer du signifiant à l'épaule du sujet qui parle. Il est moins passion pure du signifié que pure action du signifiant, qui s'arrête, au moment où le vivant devenu signe, la rend insignifiante.

Ce moment de coupure est hanté par la forme d'un lambeau sanglant : la livre de chair que paie la vie pour en faire le signifiant des signifiants, comme telle impossible à restituer au corps imaginaire ; c'est le phallus perdu d'Osiris embaumé.

13. La fonction de ce signifiant comme tel dans la quête du désir, est bien, comme Freud l'a repéré, la clef de ce qu'il faut savoir pour terminer ses analyses : et aucun artifice n'y suppléera pour obtenir cette fin.

Pour en donner une idée, nous décrirons un incident survenu à la fin de l'analyse d'un obsessionnel, soit après un long travail où l'on ne s'est pas contenté d'« analyser l'agressivité du sujet » (autrement dit : de jouer à colin-tampon avec ses agressions imaginaires), mais où on lui a fait reconnaître la place qu'il a prise dans le jeu de la destruction exercée par l'un de ses parents sur le désir de l'autre. Il devine l'impuissance où il est de désirer sans détruire l'Autre, et par là son désir lui-même en tant qu'il est désir de l'Autre.

Pour en arriver là, on lui a découvert sa manœuvre de tous les instants pour protéger l'Autre, en épuisant dans le travail de transfert *(Durcharbeitung)* tous les artifices d'une verbalisation qui distingue l'autre de l'Autre (petit a et grand A) et qui le fait de la loge réservée à l'ennui de l'Autre (grand A) arranger les jeux du cirque entre les deux autres (le petit *a* et le Moi, son ombre).

Assurément, il ne suffit pas de tourner en rond dans tel coin bien exploré de la névrose obsessionnelle pour l'amener en ce rond-point, ni de connaître celui-ci pour l'y conduire par un chemin qui ne sera jamais le plus direct. Il n'y faut pas seulement le plan d'un labyrinthe reconstruit, ni même un lot de plans déjà relevés. Il faut avant tout posséder la combinatoire générale qui préside à leur variété sans doute, mais qui, plus utilement encore, nous rend compte des trompe-l'œil, mieux des changements à vue du labyrinthe. Car les uns, et les autres ne manquent pas dans cette névrose obsessionnelle, architecture de contrastes, pas encore assez remarqués, et qu'il ne suffit pas d'attribuer à des formes de façade. Au milieu de tant d'attitudes séductrices, insurgées, impassibles, il faut saisir les angoisses nouées aux performances, les rancunes qui n'empêchent pas les générosités (soutenir que les obsessionnels manquent d'oblativité !), les inconstances mentales qui soutiennent d'infrangibles fidélités. Tout cela bouge de façon solidaire dans une analyse, non sans flétrissements locaux ; le grand charroi reste pourtant.

Et voici donc notre sujet au bout de son rouleau, venu au point de nous jouer un tour de bonneteau assez particulier, pour ce qu'il révèle d'une structure du désir.

Disons que d'âge mûr, comme on dit comiquement, et d'esprit désabusé, il nous leurrerait volontiers d'une sienne ménopause pour s'excuser d'une impuissance survenue, et accuser la nôtre.

En fait les redistributions de la *libido* ne vont pas sans coûter à certains objets leur poste, même s'il est inamovible.

Bref, il est impuissant avec sa maîtresse, et s'avisant d'user de ses trouvailles sur la fonction du tiers en puissance dans le couple, il lui propose de coucher avec un autre homme, pour voir.

Or si elle reste à la place où l'a installée la névrose et si l'analyse l'y touche, c'est pour l'accord qu'elle a dès longtemps réalisé sans doute aux désirs du patient, mais plus encore aux postulats inconscients qu'ils maintiennent.

Aussi ne s'étonnera-t-on pas que sans désemparer, à savoir la nuit même, elle fait ce rêve, que frais émoulu elle rapporte à notre déconfit.

Elle a un phallus, elle en sent la forme sous son vêtement, ce qui ne l'empêche pas d'avoir aussi un vagin, ni surtout de désirer que ce phallus y vienne.

Notre patient à cette audition retrouve sur-le-champ ses moyens et le démontre brillamment à sa commère.

Quelle interprétation s'indique-t-elle ici ?

On a deviné à la demande que notre patient a faite à sa

La direction de la cure

maîtresse qu'il nous sollicite depuis longtemps d'entériner son homosexualité refoulée.

Effet très vite prévu par Freud de sa découverte de l'inconscient : parmi les demandes régressives, une de fables s'abreuvera des vérités répandues par l'analyse. L'analyse retour d'Amérique a dépassé son attente.

Mais nous sommes resté, on le pense, plutôt revêche sur ce point.

Observons que la rêveuse n'y est pas plus complaisante, puisque son scénario écarte tout coadjuteur. Ce qui guiderait même un novice à seulement se fier au texte, s'il est formé à nos principes.

Nous n'analysons pas son rêve pourtant, mais son effet sur notre patient.

Nous changerions notre conduite à lui faire y lire cette vérité, moins répandue d'être en l'histoire, de notre apport : que le refus de la castration, si quelque chose lui ressemble, est d'abord refus de la castration de l'Autre (de la mère premièrement).

Opinion vraie n'est pas science, et conscience sans science n'est que complicité d'ignorance. Notre science ne se transmet qu'à articuler dans l'occasion le particulier.

Ici l'occasion est unique à montrer la figure que nous énonçons en ces termes : que le désir inconscient est le désir de l'Autre – puisque le rêve est fait pour satisfaire au désir du patient au-delà de sa demande, comme le suggère qu'il y réussisse. De n'être pas un rêve du patient, il peut n'avoir pas moins de prix pour nous, si de ne pas s'adresser à nous comme il se fait de l'analysé, il s'adresse à lui aussi bien que puisse le faire l'analyste.

C'est l'occasion de faire saisir au patient la fonction de signifiant qu'a le phallus dans son désir. Car c'est comme tel qu'opère le phallus dans le rêve pour lui faire retrouver l'usage de l'organe qu'il représente, comme nous allons le démontrer par la place que vise le rêve dans la structure où son désir est pris.

Outre ce que la femme a rêvé, il y a qu'elle lui en parle. Si dans ce discours elle se présente comme ayant un phallus, est-ce là tout ce par quoi lui est rendue sa valeur érotique ? D'avoir un phallus en effet ne suffit pas à lui restituer une position d'objet qui l'approprie à un fantasme, d'où notre patient comme obsessionnel puisse maintenir son désir dans un impossible qui préserve ses conditions de métonymie. Celles-ci commandent en ses choix un jeu d'échappe que l'analyse a dérangé, mais que la femme ici restaure d'une ruse, dont la rudesse cache un raffinement bien fait pour illustrer la science incluse dans l'inconscient.

Car pour notre patient, ce phallus, rien ne sert de l'avoir, puisque son désir est de l'être. Et le désir de la femme ici le cède au sien, en lui montrant ce qu'elle n'a pas.

L'observation tout-venant fera toujours grand cas de l'annonce d'une mère castratrice, pour peu qu'y prête l'anamnèse. Elle s'étale ici comme de juste.

On croit dès lors avoir tout fini. Mais nous n'avons rien à en faire dans l'interprétation, où l'invoquer ne mènerait pas loin, sauf à remettre le patient au point même où il se faufile entre un désir et son mépris : assurément le mépris de sa mère acariâtre à décrier le désir trop ardent dont son père lui a légué l'image.

Mais ce serait moins lui en apprendre que ce que lui *dit* sa maîtresse : que dans son rêve ce phallus, de l'avoir ne l'en laissait pas moins le désirer. En quoi c'est son propre manque à être qui s'est trouvé touché.

Manque qui provient d'un exode : son être est toujours ailleurs. Il l'a « mis à gauche », peut-on dire. Le disons-nous pour motiver la difficulté du désir ? – Plutôt, que le désir soit de difficulté.

Ne nous laissons donc pas tromper à cette garantie que le sujet reçoit de ce que la rêveuse ait un phallus, qu'elle n'aura pas à le lui prendre, – fût-ce pour y pointer doctement que c'est là une garantie trop forte pour n'être pas fragile.

Car c'est justement méconnaître que cette garantie n'exigerait pas tant de poids, si elle ne devait s'imprimer dans un signe, et que c'est à montrer ce signe comme tel, de le faire apparaître là où il ne peut être, qu'elle prend son effet.

La condition du désir qui retient éminemment l'obsessionnel, c'est la marque même dont il le trouve gâté, de l'origine de son objet : la contrebande.

Mode de la grâce singulier de ne se figurer que du déni de la nature. Une faveur s'y cache qui chez notre sujet fait toujours antichambre. Et c'est à la congédier qu'il la laissera un jour entrer.

La direction de la cure

14. L'importance de préserver la place du désir dans la direction de la cure nécessite qu'on oriente cette place par rapport aux effets de la demande, seuls conçus actuellement au principe du pouvoir de la cure.

Que l'acte génital en effet ait à trouver sa place dans l'articulation inconsciente du désir, c'est là la découverte de l'analyse, et c'est précisément en quoi on n'a jamais songé à y céder à l'illusion du patient que faciliter sa demande pour la satisfaction du besoin, arrangerait en rien son affaire. (Encore moins de l'autoriser du classique : *coïtus normalis dosim repetatur.*)

Pourquoi pense-t-on différemment à croire plus essentiel pour le progrès de la cure, d'opérer en quoi que ce soit sur d'autres demandes, sous le prétexte que celles-ci seraient régressives ?

Repartons une fois de plus de ceci que c'est d'abord pour le sujet que sa parole est un message, parce qu'elle se produit au lieu de l'Autre. Que de ce fait sa demande même en provienne et soit libellée comme telle, ce n'est pas seulement qu'elle soit soumise au code de l'Autre. C'est que c'est de ce lieu de l'Autre (voire de son temps) qu'elle est datée.

Comme il se lit clairement dans la parole la plus librement donnée par le sujet. À sa femme ou à son maître, pour qu'ils reçoivent sa foi, c'est d'un tu es... (l'une ou bien l'autre) qu'il les invoque, sans déclarer ce qu'il est, lui, autrement qu'à murmurer contre lui-même un ordre de meurtre que l'équivoque du français porte à l'oreille.

Le désir, pour transparaître toujours comme on le voit ici dans la demande, n'en est pas moins au-delà. Il est aussi en deçà d'une autre demande où le sujet, se répercutant au lieu de l'autre, effacerait moins sa dépendance par un accord de retour qu'il ne fixerait l'être même qu'il vient y proposer.

Ceci veut dire que c'est d'une parole qui lèverait la marque que le sujet reçoit de son propos, que seulement pourrait être reçue l'absolution qui le rendrait à son désir.

Mais le désir n'est rien d'autre que l'impossibilité de cette parole, qui de répondre à la première ne peut que redoubler sa marque en consommant cette refente *(Spaltung)* que le sujet subit de n'être sujet qu'en tant qu'il parle.

(Ce que symbolise la barre oblique de noble bâtardise dont

nous affectons l'S du sujet pour le noter d'être ce sujet-là : $\mathcal{S}$ [15].)

La régression qu'on met au premier plan dans l'analyse (régression temporelle sans doute, mais à condition de préciser qu'il s'agit du temps de la remémoration), ne porte que sur les signifiants (oraux, anaux, etc.) de la demande et n'intéresse la pulsion correspondante qu'à travers eux.

Réduire cette demande à sa place, peut opérer sur le désir une apparence de réduction par l'allégement du besoin.

Mais ce n'est là plutôt qu'effet de la lourdeur de l'analyste. Car si les signifiants de la demande ont soutenu les frustrations où le désir s'est fixé (*Fixierung* de Freud), ce n'est qu'à leur place que le désir est assujettissant.

Qu'elle se veuille frustrante ou gratifiante, toute réponse à la demande dans l'analyse, y ramène le transfert à la suggestion.

Il y a entre transfert et suggestion, c'est là la découverte de Freud, un rapport, c'est que le transfert est aussi une suggestion, mais une suggestion qui ne s'exerce qu'à partir de la demande d'amour, qui n'est demande d'aucun besoin. Que cette demande ne se constitue comme telle qu'en tant que le sujet est le sujet du signifiant, c'est là ce qui permet d'en mésuser en la ramenant aux besoins auxquels ces signifiants sont empruntés, ce à quoi les psychanalystes, nous le voyons, ne manquent pas.

Mais il ne faut pas confondre l'identification au signifiant tout-puissant de la demande, dont nous avons déjà parlé, et l'identification à l'objet de la demande d'amour. Celle-ci est bien aussi une régression, Freud y insiste, quand il en fait le deuxième mode d'identification, qu'il distingue dans sa deuxième topique en écrivant : *Psychologie des masses et analyse du Moi*. Mais c'est une autre régression.

Là est l'*exit* qui permet qu'on sorte de la suggestion. L'identification à l'objet comme régression, parce qu'elle part de la demande d'amour, ouvre la séquence du transfert

---

[15]. Cf. le ($\mathcal{S} \lozenge$ D) et le ($\mathcal{S} \lozenge a$) de notre graphe, repris ici dans *Subversion du sujet*, p. 297. Le signe $\lozenge$ consigne les relations : enveloppement-développement-conjonction-disjonction. Les liaisons qu'il signifie en ces deux parenthèses, permettent de lire l'S barré : S en *fading* dans la coupure de la demande ; S en *fading* devant l'objet du désir. Soit nommément la pulsion et le fantasme.

(l'ouvre, et non pas la ferme), soit la voie où pourront être dénoncées les identifications qui en stoppant cette régression, la scandent.

Mais cette régression ne dépend pas plus du besoin dans la demande que le désir sadique n'est expliqué par la demande anale, car croire que le scybale est un objet nocif en lui-même, est seulement un leurre ordinaire de la compréhension. (J'entends ici compréhension au sens néfaste où il a pris sa cote de Jaspers. « Vous comprenez : – », exorde par où croit en imposer à qui ne comprend rien, celui qui n'a rien à lui donner à comprendre.) Mais la demande d'être une merde, voilà qui rend préférable qu'on se mette un peu de biais, quand le sujet s'y découvre. Malheur de l'être, évoqué plus haut.

Qui ne sait pas pousser ses analyses didactiques jusqu'à ce virage où s'avère avec tremblement que toutes les demandes qui se sont articulées dans l'analyse, et plus que toute autre celle qui fut à son principe, de devenir analyste, et qui vient alors à échéance, n'étaient que transferts destinés à maintenir en place un désir instable ou douteux en sa problématique, – celui-là ne sait rien de ce qu'il faut obtenir du sujet pour qu'il puisse assurer la direction d'une analyse, ou seulement y faire une interprétation à bon escient.

Ces considérations nous confirment qu'il est naturel d'analyser le transfert. Car le transfert en lui-même est déjà analyse de la suggestion, en tant qu'il place le sujet à l'endroit de sa demande dans une position qu'il ne tient que de son désir.

C'est seulement pour le maintien de ce cadre du transfert que la frustration doit prévaloir sur la gratification.

La résistance du sujet quand elle s'oppose à la suggestion, n'est que désir de maintenir son désir. Comme telle, il faudrait la mettre au rang du transfert positif, puisque c'est le désir qui maintient la direction de l'analyse, hors des effets de la demande.

Ces propositions, on le voit, changent quelque chose aux opinions reçues en la matière. Qu'elles donnent à penser qu'il y a maldonne quelque part, et nous aurons atteint notre but.

15. Ici se placent quelques remarques sur la formation des symptômes.

Freud, depuis son étude démonstrative des phénomènes

subjectifs : rêves, lapsus et mots d'esprit, dont il nous a dit formellement qu'ils leur sont structurellement identiques (mais bien entendu tout cela est pour nos savants trop au-dessous de l'expérience qu'ils ont acquise – dans quelles voies ! – pour qu'ils songent même à y revenir) –, Freud donc l'a souligné cent fois : les symptômes sont surdéterminés. Pour le palotin, employé au quotidien battage qui nous promet pour demain la réduction de l'analyse à ses bases biologiques, ceci va tout seul ; c'est si commode à proférer qu'il ne l'entend même pas. Mais encore ?

Laissons de côté mes remarques sur le fait que la surdétermination n'est strictement concevable que dans la structure du langage. Dans les symptômes névrotiques, qu'est-ce à dire ?

Cela veut dire qu'aux effets qui répondent chez un sujet à une demande déterminée, vont interférer ceux d'une position par rapport à l'autre (à l'autre, ici son semblable) qu'il soutient en tant que sujet.

« Qu'il soutient en tant que sujet », veut dire que le langage lui permet de se considérer comme le machiniste, voire le metteur en scène de toute la capture imaginaire dont il ne serait autrement que la marionnette vivante.

Le fantasme est l'illustration même de cette possibilité originale. C'est pourquoi toute tentation de le réduire à l'imagination, faute d'avouer son échec, est un contresens permanent, contresens dont l'école kleinienne qui a poussé ici fort loin les choses, ne sort pas, faute d'entrevoir même la catégorie du signifiant.

Cependant, une fois définie comme image mise en fonction dans la structure signifiante, la notion de fantasme inconscient ne fait plus de difficulté.

Disons que le fantasme, dans son usage fondamental, est ce par quoi le sujet se soutient au niveau de son désir évanouissant, évanouissant pour autant que la satisfaction même de la demande lui dérobe son objet.

Oh ! mais ces névrosés, quels délicats et comment faire ? Ils sont incompréhensibles, ces gens-là, parole de père de famille.

C'est justement ce qu'on a dit depuis longtemps, depuis toujours, et les analystes en sont encore là. Le benêt appelle cela l'irrationnel, ne s'étant même pas aperçu que la découverte de Freud s'homologue à tenir d'abord pour certain, ce qui jette bas d'emblée notre exégète, que le réel est rationnel, et puis à constater que le rationnel est réel. Moyennant quoi il peut articuler que ce qui se présente de peu raisonnable dans le désir est un effet du passage du rationnel en tant que réel, c'est-à-dire du langage, dans le réel, en tant que le rationnel y a déjà tracé sa circonvallation.

Car le paradoxe du désir n'est pas le privilège du névrosé, mais c'est plutôt qu'il tienne compte de l'existence du paradoxe dans sa façon de l'affronter. Ceci ne le classe pas si mal dans l'ordre de la dignité humaine, et ne fait pas honneur aux analystes médiocres (ceci n'est pas une appréciation, mais un idéal formulé dans un vœu formel des intéressés), qui sur ce point n'atteignent pas à cette dignité : surprenante distance qu'ont toujours notée à mots couverts les analystes... autres, sans qu'on sache comment distinguer ceux-ci, puisque eux n'auraient jamais songé à le faire d'eux-mêmes, s'ils n'avaient eu d'abord à s'opposer au dévoiement des premiers.

16. C'est donc la position du névrosé à l'endroit du désir, disons pour abréger le fantasme, qui vient marquer de sa présence la réponse du sujet à la demande, autrement dit la signification de son besoin.

Mais ce fantasme n'a rien à faire avec la signification dans laquelle il interfère. Cette signification en effet provient de l'Autre en tant que de lui dépend que la demande soit exaucée. Mais le fantasme n'arrive là que de se trouver sur la voie de retour d'un circuit plus large, celui qui portant la demande jusqu'aux limites de l'être, fait s'interroger le sujet sur le manque où il s'apparaît comme désir.

Il est incroyable que certains traits pourtant criants depuis toujours de l'action de l'homme comme telle, n'aient pas été ici mis en lumière par l'analyse. Nous voulons parler de ce par quoi cette action de l'homme est la geste qui prend appui sur sa chanson. Cette face d'exploit, de performance, d'issue étranglée par le symbole, ce qui la fait donc symbolique (mais non pas au sens aliénant que ce terme dénote vulgairement), ce pour quoi enfin l'on parle de passage à l'acte, ce Rubicon dont le désir propre est toujours camouflé dans l'histoire au bénéfice de son succès, tout cela auquel l'expérience de ce que l'analyste appelle l'*acting out*, lui donne un accès quasi expérimental, puisqu'il en tient tout l'artifice, l'analyste le rabaisse au mieux à une rechute du sujet, au pire à une faute du thérapeute.

On est stupéfait de cette fausse honte de l'analyste devant l'action, où se dissimule sans doute une vraie : celle qu'il a d'une action, la sienne, l'une parmi les plus hautes, quand elle descend à l'abjection.

Car enfin qu'est-ce d'autre, quand l'analyste s'interpose pour dégrader le message de transfert qu'il est là pour interpréter, en une fallacieuse signification du réel qui n'est que mystification.

Car le point où l'analyste d'aujourd'hui prétend saisir le transfert, est cet écart qu'il définit entre le fantasme et la réponse dite adaptée. Adaptée à quoi sinon à la demande de l'Autre, et en quoi cette demande aurait-elle plus ou moins de consistance que la réponse obtenue, s'il ne se croyait autorisé à dénier toute valeur au fantasme dans la mesure qu'il prend de sa propre réalité ?

Ici la voie même par où il procède, le trahit, quand il lui faut par cette voie s'introduire dans le fantasme et s'offrir en hostie imaginaire à des fictions où prolifère un désir abruti, Ulysse inattendu qui se donne en pâture pour que prospère la porcherie de Circé.

Et qu'on ne dise pas qu'ici je diffame quiconque, car c'est le point précis où ceux qui ne peuvent autrement articuler leur pratique, s'inquiètent eux-mêmes et s'interrogent : les fantasmes, n'est-ce pas là où nous fournissons au sujet la gratification où s'enlise l'analyse ? Voilà la question qu'ils se répètent avec l'insistance sans issue d'un tourment de l'inconscient.

17. C'est ainsi qu'au mieux l'analyste d'aujourd'hui laisse son patient au point d'identification purement imaginaire dont l'hystérique reste captif, pour ce que son fantasme en implique l'engluement.

Soit ce point même dont Freud, dans toute la première partie de sa carrière, voulait le tirer trop vite en forçant l'appel de l'amour sur l'objet de l'identification (pour Elisabeth von R..., son beau-frère [5] ; pour Dora, M. K... ; pour la jeune homosexuelle du cas d'homosexualité féminine, il voit mieux, mais achoppe à se tenir pour visé dans le réel par le transfert négatif).

Il faut le chapitre de *Psychologie des masses et analyse du Moi* sur « l'identification », pour que Freud distingue nettement ce troisième mode d'identification que conditionne sa fonction de soutien du désir et que spécifie donc l'indifférence de son objet.

Mais nos psychanalystes insistent : cet objet indifférent, c'est la substance de l'objet, mangez mon corps, buvez mon sang (l'évocation profanante est de leur plume). Le mystère de la rédemption de l'analysé, est dans cette effusion imaginaire, dont l'analyste est l'oblat.

Comment le Moi dont ils prétendent ici s'aider, ne tomberait-il pas en effet sous le coup de l'aliénation renforcée à laquelle ils induisent le sujet ? Les psychologues ont toujours su dès avant Freud, s'ils ne l'ont pas dit en ces termes, que si le désir est la métonymie du manque à être, le Moi est la métonymie du désir.

C'est ainsi que s'opère l'identification terminale dont les analystes se font gloire.

Si c'est du Moi ou du Surmoi de leur patient qu'il s'agit, ils hésitent ou bien plutôt, c'est le cas de le dire, ils n'en ont cure, mais ce à quoi le patient s'identifie, c'est leur Moi fort.

Freud a fort bien prévu ce résultat dans l'article à l'instant cité, en montrant le rôle d'idéal que peut prendre l'objet le plus insignifiant dans la genèse du meneur.

Ce n'est pas en vain que la psychologie analytique s'oriente de plus en plus vers la psychologie du groupe, voire vers la psychothérapie du même nom.

Observons-en les effets dans le groupe analytique lui-même. Il n'est pas vrai que les analysés au titre didactique se conforment à l'image de leur analyste, à quelque niveau qu'on veuille la saisir. C'est bien plutôt entre eux que les analysés d'un même analyste sont liés par un trait qui peut être tout à fait secondaire dans l'économie de chacun, mais où se signe l'insuffisance de l'analyste au regard de son travail.

C'est ainsi que celui pour qui le problème du désir se réduit à la levée du voile de la peur, laisse enveloppés dans ce linceul, tous ceux qu'il a conduits.

18. Nous voici donc au principe malin de ce pouvoir toujours ouvert à une direction aveugle. C'est le pouvoir de faire le bien, aucun pouvoir n'a d'autre fin, et c'est pourquoi le pouvoir n'a pas de fin. Mais ici il s'agit d'autre chose, il s'agit de la vérité, de la seule, de la vérité sur les effets de la vérité. Dès qu'Œdipe s'est engagé dans cette voie, il a déjà renoncé au pouvoir.

Où va donc la direction de la cure ? Peut-être suffirait-il d'interroger ses moyens pour la définir dans sa rectitude.

Remarquons :

1. Que la parole y a tous les pouvoirs, les pouvoirs spéciaux de la cure ;
2. Qu'on est bien loin par la règle de diriger le sujet vers la parole pleine, ni vers le discours cohérent, mais qu'on le laisse libre de s'y essayer ;
3. Que cette liberté est ce qu'il tolère le plus mal ;
4. Que la demande est proprement ce qui est mis entre parenthèses dans l'analyse, étant exclu que l'analyste en satisfasse aucune ;
5. Qu'aucun obstacle n'étant mis à l'aveu du désir, c'est vers là que le sujet est dirigé et même canalisé ;
6. Que la résistance à cet aveu, en dernière analyse, ne peut tenir ici à rien que l'incompatibilité du désir avec la parole.

Propositions dont il se trouvera peut-être encore certains, et même dans mon audience ordinaire, pour s'étonner de les trouver dans mon discours.

On sent ici la tentation brûlante que doit être pour l'analyste de répondre si peu que ce soit à la demande.

Bien plus, comment empêcher le sujet de ne pas lui attribuer cette réponse, sous la forme de la demande de guérir, et conformément à l'horizon d'un discours qu'il lui impute avec d'autant plus de droit que notre autorité l'a assumé à tort et à travers.

Qui nous débarrassera désormais de cette tunique de Nessus que nous nous sommes à nous-mêmes tissée : l'analyse répond à tous les desiderata de la demande, et par des normes diffusées ? Qui balaiera cet énorme fumier des écuries d'Augias, la littérature analytique ?

À quel silence doit s'obliger maintenant l'analyste pour

dégager au-dessus de ce marécage le doigt levé du *Saint Jean* de Léonard, pour que l'interprétation retrouve l'horizon déshabité de l'être où doit se déployer sa vertu allusive ?

19. Puisqu'il s'agit de prendre le désir, et qu'il ne peut se prendre qu'à la lettre, puisque ce sont les rets de la lettre qui déterminent, surdéterminent sa place d'oiseau céleste, comment ne pas exiger de l'oiseleur qu'il soit d'abord un lettré ?

La part « littéraire » dans l'œuvre de Freud, pour un professeur de littérature à Zurich qui a commencé de l'épeler, qui a parmi nous tenté d'en articuler l'importance ?

Ceci n'est qu'indication. Allons plus loin. Questionnons ce qu'il doit en être de l'analyste (de « l'être » de l'analyste), quant à son propre désir.

Qui aura la naïveté encore de s'en tenir, quant à Freud, à cette figure de bourgeois rangé de Vienne, qui stupéfia son visiteur André Breton de ne s'auréoler d'aucune hantise de Ménades ? Maintenant que nous n'en avons plus que l'œuvre, n'y reconnaîtrons-nous pas un fleuve de feu, qui ne doit rien à la rivière artificielle de François Mauriac ?

Qui mieux que lui avouant ses rêves, a su filer la corde où glisse l'anneau qui nous unit à l'être, et faire luire entre les mains fermées qui se le passent au jeu du furet de la passion humaine, son bref éclat ?

Qui a grondé comme cet homme de cabinet contre l'accaparement de la jouissance par ceux qui accumulent sur les épaules des autres les charges du besoin ?

Qui a interrogé aussi intrépidement que ce clinicien attaché au terre-à-terre de la souffrance, la vie sur son sens, et non pour dire qu'elle n'en a pas, façon commode de s'en laver les mains, mais qu'elle n'en a qu'un, où le désir est porté par la mort ?

Homme de désir, d'un désir qu'il a suivi contre son gré dans les chemins où il se mire dans le sentir, le dominer et le savoir, mais dont il a su dévoiler, lui seul, comme un initié aux défunts mystères, le signifiant sans pair : ce phallus dont le recevoir et le donner sont pour le névrosé également impossibles, soit qu'il sache que l'Autre ne l'a pas, ou bien qu'il l'a, parce que dans les deux cas son désir est ailleurs : c'est de l'être, et qu'il faut que l'homme, mâle ou femelle, accepte de l'avoir et de ne pas l'avoir, à partir de la découverte qu'il ne l'est pas.

Ici s'inscrit cette *Spaltung* dernière par où le sujet s'articule au Logos, et sur quoi Freud commençant d'écrire [12], nous donnait à la pointe ultime d'une œuvre aux dimensions de l'être, la solution de l'analyse « infinie », quand sa mort y mit le mot Rien.

AVERTISSEMENT ET RÉFÉRENCES

Ce rapport est un morceau choisi de notre enseignement. Notre discours au Congrès et les réponses qu'il a reçues, l'ont replacé dans sa suite.

Nous y avons présenté un graphe qui articule précisément les directions ici proposées pour le champ de l'analyse et pour sa manœuvre.

Nous donnons ici, classées par ordre alphabétique d'auteurs, les références auxquelles notre texte renvoie par les numéros placés entre crochets.

Nous usons des abréviations suivantes :

G.W. : *Gesammelte Werke*, de Freud ; édités par Imago publishing de Londres. Le chiffre romain qui suit indique le volume.
S.E. : *Standard édition*, de leur traduction anglaise, éditée par Hogarth Press de Londres. Même remarque.
I.J.P. : *International Journal of Psychoanalysis*.
The P.Q. : *The Psychoanalytic Quarterly*.
La P.D.A. : un ouvrage intitulé : *La psychanalyse d'aujourd'hui*, paru aux P.U.F., auquel nous ne nous rapportons que pour la simplicité naïve où s'y présente la tendance à dégrader dans la psychanalyse la direction de la cure et les principes de son pouvoir. Travail de diffusion à l'extérieur sans doute, mais aussi, à l'intérieur, d'obstruction. Nous ne citerons donc pas les auteurs qui n'interviennent ici par nulle contribution proprement scientifique.

[1] ABRAHAM (Karl), « Die psychosexuellen Differenzen der Hysterie und der Dementia praecox » (Ier Cong. intern. de Psychanalyse, Salzburg, 26 avril 1908), *Centralblatt für Nervenheilkunde und Psychiatrie*, 2^e cah. de juillet 1908, Neue folge, Bd. 19, p. 521-533, et in *Klinische Beiträge zur Psychoanalyse* (Int.

Psych. Verlag, Leipzig-Wien-Zurich, 1921); « The psychosexual differences between Hysteria and dementia praecox », *Selected Papers*, Hogarth Press, p. 64-79.

[2] DEVEREUX (Georges), « Some criteria for the timing of confrontations and interpretations », avr. 1950, *I.J.P.*, XXXII, 1 (janv. 1951), p. 19-24.

[3] FERENCZI (Sandor), « Introjektion und Ubertrangung », 1909, *Jahrbuch für psychoanalytische Forschungen*, I, p. 422-457 ; « Introjection and transference », *Sex in psychoanalysis*, Basic Books, N.Y., p. 35-93.

[4] FREUD (Anna), « Das Ich und die Abwehrmechanismen », 1936, *in* chap. IV : Die Abwehrmechanismen. Cf. Versuch einer Chronologie, p. 60-63 (Intern. psychoanal. Verlag, Wien, 1936).

[5] FREUD (Sigmund), *Studien über Hysterie*, 1895, *G.W.*, I, Fall Elisabeth von R..., p. 196-251, sp. p. 125-127. – *Studies on Hysteria, S.E.*, II, p. 158-160.

[6] FREUD (Sigmund), *Die Traumdeutung, G.W.*, II-III. Cf. *in* chap. IV : Die Traumentstellung, p. 152-156, p. 157 et p. 163-168. Kern unseres Wesens, p. 609. – *The interpretation of dreams, S.E.*, IV, chap. IV : Distortion in dreams, p. 146-150, p. 151, p. 157-162 et p. 603.

[7] FREUD (Sigmund), *Bruchstück einer Hysterie-Analyse (Dora)*, fini le 24 janv. 1901 (cf. la lettre 140 de *Aus den Anfängen*, la correspondance avec Fliess publiée à Londres) : *G.W.*, V, cf. p. 194-195. – *A case of hysteria, S.E.*, VII, p. 35-36.

[8] FREUD (Sigmund), *Bemerkungen über einen Fall von Zwangsneurose*, 1909, *G.W.*, VII. Cf. *in* I. *d*) Die Einführung ins Verständnis der Kur (L'introduction à l'intelligence de la cure), p. 402-404, et la note des p. 404-405, puis : I. *f*) Die Krankheitsveranlassung, soit : l'interprétation de Freud décisive, sur ce que nous traduirions par : le sujet de la maladie, et I. *g*) Der Vaterkomplex und die Lösung der Rattenidee, soit p. 417-438. – *Notes upon a case of obsessional neurosis, S.E.*, X. Cf. *in* I. *d*) Initiation into the nature of the treatment, p. 178-181 et la note p. 181. Puis : I. *f*) The precipitating cause of the illness, et *g*) The father complex and the solution of the rat idea, p. 195-220.

[9] FREUD (Sigmund), *Jenseits des Lustprinzips*, 1920, *G.W.*, XIII : cf. s'il en est encore besoin, les p. 11-14 du chap. II. – *Beyond the pleasure principle, S.E.*, XVIII, p. 14-16.

[10] FREUD (Sigmund), *Massenpsychologie und Ich-Analyse*, 1921, *G.W.*, XIII. Le chap. VII : « Die Identifizierung », sp. p. 116-118. – *Group psychology and the analysis of the ego, S.E.*, XVIII, p. 106-108.

[11] FREUD (Sigmund), *Die endliche und die unendliche Analyse*, 1937. *G.W.*, XVI, p. 59-99, traduit sous le titre de : Analyse

terminée (!) et analyse interminable (!! – les points d'exclamation de nous visent les standards pratiqués dans la traduction en français des œuvres de Freud. Nous signalons celle-ci parce que, pour l'édition des *G.W.*, XVIe volume paru en 1950, elle n'existe pas, cf. p. 280), in *Rev. franç. Psychan.*, XI, 1939, n° 1, p. 3-38.

[12] FREUD (Sigmund), *Die Ichspaltung im Abwehrvorgang*, *G.W.*, XVII, Schriften aus dem Nachlass, p. 58-62. Date du manuscrit : 2 janv. 1938 (inachevé). – *Splitting of the ego in the defensive process*, Collected Papers, V, 32, p. 372-375.

[13] GLOVER (Edward), « The therapeutic effect of inexact interpretation : a contribution to the theory of suggestion », *I.J.P.*, XII, 4 (Oct. 1931) : p. 399-411.

[14] HARTMANN, KRIS and LOEWENSTEIN, leurs publications en team, in *The psychoanalytic study of the child*, depuis 1946.

[15] KRIS (Ernst), « Ego psychology and interpretation in psychoanalytic therapy », *The P.Q.*, XX, n° 1, janv. 1951, p. 21-25.

[16] LACAN (Jacques), Notre rapport de Rome, 26-27 sept. 1953 : *Fonction et champ de la parole et du langage en psychanalyse*, in *La psychanalyse*, vol. 1 (P.U.F.). Cf. p. 237.

[17] LACAN (Jacques), *L'instance de la lettre dans l'inconscient ou la raison depuis Freud*, 9 mai 1957, in *La psychanalyse*, vol. 3, p. 47-81 (P.U.F.), cf. p. 493.

[18] LAGACHE (Daniel), « Le problème du transfert » (Rapport de la XIVe Conférence des Psychanalystes de Langue française, 1er nov. 1951), *Rev. franç. Psychan.*, t. XVI, 1952, n° 1-2, p. 5-115.

[19] LECLAIRE (Serge), « À la recherche des principes d'une psychothérapie des psychoses » (Congrès de Bonneval, 15 avril 1957), *L'Évolution psychiatrique*, 1958, fasc. 2, p. 377-419.

[20] MACALPINE (Ida), « The development of the transference », *The P.Q.*, XIX, n° 4, oct. 1950, p. 500-539, spécialement p. 502-508 et p. 522-528.

[21] *La P.D.A.*, p. 51-52 (sur « prégénitaux » et « génitaux »), *passim* (sur le renforcement du Moi et sa méthode), p. 102 (sur la distance à l'objet, principe de la méthode d'une cure).

[22] *La P.D.A.* Cf. Successivement p. 133 (rééducation émotionnelle), p. 133 (opposition de la P.D.A. à Freud sur l'importance primordiale de la relation à deux), p. 132 (la guérison « par le dedans »), p. 135 (ce qui importe... ce n'est pas tant ce que l'analyste dit ou fait que ce qu'il est), et p. 136, etc., *passim*, et encore p. 162 (sur le congé de la fin du traitement), p. 149 (sur le rêve).

[23] R.L., « Perversion sexuelle transitoire au cours d'un traitement psychanalytique », *Bulletin d'activités de l'Association des Psychanalystes de Belgique*, n° 25, p. 1-17, 118, rue Froissart, Bruxelles.

[24] SHARPE (Ella), « Technique of psychoanalysis », *Coll. Papers*, de Hogarth Press. Cf. p. 81 (sur le besoin de justifier son existence) ; p. 12-14 (sur les connaissances et les techniques exigibles de l'analyste).
[25] SCHMIDEBERG (Melitta), « Intellektuelle Hemmung und Essstörung », *Zeitschrift für psa. Pädagogik*, VIII, 1934.
[26] WILLIAMS (J.D.), *The compleat strategyst*, The Rand Series, McGraw-Hill Book Company, Inc., New York ; Toronto, London.
[27] WINNICOTT (D.W.), « Transitional objects and transitional phenomena », 15 juin 1951, in *I.J.P.*, XXXIV, 1953, p. 11, p. 29-97. Traduit dans *La psychanalyse*, vol. 5, p. 21-41, P.U.F.

Remarque
sur le rapport de Daniel Lagache :
« Psychanalyse et structure de la personnalité »

Ce texte est rédigé sur un enregistrement d'une intervention qu'un mauvais départ de l'appareil a privé de son exorde. C'est l'accident dont nous avons fait faveur pour remanier notre discours d'une façon qui en modifie sensiblement l'improvisation. Encore faut-il en indiquer l'intention, qui est de resserrer en son articulation d'alors une position qui nous reste essentielle.

Ceci nous a conduit à en retrancher plutôt : et précisément ce qui dans le feu d'une actualisation anticipe sur ce qui n'en sera développé que plus tard. C'est ainsi que passant outre notre goût d'auteur, nous n'avons pas repris l'apologue du pot de moutarde dont le souvenir n'est pourtant pas anecdotique, puisque nous lui avons donné depuis son plein essor[1].

À ceci près que nous lui assurons ici son acte de naissance, avec son motif dans les agapes qui nous le fournirent au moins apparemment, nous laissons à notre auditoire de retrouver le pot de moutarde en filigrane dans des figures plus accessibles au lecteur comme moins soumises aux signifiants de la présence.

Au reste un texte qui n'a été communiqué auparavant sous aucune forme documentaire, n'est attestable que du moment de sa rédaction définitive, soit ici Pâques 1960.

I. *La structure et le sujet.*

Le terme de structure qui va donner au rapport de Daniel Lagache[2] son mot clef, est en effet énoncé au principe de

---

1. Spécialement dans notre séminaire de cette année 1959-1960, sur l'éthique de la psychanalyse.
2. « L'anthropologie est aujourd'hui structuraliste. Un de ses traits principaux est la promotion de la catégorie d'*ensemble*, d'*unitas multiplex*. [...]

maintes tendances contemporaines de la recherche sur l'homme, si c'est là le sens large que Lagache donne, pensons-nous, au terme d'anthropologie. La référence à la sociologie nous eût paru meilleure actuellement pour y situer le structuralisme.

Car il est l'objet d'un débat assez vif pour que Claude Lévi-Strauss n'échappe pas aux attaques que les structuralistes se portent entre eux, la notion de la structure qu'a l'un semblant n'être qu'aberration pour tel autre.

Comme nous-même faisons du terme de structure un emploi que nous croyons pouvoir autoriser de celui de Claude Lévi-Strauss, ce nous est une raison personnelle, c'est bien le lieu de le dire, de ne pas tenir cet emploi pour généralement confusionnel. Nous n'en sommes que plus intéressé à le soumettre à l'épreuve du développement que Daniel Lagache y ordonne.

La catégorie de l'ensemble, pour l'introduire, trouve notre accord, pour autant qu'elle évite les implications de la totalité ou les épure. Mais ce n'est pas pour dire que les éléments n'en soient pas isolés, ni sommables : au moins, si nous cherchons dans la notion d'ensemble quelque garantie de la rigueur qu'elle a dans la théorie mathématique. « Que ses parties soient elles-mêmes structurées », voudra dire dès lors qu'elles-mêmes sont susceptibles de symboliser toutes les relations définissables pour l'ensemble, lesquelles vont bien au-delà de leur distinction et de leur réunion, pourtant inaugurales. Les éléments y sont en effet définis par la possibilité d'être posés en fonction de sous-ensembles comme recouvrant une relation quelconque définie pour l'ensemble, cette possibilité ayant pour trait essentiel de n'être limitée par aucune hiérarchie *naturelle*.

Voici pourquoi le terme : partie, nous semble à écarter au principe, à plus forte raison toute donnée de champ incluant d'aussi redoutables inconnues qu'un organisme, puisque déjà en organisant l'entourage (avec la fameuse « situation » qui nous pend au nez), un tel champ apporte à toute considération

---

Nous partons de l'idée que nous n'avons pas affaire à des éléments isolés ni à des sommes d'éléments, mais à des ensembles dont les parties sont elles-mêmes structurées. » D. Lagache, *La Psychanalyse et la structure de la personnalité* (rapport au Colloque de Royaumont, 10-13 juillet 1958), recueilli dans *La Psychanalyse*, n° 6, Paris, P.U.F., 1961, p. 5.

de structure cette limitation minimale que Daniel Lagache cerne aussitôt pertinemment : d'être géométrique[3].

Or la structure n'est pas la forme, nous y avons insisté ailleurs[4], et c'est justement la question que de rompre la pensée à une topologie, que nécessite la seule structure.

Nous prétendons que l'esthétique transcendantale est à refaire pour le temps où la linguistique a introduit dans la science son statut incontestable : avec la structure définie par l'articulation signifiante comme telle.

Dès lors, quand Daniel Lagache part d'un choix qu'il nous propose entre une structure en quelque sorte apparente (qui impliquerait la critique de ce que le caractère descriptif comporte de naturel) et une structure qu'il peut dire à distance de l'expérience (puisqu'il s'agit du « modèle théorique » qu'il reconnaît dans la métapsychologie analytique), cette antinomie néglige un mode de la structure qui, pour être tiers, ne saurait être exclu, à savoir les effets que la combinatoire pure et simple du signifiant détermine dans la réalité où elle se produit. Car le structuralisme est-il ou non ce qui nous permet de poser notre expérience comme le champ où ça parle ? Si oui, « la distance à l'expérience » de la structure s'évanouit, puisqu'elle y opère non comme modèle théorique, mais comme la machine originale qui y met en scène le sujet.

Ce que Daniel Lagache met au compte du point de vue économico-dynamique, soit à son dire le matériel et son interprétation, c'est là précisément que nous voyons l'incidence de la structure s'amorcer dans notre expérience, et c'est de là qu'une recherche structuraliste doit en poursuivre les effets, leur portée économico-dynamique s'illustrant d'une comparaison qui équivaut à sa raison : à savoir ce qu'une turbine, soit une machine agencée selon une chaîne d'équations, apporte à une cascade naturelle pour la réalisation de l'énergie.

Comment s'étonner dès lors que le critère génétique se soit soldé par un échec dans la mise à l'épreuve des topiques

---

3. « *Le champ psychologique* est l'ensemble des relations de l'organisme et de l'entourage. [...] Il n'est pas d'organisme qui ne soit en situation, ni de situation que pour un organisme. Nécessité en dernière analyse géométrique [...]. » *Ibid.*, p. 5.
4. En un symposium sur la structure, tenu sous les auspices de M. Bastide.

freudiennes, dans la mesure même où leurs systèmes sont structuraux ?

Quant au critère d'adaptation, peut-être faut-il en rejeter l'emploi jusqu'à nouvel ordre, au nouvel ordre qu'y aura apporté la psychanalyse elle-même : sauf à s'engager dans l'impasse dite du problème post-révolutionnaire.

Les systèmes en effet dont Daniel Lagache saura si délicatement mettre en valeur les relations d'interdépendance (nous proposerions : paranomies), dans chacune des deux topiques de Freud, en les distinguant de leurs fonctions, ne sont pas pour autant la structure au sens strict : comme il se voit dans la sorte de chiasme qu'il n'explique pas, selon lequel c'est de l'identité des pensées que le processus primaire (comme procédant dans l'inconscient) trouve sa règle, et dans l'identité des perceptions que le processus secondaire (en tant qu'il ordonne le premier à la réalité) trouve son critère, – alors que la perception est plus primaire dans la structure au sens où l'entend Lagache, et plus proche du principe du plaisir dont s'assure le règne du primaire, que tout ce qui d'être pensée semble répercuté d'une conscience éclairée.

Aussi n'est-il pas vain de rappeler que Freud a dénié, au principe, à tout système d'aucune de ses topiques *la moindre réalité* comme appareil différencié dans l'organisme. Car on oublie d'en tirer ce corollaire, qu'il nous refuse du même coup le droit de forcer aucun de ces systèmes à rentrer dans la réalité fantasmée d'une quelconque « totalité » de l'organisme. Bref la structure dont nous parlons n'a rien à faire avec l'idée de la « structure de l'organisme », telle que la supportent les faits les mieux fondés de la *Gestalt*. Non que la structure au sens propre ne profite des béances de la *Gestalt* organique pour se l'asservir. Mais à partir de leurs conjonctions qui s'avéreraient être de fission ou de fissures, une hétérogénéité s'affirme entre deux ordres, qu'on cherchera moins à masquer pour saisir son principe. C'est ainsi qu'à être moins méconnue, la distribution topique de la conscience, si frappante en sa dispersion qu'on la dirait éclatée, nous ramène à considérer ce fait que Daniel Lagache a raison de nous rappeler : c'est que nous n'avons guère avancé dans le problème de la nature de la conscience, depuis que Freud, en sa révision qu'il avait rendue nécessaire, n'y revenait que pour se plaindre d'y rester arrêté.

De toute façon, il ne fait pas difficulté que l'organisme laisse des plumes, autrement dit fasse cession de tel de ses tentacules plus ou moins amovibles en gage à telle structure, d'interdit social par exemple, où il peut comme individu être pris.

Pour entrer dans le vif du sujet avec Daniel Lagache, rendons-lui grâce de dénoncer au passage la simple falsification qu'Heinz Hartmann tente d'imposer à l'histoire, en méconnaissant que dans la période de l'*Introduction au narcissisme* Freud s'intéressât bien à l'instance du Moi, la seule, la même qu'il devait continuer de promouvoir. Pour la mise en garde dont ledit auteur et ses acolytes, Kris et Loewenstein, croient devoir nous prémunir contre une conception dite anthropomorphique de la seconde topique, nous tiendrons avec Daniel Lagache que son objet n'est pas plus consistant que la niaiserie, de pure feinte, qu'ils nous supposent. Mais ce n'est pas pour accepter l'impertinence de cette autre qu'ils nous imputent, bien réelle, à compter sur notre gloriole d'être de ceux qu'on ne leurre pas, pour nous glisser la carte forcée d'une conception dite causale [5] du Moi. Et Lagache niera-t-il encore l'influence néfaste de l'antinomie de Jaspers, dans ce tour de bonneteau dont on entend nous éblouir, de faire miroiter le lustre de la physiologie sur la porte du débarras d'où l'on nous ressort, pour expliquer le Moi de Freud, ce mannequin dont le rejet est le pont aux ânes de toute expérience psychologique, ce sujet verbal donné pour support à la synthèse des fonctions les plus hétéroclites ? Daniel Lagache fait justice plus loin de ce veau à trente-six pattes, de ce monstre dont les soudures représentées évoqueraient un collage sans art, mais qui s'accorde à ce cabinet de curiosités où ne détonne pas le charlatan. Qu'a donc à faire en effet cette conception baroque avec la psychanalyse, si ce n'est d'en ravaler la technique jusqu'à l'exploitation des préjugés les plus obscurs ?

---

5. À en croire ces auteurs, Freud aurait, dans le 2e modèle, « pris pour critère la *fonction* des systèmes ou substructures dans le conflit, et le modèle qui l'inspire est physiologique ; le rôle des concepts structuraux est de favoriser les explications causales, et s'ils sont parmi nos outils les plus valables, c'est qu'ils se situent dans un contexte génétique ».

Il reste que, comme le remarque avec force Daniel Lagache, l'existence même d'« enclaves animistes », voire d'alternances vécues comme personnelles dans notre assentiment, ne gêne en rien la compréhension de la seconde topique comme d'un modèle théorique, l'important n'étant pas en effet « que l'on puisse différencier les systèmes par leurs fonctions », mais de reconnaître comme il le fait « que le concept de fonction n'est pas un concept exclusivement physiologique ».

Ce que nous apportons en ce débat rendra facile à croire que nous pensons qu'on ne saurait parler plus excellemment.

On voit quelles objections pourtant va rencontrer de notre part la tentative de Daniel Lagache pour autant que c'est à sa formation dans l'intersubjectivité qu'il entend référer ce qu'il appelle la structuration de la personnalité (c'est le titre même de son chap. IV). À notre sens, sa méthode n'est pas assez radicale, et nous dirons en quoi.

Ce n'est pas faute, en attendant, de consentir à la pointe qu'il porte contre l'idéalisme exorbitant qui s'exerce à vouloir faire dériver de la conscience personnelle la genèse du monde personnel, soit à la moderne vogue d'une psychanalyse qui ne voudrait plus se fonder que dans l'observation de l'enfant. Mais aussi nous paraît-il optimiste en nous tenant pour affranchis de ce préjugé : oublierait-il que M. Piaget nous habitue à interroger dans la conscience personnelle la genèse du monde commun, au point d'y inclure les catégories de la pensée scientifique ?

Nous ne nous enchantons pas moins de sa remarque qu'« avant d'exister en lui-même, par lui-même et pour lui-même, l'enfant existe pour et par autrui ; qu'il est déjà un pôle d'attentes, de projets, d'attributs ». Mais ce ne serait là qu'avancer un truisme, s'il ne mettait l'accent sur le moyen par où tant d'attentes et de projets se font sentir dans l'inconscient de l'enfant quand il vient au monde, car n'est-ce pas par ces attributs dont le terme, assez insolite en une telle apposition, vient comme à se glisser dans le train de sa phrase au moment où elle se ferme. Attributs : j'arrête à ce petit mot Daniel Lagache. Espérait-il qu'il m'échappe ? Sinon, pourquoi ne pas lui donner lui-même sa portée ? Un pôle d'attributs, voilà ce qu'est le sujet avant sa naissance (et peut-être est-ce sous leur amas qu'il suffoquera au jour). D'attributs, c'est-à-dire de signifiants plus ou moins liés en un discours, il nous faudra nous en souvenir tout à l'heure quand il s'agira de la structure du Ça.

Mais pour l'instant Daniel Lagache ne professe-t-il pas la même chose que ce que j'enseigne quand je définis l'inconscient comme le discours de l'Autre ? Car « cette existence pour et par autrui », pour que Daniel Lagache puisse, sur l'existence de l'enfant « en lui-même, par lui-même et pour lui-même », lui accorder, sinon la préséance, au moins une précession logique, – son rapport tout futur à l'entourage qui l'attend de ses semblables et le voue à la place qu'il tient en leurs projets, n'y suffit pas. Car dans l'imaginaire dimension qui s'y déploie, ce rapport d'existence reste inverse, en tant que le non-né reste plutôt fermé à sa vision. Mais la place que l'enfant tient dans la lignée selon la convention des structures de la parenté, le pré-nom parfois qui l'identifie déjà à son grand-père, les cadres de l'état civil et même ce qui y dénotera son sexe, voilà ce qui se soucie fort peu de ce qu'il est en lui-même : qu'il surgisse donc hermaphrodite, un peu pour voir !

Cela va, on le sait, bien plus loin, aussi loin que la loi couvre le langage, et la vérité la parole : déjà son existence est plaidée, innocente ou coupable, avant qu'il vienne au monde, et le fil ténu de sa vérité ne peut faire qu'il ne couse déjà un tissu de mensonge. C'est même pour cela qu'en gros il y aura erreur sur la personne, c'est-à-dire sur les mérites de ses parents, dans son Idéal du Moi ; tandis que dans le vieux procès de justification au tribunal de Dieu, le nouveau bonhomme reprendra un dossier d'avant ses grands-parents : sous la forme de leur Surmoi. Remarque de Freud, rappelée par Daniel Lagache, et où il ne faut chercher qu'effet et champ de la parole et du langage avec les optimums que l'on pourrait pointer sur un schéma topologique, y voyant, de surcroît, qu'ils ne passent que statistiquement dans la réalité.

Plus profondément encore ici retentit, nous en avons l'expérience sûre, le désir des parents. Mais c'est précisément la question que nous ouvrons nous-même, comme certains ici le savent, de la détermination du désir par les effets, sur le sujet, du signifiant.

Si Daniel Lagache lui-même n'y faisait pas résonner ma promotion du Verbe, serait-il aussi sûr que sa si jolie référence à l'incarnation saisirait son auditoire, quand il dit « qu'au cours de l'existence prénatale, l'être pour autrui se modifie et s'enrichit par l'incarnation » ?

Oui, « l'être pour autrui », il ne dit pas l'être en soi, et il continue « vers le milieu de la gestation ». N'est-ce pas que par « ses premières manifestations d'activité, le fœtus »... commence à faire parler de lui ? Oui, qu'on en parle, voilà qui définit ce que Daniel Lagache appelle ici « ces premiers moments d'une existence » (nous dirions ex-sistence), et de façon d'autant plus frappante qu'il la qualifie d'« autonome ».

Pourquoi dès lors ne pas articuler l'antériorité du rapport au discours de l'Autre sur toute *différenciation primaire*[6], dont il admet que le sujet y fonctionne « sans exister en tant que structure cognitive » ? Il arguë pourtant sept lignes avant, qu'« on nie l'évidence à prétendre que le nouveau-né n'a pas d'expérience consciente, alors qu'il alterne entre le sommeil et la vigilance ». Cette vigilance observable suffit-elle pour lui assurer « l'existence d'un sujet sans structure cognitive » ?

Pour nous, le fait de la différenciation primaire laisse en suspens son usage proprement signifiant, d'où dépend l'avènement du sujet. Pour la définir en elle-même, nous dirions que c'est une relation d'objet *dans le réel*, pensant ainsi faire la preuve du caractère robuste, en sa simplicité, des répartitions dont nous nous servons pour situer notre expérience entre symbolique, imaginaire et réel.

Il faut qu'au besoin qui soutient cette différenciation primaire s'ajoute la demande, pour que le sujet (avant toute « structure cognitive ») fasse son entrée dans le réel, cependant que le besoin devient pulsion, pour autant que sa réalité s'oblitère en devenant symbole d'une satisfaction d'amour.

Ces exigences catégorielles, qu'on nous permette d'en

---

6. « La notion de différenciation primaire est préférable à celle d'indifférenciation. [...] [Elle] est démontrée par l'existence d'appareils qui assurent au sujet un minimum d'autonomie : appareils de la perception, de la motricité, de la mémoire, seuils de décharges des besoins et des affects. [...] Sans exister en tant que structure cognitive, le sujet fonctionne et s'actualise successivement dans les besoins qui l'éveillent et le motivent. [...] Ce qui est vrai, c'est que ces relations d'objet fonctionnelles ne sont pas structurées en ce sens que le sujet et l'objet ne sont pas différenciés. » *Ibid.*, p. 15-16.

faire état, ont l'avantage entre autres de reléguer de détestables métaphores comme celle de la *participation symbiotique* de l'enfant à la mère (forment-ils un lichen ?), de nous laisser peu contents d'une référence désinvolte « au jeu combiné de la maturation et de l'apprentissage » pour rendre compte d'« une identification dans le conflit intersubjectif », même à tenir pour certain que « la prédominance de sa passivité fait qu'il reçoit son personnage temporaire de la situation », de ne pas nous tenir quittes de la différenciation entre corps et objets à la connoter comme syncrétique, parce que c'est passer sur l'essentielle dissymétrie entre projection et introjection.

Là-dessus Daniel Lagache reste classique. Mais il nous semble qu'il ne peut accentuer, comme il l'a fait ici, la prématuration symbolique par où l'enfant s'inscrit dans l'être pour autrui (pour nous, le discours de l'Autre), et tenir le retard formel qu'enregistre son apprentissage de la syntaxe (le moment où l'enfant parle de lui comme autrui lui parle) pour décisif de quoi que ce soit « dans la conjonction qui s'opère entre l'être pour autrui et l'être pour soi ». Car bien loin que cet instant en soit représentatif, nous dirions que, puisqu'il s'agit de discours, cette conjonction est de toujours, puisque le discours était là dès le commencement, fût-il en sa présence impersonnel.

Le drame du sujet dans le verbe, c'est qu'il y fait l'épreuve de son manque-à-être, et c'est là que le psychanalyste ferait bien d'en préciser certains moments, car pour le psychologue il n'en peut mais avec ses questionnaires, voire ses enregistrements où ils n'apparaîtront pas de si tôt, ces moments, pas avant qu'un film ait saisi la structure de la faute comme constituante du jeu d'échecs.

C'est parce qu'elle pare à ce moment de manque qu'une image vient à la position de supporter tout le prix du désir : projection, fonction de l'imaginaire.

A l'opposé vient s'installer au cœur de l'être, pour en désigner le trou, un index : introjection, relation au symbolique.

Les progrès observés de l'objectivation dans ses stades précoces semblent bien n'avoir d'autre intérêt, comme Daniel Lagache le laisse entendre, que de nous masquer les temps inconscients des projections et des introjections dans la suite de leur développement.

Nous nous arrêterons au même point que Daniel Lagache pour y faire le bilan de notre divergence. Elle est dans la fonction même qu'il donne à l'intersubjectivité. Car celle-ci se définit pour lui dans une relation à l'autre du semblable, relation symétrique en son principe, comme il se voit en ce que Daniel Lagache formule que par l'autre le sujet apprend à se traiter comme un objet. Pour nous, le sujet a à surgir de la donnée des signifiants qui le recouvrent dans un Autre qui est leur lieu transcendantal : par quoi il se constitue dans une existence où est possible le vecteur manifestement constituant du champ freudien de l'expérience : à savoir ce qui s'appelle le désir.

Bien loin donc qu'il faille que le Moi-sujet s'efforce à reculer le Moi-objet pour se faire « transcendant », le vrai, sinon le bon sujet, le sujet du désir, aussi bien dans l'éclairage du fantasme que dans son gîte hors d'escient, n'est autre que la Chose[7], qui de lui-même est le plus prochaine tout en lui échappant le plus.

C'est bien pourquoi ceux qui me suivent, sauront aussi que cette équivoque de la noèse par quoi Daniel Lagache fait s'évanouir le Moi-sujet de ce qu'on y pense, n'est pas ce que je désigne comme le *fading* du sujet, car ce *fading* se produit dans la suspension du désir, de ce que le sujet s'éclipse dans le signifiant de la demande – et dans la fixation du fantasme, de ce que le sujet même devient la coupure qui fait briller l'objet partiel de son indicible vacillation.

II. *Où ça ?*

La reconstruction que Daniel Lagache mène à bout cependant, doit être suivie sans préjudice des objections précédentes ; car si nous le voyons s'y guider sur son postulat de la structure personnelle, ce postulat, comme il est ordinaire, ne s'éclairera que de son usage.

---

7. La Chose *(das Ding)* est ici antidatée, n'ayant été produite que dans notre séminaire de cette année 1959-1960. Mais c'est en quoi l'emploi du pot de moutarde nous offrait toutes les garanties d'incompréhension qu'il nous fallait pour qu'ait eu lieu l'explication avec.

Cet usage à première vue est heuristique, Daniel Lagache en quelque sorte demandant raison à chacun des systèmes (c'est son terme) : Ça, Moi et Surmoi, de ce qui lui manque pour être une personne. En quoi l'on ne peut que remarquer que la dénomination d'instance est écartée, bien que, solidaire de la formulation par Freud de cette topique, dite la seconde, elle paraisse en faveur de ce que Daniel Lagache appelle son style personnaliste.

Par cette méthode viennent à se composer à nos yeux, d'hétéronomies limitées en autonomies relatives (nous suggérions : dans leur paranomie), ces systèmes, sans que rien de préconçu leur impose de faire à eux tous une personne complète : puisque aussi bien, et pourquoi pas si c'est là sa fin, c'est dans la technique que l'investigation débouche, et que c'est au dégagement actif d'un de ces systèmes, le Moi, que revient de faire apparaître une unité d'être sans doute, mais dans une idéalité pratique, qui de façon patente s'avoue plus sélective que structurale. En quoi le postulat semble tomber à un subornement dialectique, dont on aimerait savoir jusqu'où l'auteur y agrée.

Le chapitre où Daniel Lagache interroge la structure du Ça, ne nous laisse pas déçus, et nous souscririons textuellement à maintes de ses formules. Il nous paraît exceller spécialement dans son effort d'y situer le sujet dans la structure.

Oserai-je marquer à quel prix il eût pu éviter l'impasse, à laquelle il se heurte si brillamment dans ses formules sur la structure elle-même en tant qu'elle serait celle du Ça ? C'est à ne pas refuser le plein fouet des paradoxes, par où Freud ici comme souvent nous montre la voie.

Il faut que tiennent ensemble trois propos peu accordés déjà entre eux, semble-t-il, et l'obtenir à partir même du scandale que chacun en soi constitue.

Le premier est que le Ça est inorganisé, dont l'étonnant ne peut faire que de nous retenir, à l'avènement, dans l'*Es* allemand, de cette instance, si elle doit rassembler dans sa perspective l'indestructibilité premièrement affirmée (et maintenue) du refoulé qui s'y retrouve, avec l'automatisme dernièrement questionné de la répétition qui doit en revenir (concept du *Wiederholungszwang*, posé au seuil de l'*Au-delà du principe du plaisir*).

À ce propos est lié cet autre, réitéré constamment par Freud

Remarque sur le rapport de Daniel Lagache

à son occasion. Il concerne les éléments mêmes dont il a d'abord articulé les lois dans l'inconscient, pour en composer plus tard dans les pulsions, à proprement parler la structure : à savoir qu'ils ne comprennent pas la négation.

Sans doute cette forclusion a été corrigée, dès *la Science des rêves*, de l'analyse des détours qui en supporteraient l'équivalent : l'ajournement temporel, l'inhibition, la représentation par le contraire. Mais à suivre les textes de Freud, on constate qu'elle s'y maintient dans la formule plus serrée qu'il n'y a pas, entre les pulsions qui habitent le Ça, de contradiction qui vaille, c'est-à-dire qui prenne effet de l'exclusion logique.

Le troisième propos se dégage des aphorismes dans le demi-jour desquels s'achève l'étude sur *Le Moi et le Ça (Das Ich und das Es)*, en surgissant sous le terme du silence que les pulsions de mort feraient régner dans le Ça.

Toute tentative de rapporter à une différenciation quelconque, dans l'organisme, des besoins primaires, une structure ainsi décrite, ne peut que multiplier ses discordances apparentes en accroissant toujours leur poids. C'est bien à quoi Daniel Lagache n'a pu échapper dans cette voie.

Pour nous, il nous semble que les difficultés mêmes à quoi ici bute chacun, nous confirment dans l'impossibilité où l'on est de se passer de la fonction du signifiant.

Qu'on prenne le signifiant tout bêtement par le bout de matérialité irréductible que comporte la structure en tant qu'elle est la sienne, qu'on l'évoque sous la forme d'un loto, et l'évidence apparaîtra qu'il n'y a au monde que le signifiant à pouvoir supporter une coexistence – que le désordre constitue (dans la synchronie) – d'éléments où subsiste l'ordre le plus indestructible à se déployer (dans la diachronie) : cette rigueur dont il est capable, associative, dans la seconde dimension, se fondant même dans la commutativité qu'il montre à être interchangeable dans la première.

Sa subsistance de connotation ne saurait être suspendue d'être affectée de signes contradictoires, une exclusion provenant de ces signes comme tels ne pouvant s'exercer que comme condition de consistance dans une chaîne à constituer ; ajoutons que la dimension où se contrôle cette condition, est seulement la traduction dont une telle chaîne est capable.

Qu'on s'arrête un instant encore sur ce loto. Pour considérer que c'est l'inorganisation réelle par quoi ses éléments sont mêlés, dans l'ordinal, au hasard, qui de l'occasion de leur sortie nous fait tirer les sorts, tandis que c'est leur organisation de structure qui, leur permettant au gré du jeu d'être lus comme oracle, laisse qu'à poursuivre leur extraction, je puis affirmer qu'il en manque, dans le cardinal.

C'est donc bien sur le support du signifiant que nous sommes dirigés par les propositions de Freud, et dès la première. Faut-il souligner que les retours où s'enchevêtre la seconde, marquent par les repères toujours grammaticaux que Freud donne à ses reprises, qu'il s'agit bien d'un ordre de discours ?

À partir de là on ne manquera pas d'être frappé de l'indifférence combinatoire, qui se démontre en fait du démontage de la pulsion selon sa source, sa direction, son but et son objet. Est-ce à dire que tout est là signifiant ? Certes pas, mais structure. Aussi laissons-nous maintenant de côté son statut énergétique.

C'en est assez pourtant pour que nous puissions répondre sur le critère de Lagache par le seul biais géométrique où il entend l'engager.

L'image confuse du Ça comme « réservoir des pulsions », qui le repousse si justement de l'assentiment qu'elle reçoit d'un organicisme grossier, se redresse en effet du sens qu'elle reçoit dans notre perspective.

Pensons à la boîte aux lettres, à la cavité intérieure de quelque idole baalique, pensons à la *bocca di leone* qui, de les combiner, recevait à Venise sa fonction redoutable. Un réservoir oui, si l'on veut, voilà ce qu'est le Ça, et même une réserve, mais ce qui s'y produit, de prière ou de dénonciation missives, y vient du dehors, et s'il s'y amasse, c'est pour y dormir. Ici se dissipant l'opacité du texte énonçant du Ça que le silence y règne : en ce qu'il ne s'agit pas d'une métaphore, mais d'une antithèse à poursuivre dans le rapport du sujet au signifiant, qui nous est expressément désignée comme la pulsion de mort.

Mais retrouvons Daniel Lagache dans l'axe de la question sur la personne, pour lui accorder que, si Freud pose qu'il n'y a dans le système de l'inconscient « ni négation, ni doute, ni degré dans la certitude », ce n'est pas pour nous faire imaginer qu'il comporte une certitude sans réserve, non plus que le degré zéro de la certitude. Comment ferions-nous autrement, quand nous formulons depuis bien longtemps que c'est seulement l'action qui dans le sujet engendre la certitude ?

Mais nous pensons que l'erreur de Lagache est ici de confondre affirmation et certitude. Moyennant quoi, ayant évacué la seconde, il croit en être quitte avec la première par le même procédé, de renom peu sûr pourtant, auquel s'attache l'image du bébé éperdu dans le dégorgement de la baignoire.

Comment pourtant en serait-il ainsi, quand d'affirmation à certitude s'établit ce lien sinon de préséance, du moins de précession logique, où justement prennent leur place les incertitudes qu'engendre l'action en son sillage de vérification ?

Et n'est-ce pas faire bon marché du soin, comme d'ordinaire incroyable en la présence de pensée dont il témoigne, avec lequel Freud a mis ici les points sur les i, en articulant expressément la *Bejahung* comme premier temps de l'énonciation inconsciente, celui que suppose son maintien dans le temps second de la *Verneinung*, dont on sait quel éclat nous avons entendu donner à sa discussion aux débuts de notre séminaire.

Nous replongeons la main dans le sac de notre loto. 58... Ce numéro tiré a en soi-même sa portée d'affirmation, et je dirai même provocante. Et qu'on ne m'oppose pas qu'il y faut la vigilance d'un sujet, car celui-ci s'y trouve, seulement de s'être introduit en ce nombre par la présence décimale qui totalise sur deux colonnes ce qui n'est que son chiffre, le nombre y restant indifférent, d'être entre autres le double d'un nombre premier.

Au reste pour apprécier ce que ce chiffre peut véhiculer effectivement du sujet, qu'on consulte, sur la fonction exploratrice en psychanalyse, des nombres choisis au hasard, un chapitre trop oublié de la *Psychopathologie de la vie quotidienne*.

Tel est l'exemple pris comme le moins favorable pour son abstraction, où nous entendons montrer que c'est dans une duplicité fondatrice du signifiant que le sujet trouve d'abord le ruisseau couvert où il court avant d'en sourdre, nous allons voir par quelle fente.

Mais si l'on nous permet de recourir à l'opposé à l'animation chaleureuse du *Witz*, nous l'illustrerons en sa plus grande opacité du génie qui guida Jarry en la trouvaille de la condensation d'un simple phonème supplémentaire dans l'interjection illustre : merdre. Trivialité raffinée de lapsus, de fantaisie et de poème, une lettre a suffi à donner à la jaculation la plus vulgaire en français, la valeur joculatoire, allant au sublime, de la place qu'elle occupe dans l'épopée d'Ubu : celle du Mot d'avant le commencement.

Où ne monterait-on pas avec deux lettres, quand l'orthographe : Meirdre, nous livrerait par voie de gématrie tout ce que de promesse jamais l'homme entendra en son histoire, et que Mairdre est l'anagramme du verbe où se fonde l'admirable ?

Qu'on ne voie dans cette incartade au sérieux de notre propos que notre souci de rappeler que c'est au *fool*, ô Shakespeare, tant dans la vie que dans les lettres, qu'a été réservé le destin de garder disponible à travers les siècles la place de la vérité que Freud devait porter à la lumière.

Qu'on se rappelle maintenant les difficultés qu'apporte au linguiste le statut de la phrase interrogative, pour mesurer tout ce que Daniel Lagache soulève par la seule formule, saisissante du bonheur d'expression qui ne le quitte pas en tout ce texte, de « cette interrogation qui met le Moi en question, voire "à la question" » ? Je vois bien la finesse par laquelle c'est « l'émoi pulsionnel qui représente la pulsion dans le Moi », qu'il charge d'en être la tenaille. J'approuve d'autant plus sa prudence, qu'il n'est que trop évident que la question ne saurait partir du Ça, mais qu'elle lui répond. L'émoi dans le Moi le plus caractéristique, nous savons pourtant, depuis *Hemmung, Symptom und Angst*, qu'il n'est que le signe d'alerte qui fait entrer en jeu les défenses... contre l'affirmation du Ça, non sa question.

À la vérité, Daniel Lagache se donne ici tout ce mal, parce qu'il veut que la fonction du jugement soit le privilège du Moi.

Puis-je lui dire que je crois que tout le mouvement de l'expérience freudienne s'inscrit là contre, et quand pourrai-je, texte en main, lui démontrer que le fameux *Entwurf*, dédié à Fliess, a pour but non accessoire d'établir qu'au niveau du système des frayages premiers du plaisir, une forme fondamentale du jugement est déjà constituée[8], qu'il désigne proprement du terme de *jugement primaire* ?

Nous ne pouvons, quant à nous, entendre autrement la formule, à laquelle Daniel Lagache confie la fin de son latin : que les pulsions existent.

Ce n'est pas en pure perte en effet qu'on donne jamais sa langue au chat quand c'est une langue vivante. Que les pulsions, elles, ex-sistent, peut-être tout est-il là : en ce qu'elles ne sont pas à leur place, qu'elles se proposent dans cette *Entstellung*, dans cette dé-position, dirions-nous, ou si l'on veut, dans cette cohue de personnes déplacées. N'est-ce pas là aussi pour le sujet sa chance d'exister un jour ? En ce moment pourtant cette chance paraît pour le moins compromise. Car à la façon dont vont les choses, on ne le sait que trop, quand le langage s'en mêle, les pulsions doivent plutôt foisonner, et la question (s'il y avait quelqu'un pour la poser) serait plutôt de savoir comment le sujet y trouvera une place quelconque.

La réponse heureusement vient d'abord, dans le trou qu'il s'y fait.

C'est certainement d'une reprise, à enchaîner dans l'expérience linguistique, de ce que Freud a ouvert dans son article sur la négation, qu'on doit attendre le progrès d'une nouvelle critique du jugement, que nous tenons pour instaurée en ce texte. Jusqu'à présent, hormis la publication du dialogue dont nous avons fait état, cette initiative, comme il s'est fait en plus d'un cas, n'a guère bénéficié d'autre sorte de commentaire que s'il se fût agi d'une ivresse de Noé.

On veut bien passer au père Freud de s'en payer avec le jugement d'attribution et le jugement d'existence, voire de donner au premier le pas d'une antécédence logique sur la négation où se fonderait le second. Ce n'est pas nous dans la psychanalyse qui irons nous offrir à la dérision des logiciens, voire nous risquer dans l'enseignement de Brentano, dont on sait pourtant qu'il rayonnait à Vienne et que Freud même le fréquenta.

Le jugement d'attribution, il le conçoit donc comme s'instaurant de la seule *Bejahung*. Sa chaîne développant une

---

8. C'est de cette question que nous avons voulu faire partir notre examen de l'éthique de la psychanalyse, en cette année 1959-1960.

première condensation ou syncrétisme, en quoi déjà se manifeste une structure combinatoire que nous avons nous-même illustrée[9]. Avec cette sorte d'affirmation de juxtaposition, quoi jamais réfuter, sinon par effet d'obstruction ?

C'est ici que devrait être repris le problème de l'origine de la négation, si l'on n'entend par là aucune puérile genèse psychologique, mais un problème de la structure, à aborder dans le matériel de la structure.

On le sait, les particules si différenciées dans toutes les langues à nuancer la négation, offrent à la logique formelle des occasions d'impair *(oddities)* qui prouvent bien qu'elles participent d'une distorsion essentielle, soit d'une autre traduction de l'*Entstellung*, valable si on la rapporte à la topologie du sujet dans la structure signifiante.

La preuve en apparaît, quand la logique formelle, pour devoir rompre ses attaches à des formes grammaticales qui véhiculent cette distorsion, s'arrache du même coup à la linguistique comme à une menace portée à la partialité où elle se soutient, et qui n'est pourtant référable qu'à un champ de langage, à distinguer comme champ de l'énoncé.

Dès lors on comprendra l'une des raisons pour quoi l'étude de ces particules ne saurait être génétique, quand la psychologie s'avère y ramener toujours la même logique, qu'elle soit de classe ou de relation, qu'il s'agirait de surmonter. L'on montrera encore l'exemple de ce qu'il y a à lever pour qu'une recherche proprement structurale soit soutenue à son niveau, quand on verra l'obstacle qu'elle trouve dans une aussi petite pierre d'achoppement que ce *ne* dont l'emploi en français dans « je crains qu'il ne vienne », est qualifié par les grammaires de *ne* expressif, sans que jamais personne, à s'armer des plus perfectionnées lunettes, ait jamais pu y débrouiller *de quoi* expressif il peut être. Moyennant quoi des grammairiens aussi avertis, aussi prévenus contre toute autre autorité que celle de l'usage, que MM. Brunot et Bruneau en leur *Précis de grammaire historique* (Masson, 1933, p. 587), tiennent ce fil à retordre qu'a donné à tous ce *ne*, pour d'un « mince intérêt », sous prétexte « que les règles qu'on en a établies sont variables et contradictoires ».

Nous voudrions qu'on dresse un graphe des zones où ces

---

9. Cf. p. 186 du présent volume.

particules subsistent en quelque sorte en suspension. Nous en fomentons cette année un de notre façon [10], où nous croyons pouvoir désigner le lit où elles oscillent entre une chaîne de l'énonciation en tant qu'elle marque la place où le sujet est implicite au pur discours (impératif, voix en écho, épithalame, appel au feu), et une chaîne de l'énoncé en tant que le sujet y est désigné par les *shifters* (soit : Je, toutes les particules et flexions fixant sa présence comme sujet du discours, et avec elle le présent de la chronologie).

Dans « Je crains qu'il ne vienne », l'enfance de l'art analytique sait ressentir en cette tournure le désir constituant de l'ambivalence propre à l'inconscient (qu'une certaine sorte d'abjection qui sévit dans la communauté analytique confond avec l'ambivalence des sentiments où elle moisit d'ordinaire). Le sujet de ce désir est-il désigné par le Je du discours ? Que non, puisque celui-ci n'est que le sujet de l'énoncé, lequel n'articule que la crainte et son objet, Je y étant bien évidemment l'index de la présence qui l'énonce *hic et nunc*, soit en posture de *shifter*. Le sujet de l'énonciation en tant que perce son désir, n'est pas ailleurs que dans ce *ne* dont la valeur est à trouver dans une hâte en logique, – ainsi appellerons-nous la fonction à quoi s'épingle son emploi dans « avant qu'il *ne* vienne ». Ladite structure n'étant pas sans corrélatif énergétique, pour autant que ce que nous pourrons définir comme : la fatigue du sujet, se manifeste dans la névrose comme distinct de la fatigue musculaire.

Une mouche du coche ici s'évoque à objecter qu'il ne saurait s'agir de l'inconscient, puisque, comme chacun sait, il ignore le temps. Qu'elle retourne à la classe de grammaire pour distinguer le temps de la chronologie, les « formes d'aspect » qui envisagent de l'énonciation ce qu'y devient le sujet, de celles qui situent l'énoncé sur la ligne des événements. Elle ne confondra pas alors le sujet de l'accompli avec la présence du passé. Elle s'éveillera sans doute à cet aperçu que la tension comporte temps et que l'identification se fait au pas d'une scansion.

Ce *ne* pourtant dans sa caducité incertaine suggère l'idée

---

[10]. Cf. *Subversion du sujet et dialectique du désir dans l'inconscient freudien*, p. 273.

d'une trace qui s'efface sur le chemin d'une migration, plus exactement d'une flaque qui en fait apparaître le dessin. Le signifiant primitif de la négation ne peut-il avoir été l'élision du signifiant, et le vestige n'en est-il pas dans une censure phonématique, dont, comme d'habitude, c'est dans Freud que nous trouverons l'exemple mémorable, dans la *Espe* ([W]*espe*) de l'*homme aux loups*, mais dont il est bien d'autres formes linguistiques à regrouper dans l'expérience, à commencer par l'élision de la première syllabe du nom de famille, en quoi se perpétue la noble bâtardise où une branche s'origine, en russe, soit précisément dans les structures sociolinguistiques sous le régime desquelles est né l'homme aux loups ?

Suggestion de travail : les préfixes de négation ne font-ils qu'indiquer en la réoccupant la place de cette ablation signifiante ?

Le tu du non-dit se trouverait ainsi dans l'homophonie du français creuser sa forme au tu d'appel, sous lequel le sujet s'enverra ses propres intimations.

Nous hasardons ici beaucoup, en un domaine où ne nous intimide nulle allégeance de spécialiste. Nous le faisons en toute conscience, car c'est pour y faire entendre une structure où nous ne hasardons rien, parce qu'elle est affaire du sérieux de notre expérience. C'est à savoir l'articulation de la défense à la pulsion.

Du manège affolé où les auteurs se butent entre eux le front, voire les fesses, à courir après ses ressorts, Daniel Lagache pointe précisément la pénible cacophonie. Seuls les psychanalystes peuvent apprécier l'expérience qui soutient cette littérature : et qu'on peut rechercher l'arête qui se marque vraiment dans telle impasse de ce discours. Ce que Daniel Lagache souligne de la contradiction qu'il y a à mettre au compte d'une défense sa réussite, laisse en suspens la question d'à quoi peut-elle réussir.

Distinguer les rapports du sujet à la structure, conçue comme structure du signifiant, c'est restaurer la possibilité même des effets de la défense. On nous impute de soutenir la puissance magique du langage. Tout au contraire professons-nous qu'on rend obscure cette puissance à la renvoyer à une aberration supposée primitive du psychisme et que c'est s'en rendre complice que de lui donner ainsi la consistance d'un impensable fait. Il n'y a pas de plus grande trahison de sa propre praxis que celle où tombe ici l'analyste.

Nous disons donc que nulle suppression de signifiant, quelque effet de déplacement qu'elle opère et allât-elle à produire cette sublimation que traduit en allemand l'*Aufhebung*, ne saurait faire plus que de libérer de la pulsion une réalité qui, pour chétive qu'en soit la portée de besoin, n'en sera que plus résistante d'être un reste.

L'effet de la défense procède par une autre voie, en modifiant non la tendance, mais le sujet. Le mode originel d'élision signifiante que nous tentons ici de concevoir comme la matrice de la *Verneinung*, affirme le sujet sous l'aspect de négatif, en ménageant le vide où il trouve sa place. Proprement, ce n'est là qu'élargissement de la coupure où on peut le dire résider dans la chaîne signifiante, pour autant que c'en est l'élément le plus radical dans sa séquence discontinue, et comme tel le lieu d'où le sujet assure sa subsistance de chaîne.

Il ne nous suffit pas que Daniel Lagache nous dise que le sujet « ne se distingue pas de la pulsion, du but et de l'objet ». Il doit choisir dans ce qu'il distingue à ne pas vouloir le distinguer du sujet, et la preuve est qu'aussitôt il nous dit ce sujet « éparpillé parmi ces différentes relations d'objet ou *leurs groupements* ». C'est nous qui soulignons ici pour en distinguer encore la possibilité d'une multiplicité sans groupement : pur chatoiement de Tout-Uns, qui, pour compter chacun une alternance, ne sont encore montés dans aucun éventail.

Quoi qu'il en soit, cette union du sujet à l'objet, nous pouvons la reconnaître, c'est l'idéal depuis toujours évoqué au principe d'une théorie de la connaissance classique, fondée sur la connaturalité par quoi le connaissant dans son procès vient à co-naître au connu. Comment ne voit-on pas que c'est précisément là contre que toute l'expérience psychanalytique s'élève : dans ce morcellement qu'elle révèle originel dans la combinatoire de l'inconscient, et structurant dans la décomposition de la pulsion ?

Bref quand Daniel Lagache vient au plus près à dire que « cette absence du sujet cohérent caractérise le mieux l'organisation du Ça », nous dirions que cette absence du sujet qui dans le Ça inorganisé se produit quelque part, est la défense qu'on peut appeler naturelle, si marqué d'artifice que soit ce rond brûlé dans la brousse des pulsions, pour ce qu'elle offre aux autres instances la place où camper pour y organiser les leurs.

Cette place est celle même où toute chose est appelée pour y être lavée de la faute, que cette place rend possible d'être la place d'une absence : c'est que toute chose puisse n'exister pas. Par cette matrice si simple de la première contradiction, être ou ne pas être, il ne suffit pas de constater que le jugement d'existence fonde la réalité, il faut articuler qu'il ne peut le faire qu'à la relever du porte-à-faux où il la reçoit d'un jugement d'attribution qui s'est déjà affirmé.

C'est la structure de cette place qui exige que le rien soit au principe de la création, et qui, promouvant comme essentielle dans notre expérience l'ignorance où est le sujet, du réel dont il reçoit sa condition, impose à la pensée psychanalytique d'être créationniste, entendons de ne se contenter d'aucune référence évolutionniste. Car l'expérience du désir où il lui faut se déployer, est celle même du manque à être par quoi tout étant pourrait n'être pas ou être autre, autrement dit est créé comme existant. Foi qu'on peut démontrer être au principe du développement galiléen de la science.

Disons seulement que cette place n'appelle aucun être suprême, puisque, place de Plus-Personne, ce ne peut être que d'ailleurs que se fasse entendre l'*est-ce* de l'impersonnel, dont en son temps[11] nous avons articulé nous-même la question sur le Ça. Elle ne rencontre, cette question dont le sujet ponctue le signifiant, pas d'autre écho que le silence de la pulsion de mort, dont il a bien fallu qu'elle entre en jeu pour provoquer ce fond de dépression, reconstitué par Mme Mélanie Klein dans ce génie qui la guide au fil des fantasmes.

Ou bien alors elle se redouble dans l'effroi de la réponse d'un Ulysse plus malin que celui de la fable : celui divin qui bouffonne un autre Polyphème, beau nom pour l'inconscient, d'une dérision supérieure, en lui faisant réclamer de n'être rien dans le temps même qu'il clame être une personne, avant de l'aveugler en lui donnant un œil.

---

11. Dans un discours en mémoire du centenaire de Freud, recueilli sous le titre : *La chose freudienne*. Cf. t. I, p. 398.

III. *Des idéaux de la personne.*

Le Moi, voilà cet œil, dirions-nous pour presser maintenant les quatre chemins de notre marche, au contraire des perplexités que Daniel Lagache décante admirablement en son texte, concernant cette autonomie du Moi, intrasystémique à son dire, qui ne se manifeste jamais tant qu'à servir la loi d'un autre, très précisément en la subissant de s'en défendre, à partir de la méconnaître.

C'est le labyrinthe où de toujours je tente d'aider les nôtres d'un plan de survol.

Disons que par la grâce des suggestions de Daniel Lagache, j'y aurai ajouté ici quelque chose.

Car cette distinction de la place déblayée pour le sujet sans qu'il l'occupe, et du Moi qui vient s'y loger, apporte la résolution de la plupart des apories détaillées par Daniel Lagache, – voire l'explication de certaines équivoques : comme par exemple de l'étrangeté que Daniel Lagache attribue à l'inconscient et dont il sait pourtant qu'elle ne se produit que dans la rencontre du sujet avec l'image narcissique ; j'ajouterai à la lumière de ce que je viens d'apporter : quand le sujet rencontre cette image dans des conditions qui lui font apparaître qu'elle usurpe sa place.

Au principe des véritables résistances à quoi on a à faire dans les dédales de ce qui fleurit de théorique sur le Moi dans la psychanalyse, il y a le simple refus d'admettre que le Moi y soit en droit ce qu'il s'avère être dans l'expérience : une fonction de méconnaissance.

Cette résistance s'appuie sur le fait qu'il faut bien que nous connaissions quelque chose à la réalité pour y subsister, et qu'il est d'évidence pratique que l'expérience accumulée dans le Moi, spécialement dans le Préconscient, nous fournit les repères qui s'y avèrent les plus sûrs. On y oublie seulement, et ne faut-il pas s'étonner que ce soit des psychanalystes qui l'oublient, que cet argument échoue quand il s'agit... des effets de l'Inconscient. Or ces effets étendent leur empire sur le Moi lui-même : c'est même pour l'affirmer expressément que Freud a introduit sa théorie des rapports du Moi au Ça : c'est donc pour étendre le champ de notre ignorance, non de notre savoir ; et revalider le pouvoir du Moi comme il l'a fait ensuite, répond à une tout autre question.

C'est en effet parce et en tant que le Moi vient à servir à la place laissée vide pour le sujet, qu'il ne peut qu'y apporter cette distorsion qui, pour traduire en anglais l'*Entstellung* principielle en toute pulsion, est devenue maintenant le support dans notre vocabulaire d'une autre erreur : celle de croire que le problème de la psychanalyse serait de redresser on ne sait quelle courbure du Moi. Or ce n'est pas de l'épaisseur plus ou moins grosse de la lentille que dépendent les déformations qui nous arrêtent. Il en faut toujours une en effet, puisque de toute façon l'œil nu la comporte. C'est de ce que la lentille vienne à la place d'où le sujet pourrait regarder et s'y place sur le porte-objet qui s'y trouve en fait ajusté quand le sujet regarde d'ailleurs, qu'il se surimprime donc, pour le grand dam de l'ensemble, à ce qui peut venir à y être lorgné.

Puisqu'il est du sort exemplaire des schémas, en tant qu'ils sont géométriques disons-le, de prêter aux intuitions de l'erreur précisément moïque, partons de ce que soutient d'indéracinable l'imprudente figuration à laquelle Freud a donné cours des rapports du Moi au Ça[12] : celle que nous appellerons l'œuf-à-l'œil. Figure célèbre à bourrer les caboches, où elle reçoit sa faveur de condenser à un signifiant suggestif d'on ne sait quel dopage lécithinique de la nutrition, la métaphore de la tache embryonnaire dans la bosse même qui est censée y figurer la différenciation, on s'en réjouit « superficielle », y apportée du monde extérieur. En quoi est flatté par les voies de surprise (en tous les sens du mot) propres à l'Inconscient, un génétisme où se prolongent à un usage de primate les leurres antiques de la connaissance d'amour.

Ce n'est pas que ces leurres, nous ayons à cracher dessus, si peu qu'ils restent soutenables en une science rigoureuse. Ils gardent après tout leur prix sur le plan de l'artisanat, et du folklore, si l'on peut dire. Ils peuvent même être d'un secours bien appréciable dans un lit. Il y faut cependant une

---

12. On trouve cette image à la page 252 du vol. XIII des *G.W.* À bien la regarder elle confirme la portée que nous donnons aux buts de Freud dans l'intérêt qu'il porte au Moi dans sa seconde topique.

mise au point dont la technique laisse peu à espérer d'un accès qui leur serait naturel : la pastorale de Longus est là pour nous en montrer un bout, aussi bien que les apprentissages en général où se forment les fameux *habitus* de la psychologie scolastique.

Réglons pourtant son compte à l'œuf cyclope. Il n'est qu'une coquille, dont aussi bien la double barre branchée sur sa courbe indique suffisamment le vide avec l'image de la fente qui la ramène à la tirelire, à quoi nous l'identifions plus haut. Quant à la loupe, évocatrice de tumescence lavatérienne, disons qu'elle se promène le plus souvent à l'intérieur en office de grelot, ce qui n'est pas sans offrir des ressources à un usage musical, généralement illustré par le développement historique de la psychologie tant littéraire que scientifique. Il n'y manque qu'une monture et quelques fanfreluches pour que nous voilà pourvus du hochet des fous jurés, antidote à l'humanisme, et depuis Érasme reconnu pour lui donner sa saveur.

C'est la routine même de notre enseignement que de distinguer ce que la fonction du Moi impose au monde en ses projections imaginaires, d'avec les effets de défense qu'elles prennent de meubler la place où se produit le jugement.

Et après tout, tout cela n'est-il pas su et rabâché depuis toujours ? Et que faut-il que Freud ajoute à son indication qu'un jugement doit venir à la place du refoulement, si ce n'est pas parce que le refoulement est déjà à la place du jugement ? Et quand on conteste la fonction que nous définissons d'après Freud comme celle de la *Verwerfung* (forclusion), croit-on nous réfuter à noter que le verbe dont c'est ici la forme nominale est appliqué par plus d'un texte au jugement ? Seul le lieu structural où se produit l'exclusion d'un signifiant varie entre ces procédés d'une judiciaire unifiée par l'expérience analytique. Ici c'est dans la symphyse même du code avec le lieu de l'Autre que gît le défaut d'existence que tous les jugements de réalité où se développe la psychose n'arriveront pas à combler.

Relevons ici l'opportunité de la révision que fait Daniel Lagache des relations de l'Inconscient au Préconscient, pour rappeler seulement à ceux qui prétendent arguer contre nous du lien que Freud fait du système préconscient aux souvenirs verbaux, qu'il ne faut pas confondre la réminiscence des énoncés avec les structures de l'énonciation, les liaisons de *Gestalt*, même invigorées, avec les trames de la remémoration, – enfin que si les conditions de représentabilité infléchissent l'Inconscient selon leurs formes imaginaires, il faut une structure commune pour qu'un symbolisme, si primitif qu'on le suppose dans l'Inconscient, puisse, c'est là son trait essentiel, *être traduit* dans un discours préconscient (cf. la lettre 52 à Fliess par nous toujours rappelée).

Il nous faut enfin concentrer nos remarques sur la distinction magistrale qu'introduit Daniel Lagache, des fonctions du Moi Idéal et de l'Idéal du Moi[13]. N'est-ce pas là que doit se juger le bien-fondé de la thèse par où son étude se conduit dans une avenue personnaliste ?

Si la psychanalyse en effet n'apportait au problème de la personne quelque transformation, pourquoi essayer d'en caser les données dans une perspective qui après tout n'a guère fait ses preuves dans le siècle ?

Rappeler ici que la *persona* est un masque, n'est pas un simple jeu de l'étymologie ; c'est évoquer l'ambiguïté du procès par où la notion en est venue à prendre la valeur d'incarner une unité qui s'affirmerait dans l'être.

Or c'est la première donnée de notre expérience que de nous montrer que la figure du masque, pour être dimidiée, n'est pas symétrique, – pour le dire en image, qu'elle conjoint deux profils dont l'unité ne se soutient que de ce que le masque reste fermé, sa discordance pourtant indiquant de l'ouvrir. Mais quoi de l'être, si derrière il n'y a rien ? Et s'il y a seulement un visage, quoi de la *persona* ?

Observons ici que pour différencier le Moi Idéal de l'Idéal du Moi en fonction, sinon en structure, Daniel Lagache prend la voie qu'il avait d'abord écartée, d'une description « de ce qui en est observable directement », d'une analyse clinique. Nous croyons rester fidèle à sa lettre d'une très attachante finesse, en la paraphrasant ainsi : que dans la relation du sujet à l'autre de l'autorité, l'Idéal du Moi, suivant la loi de plaire, mène le sujet à se déplaire au gré du commandement ; le

---

13. « [...] l'antinomie du Moi Idéal et du Surmoi-Idéal du Moi, de l'identification narcissique à la toute-puissance et de la soumission à la toute-puissance [...] » *Ibid.*, p. 46.

Moi Idéal, au risque de déplaire, ne triomphe qu'à plaire en dépit du commandement.

Ici l'on attend de Daniel Lagache qu'il retourne à son propos d'une structure « à distance de l'expérience ». Car nulle part à se tenir dans le phénomène, le risque n'est plus grand de se fier à des mirages, puisqu'on peut dire qu'au moins sous un aspect, ces instances se donnent pour telles dans le vécu, l'Idéal du Moi comme modèle, le Moi Idéal comme aspiration, ô combien, pour ne pas dire plutôt rêve. C'est bien le cas de recourir à ce que l'expérimentation analytique nous permet de construire de métapsychologie.

Le fait que Freud distingue les deux termes de la façon la plus certaine puisqu'il s'agit d'une interversion qui se produit dans un même texte, si l'on n'arrive pas pour autant à distinguer leur emploi dans ce texte, devrait plutôt inquiéter, – l'usage du signifiant n'étant pas, que l'on sache, chez Freud, dégoulinant même pour un peu. Ou bien faut-il entendre que sa topique n'est pas personnaliste ?

Je passe sur ce que les aperçus de Nunberg d'une part, de Fromm de l'autre ont de plus ou moins structural ou personnaliste, comme sur l'arbitrage de Fenichel, y trouvant, comme à l'ordinaire de ces débats, beaucoup d'aisance, trop pour mon goût, on le sait.

Et je vais m'exposer à montrer ma propre insuffisance en informant Daniel Lagache de ce que l'excès de nos occupations lui a laissé ignorer, à savoir du « modèle » proprement dit où j'ai moi-même tenté dans la première année de mon séminaire à Sainte-Anne de faire fonctionner, dans la structure, les relations du Moi Idéal à l'Idéal du Moi.

C'est un modèle optique à quoi sans doute l'exemple de Freud m'autorise, non sans se motiver pour moi d'une affinité avec les effets de réfraction que conditionne le clivage du symbolique et de l'imaginaire.

Posons d'abord l'appareil un peu complexe dont, comme c'est la règle en pareil cas, l'analogie va fonder la valeur d'usage comme modèle.

On sait qu'un miroir sphérique peut produire, d'un objet placé au point de son centre de courbure, une image qui lui est symétrique, mais dont l'important est qu'elle est une image réelle. Dans certaines conditions, comme celles d'une de ces expériences qui n'avaient de prix que d'un intérêt encore innocent pour la maîtrise du phénomène, reléguées qu'elles sont maintenant au rang de la physique amusante, cette image peut être fixée par l'œil dans sa réalité, sans le médium ordinairement employé d'un écran. C'est le cas de l'illusion dite du bouquet renversé, qu'on trouvera décrite, pour lui donner une référence sérieuse, dans l'*Optique et photométrie dites géométriques* (revoilà notre géométrie), de Bouasse, figure au reste curieuse de l'histoire de l'enseignement, et ouvrage à consulter à la page 86, pour notre objet, restant aux autres des gadgets qui, pour être moins futiles, seraient aussi propices à la pensée (4e éd., Delagrave, 1947). Voici l'image reproduite de la page 87, dont pour tout commentaire nous dirons que le bouquet réel caché dans la boîte S, « pour ajouter, comme écrit Bouasse, à l'effet de surprise », apparaît surgir pour l'œil accommodé sur le vase V qui surmonte la boîte, précisément de l'encolure A′ dudit vase où l'image B′ se réalise nette, malgré quelque déformation que la forme non régulière de l'objet doit rendre fort tolérable.

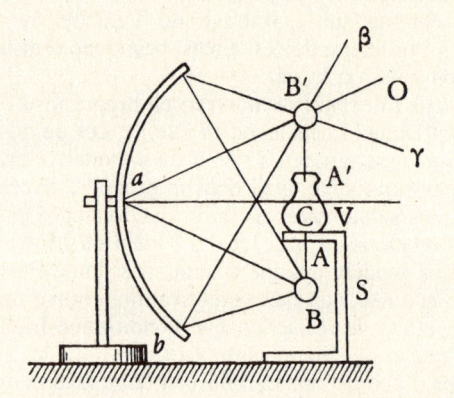

FIG. 1 :

Il faut en retenir pourtant que l'illusion, pour se produire, exige que l'œil soit situé à l'intérieur du cône βB′γ formé par une génératrice joignant chacun des points de l'image B′ au pourtour du miroir sphérique, et que pour chacun des points de l'image le cône de rayons convergents saisis par l'œil étant fort petit, il en résulte que l'image sera d'autant plus nettement située dans sa position que sa distance à l'œil sera plus grande, cette distance donnant à l'œil plus de champ pour le déplacement linéaire qui, plus encore que l'accommodation, lui permet de situer cette position à condition que l'image ne vacille pas trop avec le déplacement.

Le soin que nous donnons à la présentation de cet appareil, a pour fin de donner consistance au montage dont nous allons le compléter pour lui permettre de fonctionner comme modèle théorique.

Nous ne faisons en ce modèle, et jusqu'en sa nature optique, que suivre l'exemple de Freud, à ceci près qu'il n'offre même pas matière chez nous à prévenir une confusion possible avec quelque schéma d'une voie de conduction anatomique.

Car les liaisons qui vont y apparaître sous le mode analogique, se rapportent clairement, nous allons le voir, à des structures (intra-)subjectives comme telles, en y représentant la relation à l'autre et en permettant d'y distinguer la double incidence de l'imaginaire et du symbolique. Distinction dont nous enseignons l'importance pour la construction du sujet, à partir du moment où il nous faut penser le sujet comme le sujet où ça peut parler, sans qu'il en sache rien (et même dont il faut dire qu'il n'en sait rien, en tant qu'il parle).

Il faut pour cela imaginer, conformément à la figure 2,

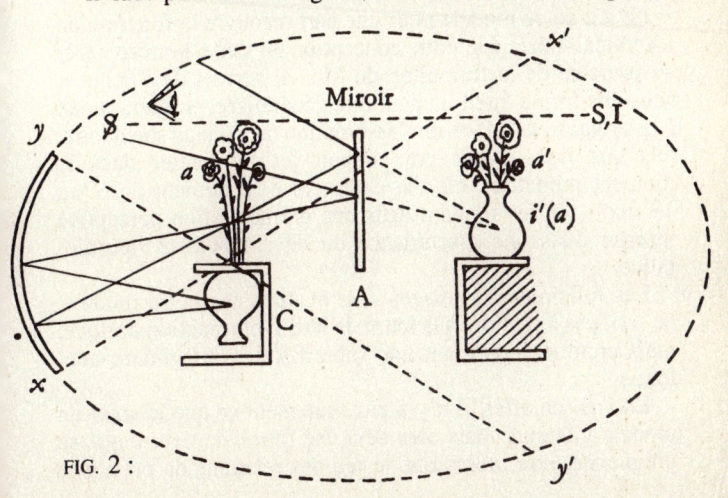

FIG. 2 :

1° que le vase soit à l'intérieur de la boîte et que son image réelle vienne à entourer de son encolure le bouquet de fleurs déjà monté au-dessus, – lequel jouera pour un œil éventuel le rôle de support d'accommodation que nous venons d'indiquer pour nécessaire à ce que se produise l'illusion : à désigner maintenant comme celle du vase renversé ; 2° qu'un observateur placé quelque part dans l'appareil, disons parmi les fleurs elles-mêmes, ou, pour la clarté de l'exposé, sur le bord du miroir sphérique, de toute façon hors de portée d'apercevoir l'image réelle (ce pour quoi elle n'est pas représentée dans la figure 2), cherche à en réaliser l'illusion dans l'image virtuelle qu'un miroir plan, placé en A, peut donner de l'image réelle, ce qui est concevable sans forcer les lois de l'optique.

Il suffira, pour que le sujet S voie cette image dans le miroir A, que sa propre image (dans l'espace virtuel qu'engendre le miroir, et sans qu'il soit pour autant obligé de la voir pour peu qu'il se trouve hors d'un champ orthogonal à la surface du miroir, – cf. la figure 2 et la ligne pointillée SS), que sa propre image, disons-nous, vienne dans l'espace réel (à quoi l'espace virtuel engendré par un miroir plan, correspond point par point) se situer à l'intérieur du cône délimitant la possibilité de l'illusion (champ $x'y'$ sur la figure 2).

Le jeu de ce modèle pour une part recouvre la fonction de méconnaissance que notre conception du stade du miroir met au principe de la formation du Moi. Il permet de l'énoncer sous une forme que l'on peut dire généralisée, en liant mieux à la structure les effets de l'assomption de l'image spéculaire, tels que nous avons cru pouvoir les interpréter dans le moment jubilatoire où elle s'observe électivement du 6e au 18e mois, en les fondant dans une prématuration perceptive inscrite dans une discordance du développement neurologique.

Les relations des images $i'(a)$ et $i(a)$ dans notre modèle, ne sont pas à prendre à la lettre de leur subordination optique, mais comme supportant une subordination imaginaire analogue.

En $i'(a)$ en effet, il n'y a pas seulement ce que le sujet du modèle y attend, mais bien déjà une forme de l'autre que sa prégnance, non moins que le jeu des relations de prestance qui s'y engagent, introduit comme un principe de fausse maîtrise et de foncière aliénation dans une synthèse qui requiert une bien autre adéquation.

C'est pour représenter les conditions de celle-ci dans leur antériorité de principe, que nous avons mis l'illusion de l'image *i(a)* au départ de notre modèle.

Si cette image relève d'une subjectivation en effet, c'est d'abord par les voies d'autoconduction que figure dans le modèle la réflexion sur le miroir sphérique (qu'on peut tenir en gros pour imager quelque fonction globale du cortex). Et ce que le modèle indique aussi par le vase caché dans la boîte, c'est le peu d'accès qu'a le sujet à la réalité de ce corps, qu'il perd en son intérieur, à la limite où repli de feuillets coalescents à son enveloppe, et venant s'y coudre autour des anneaux orificiels, il l'imagine comme un gant qu'on puisse retourner. Il est des techniques du corps où le sujet tente d'éveiller en sa conscience une configuration de cette obscure intimité. Pour être loin de compte avec elles, le procès analytique, on le sait, scande le progrès libidinal d'accents portés sur le corps comme contenant et sur ses orifices.

En outre l'analyse contemporaine, plus spécialement, lie la maturation de ce progrès à quelque chose qu'elle désigne comme relation d'objet, et c'est ce dont nous soulignons la fonction guide, en la représentant par les fleurs *a* de notre modèle, soit par les objets même où s'appuie l'accommodation qui permet au sujet d'apercevoir l'image *i(a)*.

Mais ce n'est pas sans qu'un tel modèle ne veille à nous préserver des préjugés où inclinent les conceptions de cette relation les plus courantes. Car, à prendre effet de parabole, il nous permettra de pointer le peu de naturel qui est impliqué dans la prise d'une encolure, imaginaire de surcroît, sur des éléments, les tiges, dont le faisceau, tout à fait indéterminé dans son lien, ne l'est pas moins dans sa diversité.

C'est qu'aussi bien la notion de l'objet partiel nous paraît ce que l'analyse a découvert ici de plus juste, mais au prix de postulats sur une idéale totalisation de cet objet, où se dissipe le bénéfice de cette trouvaille.

Ainsi ne nous paraît-il pas aller de soi que le morcellement des fonctions de relation, que nous avons articulé comme primordial du stade du miroir, soit le garant que la synthèse ira croissant dans l'évolution des tendances. La fable de Ménénius Agrippa nous a toujours paru témoigner, quel qu'ait pu être le succès de son baratin, que l'harmonie présumée organique, à ordonner les désirs, a toujours fait quelque tirage. Et nous ne croyons pas que Freud ait affranchi nos vues sur la sexualité et ses fins pour que l'analyse ajoute ses propres mômeries aux efforts séculaires des moralistes pour ramener les désirs de l'homme aux normes de ses besoins.

Quoi qu'il en soit, l'antinomie des images $i(a)$ et $i'(a)$, de se situer pour le sujet dans l'imaginaire, se résout en un constant transitivisme. Ainsi se produit ce Moi-Idéal-Moi, dont les frontières, au sens où Federn les entend, sont à prendre comme supportant l'incertitude et permettant la rectification, comme perpétuant l'équivoque de circonscriptions différentes selon leur statut, voire comme admettant en leur complexe zones franches et fiefs enclavés.

Ce qui nous retient, c'est qu'une psychanalyse qui joue dans le symbolique, – ce qui n'est pas contestable si son procès est de conquête sur l'inconscient, d'avènement d'histoire et de reconstruction de signifiant, si l'on ne dénie pas simplement que son moyen soit de parole, – qu'une psychanalyse soit capable de remanier un Moi ainsi constitué dans son statut imaginaire.

Ici, si le phénomène d'évanouissement, nous dirons de *fading*, dont Lagache dote le Moi-sujet nous paraît en effet notable, ce n'est pas pour nous contenter avec lui d'y retrouver la direction d'une noèse abstraite, mais pour le connoter par l'effet de structure où nous tentons de constituer la place du sujet dans une élision de signifiant.

L'Idéal du Moi est une formation qui vient à cette place symbolique. Et c'est en quoi il tient aux coordonnées inconscientes du Moi. Ce que pour dire, Freud a écrit sa seconde topique, et l'ayant dit, comme il est à le lire parfaitement clair, il ne l'est pas moins qu'il ne le faisait pas pour frayer le retour du moi autonome.

Car la question qu'il ouvre dans *Psychologie des masses et analyse du Moi*, c'est celle du comment un objet réduit à sa réalité la plus stupide, mais mis par un certain nombre de sujets en une fonction de dénominateur commun, qui confirme ce que nous dirons de sa fonction d'insigne, est capable de précipiter l'identification du Moi Idéal jusqu'à ce pouvoir débile de méchef qu'il se révèle être dans son fonds. Faut-il rappeler, pour faire entendre la portée de la question, la figure du Führer et les phénomènes collectifs qui ont donné à ce texte sa portée de voyance au cœur de la civilisation ? – Oui sans doute, puisque, par un retour de comédie de ce que Freud voulut apporter de remède à son malaise, c'est dans la communauté à laquelle il en léguait le soin, que la synthèse d'un Moi fort est émise comme mot d'ordre, au cœur d'une technique où le praticien se conçoit comme obtenant effet de ce qu'il incarne lui-même cet Idéal.

Quoi qu'il en soit, ces deux exemples ne sont pas faits pour reléguer la fonction de la parole, dans les déterminants que nous cherchons pour le ressort supérieur de la subjectivation.

On sait que ce ressort de la parole dans notre topologie, nous le désignons par l'Autre, connoté d'un grand A, et c'est ce lieu à quoi répond dans notre modèle l'espace réel à quoi se superposent les images virtuelles « derrière le miroir » A (que notre convention y fasse accéder le sujet par déplacement libre, ou pour ce que le miroir est sans tain, donc transparent à son regard, comme y réglant sa position sur quelque I).

On aurait tort de croire que le grand Autre du discours puisse être absent d'aucune distance prise par le sujet dans sa relation à l'autre, qui s'y oppose comme le petit, d'être celui de la dyade imaginaire. Et la traduction personnaliste que Daniel Lagache veut fournir de la seconde topique de Freud, si elle nous semble de toute façon ne pas pouvoir être exhaustive, y est plus inégale de ce qu'il se contente de la distance entre deux termes réciproques, pour médium de l'intersubjectivité dont il prend son principe.

Car l'Autre où le discours se place, toujours latent à la triangulation qui consacre cette distance, ne l'est pas tant qu'il ne s'étale jusque dans la relation spéculaire en son plus pur moment : dans le geste par quoi l'enfant au miroir, se retournant vers celui qui le porte, en appelle du regard au témoin qui décante, de la vérifier, la reconnaissance de l'image, de l'assomption jubilante, où certes *elle était déjà*.

Mais ce déjà ne doit pas nous tromper sur la structure de

la présence qui est ici évoquée en tiers : elle ne doit rien à l'anecdote du personnage qui l'incarne.

Il n'y subsiste que cet être dont l'avènement ne se saisit qu'à n'être plus. Tel le rencontre le temps le plus ambigu de la morphologie du verbe en français, celui que l'on désigne comme l'imparfait. *Il était là* contient la même duplicité où se suspend : *un instant plus tard, la bombe éclatait*, quand, faute du contexte, on n'en peut déduire si l'événement est arrivé ou non.

Cet être se pose pourtant avec l'antériorité de borne que lui assure le discours, en cette réserve d'attributs où nous disons que le sujet doit se faire place.

Si nos analystes d'aujourd'hui méconnaissent, avec cette dimension, l'expérience qu'ils tiennent de Freud, jusqu'à n'y trouver que prétexte à renouveler un génétisme qui ne peut être que toujours le même, puisque c'est une erreur, leur faute se dénonce de la seule résurgence dans leurs théories de vieux stigmates, telle la trop fameuse cénesthésie, où se signe le manque de ce point tiers dans ce qui n'est jamais enfin qu'un recours boiteux à la noèse. Mais rien sans doute ne saurait leur apprendre rien, quand ils n'accusent même pas le coup que leur idée du développement reçoit des faits dits de l'hospitalisme, où pourtant les soins du pouponnage ne sauraient révéler d'autre carence que de l'*anonymat* dans lequel ils se distribuent.

Mais cette place du sujet originelle, comment la retrouverait-il dans cette élision qui la constitue comme absence ? Comment reconnaîtrait-il ce vide, comme la Chose la plus proche, même à le creuser à nouveau au sein de l'Autre, d'y faire résonner *son* cri ? Plutôt se plaira-t-il à y retrouver les marques de réponse qui furent puissantes à faire de son cri appel. Ainsi restent cernées dans la réalité, du trait du signifiant ces marques où s'inscrivent le tout-pouvoir de la réponse. Ce n'est pas en vain qu'on dit ces réalités insignes. Ce terme y est nominatif. C'est la constellation de ces insignes qui constitue pour le sujet l'Idéal du Moi.

Notre modèle montre que c'est à s'y repérer en I qu'il braquera le miroir A pour obtenir entre autres effets tel mirage du Moi Idéal.

C'est bien cette manœuvre de l'Autre qu'opère le névrosé pour renouveler sans cesse ces ébauches d'identification dans le transfert sauvage qui légitime notre emploi du terme de névroses de transfert.

Ce n'est pas là, nous dirons pourquoi, tout le ressort subjectif du névrosé. Mais nous pouvons tirer parti de notre modèle à l'interroger sur ce qu'il advient de cette manœuvre de l'Autre dans la psychanalyse elle-même.

Sans nous faire illusion sur la portée d'un exercice qui ne prend poids que d'une analogie grossière aux phénomènes qu'il permet d'évoquer, nous proposons dans la figure 3 une idée de ce qui se passe du fait que l'Autre est alors l'analyste, pour ce que le sujet en fait le lieu de sa parole.

Puisque l'analyse tient en ce que gagne le sujet d'assumer comme de son chef son discours inconscient, le trajet s'en reportera sur le modèle dans une translation de S aux signifiants de l'espace « derrière le miroir ». La fonction du modèle est alors d'imager comment le rapport au miroir, soit la relation imaginaire à l'autre et la capture du Moi Idéal, servent à entraîner le sujet dans le champ où il s'hypostasie dans l'Idéal du Moi.

Sans entrer dans un détail dont la ressource paraîtrait forcée, on peut dire qu'à s'effacer progressivement jusqu'à une position à 90° de son départ, l'Autre, comme miroir en A, peut amener le sujet de S_1 à venir occuper par une rotation

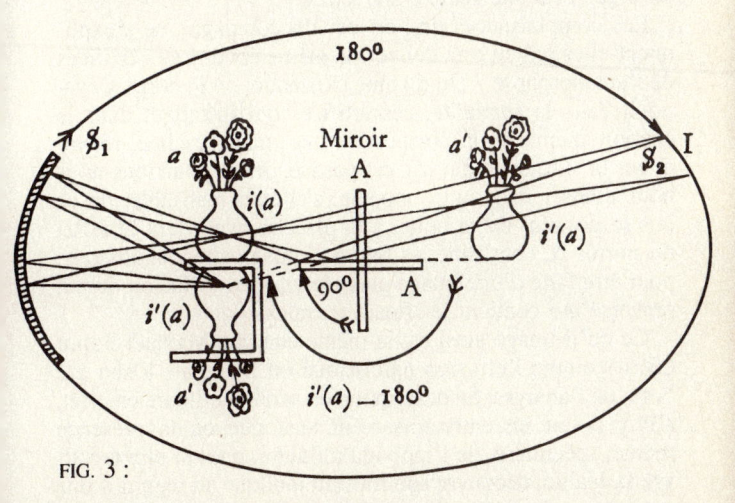

FIG. 3 :

presque double la position S_2 en I, d'où il n'accédait que virtuellement à l'illusion du vase renversé dans la figure 2 ; mais que dans ce parcours l'illusion doit défaillir avec la quête qu'elle guide : où se confirme que les effets de dépersonnalisation constatés dans l'analyse sous des aspects diversement discrets, doivent être considérés moins comme signes de limite, que comme signes de franchissement.

Car le modèle démontre encore qu'une fois que l'œil S a atteint la position I d'où il perçoit directement l'illusion du vase renversé, il n'en verra pas moins se refaire dans le miroir A maintenant horizontal une image virtuelle $i'(a)$ du même vase, renversant à nouveau peut-on dire, l'image réelle et s'y opposant, comme à l'arbre son reflet dans une eau, morte ou vive, donne des racines de rêve.

Jeux de la rive avec l'onde, notons-le, dont s'est enchanté, de Tristan l'Hermite à Cyrano, le maniérisme pré-classique, non sans motivation inconsciente, puisque la poésie ne faisait là que devancer la révolution du sujet, qui se connote en philosophie d'y porter l'existence à la fonction d'attribut premier, non sans prendre ses effets d'une science, d'une politique et d'une société nouvelles.

Les complaisances de l'art qui l'accompagne ne s'expliquent-elles pas au prix donné à la même époque aux artifices de l'anamorphose ? Du divorce existentiel où le corps s'évanouit dans la spatialité, ces artifices qui installent dans le support même de la perspective une image cachée, réévoquant la substance qui s'y est perdue. Ainsi pourrions-nous nous amuser dans notre modèle, s'il était réalisable, de ce que le pot réel en sa boîte, à la place duquel vient le reflet du miroir A, contienne les fleurs a' imaginaires, tandis que, pour être faite d'une image plus réelle, c'est l'illusion du pot renversé qui contient les fleurs a vraies.

Ce qu'il image ainsi est le même état que Michaël Balint décrit comme l'effusion narcissique où il signale à son gré la fin de l'analyse. Sa description en serait meilleure en effet, s'il y notait un entrecroisement analogue où la présence même, spéculaire, de l'individu à l'autre, quoiqu'elle recouvre sa réalité, découvre son illusion moïque au regard d'une conscience du corps comme transie, cependant que la puissance de l'objet a, qui au terme de toute la machination centre cette conscience, fait rentrer au rang des vanités son reflet dans les objets a' de la concurrence omnivalente.

Le patient, en l'état d'élation qui en résulte, croit, au dire de Michaël Balint, avoir échangé son moi contre celui de l'analyste. Souhaitons-lui qu'il n'en soit rien.

Car même si c'en est le terme, ce n'est pas là la fin de l'analyse, et même si l'on y voit la fin des moyens que l'analyse a employés, ce ne sont pas les moyens de sa fin.

C'est dire que notre modèle ressortit à un temps préliminaire de notre enseignement où il nous fallait déblayer l'imaginaire comme trop prisé dans la technique. Nous n'en sommes plus là.

Nous ramenons l'attention au désir, dont on oublie que bien plus authentiquement qu'aucune quête d'idéal, c'est lui qui règle la répétition signifiante du névrosé comme sa métonymie. Ce n'est pas dans cette remarque que nous dirons comment il lui faut soutenir ce désir comme insatisfait (et c'est l'hystérique), comme impossible (et c'est l'obsessionnel).

C'est que notre modèle ne laisse pas plus éclairée la position de l'objet a. Car d'imager un jeu d'images, il ne saurait décrire la fonction que cet objet reçoit du symbolique.

Celle même qui lui donne son usage d'arme à l'avant-poste phobique, contre la menace de la disparition du désir ; de fétiche dans la structure perverse, comme condition absolue du désir.

a, l'objet du désir, au point de départ où le situe notre modèle, est, dès qu'il y fonctionne..., l'objet du désir. Ceci veut dire qu'objet partiel il n'est pas seulement partie, ou pièce détachée, du dispositif imaginant ici le corps, mais élément de la structure dès l'origine, et si l'on peut dire dans la donne de la partie qui se joue. En tant que sélectionné dans les appendices du corps comme indice du désir, il est déjà l'exposant d'une fonction, qui le sublime avant même qu'il l'exerce, celle de l'index levé vers une absence dont l'*est-ce* n'a rien à dire, sinon qu'elle est de là où ça parle.

C'est bien pourquoi réfléchi dans le miroir, il ne donne pas seulement a' l'étalon de l'échange, la monnaie par où le désir de l'autre entre dans le circuit des transitivismes du Moi Idéal. Il est restitué au champ de l'Autre en fonction d'exposant du désir dans l'Autre.

C'est ce qui lui permettra de prendre au terme vrai de l'analyse sa valeur élective, de figurer dans le fantasme ce devant quoi le sujet se voit s'abolir, en se réalisant comme désir.

Pour accéder à ce point au-delà de la réduction des idéaux de la personne, c'est comme objet *a* du désir, comme ce qu'il a été pour l'Autre dans son érection de vivant, comme le *wanted* ou l'*unwanted* de sa venue au monde, que le sujet est appelé à renaître pour savoir s'il veut ce qu'il désire... Telle est la sorte de vérité qu'avec l'invention de l'analyse, Freud amenait au jour.

C'est là un champ où le sujet, de sa personne, a surtout à payer pour la rançon de son désir. Et c'est en quoi la psychanalyse commande une révision de l'éthique.

Il est visible au contraire que, pour fuir cette tâche, on y est prêt à tous les abandons, même à traiter, comme nous le voyons maintenant en obédience freudienne, les problèmes de l'assomption du sexe en termes de rôle !

La fonction Φ du signifiant perdu, à quoi le sujet sacrifie son phallus, la forme $\Phi(a)$ du désir mâle, $\cancel{A}\,(\varphi)$ du désir de la femme, nous mènent à cette fin de l'analyse dont Freud nous a légué dans la castration l'aporie. Que Daniel Lagache en laisse l'effet hors de son champ, suffit à nous montrer les limites de ce qui, du sujet de l'inconscient, peut se comprendre en termes personnalistes[14].

IV. *Pour une éthique.*

J'ai réservé, pour conclure, la structure du Surmoi. C'est qu'on ne peut en parler qu'à prendre de plus haut la découverte freudienne, à savoir du point de vue de l'existence ; et d'y reconnaître jusqu'où l'avènement du sujet qui parle, relègue le sujet de la connaissance, celui dont la notion de l'intellect agent suffit à rappeler que ce n'est pas d'hier qu'il est mis en question dans sa dignité de personne. Ce n'est pas moi, je le remarque, qui suis ici responsable de ramener quiconque au carrefour de la raison pratique.

Si la proposition de Kant s'y confirme qu'il n'est que deux

---

14. Cf. p. 310, *Position de l'inconscient*, plus loin.

instances où le sujet puisse voir figurée l'hétéronomie de son être, pour peu qu'il les contemple « avec étonnement et respect », et ce sont « la route étoilée au-dessus de lui, et la loi morale au-dedans », les conditions pourtant ont changé d'où cette contemplation est possible.

Les espaces infinis ont pâli derrière les petites lettres, plus sûres à supporter l'équation de l'univers, et la seule voix au chapitre que nous puissions y admettre hors nos savants, est celle d'autres habitants qui pourraient nous en adresser des signes d'intelligence, – en quoi le silence de ces espaces n'a plus rien d'effrayant.

Aussi bien avons-nous commencé d'y vider nos poubelles, entendons à en faire cette fosse à déchets qui est le stigmate de « l'hominisation » sur la planète, depuis la préhistoire, ô paléontologue Teilhard, l'aviez-vous oublié ?

Il en est de même pour la loi morale, et pour la même raison qui nous fait cheminer de langage à parole. Et découvrir que le Surmoi en son intime impératif est bien « la voix de la conscience » en effet, c'est-à-dire une voix d'abord, et bien vocale, et sans plus d'autorité que d'être la grosse voix : la voix dont un texte au moins de la Bible nous dit qu'elle se fit entendre au peuple parqué autour du Sinaï, non sans que cet artifice y suggère qu'en son énonciation elle lui renvoyait sa propre rumeur, les Tables de la Loi n'en restant pas moins nécessaires à connaître son énoncé.

Or sur ces tables, rien n'est écrit pour qui sait lire hormis les lois de la Parole elle-même. C'est dire qu'avec la *per-sona* commence bien la personne, mais où la personnalité ? Une éthique s'annonce, convertie au silence, par l'avenue non de l'effroi, mais du désir : et la question est de savoir comment la voie de bavardage de l'expérience analytique y conduit.

Nous nous tairons ici sur sa direction pratique.

Mais théoriquement est-ce bien le dégagement du Moi qu'on peut lui donner pour but ? Et qu'en attendre, si ses possibilités, pour nous servir du terme de Daniel Lagache, n'offrent en vérité au sujet que l'issue trop indéterminée qui l'écarte d'une voie trop ardue, celle dont on peut penser que le secret politique des moralistes a toujours été d'inciter le sujet à dégager en effet quelque chose : son épingle au jeu du désir ? L'humanisme à ce jeu n'est plus qu'une profession dilettante.

Noscit, il sait, porte-t-il la figure d'une élision d'*ignoscit*, dont l'étymologie montre qu'il n'a qu'un faux préfixe, en outre ne voulant pas dire un non-savoir, mais cet oubli qui consomme le pardon ?

Nescit alors, à n'y modifier qu'une lettre, nous laisserait-il à soupçonner qu'il ne contient de négation que feinte après coup *(nachträglich)* ? Qu'importe, puisque pareille à celles dont la constance a fait sourire dans les objets métaphysiques, cette négation n'est qu'un masque : des premières personnes.

La signification du phallus
Die Bedeutung des Phallus

Nous donnons ici sans modification de texte la conférence que nous avons prononcée en allemand le 9 mai 1958 à l'Institut Max-Planck de Munich où le professeur Paul Matussek nous avait invité à parler.

On y mesurera, à condition d'avoir quelques repères sur les modes mentaux régissant des milieux pas autrement inavertis à l'époque, la façon dont les termes que nous étions le premier à avoir extraits de Freud, « l'autre scène » pour en prendre un ici cité, pouvaient y résonner.

Si l'après-coup *(Nachtrag)*, pour reprendre un autre de ces termes du domaine du bel esprit où ils courent maintenant, rend cet effort impraticable, qu'on l'apprenne : ils y étaient inouïs.

On sait que le complexe de castration inconscient a une fonction de nœud :

1° dans la structuration dynamique des symptômes au sens analytique du terme, nous voulons dire de ce qui est analysable dans les névroses, les perversions et les psychoses ;

2° dans une régulation du développement qui donne sa *ratio* à ce premier rôle : à savoir l'installation dans le sujet d'une position inconsciente sans laquelle il ne saurait s'identifier au type idéal de son sexe, ni même répondre sans de graves aléas aux besoins de son partenaire dans la relation sexuelle, voire accueillir avec justesse ceux de l'enfant qui s'y procrée.

Il y a là une antinomie interne à l'assomption par l'homme *(Mensch)* de son sexe : pourquoi doit-il n'en assumer les attributs qu'à travers une menace, voire sous l'aspect d'une privation ? On sait que Freud, dans *Le Malaise de la civilisation*, a été jusqu'à suggérer un dérangement non pas contingent, mais essentiel de la sexualité humaine et qu'un de ses derniers articles porte sur l'irréductibilité à toute analyse finie *(endliche)*, des séquelles qui résultent du complexe de castration dans l'inconscient masculin, du *penisneid* dans l'inconscient de la femme.

Cette aporie n'est pas la seule, mais elle est la première que l'expérience freudienne et la métapsychologie qui en résulte, aient introduite dans notre expérience de l'homme. Elle est insoluble à toute réduction à des données biologiques : la seule nécessité du mythe sous-jacent à la structuration du complexe d'Œdipe, le démontre assez.

Ce n'est qu'un artifice d'invoquer à cette occasion un acquis amnésique héréditaire, non pas seulement parce que celui-ci est en lui-même discutable, mais parce qu'il laisse le problème intact : quel est le lien du meurtre du père au pacte de la loi primordiale, s'il y est inclus que la castration soit la punition de l'inceste ?

C'est seulement sur la base des faits cliniques que la discussion peut être féconde. Ceux-ci démontrent une relation du sujet au phallus qui s'établit sans égard à la différence anatomique des sexes et qui est de ce fait d'une interprétation spécialement épineuse chez la femme et par rapport à la femme, nommément sur les quatre chapitres suivants :

1° de ce pourquoi la petite fille se considère elle-même, fût-ce pour un moment, comme castrée, en tant que ce terme veut dire : privée de phallus, et par l'opération de quelqu'un, lequel est d'abord sa mère, point important, et ensuite son père, mais d'une façon telle qu'on doive y reconnaître un transfert au sens analytique du terme ;

2° de ce pourquoi plus primordialement, dans les deux sexes, la mère est considérée comme pourvue du phallus, comme mère phallique ;

3° de ce pourquoi corrélativement la signification de la castration ne prend de fait (cliniquement manifeste) sa portée efficiente quant à la formation des symptômes, qu'à partir de sa découverte comme castration de la mère ;

4° ces trois problèmes culminant dans la question de la raison, dans le développement, de la phase phallique. On sait que Freud spécifie sous ce terme la première maturation génitale : en tant d'une part qu'elle se caractériserait par la dominance imaginaire de l'attribut phallique, et par la jouissance masturbatoire, – que d'autre part il localise cette jouis-

La signification du phallus

sance chez la femme au clitoris, promu par là à la fonction du phallus, et qu'il semble exclure ainsi dans les deux sexes jusqu'au terme de cette phase, c'est-à-dire jusqu'au déclin de l'Œdipe, tout repérage instinctuel du vagin comme lieu de la pénétration génitale.

Cette ignorance est très suspecte de méconnaissance au sens technique du terme, et d'autant plus qu'elle est parfois controuvée. Ne s'accorderait-elle qu'à la fable où Longus nous montre l'initiation de Daphnis et Chloé subordonnée aux éclaircissements d'une vieille femme ?

C'est ainsi que certains auteurs ont été amenés à considérer la phase phallique comme l'effet d'un refoulement, et la fonction qu'y prend l'objet phallique comme un symptôme. La difficulté commence quand il s'agit de savoir *quel* symptôme : phobie, dit l'un, perversion, dit l'autre, et parfois le même. Il apparaît à ce dernier cas que rien ne va plus : non pas qu'il ne se présente d'intéressantes transmutations de l'objet d'une phobie en fétiche, mais précisément si elles sont intéressantes, c'est pour la différence de leur place dans la structure. Demander aux auteurs de formuler cette différence dans les perspectives présentement en faveur sous le titre de la relation d'objet, serait prétention vaine. Ceci en la matière, faute d'autre référence que la notion approximative d'objet partiel, jamais critiquée depuis que Karl Abraham l'introduisit, bien malheureusement pour les aises qu'elle offre à notre époque.

Il reste que la discussion maintenant délaissée sur la phase phallique, à en relire les textes subsistants des années 1928-1932, nous rafraîchit par l'exemple d'une passion doctrinale, à laquelle la dégradation de la psychanalyse, consécutive à sa transplantation américaine, ajoute une valeur de nostalgie.

À seulement en résumer le débat, on ne pourrait qu'altérer la diversité authentique des positions prises par une Hélène Deutsch, une Karen Horney, un Ernest Jones, pour nous limiter aux plus éminents.

La succession des trois articles que ce dernier a consacrés au sujet, est spécialement suggestive : ne serait-ce que de la visée première sur laquelle il bâtit et que signale le terme par lui forgé d'*aphanisis*. Car posant très justement le problème du rapport de la castration au désir, il y rend patente son incapacité à reconnaître ce que pourtant il serre de si près que le terme qui nous en donnera tout à l'heure la clef, semble y surgir de son défaut lui-même.

On s'y amusera surtout de sa réussite à articuler sous le chef de la lettre même de Freud une position qui lui est strictement opposée : vrai modèle en un genre difficile.

Le poisson ne se laisse pas noyer pour autant, semblant narguer en Jones sa plaidoirie pour rétablir l'égalité des droits naturels (ne l'emporte-t-elle pas au point de la clore du : Dieu les créa homme et femme, de la Bible ?). De fait qu'a-t-il gagné à normaliser la fonction du phallus comme objet partiel, s'il lui faut invoquer sa présence dans le corps de la mère comme objet interne, lequel terme est fonction des fantasmes révélés par Mélanie Klein, et s'il ne peut d'autant se séparer de la doctrine de cette dernière, rapportant ces fantasmes à la récurrence jusqu'aux limites de la prime enfance, de la formation œdipienne.

On ne se trompera pas à reprendre la question en se demandant ce qui pouvait imposer à Freud le paradoxe évident de sa position. Car on sera contraint d'admettre qu'il était mieux qu'aucun guidé dans sa reconnaissance de l'ordre des phénomènes inconscients dont il était l'inventeur, et que, faute d'une articulation suffisante de la nature de ces phénomènes, ses suiveurs étaient voués à s'y fourvoyer plus ou moins.

C'est à partir de ce pari – que nous mettons au principe d'un commentaire de l'œuvre de Freud que nous poursuivons depuis sept ans – que nous avons été amené à certains résultats : au premier chef, à promouvoir comme nécessaire à toute articulation du phénomène analytique la notion du signifiant, en tant qu'elle s'oppose à celle du signifié dans l'analyse linguistique moderne. De celle-ci, née depuis Freud, Freud ne pouvait faire état, mais nous prétendons que la découverte de Freud prend son relief justement d'avoir dû anticiper ses formules, en partant d'un domaine où l'on ne pouvait s'attendre à reconnaître son règne. Inversement c'est la découverte de Freud qui donne à l'opposition du signifiant et du signifié la portée effective où il convient de l'entendre : à savoir que le signifiant a fonction active dans la détermination des effets où le signifiable apparaît comme subissant sa marque, en devenant par cette passion le signifié.

Cette passion du signifiant dès lors devient une dimension nouvelle de la condition humaine en tant que ce n'est pas

La signification du phallus

seulement l'homme qui parle, mais que dans l'homme et par l'homme ça parle, que sa nature devient tissée par des effets où se retrouvent la structure du langage dont il devient la matière, et que par là résonne en lui, au-delà de tout ce qu'a pu concevoir la psychologie des idées, la relation de la parole.

C'est ainsi qu'on peut dire que les conséquences de la découverte de l'inconscient n'ont même pas encore été entrevues dans la théorie, si déjà son ébranlement s'est fait sentir dans la praxis plus loin qu'on ne le mesure encore, même à se traduire en effets de reculs.

Précisons que cette promotion de la relation de l'homme au signifiant comme telle n'a rien à faire avec une position « culturaliste » au sens ordinaire du terme, celle sur laquelle Karen Horney par exemple se trouvait anticiper dans la querelle du phallus par sa position qualifiée par Freud de féministe. Ce n'est pas du rapport de l'homme au langage en tant que phénomène social qu'il s'agit, n'étant même pas question de quelque chose qui ressemble à cette psychogenèse idéologique qu'on connaît, et qui n'est pas dépassée par le recours péremptoire à la notion toute métaphysique, sous sa pétition de principe d'appel au concret, que véhicule dérisoirement le nom d'affect.

Il s'agit de retrouver dans les lois qui régissent cette autre scène *(eine andere Schauplatz)* que Freud à propos des rêves désigne comme étant celle de l'inconscient, les effets qui se découvrent au niveau de la chaîne d'éléments matériellement instables qui constitue le langage : effets déterminés par le double jeu de la combinaison et de la substitution dans le signifiant, selon les deux versants générateurs du signifié que constituent la métonymie et la métaphore ; effets déterminants pour l'institution du sujet. À cette épreuve une topologie, au sens mathématique du terme, apparaît, sans laquelle on s'aperçoit bientôt qu'il est impossible de seulement noter la structure d'un symptôme au sens analytique du terme.

Ça parle dans l'Autre, disons-nous, en désignant par l'Autre le lieu même qu'évoque le recours à la parole dans toute relation où il intervient. Si ça parle dans l'Autre, que le sujet l'entende ou non de son oreille, c'est que c'est là que le sujet, par une antériorité logique à tout éveil du signifié, trouve sa place signifiante. La découverte de ce qu'il articule à cette place, c'est-à-dire dans l'inconscient, nous permet de saisir au prix de quelle division *(Spaltung)* il s'est ainsi constitué.

La phallus ici s'éclaire de sa fonction. Le phallus dans la doctrine freudienne n'est pas un fantasme, s'il faut entendre par là un effet imaginaire. Il n'est pas non plus comme tel un objet (partiel, interne, bon, mauvais etc.) pour autant que ce terme tend à apprécier la réalité intéressée dans une relation. Il est encore bien moins l'organe, pénis ou clitoris, qu'il symbolise. Et ce n'est pas sans raison que Freud en a pris la référence au simulacre qu'il était pour les Anciens.

Car le phallus est un signifiant, un signifiant dont la fonction, dans l'économie intrasubjective de l'analyse, soulève peut-être le voile de celle qu'il tenait dans les mystères. Car c'est le signifiant destiné à désigner dans leur ensemble les effets de signifié, en tant que le signifiant les conditionne par sa présence de signifiant.

Examinons dès lors les effets de cette présence. Ils sont d'abord d'une déviation des besoins de l'homme du fait qu'il parle, en ce sens qu'aussi loin que ses besoins sont assujettis à la demande, ils lui reviennent aliénés. Ceci n'est pas l'effet de sa dépendance réelle (qu'on ne croie pas retrouver là cette conception parasite qu'est la notion de dépendance dans la théorie de la névrose), – mais bien de la mise en forme signifiante comme telle et de ce que c'est du lieu de l'Autre qu'est émis son message.

Ce qui ainsi se trouve aliéné dans les besoins constitue une *Urverdrängung* de ne pouvoir, par hypothèse, s'articuler dans la demande : mais qui apparaît dans un rejeton, qui est ce qui se présente chez l'homme comme le désir *(das Begehren)*. La phénoménologie qui se dégage de l'expérience analytique, est bien de nature à démontrer dans le désir le caractère paradoxal, déviant, erratique, excentré, voire scandaleux, par où il se distingue du besoin. C'est même là un fait trop affirmé pour ne pas s'être imposé de toujours aux moralistes dignes de ce nom. Le freudisme d'antan semblait devoir donner à ce fait son statut. Paradoxalement pourtant la psychanalyse se retrouve en tête de l'obscurantisme de toujours et plus endormant à dénier le fait dans un idéal de réduction théorique et pratique du désir au besoin.

C'est pourquoi il nous faut articuler ici ce statut en partant de la demande dont les caractéristiques propres sont éludées dans la notion de frustration (que Freud n'a jamais employée).

La demande en soi porte sur autre chose que sur les satisfactions qu'elle appelle. Elle est demande d'une présence ou d'une absence. Ce que la relation primordiale à la mère manifeste, d'être grosse de cet Autre à situer *en deçà* des besoins qu'il peut combler. Elle le constitue déjà comme ayant le « privilège » de satisfaire les besoins, c'est-à-dire le pouvoir de les priver de cela seul par quoi ils sont satisfaits. Ce privilège de l'Autre dessine ainsi la forme radicale du don de ce qu'il n'a pas, soit ce qu'on appelle son amour.

C'est par là que la demande annule *(aufhebt)* la particularité de tout ce qui peut être accordé en le transmuant en preuve d'amour, et les satisfactions même qu'elle obtient pour le besoin se ravalent *(sich erniedrigt)* à n'être plus que l'écrasement de la demande d'amour (tout ceci parfaitement sensible dans la psychologie des premiers soins, à quoi nos analystes-nurses se sont attachés).

Il y a donc une nécessité à ce que la particularité ainsi abolie reparaisse *au-delà* de la demande. Elle y reparaît en effet, mais conservant la structure que recèle l'inconditionné de la demande d'amour. Par un renversement qui n'est pas simple négation de la négation, la puissance de la pure perte surgit du résidu d'une oblitération. À l'inconditionné de la demande, le désir substitue la condition « absolue » : cette condition dénoue en effet ce que la preuve d'amour a de rebelle à la satisfaction d'un besoin. C'est ainsi que le désir n'est ni l'appétit de la satisfaction, ni la demande d'amour, mais la différence qui résulte de la soustraction du premier à la seconde, le phénomène même de leur refente *(Spaltung)*.

On conçoit comment la relation sexuelle occupe ce champ clos du désir, et va y jouer son sort. C'est qu'il est le champ fait pour que s'y produise l'énigme que cette relation provoque dans le sujet à la lui « signifier » doublement : retour de la demande qu'elle suscite, en demande sur le sujet du besoin ; ambiguïté présentifiée sur l'Autre en cause dans la preuve d'amour demandée. La béance de cette énigme avère ce qui la détermine, dans la formule la plus simple à la rendre patente, à savoir : que le sujet comme l'Autre, pour chacun des partenaires de la relation, ne peuvent se suffire d'être sujets du besoin, ni objets de l'amour, mais qu'ils doivent tenir lieu de cause du désir.

Cette vérité est au cœur, dans la vie sexuelle, de toutes malfaçons qui soient du champ de la psychanalyse. Elle y fait aussi la condition du bonheur du sujet : et camoufler sa béance en s'en remettant à la vertu du « génital » pour la résoudre par la maturation de la tendresse (c'est-à-dire du seul recours à l'Autre comme réalité), toute pieuse qu'en soit l'intention, n'en est pas moins une escroquerie. Il faut bien dire ici que les analystes français, avec l'hypocrite notion d'oblativité génitale, ont ouvert la mise au pas moralisante, qui au son d'orphéons salutistes se poursuit désormais partout.

De toute façon, l'homme ne peut viser à être entier (à la « personnalité totale », autre prémisse où se dévie la psychothérapie moderne), dès lors que le jeu de déplacement et de condensation où il est voué dans l'exercice de ses fonctions, marque sa relation de sujet au signifiant.

Le phallus est le signifiant privilégié de cette marque où la part du logos se conjoint à l'avènement du désir.

On peut dire que ce signifiant est choisi comme le plus saillant de ce qu'on peut attraper dans le réel de la copulation sexuelle, comme aussi le plus symbolique au sens littéral (typographique) de ce terme, puisqu'il y équivaut à la copule (logique). On peut dire aussi qu'il est par sa turgidité l'image du flux vital en tant qu'il passe dans la génération.

Tous ces propos ne font encore que voiler le fait qu'il ne peut jouer son rôle que voilé, c'est-à-dire comme signe lui-même de la latence dont est frappé tout signifiable, dès lors qu'il est élevé *(aufgehoben)* à la fonction de signifiant.

Le phallus est le signifiant de cette *Aufhebung* elle-même qu'il inaugure (initie) par sa disparition. C'est pourquoi le démon de l'Αἰδώς *(Scham)*[1] surgit dans le moment même où dans le mystère antique, le phallus est dévoilé (cf. la peinture célèbre de la Villa de Pompéi).

Il devient alors la barre qui par la main de ce démon frappe le signifié, le marquant comme la progéniture bâtarde de sa concaténation signifiante.

C'est ainsi que se produit une condition de complémenta-

---

1. Le démon de la Pudeur.

La signification du phallus

rité dans l'instauration du sujet par le signifiant : laquelle explique sa *Spaltung* et le mouvement d'intervention où elle s'achève.

À savoir :

1. que le sujet ne désigne son être qu'à barrer tout ce qu'il signifie, comme il apparaît en ce qu'il veut être aimé pour lui-même, mirage qui ne se réduit pas à être dénoncé comme grammatical (puisqu'il abolit le discours);

2. que ce qui est vivant de cet être dans l'*urverdrängt* trouve son signifiant à recevoir la marque de la *Verdrängung* du phallus (par quoi l'inconscient est langage).

Le phallus comme signifiant donne la raison du désir (dans l'acception où le terme est employé comme « moyenne et extrême raison » de la division harmonique).

Aussi bien est-ce comme un algorithme que je vais maintenant l'employer, ne pouvant sans gonfler indéfiniment mon exposé, faire autrement que de me fier à l'écho de l'expérience qui nous unit, pour vous faire saisir cet emploi.

Que le phallus soit un signifiant, impose que ce soit à la place de l'Autre que le sujet y ait accès. Mais ce signifiant n'y étant que voilé et comme raison du désir de l'Autre, c'est ce désir de l'Autre comme tel qu'il est imposé au sujet de reconnaître, c'est-à-dire l'autre en tant qu'il est lui-même sujet divisé de la *Spaltung* signifiante.

Les émergences qui apparaissent dans la genèse psychologique, confirment cette fonction signifiante du phallus.

Ainsi d'abord se formule plus correctement le fait kleinien que l'enfant appréhende dès l'origine que la mère « contient » le phallus.

Mais c'est dans la dialectique de la demande d'amour et de l'épreuve du désir que le développement s'ordonne.

La demande d'amour ne peut que pâtir d'un désir dont le signifiant lui est étranger. Si le désir de la mère *est* le phallus, l'enfant veut être le phallus pour le satisfaire. Ainsi la division immanente au désir se fait déjà sentir d'être éprouvée dans le désir de l'Autre, en ce qu'elle s'oppose déjà à ce que le sujet se satisfasse de présenter à l'Autre ce qu'il peut *avoir* de réel qui réponde à ce phallus, car ce qu'il a ne vaut pas mieux que ce qu'il n'a pas, pour sa demande d'amour qui voudrait qu'il le soit.

Cette épreuve du désir de l'Autre, la clinique nous montre

qu'elle n'est pas décisive en tant que le sujet y apprend si lui-même a ou non un phallus réel, mais en tant qu'il apprend que la mère ne l'a pas. Tel est le moment de l'expérience sans lequel nulle conséquence symptomatique (phobie) ou structurale *(Penisneid)* qui se réfère au complexe de castration ne prend effet. Ici se signe la conjonction du désir en tant que le signifiant phallique en est la marque, avec la menace ou nostalgie du manque à avoir.

Bien sûr, c'est de la loi introduite par le père dans cette séquence que dépend son avenir.

Mais on peut, à s'en tenir à la fonction du phallus, pointer les structures auxquelles seront soumis les rapports entre les sexes.

Disons que ces rapports tourneront autour d'un être et d'un avoir qui, de se rapporter à un signifiant, le phallus, ont l'effet contrarié de donner d'une part réalité au sujet dans ce signifiant, d'autre part d'irréaliser les relations à signifier.

Ceci par l'intervention d'un paraître qui se substitue à l'avoir, pour le protéger d'un côté, pour en masquer le manque dans l'autre, et qui a pour effet de projeter entièrement les manifestations idéales ou typiques du comportement de chacun des sexes, jusqu'à la limite de l'acte de la copulation, dans la comédie.

Ces idéaux prennent vigueur de la demande qu'ils sont en pouvoir de satisfaire, qui est toujours demande d'amour, avec son complément de la réduction du désir à la demande.

Si paradoxale que puisse sembler cette formulation, nous disons que c'est pour être le phallus, c'est-à-dire le signifiant du désir de l'Autre, que la femme va rejeter une part essentielle de la féminité, nommément tous ses attributs dans la mascarade. C'est pour ce qu'elle n'est pas qu'elle entend être désirée en même temps qu'aimée. Mais son désir à elle, elle en trouve le signifiant dans le corps de celui à qui s'adresse sa demande d'amour. Sans doute ne faut-il pas oublier que de cette fonction signifiante, l'organe qui en est revêtu, prend valeur de fétiche. Mais le résultat pour la femme reste que convergent sur le même objet une expérience d'amour qui comme telle (cf. plus haut) la prive idéalement de ce qu'il donne, et un désir qui y trouve son signifiant. C'est pourquoi on peut observer que le défaut de la satisfaction propre au

La signification du phallus

besoin sexuel, autrement dit la frigidité, est chez elle relativement bien tolérée, tandis que la *Verdrängung* inhérente au désir est moindre que chez l'homme.

Chez l'homme par contre, la dialectique de la demande et du désir engendre les effets dont il faut admirer une fois de plus avec quelle sûreté Freud les a situés aux joints mêmes dont ils relevaient sous la rubrique d'un ravalement *(Erniedrigung)* spécifique de la vie amoureuse.

Si l'homme trouve en effet à satisfaire sa demande d'amour dans la relation à la femme pour autant que le signifiant du phallus la constitue bien comme donnant dans l'amour ce qu'elle n'a pas, – inversement son propre désir du phallus fera surgir son signifiant dans sa divergence rémanente vers « une autre femme » qui peut signifier ce phallus à divers titres, soit comme vierge, soit comme prostituée. Il en résulte une tendance centrifuge de la pulsion génitale dans la vie amoureuse, qui rend chez lui l'impuissance beaucoup plus mal supportée, en même temps que la *Verdrängung* inhérente au désir est plus importante.

Il ne faut pas croire pour autant que la sorte d'infidélité qui apparaîtrait là constitutive de la fonction masculine, lui soit propre. Car si l'on y regarde de près le même dédoublement se retrouve chez la femme, à ceci près que l'Autre de l'Amour comme tel, c'est-à-dire en tant qu'il est privé de ce qu'il donne, s'aperçoit mal dans le recul où il se substitue à l'être du même homme dont elle chérit les attributs.

On pourrait ici ajouter que l'homosexualité masculine conformément à la marque phallique qui constitue le désir, se constitue sur son versant, – que l'homosexualité féminine par contre, comme l'observation le montre, s'oriente sur une déception qui renforce le versant de la demande d'amour. Ces remarques mériteraient d'être nuancées d'un retour sur la fonction du masque pour autant qu'elle domine les identifications où se résolvent les refus de la demande.

Le fait que la féminité trouve son refuge dans ce masque par le fait de la *Verdrängung* inhérente à la marque phallique du désir, a la curieuse conséquence de faire que chez l'être humain la parade virile elle-même paraisse féminine.

Corrélativement s'entrevoit la raison de ce trait jamais élucidé où une fois de plus se mesure la profondeur de l'intuition de Freud : à savoir pourquoi il avance qu'il n'y a qu'une *libido*, son texte montrant qu'il la conçoit comme de nature masculine. La fonction du signifiant phallique débouche ici sur sa relation la plus profonde : celle par où les Anciens y incarnaient le Νοῦς et le Λογὸς.

À la mémoire d'Ernest Jones :
Sur sa théorie du symbolisme

> *And bring him out that is but woman's son*
> *Can trace me in the tedious ways of art,*
> *And hold me pace in deep experiments.*
> (Henry IV, 1ᵉ partie-III-I, 45-47.)

Loin de la pompe funéraire où notre collègue disparu a été honoré selon son rang, nous lui vouerons ici le mémorial de notre solidarité dans le travail analytique.

Si c'est l'hommage qui convient à la position de notre groupe, nous n'éliderons pas l'émotion qui se lève en nous du souvenir de relations plus personnelles.

Pour les ponctuer en trois moments, dont la contingence reflète un homme très divers en sa vivacité : l'impériosité sans ménagement pour le nouveau que nous étions à Marienbad, soit au dernier de nos conciles avant que le vide ne vînt frapper l'aire viennoise, rapport épidermique dont la pique s'avoue encore après la guerre en l'un de nos écrits ; – la familiarité, d'une visite au Plat à Elsted, où parmi les lettres de Freud étalées sur une immense table pour le premier volume de la biographie en cours de composition, nous le vîmes frémissant de nous faire partager les séductions de son labeur, jusqu'à ce que l'heure du rendez-vous d'une patiente conservée dans la retraite y mît une fin dont la hâte, dans sa note de compulsion, nous fit l'effet de voir la marque d'un collier indélébile ; – la grandeur enfin de cette lettre de juillet 1957, où l'excuse de nous faire défaut à notre maison de campagne, n'arguait d'une souffrance stoïquement explorée, qu'à l'accepter pour le signal d'une compétition altière, avec la mort talonnant l'œuvre à achever.

L'organe qu'est l'*International Journal of Psycho-analysis* et qui doit tout à Ernest Jones, de sa durée à sa tenue, ne laisse pas dans son numéro de sept.-oct. 58, de faire surgir entre certaines de ses lignes cette ombre dont un pouvoir longtemps exercé paraît toujours s'assombrir quand la nuit l'a rejoint : encre soudaine à accuser ce que par son édifice il oblitéra de lumière.

Cet édifice nous sollicite. Car, pour métaphorique qu'il soit, il est bien fait pour nous rappeler ce qui distingue l'architecture du bâtiment : soit une puissance logique qui ordonne l'architecture au-delà de ce que le bâtiment supporte de possible utilisation. Aussi bien nul bâtiment, sauf à se réduire à la baraque, ne peut-il se passer de cet ordre qui l'apparente au discours. Cette logique ne s'harmonise à l'efficacité qu'à la dominer, et leur discord n'est pas, dans l'art de la construction, un fait seulement éventuel.

On mesure d'ici combien ce discord est plus essentiel dans l'art de la psychanalyse, dont une expérience de vérité détermine le champ : de mémoire et de signification, tandis que les phénomènes qui s'y découvrent comme les plus signifiants, restent des pierres de scandale au regard des fins d'utilité, dont s'autorise tout pouvoir.

C'est pourquoi nulle considération de pouvoir, fût-elle la plus légitime à concerner le bâtiment professionnel[1], ne saurait intervenir dans le discours de l'analyste sans affecter le propos même de sa pratique en même temps que son médium.

Si Ernest Jones est celui qui a fait le plus pour assurer aux valeurs analytiques un certain cours officiel, voire un statut reconnu par les pouvoirs publics, ne peut-on se proposer d'interroger l'immense apologie qu'est son œuvre théorique pour en mesurer la dignité ?

Ceci ne peut s'opérer qu'au niveau d'un échantillon de son travail, et nous choisissons l'article publié en octobre 1916, dans le *British Journal of Psychology* (IX, 2, p. 181, 229) :

---

1. La fin du pouvoir est articulée comme telle pour le facteur de dégradation qu'elle emporte dans le *training* analytique, en un article paru dans le numéro de nov.-déc. 58 de l'*I.J.P.* sous la signature de Thomas S. Szasz.

C'est bien la même fin dont nous avons, dans notre rapport au Congrès de Royaumont en juillet dernier, dénoncé les incidences sur la direction de la cure.

L'auteur cité en suit les effets dans l'organisation externe du *training*, notamment dans la sélection des candidats, sans aller au fond de son incompatibilité avec le traitement psychanalytique lui-même, soit avec la première étape du *training*.

sur la théorie du symbolisme, et reproduit depuis dans chacune des éditions, fort différemment composées, on le sait, qui se sont suivies, de ses *Papers*.

Nul compromis dans ce travail n'apparaît. Sa prise sur le problème le soutient à sa hauteur, et si elle n'en résout pas la difficulté, la dégage.

La malice tombe à plat de ceux qui voudraient nous faire voir, comme brimé par le Maître, ce benjamin des fidèles que ne liaient pas seulement le talisman des sept anneaux, mais les implications d'un exécutif secret[2].

Qu'à lui, le seul *goy* dans ce cercle imbu de sa spécificité juive[3], fut réservée la palme d'élever au Maître le monument que l'on sait, sera sans doute rapproché du fait que ce monument confirme la limite que n'a pas voulu voir franchir sur son privé l'homme qui a ouvert un nouveau champ de l'aveu pour l'univers.

Il vaudrait mieux ne pas manquer la réflexion que mérite la résistance du discours de la biographie, à l'analyse du cas *princeps* que constitue non pas tant l'inventeur que l'invention de l'analyse elle-même.

Quoi qu'il en soit, la référence prise à Rank et à Sachs dans l'article que nous examinons, pour les critères qu'ils ont avancés du symbolisme analytique, est édifiante.

Ceux qu'ils mettent en tête, notamment le critère d'un sens constant et d'une indépendance des interventions[4] individuelles, engendrent des contradictions que Jones pointe dans les faits, et la révérence qu'il garde à ces autodidactes des profondeurs, n'empêche qu'on ne sente l'avantage qu'il prend d'un rationalisme assez assuré de sa méthode, pour aussi bien être exclusif en ses principes.

« Si l'on considère, commence Jones[5], le progrès de l'esprit humain dans sa genèse, on peut voir qu'il consiste, non pas, comme on le croit communément, dans la seule accumulation de ce qu'il acquiert, s'additionnant du dehors, mais dans les deux procès suivants : d'une part, de l'extension et du transfert de l'intérêt et de la compréhension,

---

2. L'extraordinaire histoire de ce Comité nous est ouverte au livre II du *Sigmund Freud* d'Ernest Jones, chap. VI, p. 172-188.
3. Cf. la lettre de Ferenczi du 6 août 1912, *op. cit.*, p. 173.
4. Nous forçons ici le sens de *Bedingungen*.
5. E. Jones, *Papers on psycho-analysis*, 5ᵉ éd., p. 87-88.

d'idées plus précoces, plus simples et plus primitives, etc., à d'autres plus difficiles et plus complexes qui, en un certain sens, sont la continuation des premières et les symbolisent, et d'autre part, par le démasquage constant de symbolismes préalables ; en quoi se reconnaît que ceux-ci, s'ils ont d'abord été pensés comme littéralement vrais, s'avèrent n'être réellement que des aspects ou des représentations de la vérité, les seuls dont nos esprits, pour des raisons affectives ou intellectuelles, se trouvaient en ce temps capables. »

Tel est le ton sur lequel partent les choses et elles iront toujours en resserrant ce que ce départ ouvre d'ambiguïté.

Beaucoup, de nos jours, sans doute n'accorderont à ce qui va suivre qu'un intérêt historique, voire préhistorique. Craignons que ce dédain ne cache une impasse où l'on est engagé.

Ce dont il s'agit pour Jones est de pointer quant au symbolisme la divergence fondamentale de Jung[6], sur laquelle Freud s'est alerté dès 1911, a rompu en 1912[6], et a publié la mise au point de son « histoire du mouvement analytique » en 1914.

L'une et l'autre manières d'utiliser le symbolisme dans l'interprétation sont décisives quant à la direction qu'elles donnent à l'analyse ; et elles vont s'illustrer ici d'un exemple qu'on peut bien dire originel, mais non pas désuet, pour autant que le serpent n'est pas simplement la figure que l'art et la fable conservent d'une mythologie ou d'un folklore déshabités. L'antique ennemi n'est pas si loin de nos mirages, que revêtent encore les traits de la tentation, les tromperies de la promesse, mais aussi le prestige du cercle à franchir vers la sagesse dans ce reploiement, fermant la tête sur la queue, où il entend cerner le monde.

Tête captive sous le pied de la Vierge, qu'allons-nous voir de celle qui te répète à l'autre bout du corps de l'amphisbène ? Une gnose montagnarde dont on aurait tort d'ignorer les hérédités locales, l'a rempoignée des recès lacustres où, au dire de Jung parlant à nous-même des secrets de son canton, elle est encore lovée.

Figuration de la *libido*, voilà comment un disciple de Jung interprétera l'apparition du serpent dans un rêve, dans une

---

6. Il s'agit des positions prises par Jung dans les deux parties des *Wandlungen und Symbole der Libido*, parues respectivement en 1911 et 1912.

vision ou un dessin, manifestant à son insu que si la séduction est éternelle, elle est aussi toujours la même. Car voici le sujet à portée de capture par un éros autistique qui, si rafraîchi qu'en soit l'appareil, a un air de Vieille Connaissance.

Autrement dit l'âme, aveugle lucide, lit sa propre nature dans les archétypes que le monde lui réverbère : comment ne reviendrait-elle pas à se croire l'âme du monde ?

L'étrange est que dans leur hâte d'avoir cure de cette âme, les pasteurs calvinistes y aient été blousés [7].

Il faut bien dire qu'avoir tendu cette perche à la belle âme du refuge helvétique, c'est pour un disciple de Brücke, progéniture d'Helmholtz et de Du Bois-Reymond, un succès plutôt ironique.

Mais c'est aussi la preuve qu'il n'y a pas de compromis possible avec la psychologie, et que si l'on admet que l'âme connaisse, d'une connaissance d'âme, c'est-à-dire immédiate, sa propre structure, – fût-ce dans ce moment de chute dans le sommeil où Silberer nous prie de reconnaître dans une pelle à gâteau qui se glisse dans une pâte feuilletée le « symbolisme fonctionnel » des couches du psychisme –, plus rien ne peut séparer la pensée de la rêverie des « noces chymiques ».

Il n'est pas facile pourtant de saisir la coupure si hardiment tracée par Freud dans la théorie de l'élaboration du rêve, sauf à refuser purement et simplement l'ingénuité psychologique des phénomènes mis en valeur par le talent d'observation de Silberer, et c'est bien là la piètre issue à quoi se résout Freud dans la discussion qu'il en fait dans l'édition de 1914 de la *Traumdeutung* quand il en vient à proférer que lesdits phénomènes ne sont le fait que de « têtes philosophiques [8], portées à la perception endopsychique, voire au délire d'observation », de métaphysiciens dans l'âme sans doute, ce serait le cas de le dire, – sur quoi Jones renchérit, en effet, en montant d'un ton la note d'aversion qu'il se permet d'y montrer.

Réjouissons-nous que par cette porte ne soient pas rentrées les hiérarchies spirituelles avec les matériels, les pneumati-

---

7. L'auteur de ces lignes tient que seule la Prostituée romaine peut sans dommage frayer avec ce qu'elle rejette.
8. Freud, *G.W.*, t. II-III, p. 510.

ques, les psychiques, et *tutti quanti*, si l'on n'y voit la source de l'infatuation de ceux qui se croient « psychanalystes-nés ».

Ce n'est pas là pourtant argument qui soit ici utilisable, et Jones n'y songe pas.

Pour le serpent, il rectifie qu'il est symbole non pas de la *libido*, notion énergétique qui, comme idée, ne se dégage qu'à un haut degré d'abstraction, mais du phallus, en tant que celui-ci lui paraît caractéristique d'une « idée plus concrète », voire concrète au dernier terme.

Car c'est là la voie que choisit Ernest Jones pour parer au dangereux retour que le symbolisme semble offrir à un mysticisme, qui lui paraît, une fois démasqué, s'exclure de lui-même dans toute considération scientifique.

Le symbole se déplace d'une idée plus concrète (du moins est-ce là comment il s'en exprime), à quoi il a son application primaire, à une idée plus abstraite, où il se rapporte secondairement, ce qui veut dire que ce déplacement ne peut avoir lieu que dans un seul sens.

Arrêtons-nous là un instant :

Pour convenir que si l'hallucination du réveil fait à l'hystérique princeps de l'analyse[9], son bras engourdi sous le poids de sa tête sur son épaule, pressé qu'il fut sur le dossier d'où il se tendait, quand elle s'est assoupie, vers son père veillé dans ses affres mortelles, le prolonger, ce bras, par un serpent, et même par autant de serpents qu'elle a de doigts, c'est du phallus et de rien d'autre que ce serpent est le symbole. Mais à qui ce phallus appartient « concrètement », c'est là ce qui sera moins facile à déterminer dans ce registre de la psychanalyse d'aujourd'hui si joliment épinglé par Raymond Queneau comme la liquette ninque. Que ce phallus en effet soit reconnu pour une appartenance qui fasse l'envie du sujet, toute femme qu'elle est, n'arrange rien, si l'on songe qu'il ne surgit si importunément que d'être bel et bien là au présent, soit dans la susdite liquette, ou tout simplement dans le lit où il clabote avec le mourant.

C'est même là le problème où Ernest Jones, onze ans plus

---

[9]. Cf. le cas d'Anna O..., non reproduit dans les *G.W.*, comme appartenant à Breuer. On trouvera le passage évoqué à la p. 38 de la *Standard edition* des *Studies* (vol. II) ou à la p. 30 de l'édition originale des *Studien über Hysterie*.

tard, donnera un morceau digne de l'anthologie pour la figure de patinage dialectique qu'il y démontre à développer le contrepied des positions prises par Freud sur la phase phallique par la seule voie d'affirmations réitérées de s'y accorder entièrement. Mais quoi que l'on doive penser de ce débat malheureusement abandonné, la question peut être posée à Ernest Jones : le phallus, s'il est bien l'objet de la phobie ou de la perversion, à quoi il rapporte tour à tour la phase phallique, est-il resté à l'état d'« idée concrète » ?

En tous les cas, lui faudra-t-il reconnaître que le phallus y prend une application « secondaire ». Car c'est bien là ce qu'il dit, quand il s'emploie à distinguer fort habilement les phases proto- et deutéro-phallique. Et le phallus de l'une à l'autre de ces phases comme idée concrète des symboles qui vont lui être substitués, ne peut être lié à lui-même que par une similitude aussi concrète que cette idée, car autrement cette idée concrète ne serait rien d'autre que l'abstraction classique de l'idée générale ou de l'objet générique, ce qui laisserait à nos symboles un champ de régression qui est celui que Jones entend réfuter. Bref nous anticipons, on le voit, sur la seule notion qui permette de concevoir le symbolisme du phallus, c'est la particularité de sa fonction comme signifiant [10].

À vrai dire il n'est pas sans pathétique de suivre la sorte de contournement de cette fonction, qu'impose à Jones sa déduction. Car il a reconnu d'emblée que le symbolisme analytique n'est concevable qu'à être rapporté au fait linguistique de la métaphore, lequel lui sert de main courante d'un bout à l'autre de son développement.

S'il manque à y trouver sa voie, c'est très apparemment, en deux temps, où le défaut de son départ tient, à notre sens, dans cette très insidieuse inversion dans sa pensée, par quoi son besoin de sérieux pour l'analyse s'y prévaut, sans qu'il l'analyse, du sérieux du besoin.

---

10. Cette excursion n'est pas gratuite. Car après son « développement précoce de la sexualité féminine » de 1927, sa « phase phallique » de 1932, Jones conclura par la monumentale déclaration de 1935 devant la Société de Vienne, déclaration d'un complet ralliement au génétisme des fantasmes dont Mélanie Klein fait la cheville de sa doctrine, et où toute réflexion sur le symbolisme dans la psychanalyse reste enfermée, jusqu'à notre rapport de 1953.

Dont témoigne cette phrase de sa controverse avec Silberer[11] : « S'il y a quelque vérité que ce soit dans la psychanalyse, ou, tout uniment, dans une psychologie génétique, alors les complexes primordiaux qui se manifestent dans le symbolisme, *doivent être*[12] les sources permanentes de la vie mentale et proprement le contraire de pures figures de style. » Remarque qui vise une certaine contingence que Silberer note très justement tant dans l'application des symboles que dans les répétitions auxquelles ils donnent consistance[13], pour lui opposer la constance des besoins primordiaux dans le développement (besoins oraux par exemple, dont Jones suivra la promotion croissante).

C'est à rejoindre ces données originelles que sert cette remontée dans la métaphore, par quoi Jones entend comprendre le symbolisme.

C'est donc en quelque sorte à reculons et pour les besoins de sa polémique qu'il est entré dans la référence linguistique, mais elle tient de si près à son objet qu'elle suffit à rectifier sa visée.

Il y rencontre le mérite d'articuler son propre démenti à donner la liste de ces idées primaires dont il remarque avec justesse qu'elles sont en petit nombre et constantes, au contraire des symboles, toujours ouverts à l'adjonction de nouveaux symboles qui s'empilent sur ces idées. Ce sont, à son dire, « les idées du soi et des parents immédiatement consanguins et les phénomènes de la naissance, de l'amour et de la mort ». Toutes « idées » dont le plus concret est le réseau du signifiant où il faut que le sujet soit déjà pris pour qu'il puisse s'y constituer : comme soi, comme à sa place dans une parenté, comme existant, comme représentant d'un sexe, voire comme mort, car ces idées ne peuvent passer pour primaires qu'à abandonner tout parallélisme au développement des besoins.

Que ceci ne soit pas relevé, ne peut s'expliquer que par une fuite devant l'angoisse des origines, et ne doit rien à cette

---

11. *Op. cit.*, p. 125.
12. *Must be*, c'est nous qui soulignons.
13. Jones va ici jusqu'à user de l'arme analytique en relevant comme un symptôme l'usage du terme : *ephemeral*, pourtant logiquement justifié dans le texte de Silberer.

hâte dont nous avons montré la vertu conclusive quand elle est fondée en logique [14].

Cette rigueur logique, n'est-ce pas le moins qu'on puisse exiger de l'analyste qu'il la maintienne en cette angoisse, autrement dit qu'il n'épargne pas l'angoisse à ceux qu'il enseigne, même pour assurer sur eux son pouvoir ?

C'est là où Jones cherche sa voie, mais où le trahit son meilleur recours, car les rhétoriciens au cours des âges ont bronché sur la métaphore, lui ôtant la chance d'y rectifier son propre accès sur le symbole. Ce qui apparaît au fait qu'il pose la comparaison (*simile* en anglais) pour l'origine de la métaphore, prenant « Jean est aussi brave qu'un lion » pour le modèle logique de « Jean est un lion ».

On s'étonne que son sens si vif de l'expérience analytique ne l'avertisse pas de la plus grande densité significative de la seconde énonciation, c'est-à-dire que, la reconnaissant plus concrète, il ne lui rende pas sa primauté.

Faute de ce pas, il n'arrive pas à formuler ce que l'interprétation analytique rend pourtant presque évident, c'est que le rapport du réel au pensé n'est pas celui du signifié au signifiant, et que le primat que le réel a sur le pensé s'inverse du signifiant au signifié. Ce que recoupe ce qui se passe en vérité dans le langage où les effets de signifié sont créés par les permutations du signifiant.

Ainsi si Jones aperçoit que c'est en quelque sorte la mémoire d'une métaphore qui constitue le symbolisme analytique, le fait dit du déclin de la métaphore lui cache sa raison. Il ne voit pas que c'est le lion comme signifiant qui s'est abrasé jusques au yon, voire au yon-yon dont le grognement bonasse sert d'indicatif aux idéaux repus de la Metro-Goldwyn, – sa clameur, horrible encore aux égarés de la jungle, témoignant mieux des origines de son emploi à des fins de sens.

Jones croit au contraire que le signifié est devenu plus poreux, qu'il est passé à ce que les grammairiens appellent un sens figuré.

Ainsi manque-t-il cette fonction parfois si sensible dans le

---

14. Cf. *Le temps logique et l'assertion de certitude anticipée*, t. I, p. 195.

symbole et le symptôme analytique, d'être une sorte de régénération du signifiant.

Il se perd au contraire à répéter une fausse loi de déplacement du sémantème selon laquelle il irait toujours d'une signification particulière à une plus générale, d'une concrète à une abstraite, d'une matérielle à une plus subtile qu'on appelle figurée, voire morale. Comme si le premier exemple à pêcher dans les nouvelles du jour, ne montrait pas sa caducité, le mot lourd, puisque c'est celui-là qui s'offre à nous, étant attesté pour avoir signifié d'abord le lourdaud, voire l'étourdi[15] (au XIIIe siècle), donc avoir eu un sens moral avant de s'appliquer, pas beaucoup plus tôt que le XVIIIe siècle, nous apprennent Bloch et von Wartburg, à une propriété de la matière, – dont pour ne pas s'arrêter en si beau chemin, il faut remarquer qu'elle est trompeuse pour autant que, de s'opposer au léger, elle conduit à la topique aristotélicienne d'une gravité qualitative. Irons-nous pour sauver la théorie faire à l'usage commun des mots le crédit d'un pressentiment du peu de réalité d'une telle physique ?

Mais que dire justement de l'application qui nous a fourni ce mot, à savoir à la nouvelle unité de la réforme monétaire française : quelle perspective ouvrirons-nous de vertige ou de gravité, à quelle transe de l'épaisseur recourir, pour situer ce nouveau coup d'aile du propre au figuré ? Ne serait-il pas plus simple d'accepter ici l'évidence matérielle, qu'il n'y a pas d'autre ressort de l'effet métaphorique, que la substitution d'un signifiant à un autre comme telle : à tout le moins serait-ce ne pas rester lourd (en franc-comtois, on dit lourdeau) à la faveur de cet exemple, où le franc dit lourd, pour aucun sens rassis, ne saurait l'être... que de ses conséquences : car celles-ci s'inscrivent ici en termes comptables, soit purement signifiants.

Il n'est néanmoins pas à négliger qu'un effet de signifié, qui se montre, ici comme ailleurs, extrapolé à la substitution du signifiant, soit à prévoir, et attendu en effet : par quoi tout Français se sentira plus lourd du portefeuille, à égalité de poids des coupures, si moins étourdi dans la manipulation de leur numéraire, à égalité de dépense. Et qui sait la pondération qu'en prendra son allure dans ses pérégrinations touris-

---

15. Plus haut sans doute : le sale.

tiques, mais aussi les effets imprévisibles qu'aura sur les eldorados de ses placements ou sur ses ustensiles de prestige, le glissement métaphorique de ses sympathies de la ferraille vers l'industrie lourde et les appareils pesants [16]. Question : si le comique est déprécié d'être dit lourd, pourquoi la Grâce divine n'en est-elle pas disqualifiée ?

Cette erreur sur la fonction du langage vaut qu'on y insiste, car elle est primordiale dans les difficultés que Jones n'arrive pas à lever concernant le symbolisme.

Tout tourne, en effet, dans ce débat autour de la valeur de connaissance qu'il convient ou non de concéder au symbolisme. L'interférence du symbole dans des actions plus explicites et plus adaptées à la perception, prend la portée de nous informer sur une activité plus primitive dans l'être.

Ce que Silberer appelle le conditionnement négatif du symbolisme, à savoir la mise en veilleuse des fonctions discriminatives les plus poussées dans l'adaptation au réel, va prendre valeur positive de permettre cet accès. Mais on tomberait dans le péché de cercle, à en déduire que c'est une réalité plus profonde, même qualifiée de psychique, qui s'y manifeste.

Tout l'effort de Jones vise justement à dénier que la moindre valeur puisse être préservée à un symbolisme archaïque au regard d'une appréhension scientifique de la réalité. Mais comme il continue à référer le symbole aux idées, entendant par là les supports concrets qu'est supposé lui apporter le développement, il ne peut lui-même se déprendre de conserver jusqu'à la fin la notion d'un conditionnement négatif du symbolisme, ce qui l'empêche d'en saisir la fonction de structure.

Et pourtant combien de preuves ne nous donne-t-il pas de sa justesse d'orientation par le bonheur des rencontres qu'il fait sur sa route : ainsi, lorsqu'il s'arrête au report que fait l'enfant du « couac » qu'il isole comme signifiant du cri du canard non pas seulement sur le canard dont il est l'attribut naturel, mais sur une série d'objets comprenant les mouches,

---

16. On aimerait savoir quelles craintes sur ces effets de métaphore, ont fait écarter aux dernières décisions cette appellation d'abord annoncée de franc lourd, pour lui substituer le nouveau franc.

le vin, et même un sou, usant cette fois du signifiant en métaphore.

Pourquoi faut-il qu'il n'y voie qu'une nouvelle attribution fondée sur l'aperception d'une similitude volatile, même si l'autorité dont il se couvre en son emprunt et qui n'est rien de moins que Darwin, se contente de ce que le sou soit frappé au coin de l'aigle pour l'y faire rentrer ? Car si complaisante que soit la notion de l'analogie pour étendre la mouvance du volatile jusqu'à la dilution du fluide, peut-être la fonction de la métonymie en tant que supportée par la chaîne signifiante, recouvre-t-elle mieux ici la contiguïté de l'oiseau avec le liquide où il barbote.

Comment ne pas regretter ici que l'intérêt porté à l'enfant par l'analyse développementaliste ne s'arrête pas à ce moment, à l'orée même de l'usage de la parole, où l'enfant qui désigne par un oua-oua ce que dans certains cas, on s'est appliqué à ne lui appeler que du nom de chien, reporte ce oua-oua sur à peu près n'importe quoi, – puis à ce moment ultérieur où il déclare que le chat fait oua-oua et que le chien fait miaou, montrant par ses sanglots, si l'on entend redresser son jeu, qu'en tout cas ce jeu n'est pas gratuit ?

Jones, à retenir ces moments, toujours manifestes, ne tomberait pas dans l'erreur éminente par où il conclut que « ce n'est pas le canard comme un tout qui est par l'enfant dénommé "couac", mais seulement certains attributs abstraits, qui continuent alors à être appelés du même nom [17] ».

Il lui apparaîtrait alors que ce qu'il cherche, à savoir l'effet de la substitution signifiante, c'est précisément ce que l'enfant d'abord, *trouve*, le mot étant à prendre littéralement dans les langues romanes où trouver vient de : trope, car c'est par le jeu de la substitution signifiante que l'enfant arrache les choses à leur ingénuité en les soumettant à ses métaphores.

Par quoi, entre parenthèses, le mythe de l'ingénuité de l'enfant apparaît bien s'être refait, d'être encore là à réfuter.

Il faut définir la métaphore par l'implantation dans une chaîne signifiante d'un autre signifiant, par quoi celui qu'il supplante tombe au rang de signifié, et comme signifiant latent y perpétue l'intervalle où une autre chaîne signifiante

---

17. Jones, *op. cit.*, p. 107.

peut y être entée. Dès lors on retrouve les dimensions mêmes où Jones s'efforce à mettre en place le symbolisme analytique.

Car elles gouvernent la structure que Freud donne aux symptômes et au refoulement. Et hors d'elles il n'est pas possible de restaurer la déviation que l'inconscient, au sens de Freud, a subie de la mystification du symbole, ce qui est le but de Jones.

Certains abords erronés doivent à cette fin être déblayés, comme sa remarque, fallacieuse de fasciner par sa référence à l'objet, que si le clocher d'église peut symboliser le phallus, jamais le phallus ne symbolisera le clocher.

Car il n'est pas moins vrai que dans un rêve, fût-il celui d'une forgerie ironique de Cocteau, on puisse tout à fait légitimement, au gré du contexte, interpréter l'image du nègre qui, flamberge au vent, fonce sur la rêveuse, comme le signifiant de l'oubli qu'elle a fait de son parapluie lors de sa dernière séance d'analyse. C'est même là ce que les analystes les plus classiques, ont appelé l'interprétation « vers la sortie » si l'on nous permet de traduire ainsi le terme introduit en anglais de : *reconstruction upward*[18].

Pour le dire, la qualité du concret dans une idée n'est pas plus décisive de son effet inconscient, que celle du lourd dans un corps grave ne l'est de la rapidité de sa chute.

Il faut poser que c'est l'incidence concrète du signifiant dans la soumission du besoin à la demande, qui en refoulant le désir en position de méconnu, donne à l'inconscient son ordre.

Que de la liste des symboles, déjà considérable, souligne Jones, il observe contre une approximation qui n'est pas encore la plus grossière de Rank et Sachs (troisième caractère du symbole : indépendance des déterminations individuelles) qu'elle reste au contraire ouverte à l'invention individuelle, ajoutant seulement qu'une fois promu, un symbole ne change plus de destination, – c'est là une remarque fort éclairante à revenir au catalogue méritoirement dressé par Jones des idées

---

18. Cf. R.M. Loewenstein, « Some thoughts on interpretation in the theory and practice of psychanalysis », *Psa. study of the child*, XII, 1957, I.U.P., New York, p. 143 et « The Problem of interpretation », *Psa. Quart.*, XX.

primaires dans le symbolisme, en nous permettant de le compléter.

Car ces idées primaires désignent les points où le sujet disparaît sous l'être du signifiant ; qu'il s'agisse, en effet, d'être soi, d'être un père, d'être né, d'être aimé ou d'être mort, comment ne pas voir que le sujet, s'il est le sujet qui parle, ne s'y soutient que du discours.

Il apparaît dès lors que l'analyse révèle que le phallus a la fonction de signifiant du manque à être que détermine dans le sujet sa relation au signifiant. Ce qui donne sa portée au fait que tous les symboles dont l'étude de Jones fait état, sont des symboles phalliques.

Dès lors de ces points aimantés de la signification que sa remarque suggère, nous dirions qu'ils sont les points d'ombilication du sujet dans les coupures du signifiant : la plus fondamentale étant l'*Urverdrängung* sur laquelle Freud a toujours insisté, soit la réduplication du sujet que le discours provoque, si elle reste masquée par la pullulation de ce qu'il évoque comme étant.

L'analyse nous a montré que c'est avec les images qui captivent son éros d'individu vivant, que le sujet vient à pourvoir à son implication dans la séquence signifiante.

Bien sûr l'individu humain n'est pas sans présenter quelque complaisance à ce morcellement de ses images, – et la bipolarité de l'autisme corporel que favorise le privilège de l'image spéculaire [19], donnée biologique, se prêtera singulièrement à ce que cette implication de son désir dans le signifiant prenne la forme narcissique.

Mais ce ne sont pas les connexions de besoin, dont ces images sont détachées, qui soutiennent leur incidence perpétuée, mais bien la séquence articulée où elles se sont inscrites qui structure leur insistance comme signifiante.

C'est bien pour cela que la demande sexuelle, à seulement devoir se présenter oralement, ectopise dans le champ du désir « génital » des images d'introjection. La notion de l'objet oral qu'en deviendrait éventuellement le partenaire, pour s'installer toujours plus au cœur de la théorie analytique, n'en est pas moins une élision, source d'erreur.

---

19. Cf. notre conception du stade du miroir et le fondement biologique que nous lui avons donné dans la prématuration de la naissance.

Sur la théorie du symbolisme d'Ernest Jones

Car ce qui se produit à l'extrême, c'est que le désir trouve son support fantasmatique dans ce qu'on appelle une défense du sujet devant le partenaire pris comme signifiant de la dévoration accomplie. (Qu'on pèse ici nos termes.)

C'est dans la réduplication du sujet par le signifiant qu'est le ressort du conditionnement positif dont Jones poursuit la quête pour ce qu'il appelle le vrai symbolisme, celui que l'analyse a découvert dans sa constance et redécouvre toujours nouveau à s'articuler dans l'inconscient.

Car il suffit d'une composition minima de la batterie des signifiants pour qu'elle suffise à instituer dans la chaîne signifiante une duplicité qui recouvre sa réduplication du sujet, et c'est dans ce redoublement du sujet de la parole que l'inconscient comme tel trouve à s'articuler : à savoir dans un support qui ne s'aperçoit qu'à être perçu comme aussi stupide qu'une cryptographie qui n'aurait pas de chiffre.

Ici gît cette hétérogénéité du « vrai symbolisme » que Jones cherche en vain à saisir, et qui lui échappe précisément dans la mesure où il conserve le mirage du conditionnement négatif, qui faussement laisse le symbolisme, à tous les « niveaux » de sa régression, confronté au réel.

Si, comme nous le disons, l'homme se trouve ouvert à désirer autant d'autres en lui-même que ses membres ont de noms hors de lui, s'il a à reconnaître autant de membres disjoints de son unité, perdue sans avoir jamais été, qu'il y a d'étants qui sont la métaphore de ces membres, – on voit aussi que la question est résolue de savoir quelle valeur de connaissance ont les symboles, puisque ce sont ces membres mêmes qui lui font retour après avoir erré par le monde sous une forme aliénée. Cette valeur, considérable quant à la praxis, est nulle quant au réel.

Il est très frappant de voir l'effort que coûte à Jones d'établir cette conclusion, que sa position exige dès son principe, par les voies qu'il a choisies. Il l'articule par une distinction du « vrai symbolisme » qu'il conçoit en somme comme le producteur de symboles, d'avec les « équivalents symboliques » qu'il produit, et dont l'efficace ne se mesure qu'au contrôle objectif de leur prise sur le réel.

On peut observer que c'est là requérir de l'expérience analytique qu'elle donne son statut à la science, et donc beaucoup s'en éloigner. Qu'à tout le moins on reconnaisse que ce n'est pas nous qui prenons ici la charge d'y dévoyer nos praticiens, mais Jones à qui nul n'a jamais reproché de faire de la métaphysique.

Mais nous croyons qu'il se trompe. Car l'histoire de la science seule ici peut trancher, et elle est éclatante à démontrer, dans l'accouchement de la théorie de la gravitation, que ce n'est qu'à partir de l'extermination de tout symbolisme des cieux qu'ont pu s'établir les fondements sur la terre de la physique moderne, à savoir : que de Giordano Bruno à Kepler et de Kepler à Newton, c'est aussi longtemps que s'y est maintenue quelque exigence d'attribution aux orbites célestes d'une forme « parfaite » (en tant qu'elle impliquait par exemple la prééminence du cercle sur l'ellipse), que cette exigence a fait obstacle à la venue des équations maîtresses de la théorie [20].

Il n'y a pas à objecter à ce que la notion kabbaliste d'un Dieu qui se serait retiré sciemment de la matière pour la laisser à son mouvement, ait pu favoriser la confiance faite à l'expérience naturelle comme devant retrouver les traces d'une création logique. Car c'est là le détour habituel de toute sublimation, et l'on peut dire qu'en dehors de la physique ce détour n'est pas achevé. Il s'agit de savoir si l'achèvement de ce détour peut aboutir autrement qu'à être éliminé.

Là encore, malgré cette erreur, il faut admirer comment dans son labour, – si nous nous permettons d'employer ce mot au même effet de métaphore à quoi répondent les termes de *working through* et de *durcharbeiten* en usage dans l'analyse –, notre auteur retourne son champ d'un soc véritablement digne de ce que doit, en effet, au signifiant le travail analytique.

C'est ainsi que pour donner le dernier tour à son propos au sujet du symbole, il envisage ce qui résulte de l'hypothèse, supposée admise par certains auteurs sur des repères linguistiques et mythologiques, que l'agriculture ait été à l'origine la transposition technique d'un coït fécondant. Peut-on dire légitimement de l'agriculture à cette époque idéale qu'elle symbolise la copulation ?

---

20. Cf. Alexandre Koyré, *From the Closed World to the Infinite Universe*, Johns Hopkins Press, Baltimore, 1957, où il résume là-dessus ses lumineux travaux.

Il est bien clair que la question n'est pas de fait, personne ici n'ayant à prendre parti sur l'existence réelle dans le passé d'une telle étape, de toute façon intéressante à verser au dossier de la fiction pastorale où le psychanalyste a beaucoup à apprendre sur ses horizons mentaux (sans parler du marxiste).

La question n'est que de la convenance de l'application ici de la notion du symbolisme, et Jones y répond, sans paraître se soucier du consentement qu'il peut attendre, par la négative [21], ce qui veut dire que l'agriculture représente alors une pensée adéquate (ou une idée concrète), voire un mode satisfaisant, du coït !

Mais si l'on veut bien suivre l'intention de notre auteur, on s'aperçoit qu'il en résulte que ce n'est que pour autant que telle opération technique se trouve interdite, parce qu'elle est incompatible avec tel effet des lois de l'alliance et de la parenté, en ce qu'il touche par exemple à la jouissance de la terre, que l'opération substituée à la première devient proprement symbolique d'une satisfaction sexuelle, – seulement à partir de là, entrée dans le refoulement –, en même temps qu'elle s'offre à supporter des conceptions naturalistes, de nature à obvier à la reconnaissance scientifique de l'union des gamètes au principe de la reproduction sexuée.

Ce qui est strictement correct en tant que le symbolisme est tenu pour solidaire du refoulement.

On voit qu'à ce degré de rigueur dans la précision paradoxale, on peut légitimement se demander si le travail d'Ernest Jones n'a pas accompli l'essentiel de ce qu'il pouvait faire à son moment, s'il n'a pas été aussi loin qu'il pouvait aller dans le sens de l'indication qu'il a relevée de Freud, la citant de la *Traumdeutung* [22] : « Ce qui aujourd'hui est lié symboliquement, était probablement uni dans les temps primordiaux par une identité conceptuelle et linguistique. La relation symbolique paraît être un signe résiduel et une marque de cette identité de jadis. »

Et pourtant que n'eût-il gagné, pour saisir la vraie place du symbolisme, à se souvenir qu'il n'occupait aucune place dans la 1re édition de la *Traumdeutung*, ce qui comporte que

---

21. Jones, *op. cit.*, p. 136.
22. Jones, *loc. cit.*, p. 105.

l'analyse, dans les rêves, mais aussi dans les symptômes, n'a à en faire état que comme subordonné aux ressorts majeurs de l'élaboration qui structure l'inconscient à savoir la condensation, et le déplacement au premier chef, – nous en tenant à ces deux mécanismes pour ce qu'ils eussent suffi à suppléer au défaut d'information de Jones concernant la métaphore et la métonymie comme effets premiers du signifiant.

Peut-être eût-il évité alors de formuler contre sa propre élaboration dont nous croyons avoir suivi les lignes maîtresses, et contre l'avertissement exprès de Freud lui-même, que ce qui est refoulé dans le recès métaphorique du symbolisme, c'est l'affect[23]. Formulation où l'on ne voudrait voir qu'un lapsus, si elle n'avait dû se développer plus tard en une exploration extraordinairement ambiguë de la ronde des affects, en tant qu'ils se substitueraient les uns aux autres comme tels[24].

Alors que la conception de Freud, élaborée et parue en 1915 dans l'*Internationale Zeitschrift*, dans les trois articles sur : les pulsions et leurs avatars, sur : le refoulement et sur : l'inconscient, ne laisse aucune ambiguïté sur ce sujet : c'est le signifiant qui est refoulé, car il n'y a pas d'autre sens à donner dans ces textes au mot : *Vorstellungsrepräsentanz*. Pour les affects, il formule expressément qu'ils ne sont pas refoulés, ne pouvant être dits tels que par une tolérance, et articule que, simples *Ansätze* ou appendices du refoulé, signaux équivalents à des accès hystériques fixés dans l'espèce, ils sont seulement déplacés, comme en témoigne ce fait fondamental, à l'appréciation duquel un analyste se

---

23. Jones, s'il s'appliquait à lui-même la suspicion analytique, devrait s'alerter de l'étrangeté dont il est affecté lui-même (*a curious statement*, profère-t-il, *loc. cit.*, p. 123-124) à la remarque pourtant fondée de Silberer « que l'universalité, ou la validité générale et l'intelligibilité d'un symbole varient en raison inverse de la part que jouent dans sa détermination les facteurs affectifs ».

En somme les points de méconnaissance dont Jones ne peut se déprendre se montrent instructivement tenir à la métaphore du *poids* qu'il entend donner au vrai symbolisme. Par quoi il lui arrive d'arguer contre son propre sens, comme, par exemple, de recourir à la conviction du sujet pour distinguer l'effet inconscient, c'est-à-dire proprement symbolique, que peut avoir sur lui une image commune du discours (cf. *op. cit.*, p. 128).

24. Jones, *Fear, guilt and hate*, lu au IIe Congrès international de Psychanalyse à Oxford en juillet 1929, publié *op. cit.*, p. 304-319.

fait reconnaître : par quoi le sujet est nécessité à « comprendre » d'autant mieux ses affects qu'ils sont moins motivés réellement.

On peut conclure par l'exemple qu'Ernest Jones a pris pour point de départ et qu'il a déployé avec l'érudition dont il a le privilège : le symbolisme de Polichinelle. Comment n'y pas retenir la dominance du signifiant, manifeste sous son espèce la plus matériellement phonématique. Car, au-delà de la voix de fausset et des anomalies morphologiques de ce personnage héritier du Satyre et du Diable, ce sont bien les homophonies qui, pour se condenser en surimpressions, à la façon du trait d'esprit et du lapsus, nous dénoncent le plus sûrement, que c'est le phallus qu'il symbolise. *Polecenella* napolitain, petit dindon, *pulcinella*, petit poulet, *pullus*, mot de tendresse légué par la pédérastie romaine aux épanchements modiques des midinettes en nos printemps, le voici recouvert par le *punch* de l'anglais, pour, devenu *punchinello*, retrouver la dague, le tasseau, l'intrument trapu qu'il dissimule, et qui lui fraye le chemin par où descendre, petit homme, au tombeau du tiroir, où les déménageurs, ménagers de la pudeur des Henriette, feindront, feindront de ne rien voir, avant qu'il n'en remonte, ressuscité en sa vaillance.

Phallus ailé, Parapilla[25], fantasme inconscient des impossibilités du désir mâle, trésor où s'épuise l'impuissance infinie de la femme, ce membre à jamais perdu de tous ceux, Osiris, Adonis, Orphée, dont la tendresse ambiguë de la Déesse-Mère doit rassembler le corps morcelé, nous indique à se retrouver sous chaque illustration de cette longue recherche sur le symbolisme, non seulement la fonction éminente qu'il y joue, mais comment il l'éclaire.

Car le phallus, comme nous l'avons montré ailleurs, est le signifiant de la perte même que le sujet subit par le morcellement du signifiant, et nulle part la fonction de contrepartie où un objet est entraîné dans la subordination du désir à la dialectique symbolique, n'apparaît de façon plus décisive.

---

25. Titre d'un poème obscène en cinq chants, censé traduit de l'italien, fort librement illustré et paru sans indication d'éditeur : à Londres à la date de 1782. C'est le mot qui y fait apparaître, sous une forme secourable à toutes celles qui le prononcent, l'objet à la gloire duquel ces chants sont consacrés, et que nous ne saurions mieux désigner qu'en l'appelant le phallus universel (comme on dit : clef universelle).

Ici nous retrouvons la suite indiquée plus haut, et par où Ernest Jones a contribué essentiellement à l'élaboration de la phase phallique, en s'y engageant un peu plus dans le recours au développement. N'est-ce pas l'orée du dédale où la clinique même semble s'être brouillée, et du retour à une méconnaissance renforcée de la portée essentielle du désir, qu'illustre une cure de contention imaginaire, fondée sur le moralisme délirant des idéaux de la prétendue relation d'objet ? L'extraordinaire élégance du départ donné par Freud : à savoir la conjugaison chez la fille de la revendication contre la mère et de l'envie du phallus, demeure le roc en la matière, et l'on conçoit que nous en ayons fait repartir la dialectique où nous montrons que se séparent la demande et le désir.

Mais nous n'introduirons pas plus avant une élaboration qui est la nôtre, en une étude qui ne saurait que s'incliner, – à s'en tenir au seul travail sur lequel elle porte –, devant l'exigence dialectique obstinée, la hauteur des perspectives, le sentiment de l'expérience, la notion de l'ensemble, l'information immense, l'inflexibilité du but, l'érudition sans défaut, le poids enfin, qui donnent à l'œuvre d'Ernest Jones sa place hors série.

Est-ce un moins digne hommage, que ce cheminement sur le symbolisme nous ait portés si près de ce destin de l'homme d'aller à l'être pour ne pouvoir devenir un ? Berger de l'être, profère le philosophe de notre temps, cependant qu'il accuse la philosophie d'en avoir fait le mauvais berger. Lui répondant d'un autre lai, Freud à jamais fait s'effacer le bon sujet de la connaissance philosophique, celui qui trouvait dans l'objet un statut de tout repos, devant le mauvais sujet du désir et de ses impostures.

N'est-ce pas de ce mauvais sujet que Jones en cette montée encore de son talent, s'avère le tenant quand il conclut, conjuguant la métaphore au symbolisme : « La circonstance que la même image puisse être employée pour l'une et l'autre de ces fonctions ne doit point nous aveugler sur les différences qu'il y a entre elles. La principale de celles-ci est qu'avec la métaphore, le sentiment à exprimer est sur-sublimé *(over-sublimated)*, tandis qu'avec le symbolisme, il est sous-sublimé *(under-sublimated, sic)* ; l'une se rapporte à un effort qui a tenté quelque chose au-delà de ses forces, l'autre à un effort qui est empêché d'accomplir ce qu'il voudrait. »

C'est sur ces lignes, qu'avec un sentiment de revenir au jour, le souvenir nous fit retour de la division immortelle que Kierkegaard a pour jamais promue dans les fonctions humaines, tripartite, comme chacun sait, des officiers, des femmes de chambre et des ramoneurs, – et qui, si elle surprenait certains, de leur être nouvelle, a son mérite éclairé ici déjà de la mention du bâtiment où elle s'inscrit évidemment.

Car, plus que du rappel des origines galloises d'Ernest Jones, plus que de sa petite taille, de son air ténébreux et de son adresse, c'est sûrement de l'avoir suivi, jusqu'au degré de l'évocation, dans ce cheminement comme d'une cheminée dans la muraille, qu'à cette ressortie dans une suite évocatrice de diamants, nous nous sommes senti assuré soudain, et quoi que puissent lui devoir les représentants des deux premiers offices dans la communauté internationale des analystes, et particulièrement dans la Société britannique, de le voir éternellement prendre sa place au ciel des ramoneurs, dont on ne doutera pas qu'il soit pour nous le précellent.

Qui donc, lit-on dans le *Talmud*, de deux hommes qui sortent l'un après l'autre d'une cheminée dans le salon, aura, quand ils se regardent, l'idée de se débarbouiller ? La sagesse tranche ici sur toute subtilité à déduire de la noirceur des visages qu'ils se présentent réciproquement et de la réflexion qui, chez chacun, en diverge ; elle conclut expressément : quand deux hommes se retrouvent au sortir d'une cheminée, tous les deux ont la figure sale.

(Guitrancourt, janvier-mars 59.)

D'un syllabaire après coup

La note qu'on attendrait au passage, plus haut, du nom de Silberer n'y fait pas manque réel : on peut la trouver dans le texte en une forme dissoute. Ce que nous avons fait précisément pour répondre au fait que Jones y aille d'un chapitre, le quatrième interpolé avant sa conclusion, pour discuter l'invention de Silberer.

Il en résulte pour le tout de son argumentation qu'il se redouble dans la partie, soit une équivalence boiteuse qui est pour nous symptôme, entre autres, de l'embarras marquant la théorie qui nous y est présentée.

La note à faire sur Silberer peut prendre sa valeur d'éclairer pourquoi, si on peut le dire d'un texte, nous n'avons pu faire plus que redoubler son embarras.

Silberer donc entend tracer ce qu'il advient de l'incidence (historique) du symbole, laquelle il qualifie (très pertinemment) de *phénomène matériel*, quand elle passe à la *fonction* de déterminer un état psychique, voire de fixer ce qu'on appelle constitution d'un rythme ou d'un penchant.

Le *phénomène fonctionnel* qu'il en forge, est cette fonction récupérée dans ce qui est matériel, d'où résulte que ce qu'il « symbolise » désormais, c'est une structure élaborée, et à d'autant meilleur droit qu'en fait elle est de sa conséquence.

Nous forçons l'illustration qui en reste notoire, à qualifier de mille-feuilles le gâteau dont il nous témoigne avoir eu fort à faire pour y planter la pelle adéquate, dans la transition au sommeil où la bagarre avec ce gâteau était venue se substituer à son effort pour retourner sa pensée sur le niveau d'éveil nécessaire à ce qu'elle fût à la hauteur de son existence de sujet.

La strate psychique s'évoque là, déplaçant le phénomène à suggérer une possible endoscopie : de profondeurs qui confinent aux sublimités.

Le phénomène est incontestable. Ce pour quoi Freud lui fait place en une addition qu'il apporte à la *Traumdeutung* en

1914, et notamment sous l'aspect le plus frappant à ce que Silberer l'y promeuve en 1911, comme la symbolique du seuil *(Schwellensymbolik)*, laquelle s'enrichit éventuellement de ce que s'y ajoute un gardien.

Mais c'est d'un autre biais que le phénomène séduit. On peut dire qu'il s'élance du tremplin encore vert de la découverte de Freud à la reconquête d'une psychologie, qu'il n'y aurait qu'à ranimer de sa poussière.

Or c'est bien là que le coup d'arrêt que Jones entend y apporter d'y être le champion de Freud, prend la valeur qui nous fait nous y intéresser ici : de ce qu'il confirme *ab ovo*, nous voulons dire du temps de germination de l'analyse, le parti pris de notre enseignement.

Jones s'avance ici expressément pour énoncer le principe dont Jung s'exclut de la psychanalyse.

Il se résume d'un mot, pertinent à rappeler que la chose est toujours là, d'où qu'elle prenne son étiquette. Ce à quoi Jones entend parer, c'est l'*herméneutisation* de la psychanalyse.

Le symbole qu'il appelle vrai, d'en désigner celui qu'isole l'expérience freudienne, ne « symbolise » pas au sens où les figures de l'Ancien Testament le font de ce qui prend avènement du Nouveau, et qui reste le sens commun dont est entendu le symbolisme.

C'est pourquoi il lui est aisé de dénoncer le glissement qui s'opère chez Silberer pour le conjoindre à Jung. Le symbole cède le pas à ce qu'il figure dès lors qu'il vient à n'être plus qu'un sens figuré.

Or ce à quoi il lui cède le pas, c'est aux réalités invisibles, qui font leur rentrée sous leur voile non pas peut-être de toujours, mais d'il y a un bon bout de temps, justement celui dont il faudrait effacer le souvenir.

Et l'on ne doit pas ici se méprendre. La part faite par Freud au *phénomène fonctionnel*, l'est au titre de l'élaboration secondaire du rêve, ce qui pour nous est tout dire, puisqu'il la définit expressément par le brouillage du chiffre du rêve opéré au moyen d'un camouflage non moins expressément désigné comme imaginaire.

Elle n'exclut pas cette énormité, dont il faut qu'elle soit plus énorme encore qu'elle ne s'avoue, et dépourvue de toute forme à s'inscrire dans l'intimité, pour que Jones en 1916 la rapporte à « une communication personnelle » de Freud, quand elle s'étale, si peu qu'elle ait l'air d'y toucher, aux lignes qui annexent le *phénomène fonctionnel* à la *Traumdeutung* de 1914[1].

On y peut lire du phénomène fonctionnel qu'il concerne, surtout sans doute, des esprits « d'un type spécialement philosophique et introspectif ».

Ce qui donne à sourire, voire à railler (dont on a vu que nous ne nous privons pas), de ce que s'en répercute la question de savoir si la philosophie suffirait à soustraire lesdits esprits aux effets de l'inconscient : quand la discussion même montre qu'à l'époque où ce qu'il y a dans Freud est encore pris au sérieux, le phénomène fonctionnel met son analyse du rêve en défaut, de n'être pas effet du désir (entendons de la *libido*, du désir comme sexuel).

Dans ce cas, l'exception, d'être aussi réelle que la norme, exigeant qu'on rende compte de son empiétement, la question veut dire : y a-t-il deux lois du sommeil ?

Or c'est son ridicule qui nous instruit. Et de ceci qui se démontre : qu'un certain rejet de l'expérience à quoi ici Freud s'abandonne, est fondé, d'être le pas inaugural de la science.

C'est le pas que nous avons introduit dans la psychanalyse en distinguant le symbolique de l'imaginaire dans leur relation au réel. Distinction qui s'est imposée de provenir de la pratique par la critique de l'intervention, et de s'avérer éristique pour l'édifice théorique.

Distinction méthodique donc, et qui ne constitue pour autant, précisons-le puisque le terme s'offre à nous, aucun seuil dans le réel. La structuration symbolique en effet, si elle trouve son matériel à disjoindre l'imaginaire du réel, se fait d'autant plus opérante à disjoindre le réel lui-même qu'elle se réduit à la relation du signifiant au sujet, soit à un schématisme, qui d'un premier abord s'estime au degré de déchéance qu'il impose à l'imaginaire.

Si la rigueur de cet abord est exigible pour l'accès au recès second où l'objet *a* se dessine d'un autre nœud, nous nous en tenons ici à ce qu'on sente que Jones, à y défaillir, cerne juste le défaut que lui font nos catégories.

À charge pour nous de démontrer que Freud en use, pour la sûreté jamais en faute dont il décide en son champ à s'arroger le dernier mot quand il s'agit du scientifique.

Mais est-ce là merveille ? quand son attachement à la science motive le rapport d'aversion dont il soutient son aventure, et que le symbolique, l'imaginaire et le réel ne sont rien qu'un *vademecum* dont nous subvenons à l'urgence, en ce

---

1. Cf. *La Science des rêves*, éd. Alcan, p. 450-452, ainsi que p. 308-309.

champ toujours suspendue sur ceux qui y trouvent leurs aises, d'être avertis quand ils s'y vautrent.

Ainsi peut-on articuler que ce n'est pas parce que le seuil comme symbole ou pour mieux dire, comme signifiant marquant la place où ça commence à s'appeler d'un autre nom : la maison, le *naos*, voire le dehors en ce qu'il a d'improprononçable, est matériellement une pierre plate, couchée ou bien posée du champ, – qu'on peut d'aucune façon, de la métaphore du seuil, employée à noter sur une courbe coordonnant des variables objectivées, le point où se manifeste un état, fût-il lui-même objectif de l'aperception, ou seulement la différence qualitative d'une sensation, imaginer un ressaut saisissable où que ce soit dans le réel, *a fortiori* un feuillet, quel qu'il soit, y constituant comme stratifié, ce qui veut dire comme unitaire, le champ du psychique, voire de la simple représentation.

Ainsi serait-il parfaitement futile de qualifier de *phénomènes fonctionnels* les seuils, pourtant possibles à inscrire, du sentiment en tout domaine d'un lourd et d'un léger également lourds de symbolisme, on le verra plus bas, – si l'on pense par là leur rendre la moindre valeur dans la théorie de la gravitation, laquelle n'a pris forme qu'à emprunter des signifiants de tout à fait ailleurs.

Jones juge comme nous ce point pertinent dans l'affaire, et c'est pourquoi il le discute et y tranche semblablement. N'aperçoit-il pas en son fond jusqu'où c'est là renoncer à l'antique fantaisie de la connaissance ? Il ne nous importe que de prendre acte de son recours à la décence de la pensée psychanalytique.

Mais c'est aussi occasion de pointer que ce recours, il l'affaiblit à l'articuler seulement de ce que le figuré de la métaphore ait à céder devant le concret du symbolisme.

Car c'est de ce concret que prend force et argument toute la fiction qui, affectant au symbolisme les cotes de la primitivité, de l'archaïsme, de l'indifférenciation, voire de la désintégration neurologique, concourra à ce qu'on n'y voie que la virtualité des fonctions de synthèse. Qu'on y ajoute leur potentialité ne fait que coiffer l'erreur à l'envelopper de mystique.

À porter le fer sur ce terrain donc second en 1916, Jones triomphe sans doute. On l'excusera de ne pas parer au danger qui va surgir d'en deçà : précisément de cette *psychologisation* dont la pratique de la psychanalyse va toujours plus s'alourdir en opposition à la découverte de Freud.

Car nulle pudeur ne prévaut contre un effet du niveau de la profession, celui de l'enrôlement du praticien dans les services où la psychologisation est une voie fort propice à toutes sortes d'exigences bien spécifiées dans le social : comment à ce dont on est le support, refuser de parler son langage ? À la question ainsi posée, on ne verrait même pas malice. Tellement la psychanalyse n'est plus rien, dès lors qu'elle oublie que sa responsabilité première est à l'endroit du langage.

C'est pourquoi Jones sera trop faible (*too weak*, on nous l'a répété) pour maîtriser politiquement l'anafreudisme. Terme où nous désignons un freudisme réduit à l'usage d'anas, et que supporte Freud Anna.

Que Jones, contre ce clan, ait préservé la chance des kleiniens, suffit à montrer qu'il s'y opposait. Qu'il ait marqué à Vienne son adhésion entière à Mélanie Klein, quelque faibles que dussent lui paraître au regard de sa propre exigence les conceptualisations de celle-ci, ceci aussi suffit à montrer sa fidélité à la démarche proprement psychanalytique.

Et puisque c'est à propos de la discussion qu'il a dominée, de la phase phallique chez la femme, que cette adhésion a été portée en ce lieu, – donnons l'aide d'un commentaire à ce qui nous a été démontré du peu de finesse de certains à saisir notre propos ici.

Nous faisons valoir en sa place le fait étonnant que Jones reste sourd à la portée de son propre catalogue des « idées primaires » à grouper les symboles dans l'inconscient. Car à pousser ce catalogue à l'appui de son propos que le concret fonderait le vrai symbole, il n'en fait que mieux ressortir, de ce propos, la contrevérité. Puisqu'il n'est aucune de ces idées qui ne fasse défaut au concret, de ne tenir dans le réel que par le signifiant, et tant qu'on pourrait dire qu'elles ne fondent une réalité qu'à la faire s'enlever sur un fonds d'irréel : la mort, le désir, le nom du père.

Il serait alors désespéré d'attendre que Jones s'aperçoive que la fonction symbolique laisse apparaître là le point nodal, où un symbole vient à la place du manque constitué par le « manque à sa place », nécessaire au départ de la dimension de déplacement d'où procède tout le jeu du symbole.

Le symbole du serpent, nous le suggérons d'entrée dans la modulation même de la phrase où nous évoquons le fantasme par quoi Anna O... bascule dans le sommeil dans les *Études sur l'hystérie*, ce serpent qui n'est pas un symbole de la *libido* bien sûr, pas plus de la rédemption ne l'est le serpent d'airain, ce serpent n'est pas non plus comme le professe Jones, le symbole du pénis, mais de la place où il manque.

Si nous n'en poussons pas plus loin alors la structure logique, sans doute est-ce d'avoir affaire à une audience rendue impropre aux rudiments de son articulation.

Toute notre rhétorique vise à rejoindre l'effet de formation qu'il nous faut pourtant y porter.

Il reste à verser au dossier que ceux qui semblaient le mieux faits pour en devancer les implications, ont préféré se taper la tête contre la forme de cette phrase.

Un petit jeu, d'origine chinoise à en croire la notice, est fort joli à illustrer la fonction de la place dans le symbolisme, d'imposer le seul glissement pour répartir selon une position déterminée des pièces inégales, à manœuvrer sur une surface où elles ne laissent vide qu'un modique carré. Il en va sans doute aussi bien des résistances qu'il démontre dans la pratique de la combinatoire. Il s'appelle l'Âne Rouge.

La résistance dont nous parlons est dans l'imaginaire. Et c'est à lui avoir, dès nos premiers pas dans la psychanalyse, dans le stade du miroir donné son statut, que nous avons pu ensuite donner correctement sa place au symbolisme.

C'est de l'imaginaire en effet, cela est su depuis toujours, que procèdent les confusions dans le symbolique, mais l'erreur, non moins séculaire, est de vouloir y remédier par une critique de la représentation, quand l'imaginaire y reste prévalent. C'est bien de quoi Jones reste tributaire : à définir le symbole comme « idée » du concret, il consent déjà à ce qu'il ne soit qu'une figure.

Son préjugé est baconien. Nous en recevons la marque à l'école, où l'on nous enseigne que le versant décisif de la science est le recours au *sensorium*, qualifié d'expérimental.

Ce n'est nullement que l'imaginaire soit pour nous l'illusoire. Bien au contraire nous lui donnons sa fonction de réel à le fonder dans le biologique : soit, on l'a vu plus haut dans l'I.R.M., effet inné de l'*imago*, manifeste dans toutes les formes de la parade.

En quoi nous sommes dans la psychanalyse fidèle à l'appartenance qu'on éprouve le besoin de distinguer bien sottement du terme de biologique, pour l'opposer à un culturalisme auquel nous prétendons ne contribuer en rien.

Seulement ne donnons-nous pas dans ces formes de délire que nous avons désignées suffisamment. Biologiser en notre champ, c'est y faire rentrer tout ce qu'il y a d'utilisable pour ce champ, de la science dite biologie, et non pas seulement faire appel à quelque chose du réel qui soit vivant.

Parler d'instinct urétral ou anal, voire les mixer, n'a pas plus de sens biologique que de chatouiller son semblable ou d'être croque-mort. Faire état de l'éthologie animale ou des incidences subjectives de la prématuration néo-natale chez l'hominien, en a un.

La pensée symbolique est à situer, comme on s'y essaye, par rapport à la pensée scientifique, mais on n'y verra rien à chercher ce rapport dans le virtuel ou le potentiel.

Ce rapport se trouve dans l'actuel.

Il n'y a jamais eu d'autre pensée que symbolique, et la pensée scientifique est celle qui réduit le symbolisme à y fonder le sujet : ce qui s'appelle la mathématique dans le langage courant.

Ce n'est donc nullement au titre d'une moins-value de la pensée, d'une arriération du sujet, d'un archaïsme du développement, voire d'une dissolution de la fonction mentale, ou plus absurdement de la métaphore de la libération des automatismes qui en inscrirait les résultats, – que le symbolisme peut être situé, même s'il perpétue des incidences qui relèvent de ces états dans le réel.

Inversement on ne peut dire que la pensée symbolique était grosse depuis toujours de la pensée scientifique, si l'on entend y concerner aucun savoir. Il n'y a là matière qu'à casuistique historique.

La psychanalyse a ce privilège que le symbolisme s'y réduit à l'effet de vérité qu'à l'extraire ou non de ses formes pathétiques, elle isole en son nœud comme la contrepartie sans laquelle rien ne se conçoit du savoir.

Nœud là veut dire la division qu'engendre le signifiant dans le sujet, et nœud vrai en ceci qu'on ne saurait le mettre à plat.

Le nœud du phénomène fonctionnel n'est qu'un faux à ce critère, et ce n'est pas pour rien que Jones feint qu'il redouble le premier. Mais aplanir le second ne fait pas le premier plus traitable.

Un nœud qu'on ne peut mettre à plat est la structure du symbole, celle qui fait qu'on ne peut fonder une identification qu'à ce que quelque chose fasse l'appoint pour en trancher. (1966.)

Propos directifs pour un Congrès sur la sexualité féminine

I. *Introduction historique*[1].

Si l'on considère l'expérience de la psychanalyse dans son développement depuis soixante ans, on ne surprendra pas à relever le fait que, s'étant conçue d'abord comme fondant sur la répression paternelle le complexe de castration, premier issu de ses origines, – elle a progressivement orienté vers les frustrations venant de la mère un intérêt où ce complexe n'a pas été mieux élucidé pour distordre ses formes.

Une notion de carence affective, liant sans médiation aux défauts réels du maternage les troubles du développement, se redouble d'une dialectique de fantasmes dont le corps maternel est le champ imaginaire.

Qu'il s'agisse là d'une promotion conceptuelle de la sexualité de la femme, n'est pas douteux, et permet d'observer une négligence marquante.

II. *Définition du sujet*.

Elle porte sur le point même où l'on voudrait en cette conjoncture ramener l'attention : à savoir la partie féminine, si ce terme a un sens, de ce qui se joue dans la relation génitale, où l'acte du coït tient une place au moins locale.

Ou pour ne pas déchoir des repères biologiques élevés où nous continuons à nous plaire : quelles sont les voies de la

---

[1]. Ce Congrès a eu lieu sous le nom de : Colloque international de psychanalyse du 5 au 9 septembre 1960 à l'Université municipale d'Amsterdam. Paru dans le dernier numéro de *La Psychanalyse* auquel nous ayons de notre main collaboré.

libido décernées à la femme par les phanères anatomiques de différenciation sexuelle des organismes supérieurs ?

III. *Récolement des faits.*

Un tel projet commande de récoler d'abord :
a) les phénomènes attestés par les femmes dans les conditions de notre expérience sur les avenues et l'acte du coït, en tant qu'ils confirment ou non les bases nosologiques de notre départ médical ;
b) la subordination de ces phénomènes aux ressorts que notre action reconnaît comme désirs, et spécialement à leurs rejetons inconscients, – avec les effets, afférents ou efférents par rapport à l'acte, qui en résultent pour l'économie psychique, – parmi lesquels ceux de l'amour peuvent être regardés pour eux-mêmes, sans préjudice de la transition de leurs conséquences à l'enfant ;
c) les implications jamais révoquées d'une bisexualité psychique rapportée d'abord aux duplications de l'anatomie, – mais de plus en plus passées au compte des identifications personnologiques.

IV. *Éclat des absences.*

D'un tel sommaire, certaines absences se dégageront dont l'intérêt ne peut être éludé par un non-lieu :
1. Les nouvelles acquisitions de la physiologie, les faits du sexe chromosomique par exemple et ses corrélats génétiques, sa distinction du sexe hormonal, et leur quote-part dans la détermination anatomique, – ou seulement ce qui apparaît du privilège libidinal de l'hormone mâle, voire l'ordination du métabolisme œstrogène dans le phénomène menstruel, – si la réserve toujours s'impose dans leur interprétation clinique, ne laissent pas moins à réfléchir d'être restés ignorés d'une pratique où l'on excipe volontiers d'un accès messianique à des chimismes décisifs.

La distance ici gardée au réel peut soulever en effet la question de la coupure intéressée, – qui, si elle n'est pas à faire entre le somatique et le psychique solidaires, s'impose entre l'organisme et le sujet, à condition qu'on répudie pour ce dernier la cote affective dont l'a chargée la théorie de l'erreur pour l'articuler comme le sujet d'une combinatoire, seule à donner son sens à l'inconscient.

2. Inversement un paradoxe original de l'abord psychanalytique, la position clef du phallus dans le développement libidinal, intéresse par son insistance à se répéter dans les faits.

C'est ici que la question de la phase phallique chez la femme redouble son problème de ce qu'après avoir fait rage entre les années 1927-1935, elle ait été laissée depuis lors dans une tacite indivision au bon vouloir des interprétations de chacun.

C'est à s'interroger sur ses raisons qu'on pourra rompre ce suspens.

Imaginaire, réelle ou symbolique, concernant l'incidence du phallus dans la structure subjective où s'accommode le développement, ne sont pas ici les mots d'un enseignement particulier, mais ceux-là même où se signalent sous la plume des auteurs les glissements conceptuels qui, pour n'être pas contrôlés, ont conduit à l'atonie de l'expérience après la panne du débat.

V. *L'obscurité sur l'organe vaginal.*

L'aperception d'un interdit, pour oblique qu'en soit le procédé, peut servir de prélude.

Se confirme-t-elle dans le fait qu'une discipline qui, pour répondre de son champ au titre de la sexualité, semblait permettre d'en mettre au jour tout le secret, ait laissé ce qui s'avoue de la jouissance féminine au point précis où une physiologie peu zélée donne sa langue au chat ?

L'opposition assez triviale entre la jouissance clitoridienne et la satisfaction vaginale, a vu la théorie renforcer son motif jusqu'à y loger l'inquiétude des sujets, voire la porter au thème, sinon à la revendication, – sans que l'on puisse dire pourtant que leur antagonisme ait été plus justement élucidé.

Ceci pour la raison que la nature de l'orgasme vaginal garde sa ténèbre inviolée.

Car la notion massothérapique de la sensibilité du col, celle chirurgicale d'un *noli tangere* sur la paroi postérieure du vagin, s'avèrent dans les faits contingentes (dans les hystérectomies sans doute, mais aussi dans les aplasies vaginales !).

Les représentantes du sexe, quelque volume que fasse leur voix chez les psychanalystes, ne semblent pas avoir donné leur meilleur pour la levée de ce sceau.

Mise à part la fameuse « prise à bail » de la dépendance rectale où Mme Lou Andréas-Salomé a pris position personnelle, elles s'en sont généralement tenues à des métaphores, dont la hauteur dans l'idéal ne signifie rien qui mérite d'être préféré à ce que le tout-venant nous offre d'une poésie moins intentionnelle.

Un Congrès sur la sexualité féminine n'est pas près de faire peser sur nous la menace du sort de Tirésias.

VI. *Le complexe imaginaire et les questions du développement.*

Si cet état de choses trahit une impasse scientifique dans l'abord du réel, le moins qu'on puisse attendre pourtant de psychanalystes, réunis en congrès, c'est qu'ils n'oublient pas que leur méthode est née précisément d'une impasse semblable.

Si les symboles ici n'ont d'autre prise qu'imaginaire, c'est probablement que les images sont déjà assujetties à un symbolisme inconscient, autrement dit à un complexe, – qui rend opportun de rappeler qu'images et symboles *chez* la femme ne sauraient être isolés des images et des symboles *de* la femme.

La représentation (*Vorstellung* au sens où Freud emploie ce terme quand il marque que c'est là ce qui est refoulé), la représentation de la sexualité féminine conditionne, refoulée ou non, sa mise en œuvre, et ses émergences déplacées (où la doctrine du thérapeute peut se trouver partie prenante) fixent le sort des tendances, si dégrossies naturellement qu'on les suppose.

On doit retenir que Jones dans son adresse à la Société de Vienne qui semble avoir brûlé la terre pour toute contribution depuis, n'ait déjà plus trouvé à produire que son ralliement pur et simple aux concepts kleiniens dans la parfaite brutalité où les présente leur auteur : entendons l'insouci où Mélanie Klein se tient, – à inclure les fantasmes œdipiens les plus originels dans le corps maternel –, de leur provenance de la réalité que suppose le Nom-du-Père.

Si l'on songe que c'est tout ce à quoi aboutit Jones de l'entreprise de réduire le paradoxe de Freud, installant la femme dans l'ignorance primaire de son sexe, mais aussi tempéré de l'aveu instruit de notre ignorance, – entreprise si animée chez Jones du préjugé de la dominance du naturel qu'il trouve plaisant de l'assurer d'une citation de la Genèse –, on ne voit pas bien ce qui a été gagné.

Car puisqu'il s'agit du tort fait au sexe féminin (« une femme est-elle née ou faite ? », s'écrie Jones) par la fonction équivoque de la phase phallique dans les deux sexes, il ne semble pas que la féminité soit plus spécifiée à ce que la fonction du phallus s'impose encore plus équivoque d'être reculée jusqu'à l'agression orale.

Tant de bruit en effet n'aura pas été vain, s'il permet de moduler les questions suivantes sur la lyre du développement, puisque c'est là sa musique.

1. Le mauvais objet d'une phallophagie fantastique qui l'extrait du sein du corps maternel, est-il un attribut paternel ?

2. Le même porté au rang de bon objet et désiré comme un mamelon plus maniable *(sic)* et plus satisfaisant (en quoi ?), la question se précise : est-ce au même tiers qu'il est emprunté. Car il ne suffit pas de se parer de la notion du parent combiné, il faut encore savoir si c'est en tant qu'image ou que symbole que cet hybride est constitué.

3. Le clitoris, tout autistiques qu'en soient les sollicitations, s'imposant pourtant dans le réel, comment vient-il à se comparer aux fantasmes précédents ?

Si c'est indépendamment qu'il met le sexe de la petite fille sous le signe d'une moins-value organique, l'aspect de redoublement proliférant qu'en prennent les fantasmes, les rend suspects de ressortir à la fabulation « légendaire ».

S'il se combine (lui aussi) au mauvais comme au bon objet, alors une théorie est requise de la fonction d'équivalence du phallus dans l'avènement de tout objet du désir, à quoi ne saurait suffire la mention de son caractère « partiel ».

4. De toute façon se retrouve la question de structure qu'a

introduite l'approche de Freud, à savoir que le rapport de privation ou de manque à être que symbolise le phallus, s'établit en dérivation sur le manque à avoir qu'engendre toute frustration particulière ou globale de la demande, – et que c'est à partir de ce substitut, qu'en fin de compte le clitoris met à sa place avant de succomber dans la compétition, que le champ du désir précipite ses nouveaux objets (au premier rang l'enfant à venir) de la récupération de la métaphore sexuelle où s'étaient déjà engagés tous les autres besoins.

Cette remarque assigne leur limite aux questions sur le développement, en exigeant qu'on les subordonne à une synchronie fondamentale.

VII. *Méconnaissances et préjugés.*

Au même point convient-il d'interroger si la médiation phallique draine tout ce qui peut se manifester de pulsionnel chez la femme, et notamment tout le courant de l'instinct maternel. Pourquoi ne pas poser ici que le fait que tout ce qui est analysable soit sexuel, ne comporte pas que tout ce qui est sexuel soit accessible à l'analyse ?

1. Pour ce qui est de la méconnaissance supposée du vagin, si d'une part on peut difficilement ne pas attribuer au refoulement sa persistance fréquente au-delà du vraisemblable, il reste qu'à part quelques observations (Josine Müller) que nous déclinerons en raison même des traumatismes où elles s'attestent, les tenants de la connaissance « normale » du vagin en sont réduits à la fonder sur la primauté d'un déplacement de haut en bas des expériences de la bouche, soit à aggraver de beaucoup la discordance, laquelle ils prétendent pallier.

2. Suit le problème du masochisme féminin qui déjà se signale à promouvoir une pulsion partielle, soit, qu'on la qualifie ou non de prégénitale, régressive dans sa condition, au rang de pôle de la maturité génitale.

Une telle qualification en effet ne peut être tenue pour simplement homonymique d'une passivité, elle-même déjà métaphorique, et sa fonction idéalisante, inverse de sa note régressive, éclate de se maintenir indiscutée à l'encontre de l'accumulation qu'on force peut-être dans la genèse analytique moderne, des effets castrateurs et dévorants, disloquants et sidérateurs de l'activité féminine.

Peut-on se fier à ce que la perversion masochiste doit à l'invention masculine, pour conclure que le masochisme de la femme est un fantasme du désir de l'homme ?

3. En tout cas dénoncera-t-on la débilité irresponsable qui prétend déduire les fantasmes d'effraction des frontières corporelles, d'une constante organique dont la rupture de membrane ovulaire serait le prototype. Analogie grossière qui montre assez à quelle distance on se tient du mode de pensée qui est celui de Freud en ce domaine quand il éclaire le tabou de la virginité.

4. Car nous confinons ici au ressort par quoi le *vaginisme* se distingue des symptômes névrotiques même quand ils coexistent, et qui explique qu'il cède au procédé suggestif dont le succès est notoire dans l'accouchement sans douleur.

Si l'analyse en effet en est à ravaler son vomissement en tolérant que dans son orbe, l'on confonde angoisse et peur, il est peut-être ici une occasion de distinguer entre inconscient et préjugé, quant aux effets du signifiant.

Et de reconnaître du même coup que l'analyste est tout aussi offert qu'un autre à un préjugé sur le sexe, passé ce que lui découvre l'inconscient.

Souvenons-nous de l'avis que Freud répète souvent de ne pas réduire le supplément du féminin au masculin au complément du passif à l'actif.

VIII. *La frigidité et la structure subjective.*

1. La frigidité, pour étendu qu'en soit l'empire, et presque générique si l'on tient compte de sa forme transitoire, suppose toute la structure inconsciente qui détermine la névrose, même si elle apparaît hors de la trame des symptômes. Ce qui rend compte d'une part de son inaccessibilité à tout traitement somatique, – d'autre part de l'échec ordinaire des bons offices du partenaire le plus souhaité.

Seule l'analyse la mobilise, parfois incidemment, mais toujours dans un transfert qui ne saurait être contenu dans la dialectique infantilisante de la frustration, voire de la privation, mais bien tel qu'il mette en jeu la castration symbolique. Ce qui vaut ici un rappel de principe.

2. Principe simple à poser, que la castration ne saurait être déduite du seul développement, puisqu'elle suppose la subjectivité de l'Autre en tant que lieu de sa loi. L'altérité du sexe se dénature de cette aliénation. L'homme sert ici de relais pour que la femme devienne cet Autre pour elle-même, comme elle l'est pour lui.

C'est en cela qu'un dévoilement de l'Autre intéressé dans le transfert peut modifier une défense commandée symboliquement.

Nous voulons dire que la défense ici se conçoit d'abord dans la dimension de mascarade que la présence de l'Autre libère dans le rôle sexuel.

Si l'on repart de cet effet de voile pour y rapporter la position de l'objet, on soupçonnera comment peut se dégonfler la conceptualisation monstrueuse dont l'actif analytique a été plus haut interrogé. Peut-être simplement veut-elle dire que tout peut être mis au compte de la femme pour autant que, dans la dialectique phallocentrique, elle représente l'Autre absolu.

Il faut donc revenir à l'envie du pénis *(Penisneid)* pour observer qu'à deux moments différents et avec une certitude en chacun également allégée du souvenir de l'autre, Jones en fait une perversion, puis une phobie.

Les deux appréciations sont également fausses et dangereuses. L'une marque l'effacement de la fonction de la structure devant celle du développement où a toujours plus glissé l'analyse, ici en contraste avec l'accent mis par Freud sur la phobie comme pierre d'angle de la névrose. L'autre inaugure la montée du dédale où l'étude des perversions s'est trouvée vouée pour y rendre compte de la fonction de l'objet.

Au dernier détour de ce palais des mirages, c'est au *splitting* de l'objet qu'on en vient, faute d'avoir su lire dans l'admirable note interrompue de Freud sur le *splitting* de l'*ego*, le *fading* du sujet qui l'accompagne.

Peut-être est-il là aussi le terme où l'illusion se dissipera du *splitting* où l'analyse s'est engluée à faire du bon et du mauvais des attributs de l'objet.

Si la position du sexe diffère quant à l'objet, c'est de toute la distance qui sépare la forme fétichiste de la forme érotomaniaque de l'amour. Nous devons en retrouver les saillants dans le vécu le plus commun.

3. Si l'on part de l'homme pour apprécier la position réciproque des sexes, on voit que les filles-phallus dont l'équation a été posée par M. Fenichel de façon méritoire encore que tâtonnante, prolifèrent sur un Venusberg à situer au-delà du « Tu es ma femme » par quoi il constitue sa partenaire, – en quoi se confirme que ce qui resurgit dans l'inconscient du sujet c'est le désir de l'Autre, soit le phallus désiré par la Mère.

Après quoi s'ouvre la question de savoir si le pénis réel, d'appartenir à son partenaire sexuel, voue la femme à un attachement sans duplicité, à la réduction près du désir incestueux dont le procédé serait ici naturel.

On prendra le problème à revers en le tenant pour résolu.

4. Pourquoi ne pas admettre en effet que, s'il n'est pas de virilité que la castration ne consacre, c'est un amant châtré ou un homme mort (voire les deux en un), qui pour la femme se cache derrière le voile pour y appeler son adoration, – soit du même lieu au-delà du semblable maternel d'où lui est venue la menace d'une castration qui ne la concerne pas réellement.

Dès lors c'est de cet incube idéal qu'une réceptivité d'étreinte a à se reporter en sensibilité de gaine sur le pénis.

C'est à quoi fait obstacle toute identification imaginaire de la femme (dans sa stature d'objet proposé au désir) à l'étalon phallique qui supporte le fantasme.

Dans la position d'ou bien-ou bien où le sujet se trouve pris entre une pure absence et une pure sensibilité, il n'est pas à s'étonner que le narcissisme du désir se raccroche immédiatement au narcissisme de l'*ego* qui est son prototype.

Que des êtres insignifiants soient habités par une dialectique aussi subtile, c'est à quoi l'analyse nous accoutume et ce qu'explique que le moindre défaut de l'*ego* soit sa banalité.

5. La figure du Christ, évocatrice sous cet aspect d'autres plus anciennes, montre ici une instance plus étendue que l'allégeance religieuse du sujet ne le comporte. Et il n'est pas vain de remarquer que le dévoilement du signifiant le plus caché qui était celui des Mystères, était aux femmes réservé.

À un niveau plus terre à terre, on rend compte ainsi :

a) de ce que la duplicité du sujet est masquée chez la femme, d'autant plus que la servitude du conjoint le rend spécialement apte à représenter la victime de la castration ; *b)* du vrai motif où l'exigence de la fidélité de l'Autre prend chez la femme son trait particulier ; *c)* du fait qu'elle justifie plus aisément cette exigence de l'argument supposé de sa propre fidélité.

6. Ce canevas du problème de la frigidité est tracé en des termes où les instances classiques de l'analyse se relogeront sans difficulté. Il veut par ses grandes lignes aider à éviter l'écueil où les travaux analytiques se dénaturent toujours plus : soit leur ressemblance au remontage d'une bicyclette par un sauvage qui n'en aurait jamais vu, au moyen d'organes détachés de modèles historiquement assez distants pour qu'ils n'en comportent pas même d'homologues, leur double emploi de ce fait n'étant pas exclu.

Qu'à tout le moins quelque élégance renouvelle le côté bouffe des trophées ainsi obtenus.

IX. *L'homosexualité féminine et l'amour idéal.*

L'étude du cadre de la perversion chez la femme ouvre un autre biais.

La démonstration ayant été fort loin poussée pour la plupart des perversions mâles que leur motif imaginaire est le désir de préserver un phallus qui est celui qui a intéressé le sujet dans la mère, – l'absence chez la femme du fétichisme qui représente de ce désir le cas presque manifeste, laisse à soupçonner un sort autre de ce désir dans les perversions qu'elle présente.

Car supposer que la femme elle-même assume le rôle du fétiche, n'est qu'introduire la question de la différence de sa position quant au désir et à l'objet.

Jones, dans son article, inaugural de la série, sur le premier développement de la sexualité féminine, part de son expérience exceptionnelle de l'homosexualité chez la femme et prend les choses dans un médium qu'il eût peut-être mieux fait de soutenir. Il fait bifurquer le désir du sujet dans le choix qui s'imposerait à lui entre son objet incestueux, ici le père, et son propre sexe. L'éclaircissement qui en résulte serait plus grand à ne pas tourner court sur l'appui trop commode de l'identification.

Une observation mieux armée dégagerait, semble-t-il, qu'il s'agit plutôt d'une relève de l'objet : on pourrait dire d'un défi relevé. Le cas princeps de Freud, inépuisable comme à l'accoutumée, fait saisir que ce défi prend son départ dans une exigence de l'amour bafouée dans le réel et qu'il ne va à rien de moins qu'à se donner les gants de l'amour courtois.

Si plus qu'un autre un tel amour se targue d'être celui qui donne ce qu'il n'a pas, c'est bien là ce que l'homosexuelle excelle à faire pour ce qui lui manque.

Ce n'est pas proprement l'objet incestueux que celle-ci choisit au prix de son sexe ; ce qu'elle n'accepte pas, c'est que cet objet n'assume son sexe qu'au prix de la castration.

Ce n'est pas dire qu'elle renonce au sien pour autant : bien au contraire dans toutes les formes, même inconscientes, de l'homosexualité féminine, c'est sur la féminité que porte l'intérêt suprême, et Jones a ici fort bien détecté le lien du fantasme de l'homme, invisible témoin, avec le soin porté par le sujet à la jouissance de sa partenaire.

2. Il reste à prendre de la graine du naturel avec lequel telles femmes se réclament de leur qualité d'hommes, pour l'opposer au style de délire du transsexualiste masculin.

Peut-être se découvre-t-il par là l'accès qui mène de la sexualité féminine au désir même.

Bien loin que réponde en effet à ce désir la passivité de l'acte, la sexualité féminine apparaît comme l'effort d'une jouissance enveloppée dans sa propre contiguïté (dont peut-être toute circoncision indique-t-elle la rupture symbolique) pour se *réaliser à l'envi* du désir que la castration libère chez le mâle en lui donnant son signifiant dans le phallus.

Est-ce alors ce privilège de signifiant que Freud vise en suggérant qu'il n'y a peut-être qu'une libido et qu'elle est marquée du signe mâle ? Si quelque configuration chimique la supportait au-delà, pourrait-on n'y pas voir l'exaltante conjonction de la dissymétrie des molécules qu'emploie la construction vivante, avec le manque concerté dans le sujet par le langage, pour que s'y exercent en rivaux les tenants du désir et les appelants du sexe (la partialité de ce terme étant ici toujours la même).

X. *La sexualité féminine et la société.*

Restent quelques questions à proposer sur les incidences sociales de la sexualité féminine.

1. Pourquoi le mythe analytique fait-il défaut concernant l'interdit de l'inceste entre le père et la fille.

2. Comment situer les effets sociaux de l'homosexualité féminine, par rapport à ceux que Freud attribue, sur des supposés fort distants de l'allégorie à quoi ils se sont réduits depuis, à l'homosexualité masculine : à savoir une sorte d'entropie s'exerçant vers la dégradation communautaire.

Sans aller à y opposer les effets antisociaux qui ont valu au catharisme, ainsi qu'à l'Amour qu'il inspirait, sa disparition, ne pourrait-on à considérer dans le mouvement plus accessible des Précieuses l'éros de l'homosexualité féminine, saisir ce qu'il véhicule d'information, comme contraire à l'entropie sociale.

3. Pourquoi enfin l'instance sociale de la femme reste-t-elle transcendante à l'ordre du contrat que propage le travail ? Et notamment est-ce par son effet que se maintient le statut du mariage dans le déclin du paternalisme ?

Toutes questions irréductibles à un champ ordonné des besoins.

Écrit deux ans avant le Congrès.

VI

Jeunesse de Gide
ou la lettre et le désir

Sur un livre de Jean Delay et un autre de Jean Schlumberger [1]

> Σκαιοῖσι μὲν γὰρ καινὰ προσφέρων σοφὰ
> δόξεις ἀχρεῖος κοὐ σοφὸς πεφυκέναι·
> τῶν δ' αὖ δοκούντων εἰδέναι τι ποικίλον κρείσσων νομισθεὶς
> ἐν πόλει λυπρὸς φανῇ.   (EURIPIDE, *Médée*, 298-301.)

> Et, métaphore ou non, ce que je dis ici est parfaitement vrai.
> (ANDRÉ GIDE, *Notes de la Tentative amoureuse*.)

Le livre que Jean Delay [2] a consacré à la jeunesse d'André Gide paru en deux tomes à un an d'intervalle, a d'ores et déjà rencontré le succès. La critique littéraire, sans discordance qui vaille, lui a rendu tous les honneurs et pris mesure de la variété de ses mérites.

On voudrait ici montrer la conjonction par quoi une œuvre qui se fonde scientifiquement dans la haute qualification de son auteur à la traiter en général, trouve dans le particulier de son objet à fixer un problème où les généralités acquises se modifient : c'est à ces œuvres, les plus actuelles, que l'histoire promet la durée.

Ce problème qui est celui du *rapport de l'homme à la lettre*, mettant l'histoire même en question, on comprendra que la pensée de notre temps ne le saisisse qu'à l'envelopper par un effet de convergence de mode géométrique, ou puisqu'une stratégie est reconnue dans l'inconscient, à pro-

---

[1]. Cet article est paru dans le numéro 131 de la revue *Critique*, d'avril 1958.
[2]. Jean Delay, *La Jeunesse d'André Gide*, Gallimard, 2 vol., 1956.

céder par une manœuvre d'enveloppement, qui se discerne dans nos dites sciences humaines, – non plus trop humaines déjà.

Lier cette œuvre à ce problème ne nous dispense pas de promettre au lecteur, et pour y engager le plus novice en les matières qui vont être agitées, un plaisir dont les premières pages du livre le feront captif sans qu'il ait eu à résister, et qui le portera, sans qu'il en sente l'effort, jusqu'à la dernière des treize cents de leur nombre.

De ce plaisir où il sera en quelque sorte absorbé, la sûreté de l'écriture est l'instrument. Le mot : savant s'applique ici d'abord à l'art d'une composition, dont les replis se dissimulent d'une alternance des perspectives, documents, analyse, commentaire, reconstruction, qui ne retient l'attention qu'en paraissant à chaque fois lui offrir son repos.

C'est à refermer le livre que le lecteur s'avise que rien n'y fut motivé que du souci d'une pesée exacte et délicate. La touche d'humour dont l'auteur à de modiques intervalles en tempère l'opération, n'est que place faite à la drôlerie qui structure les choses : si tant est que le ton qu'il y maintient, étonne de soutenir son naturel, à se poursuivre parallèlement à la modulation unique en ce genre, que son modèle a fait entendre dans son œuvre.

C'est là le seuil de la performance où nous allons entrer, pour la disposition qu'elle dénote chez l'auteur, de ce qu'en termes gidiens nous appellerions l'attention la plus tendre. Car c'est bien celle qu'il réserve à ce pour quoi il ranime quelque part le génitif archaïsant des « enfances Gide ». Et c'est aussi celle que Gide, de l'amitié de sa vieillesse, a su distinguer.

Ainsi s'éclaire que Jean Delay qui a montré déjà ses qualités d'écrivain en une œuvre sensible sur laquelle le temps reviendra, n'use ici de son art qu'à la mesure de l'*artifex* à qui il le voue. Ce qui se confirme de l'étonnante égalité, dans ce long ouvrage, des qualités où nous venons de nous arrêter, et nous conforte à modifier à notre gré, l'aphorisme buffonesque, pour l'énoncer : le style, c'est l'objet.

Ce faisant, Jean Delay prétend à dégager un genre : la psychobiographie. Sous quelque loi qu'il veuille la placer, qu'il lui ait du même coup donné son chef-d'œuvre, ne saurait être indifférent à saisir sa limite. Celle-ci nous paraît se dévoiler singulièrement du sort qui échoit à l'ouvrage, et sur quoi le vieux monstre sacré a parié, nous en jurerions, en donnant à son partenaire matière à une épreuve exceptionnelle, sûr qu'à l'y prendre, il ne ferait que le combler.

La réussite même de Jean Delay montre quel était son lot : c'est qu'à mesure de la plus grande rigueur qu'il appliquerait au sujet d'un tel auteur, il produirait le complément plus obligé de son œuvre. La psychobiographique « postface » de l'écrivain recherchée en cette entreprise, se retrouve venue à bout, être à ses ouvrages devenue préface, et pas seulement à les suivre sur les rayons en voisin portant témoignage, comme Boswell pour Johnson, comme Eckermann avec Goethe, mais à tendre le tambour même où leur message continuera de rouler.

Qu'on nous pardonne de théoriser sur le tournant que Sainte-Beuve constitue, pour le déplacer de la critique à la condition littéraire. Disons, pour n'y pas aller par quatre chemins, qu'il remet au critique le pouvoir de régler à sa suffisance l'intrusion, dans l'œuvre littéraire, de la vie privée de l'écrivain. Qu'on nous accorde de définir ce privé par rapport à l'œuvre elle-même, dont il devient en quelque sorte le négatif, pour être tout ce que l'écrivain n'a pas publié de ce qui le concerne.

Nous savons bien le projet dont ceci s'abrite, d'une histoire naturelle des esprits. Mais en réservant notre jugement sur un tel propos, et sans autrement présumer du naturel qu'il qualifie, nous pouvons en disjoindre les effets certains qu'il a eus sur la condition faite à l'œuvre d'écrire.

Ainsi nous tenons-nous dans une neutralité objective quant à la position prise « contre Sainte-Beuve » par Proust, quelque pertinence qu'elle retienne de l'autorité d'un poète à parler de sa création, et plus expressément d'une analyse du message poétique, qui ne laisse aucun doute sur le fait que son abord exige une méthode accordée à sa nature.

L'œuvre de Proust lui-même ne laisse pas à contester que le poète trouve en sa vie le matériel de son message. Mais justement l'opération que ce message constitue, réduit ces données de sa vie à leur emploi de matériel. Ceci, même si ce message prétend articuler l'expérience qui a fourni ces données, car tout au plus dans cette expérience le message trouve-t-il à se reconnaître.

La signifiance du message s'accommode, il ne faut pas hésiter à aller jusque-là, de toutes les falsifications apportées aux fournitures de l'expérience, celles-ci incluant à l'occasion la chair même de l'écrivain. Seule importe en effet une vérité qui tient à ce que dans son dévoilement le message condense. Il y a si peu d'opposition entre cette *Dichtung* et la *Wahrheit* dans sa nudité, que le fait de l'opération poétique doit plutôt nous arrêter à ce trait qu'on oublie en toute vérité, c'est qu'elle s'avère dans une structure de fiction [3].

Ce qu'au regard de l'œuvre publiée, la critique a produit par son recours au privé de l'écrivain, est, quant au naturel des aperçus, resté jusqu'à ce jour plutôt évasif. Mais cet us, auquel tout protêt au nom d'une décence quelconque ne répond qu'à côté, a engendré par contre une révolution des valeurs littéraires. Ceci, en introduisant dans un marché dont la technique de l'imprimerie depuis quatre siècles réglementait les effets, un nouveau signe de la valeur : que nous appellerons les petits papiers. Le manuscrit que l'imprimé avait refoulé dans la fonction de l'inédit, reparaît comme partie prenante dans l'œuvre avec une fonction qui mérite examen.

C'est bien là la matière offerte au présent ouvrage : notes personnelles de Gide pour ses mémoires, éditées sous le titre de : Si le grain ne meurt ; morceaux inédits du Journal ; cahier de lectures, tenu de vingt à vingt-quatre ans et signi-

---

3. La convenance de ce rappel en notre sujet serait suffisamment confirmée s'il en était besoin par un de ces nombreux textes inédits que l'ouvrage de Delay nous apporte en les éclairant du jour le plus approprié. Ici, du *Journal inédit* dit de la Brévine où Gide en octobre 1894 séjourna (note de la page 667 de son tome II).

« Le roman prouvera qu'il peut peindre autre chose que la réalité – directement l'émotion et la pensée ; il montrera jusqu'à quel point il peut être déduit, *avant l'expérience des choses* – jusqu'à quel point c'est-à-dire il peut être composé – c'est-à-dire œuvre d'art. Il montrera qu'il peut être œuvre d'art, composé de toutes pièces, d'un réalisme non des petits faits et contingents, mais supérieur. » Suit une référence au triangle mathématique, puis : « Il faut que dans leur rapport même chaque partie d'une œuvre prouve la vérité de chaque autre, il n'est pas besoin d'autre preuve. Rien d'irritant comme le témoignage que Monsieur de Goncourt donne de tout ce qu'il avance – il a vu ! il a entendu ! comme si la preuve par le réel était nécessaire. »

Faut-il dire qu'aucun poète n'a jamais pensé autrement..., mais que personne ne donne suite à cette pensée.

Jeunesse de Gide

ficativement désigné par lui comme son « subjectif » ; l'énorme correspondance avec sa mère jusqu'à la mort de celle-ci quand il a vingt-six ans ; une somme de lettres inédites, dont le rassemblement par l'entourage fait s'accroître la portée d'édifice, proportionnellement au carré de leur masse jointe aux lettres publiées.

Dans cette masse, il faut compter le vide laissé par la correspondance avec sa cousine devenue son épouse, Madeleine Rondeaux. Vide dont nous dirons plus loin la place et l'importance avec la cause.

Confidences recueillies par l'auteur et choses vues par lui témoin, n'occupent ici qu'une place discrète, heureusement moins absente que Jean Delay ne nous avertit l'avoir voulu, mais qu'il semble plutôt avoir effacée.

Ni l'œuvre de Gide, ni le contenu de ces écrits intimes ne nous laissent de doute sur le dessein de l'*homo litterarius* achevé que Delay reconnaît en lui. Les petits papiers sont, dès leur issue et toujours plus dans les ficelles qui les empêchent de se perdre, concertés en vue du corps qu'ils doivent constituer sinon dans l'œuvre, disons par rapport à l'œuvre. On peut se demander ce qu'un tel dessein laisserait subsister de leur intérêt pour Sainte-Beuve, si c'était bien le naturel qu'il eut en vue.

Dans ce dessein en effet, Gide ne redouble pas seulement son message en lui joignant les pensées de sa retraite, il ne peut faire que ses actes n'y prennent leur versant. Précisons que ceux-ci ne déféreront pas seulement, comme il en fut de tout temps, au souci de sa gloire, mais, le terme est de sa plume, au soin de sa biographie.

Suspecter d'insincérité à partir de là toute une vie serait absurde, même à arguer qu'elle ne nous livre rien de bas, nulle trahison, nulle jalousie, nulle motivation sordide et moins encore de la sottise commune. On peut remarquer qu'une psychanalyse durant le temps qu'elle se poursuit, guinde plus qu'il ne croit les actes du sujet, et que ceci ne change rien aux problèmes que sa conduite propose. On sent suffisamment que lorsque Gide motive le prêt de capital par où il subvient aux difficultés d'un ami estimé [4], par le terme

---

4. Cf. Delay, II, p. 387-388. Il s'agit de son ami Maurice Quillot et Gide s'en exprime dans une lettre à sa mère du 17 octobre 1894.

exprès du soin de sa biographie, c'est la gageure de sa confiance qu'il y inscrit, où l'amour-propre a plus de débouchés qu'à publier une bonne action.

Toujours l'âme est perméable à un élément de discours. Ce que nous cherchons à la place où elle se constitue de l'histoire d'un mot, ce sont des effets où beaucoup d'autres mots ont contribué et où le dialogue avec Dieu essaie de s'y retrouver. Ces remarques ne sont pas hors de propos concernant le soliloque de la belle âme Gide.

Ce soliloque se fait entendre dans l'œuvre littéraire ; les petits papiers n'en diffèrent-ils que de leur communication différée ?

C'est ici que l'ouvrage que nous tenons, nous éclaire par sa venue : ce n'est pas dans leur contenu, mais dans leur adresse qu'il faut chercher la différence des petits papiers.

C'est bien au biographe qu'ils sont adressés, et pas à n'importe lequel. Gide lisant les mémoires de Goethe, « s'instruit plus, écrit-il à sa mère, en apprenant comment Goethe se mouchait que comment communiait un concierge ». Et il ajoute : « Au reste, ces mémoires sont fort peu intéressants par ce qu'ils racontent... S'ils n'étaient *écrits* par Goethe, si Goethe avait fait écrire Eckermann à sa place, il n'y resterait plus à peine qu'un intérêt de document[5]. »

Disons qu'en laissant à Jean Delay d'*écrire à sa place* ses petits papiers, Gide n'ignorait pas que Jean Delay savait écrire, et aussi bien qu'il n'était pas Eckermann. Mais il savait aussi que Jean Delay était un psychiatre éminent, et que pour tout dire, c'est chez le psychobiographe que ses petits papiers rencontraient leur destination de toujours.

Pensons à ce qui fait dire que le psychanalyste de nos jours a pris la place de Dieu. Ce reflet de toute-puissance (auquel au reste il fait accueil par le détour pédantesque de récuser cette toute-puissance au principe de la pensée de son patient), il faut bien qu'il lui vienne de quelque part.

Il vient de ce que l'homme de notre temps a besoin pour vivre avec son âme de la réponse du catéchisme qui lui a donné consistance.

André Gide savait faire de Dieu l'usage qui convient, et attend donc autre chose. Jean Delay n'évoque pas en vain ici

---

5. Delay, II, p. 491.

Jeunesse de Gide

Montaigne et son mode d'adresse à un autre à venir, de ce privé où il renonce à discerner ce qui sera pour cet autre le signifiant. Une semblable adresse fait comprendre pourquoi l'ambiguïté où Gide développe son message, se retrouve dans ses petits papiers.

Le miracle, pour désigner par son nom la conjoncture présente, c'est qu'en appliquant à la lettre des petits papiers son office de consultant, Jean Delay donne à cette ambiguïté son relais, en retrouvant dans l'âme l'effet même où le message se forma. Les fonds d'herbes dans l'eau de Narcisse sont de même onde que le reflet des frondaisons.

Par Jean Delay la psychologie trouve avec la discipline littéraire un affrontement unique. La leçon est saisissante, car nous y voyons s'ordonner dans sa rigueur la composition du sujet.

Disons comment on s'en instruit. Ce n'est pas d'abord qu'on y songe à suivre Jean Delay, tant même on oublie qu'on le suive, à si bellement le voir prendre une suite. Limier sur une trace de chasseur, ce n'est pas lui qui la brouillera. Il s'arrête, il nous la pointe de son ombre. Il détache comme de lui l'absence même qui l'a causée.

De cette famille qui pour Gide fut la sienne, et non une abstraction sociale, Delay commence par la chronique.

Il fait grandir l'arbre de bourgeoisie surgi sous Louis XIV d'un Rondeaux paysan qu'enrichit le négoce de la denrée coloniale, déjà sans doute Arnolphe à se rêver en Monsieur de la Souche. Son fils s'allie à un Père D'Incarville, son petit-fils se fait donner du de Sétry, l'arrière-neveu est Rondeaux de Montbray, féru de lumières, voire d'illuminisme, puisque F∴ M∴, et essuie de la Révolution quelques traverses. Cet arbre vert, enté avec constance de ramifications de qualité, et où ne manque pas le fleuron de distinction savante qui se cueillait dans les recherches naturelles, laisse après la tourmente un rejeton encore dru.

Édouard Rondeaux sera apte à rivaliser dans les bonnes affaires avec les Turelure qui aux nouveaux temps donneront pour idéal leur pratique : enrichissez-vous, grâce à quoi ils relevèrent, paraît-il, la grandeur de la France. Si leur prééminence politique pourtant ne s'est jamais imposée d'un titre bien évident à cette relève, c'est peut-être que la seule vertu qui rendît raison de leur existence, l'abnégation, s'offrit un peu trop en ces temps au soupçon d'hypocrisie. Heureusement déléguèrent-ils la tradition de cette vertu avec ses privilèges, à leurs femmes, ce qui explique le comique où leur mémoire est consignée.

Ce comique immanent, notamment à l'étonnant dialogue de la correspondance de Gide avec sa mère, est à travers le livre préservé de ce que la pédanterie psychologisante a poussé au drame de la relation à la figure de la mère. Le trait s'annonce dès ce chapitre avec l'esquisse de la montée de la bedaine chez les hommes, mise en regard du fait qui frappe, qu'en deux générations d'alliance protestante, les femmes font de cette famille un fief de religionnaires et un parc de maternage moral. À quoi nous devons la grâce, après réduction à l'état falot des mâles pénultièmes, d'une fleur illustre d'humanité.

La bourgeoisie du père traduit une autre extrace, gens de robe et d'université auxquels Jean Delay fait le crédit d'une ascendance florentine. La couvaison par son père du concours d'agrégation de Paul Gide, le père d'André, est un moment brossé de façon bien émouvante, pour introduire et la fulgurante carrière d'un enseignant original en matière de droit, et la perte que laisse en son fils un homme sensible, qui ne se dégagea d'une alliance ingrate que par une mort prématurée.

C'est de l'aveu voilé d'une maxime perdue dans un carnet intime de Paul, de l'accent retransmis de la bouche de Gide de sa vénération filiale – une des rares références de Jean Delay à ses souvenirs –, que l'image du père, étreignante, apparaît.

Mais plus loin une lettre de l'oncle Charles nous dressera les abrupts d'âme sur quoi l'on interroge en vain la psychologie, quand il s'agit de les réduire aux normes prétendues de la compréhension. Répondant à une confidence de son neveu concernant l'abandon qu'on sait qu'il fit de son pucelage à la charmante Oulad, Méryem, cet homme cultivé se gendarme sur un acte, dont le moins qu'on puisse dire est que le contexte de prostitution coutumière, voire rituelle, dans lequel il s'inscrit, oblige à nuancer la moralisation à son propos, or l'oncle Charles ne trouve rien de mieux pour en figurer le stigmate que la tache de l'acte, impossible à défaire une fois commis, du parricide, à effacer laquelle s'acharne en vain lady Macbeth[6].

C'est ainsi qu'au premier vent de l'enquête se dissipe même ce que Gide crut devoir garder de révérence tainienne aux incompatibilités d'héritage tournant à l'aigre dans son sang. Les mythes le cèdent à une méthode qui restitue tout être en son discours pour rétribuer chacun de sa parole.

Mariage de la psychologie et de la lettre, nous voudrions faire écho à un titre de Blake, cher à Gide pour désigner ce qui se produit, quand la lettre, venant à l'école de la psychologie, y retrouve sa propre instance en position de la régir.

Car si Jean Delay trouve au passage à confirmer la description faite par Janet de la psychasthénie, c'est pour relever que celle que Gide fait de ses propres états, la recouvre, à ceci près qu'elle est d'une langue plus stricte[7]. On voit comment on peut se demander si les savantes fonctions dont s'articule la théorie, fonction du réel, tension psychologique, ne sont pas de simples métaphores du symptôme, et si un symptôme poétiquement si fécond, n'est pas lui-même fait comme une métaphore, ce qui ne le réduirait pas pour autant à un *flatus vocis*, le sujet faisant ici avec les éléments de sa personne les frais de l'opération signifiante.

C'est là suggérer à notre sens le ressort dernier de la découverte psychanalytique. Nulle de ses avenues n'est étrangère à Jean Delay ; il les essaie ici tour à tour sans pouvoir faire mieux que de se référer aux tronçons de théorie où la doctrine à présent se désagrège. Rien pourtant dont il ne sache tirer parti s'il porte pierre au bon endroit, au point qu'on peut dire que ce livre ne serait pas le même sans la psychanalyse.

Ce n'est pas qu'il ait même un instant couru le risque de

---

6. Nous laissons de côté l'incidence pour le censeur de ce que l'affaire lui soit présentée comme expérimentale par son pupille. La singularité de son jugement n'est pas moins sensible. Cf. *in* Delay, II, p. 424, cette lettre depuis le passage : « On ne peut nier que cette histoire ne soit la marque d'un détraquement absolu du sens moral... » jusqu'à p. 445, la chute de la mercuriale sur la « tache que rien ne pouvait effacer ».

7. Cf. Delay, I, p. 240, « ... des sentiments d'incomplétude, ou comme dira Gide, de "manque" ; d'étrangeté, ou comme dira Gide, "d'estrangement" ; de dédoublement, ou, comme dira Gide, de "seconde réalité" [tout autrement approprié. Remarque de l'auteur de l'article présent] ; d'inconsistance, ou, comme dira Gide, de "déconsistance" [plus exact. *Idem*] ».

ressembler à ce que le monde analytique appelle un ouvrage de psychanalyse appliquée. Il repousse d'abord ce que cette qualification absurde traduit de la confusion qui règne en cet endroit. La psychanalyse ne s'applique, au sens propre, que comme traitement, et donc à un sujet qui parle et qui entende.

Il ne peut s'agir hors de ce cas que de méthode psychanalytique, celle qui procède au déchiffrage des signifiants sans égard pour aucune forme d'existence présupposée du signifié.

Ce que l'ouvrage présent montre avec éclat, c'est qu'une recherche, dans la mesure où elle observe ce principe, par la seule honnêteté de son accord à la façon dont un matériel littéraire doit être lu, rencontre dans l'ordonnance de son propre exposé la structure même du sujet que la psychanalyse dessine.

Sans doute les psychanalystes y trouveront-ils une fois de plus occasion à s'autoriser de l'importance de leur doctrine. Ils feraient mieux de s'inquiéter à constater qu'aucun ouvrage paru au titre de la psychanalyse appliquée, n'est préférable à celui-ci pour la pureté de la méthode et pour l'assiette de ses résultats.

Jean Delay part toujours de la faveur que lui offre son sujet : ici la voie frayée par Gide lui-même, dont on sait qu'il s'intéressa à la psychanalyse.

Ce fut le milieu de Jacques Rivière qui après la Grande Guerre fit au message freudien sa première fortune, le milieu médical où l'étonnant Hesnard l'avait fait entendre dès 1910, se faisant prier. Gide tenta l'épreuve d'une psychanalyse avec Madame Sokolnicka venue alors en France au titre de *missa dominica* de l'orthodoxie viennoise. Il était un peu trop gros morceau, pour n'avoir pas échappé aux prises manquant sans doute un peu de force pénétrante, de la sympathique pionnière. Il est surprenant qu'il ait été si peu soucieux d'aller aux textes que d'avoir pu porter sur Freud un de ces jugements dont le retour n'épargne pas même quelqu'un de sa stature[8].

Ce n'en est pas moins à la lumière des explications de

---

8. Cf. *Journal* 1924, p. 785-786, rapporté dans Delay, I, p. 248. La formule : « Freud, imbécile de génie », est lâchée par le travers d'objections étrangement peu soutenues.

Madame Sokolnicka, présentée de façon non déguisée dans son roman *les Faux Monnayeurs*, qu'il éclaire dans le personnage du petit Boris une tragédie de l'enfance, reprise chez Jean Delay pour ce qu'elle est, une élaboration de son propre drame.

Le petit Boris réduit aux soins de son grand-père, n'est pourtant pas soumis aux mêmes conditions que celui qui, du moment de la mort de son père quand il avait onze ans, nous dit s'être senti « soudain tout enveloppé, par cet amour qui désormais se refermait » sur lui[9] en la personne de sa mère.

Par contre s'offre l'agrément de déjà entendu, propre à émouvoir les hochements de bonnet des informés, que l'on obtiendra à bon compte à rappeler la prépondérance de la relation de la mère dans la vie affective des homosexuels. Avec au-delà, cet Œdipe devenu nom commun, et dont on parle comme d'une armoire, après qu'il ait été la maladie aux ravages de laquelle Gide a opposé un sarcasme pour lui moins coûteux que devant[10].

Assurément Jean Delay ne se contente pas d'une articulation aussi vague.

Que fut pour cet enfant-là sa mère, et cette voix par où l'amour s'identifiait aux commandements du devoir ? On sait bien qu'à trop chérir un enfant, il y a plus d'un mode, et chez les mères aussi d'homosexuels.

Jean Delay ne nous donne pas la carte du labyrinthe des identifications, où les psychanalystes dans leurs écrits trichent pour ne pas se perdre. Mais il a l'avantage, à ne pas lâcher le fil de son cas, de s'y retrouver.

Il le fait en déroulant inoubliablement les composants du discours de la mère, d'où s'entrevoit la composition de sa personne.

Il s'arrête à ce qu'on ne peut déplacer qu'en vain pour voir derrière. Ainsi de cette jeune fille aussi peu avenante aux prétendants qu'aux grâces, et qui, des noces tard à venir, comble le vide par une passion pour sa gouvernante, dont Jean Delay fait impassiblement parler les lettres : jalousie, despotisme n'y sont pas à reléguer, pour n'être pas affichés,

---

9. Delay, I, p. 165.
10. Propos badin de Gide à Jean Delay sur « la vague d'œdipémie ». Delay, I, p. 265.

ni les étreintes d'une joie innocente, pour ancrées qu'elles soient dans des routines de vestales. Assurément faut-il bien concevoir, par-delà ces manifestations inattaquables, une autre profondeur à cet attachement pour qu'il résiste, d'une rébellion à les vaincre, aux préjugés de l'entourage qui y objecte au nom du rang.

À quoi répond, comme dans Marivaux les lutinages des soubrettes au pathos des sublimes, ce souvenir de l'enfant Gide auscultant dans l'espace nocturne les sanglots modulés de la soupente, où Marie et Delphine, les servantes, celle-ci la mariée du lendemain, déchirent leur union.

Le psychanalyste ne peut que demeurer en arrêt devant un écran, ici d'autant plus piquant à n'en pas douter, que Marie devait être pour l'avenir un des dragons à veiller sur ce dont il ne fallait pas que l'enfant fût prodigue.

Le silence qu'alors il en sut garder, à part son for intérieur, montre un petit côté de l'étendue d'un règne taciturne où des pouvoirs plus sombres font vertu.

Jean Delay, à ce corridor aux médaillons en tache négative, ne stationne pas. Il sait à la mesure de quels pas filer sa marche, et quelle ombre, jamais profilée que d'une embrasure, désigne la promeneuse redoutable, à ne jamais laisser que déserte cette pièce d'avance qu'elle garde sur lui dans le tour de l'appartement.

Ce fut ce vide que l'enfant peupla des monstres dont nous connaissons la faune, depuis qu'une aruspice aux yeux d'enfant, tripière inspirée, nous en a fait le catalogue, à les mirer dans les entrailles de la mère nourricière.

Suite de quoi, nous avons rangé ces fantasmes dans le tiroir de l'imagination de l'enfant, aux noirs instincts, sans nous être encore élevés jusqu'à la remarque que la mère, elle aussi, enfant, eut les mêmes, et que rapprocher la question à se demander par quel chemin passent les fantasmes pour aller de la mère à l'enfant, nous mettrait peut-être sur la voie même dont ils empruntent leurs incidences effectives.

Un cauchemar qui fait partie de ce cortège[11], hantera jusqu'à la fin le sommeil de Gide, à ceci près que la crique qui le croque, à partir d'une certaine date, il la trouvera « rigolo ». Mais toujours le désolera de son angoisse l'appa-

---

11. *Ainsi soit-il*, p. 98, cité par Delay, p. 138.

rition sur la scène d'une forme de femme qui, son voile tombé, ne laisse voir qu'un trou noir [12], ou bien se dérobe en flux de sable à son étreinte [13].

À quoi répond en lui un autre abîme, celui qui s'ouvre dans sa jouissance primaire : la destruction d'un jouet aimé, les bras rompus soudain, dans le fracas de ce qu'ils portent, d'une servante chatouillée, l'étrange métamorphose de Gribouille suivant la dérive du fleuve, en rameau de verdure, le mènent à l'orgasme [14].

Secousses, glissements, formes grimaçantes, quand les acteurs au nombre congru du théâtre antique, viendront par le côté cour peupler la scène de leurs masques, la mort déjà y est entrée côté jardin. Pour que sa place y soit marquée, plus n'est même besoin qu'elle soit vide. Il suffit qu'elle soit numérotée. Ou pour mieux dire la mort elle-même n'est-elle pas le numéro des places ? Aussi bien est-ce là pourquoi elle est si prompte à en changer.

Par trois fois l'enfant entend sa voix pure. Ce n'est pas l'angoisse qui l'accueille, mais un tremblement du fond de l'être, une mer qui submerge tout, ce *Schaudern* dont Jean Delay se fie à la signifiance allophone pour en confirmer la signification d'allogénéité, – nous enseignant la sémiologie, et spécialement de la relation à la « seconde réalité », du sentiment aussi d'être exclu de la relation au semblable, par où cet état se distingue de la tentation anxieuse [15].

Finesse clinique, où se gonfle notre chagrin des rabâchages qui tympanisent notre vie de psychiatre, quand tout encore est à articuler.

Nous ne dirons pas ici pourquoi les quatre coins sont nécessaires de cette relation du moi à l'autre, et puis à l'Autre, où le sujet se constitue comme signifié.

Renvoyons seulement le lecteur aux chapitres qui très simplement les situent, par le seul procès, exemplaire à nos yeux, de l'étude présente.

Ce procès s'ouvre de ce que se redoublent dans les créations de l'écrivain, les constructions plus précoces qui furent

---

12. Delay, I, p. 525, citant les *Cahiers d'André Walter*.
13. Delay, II, p. 105, citant *Et nunc manet in te*, p. 35.
14. Delay, I, p. 250.
15. Cf. Delay, I, p. 171, 176 et 321-329. *Si le grain ne meurt*, I, p. 135, 136 et 195.

chez l'enfant plus nécessaires, d'avoir à tenir ces quatre places rendues plus incertaines du manque qui y demeurait.

C'est ainsi que la constitution de la *persona*, titre du chapitre où culmine le quatrième livre, renvoie à l'analyse du *Voyage d'Urien*, œuvre interprétée par Jean Delay, sans prêter à plus de contestation que n'en laisse le déchiffrage d'un rébus, comme le *voyage du Rien*, qui est le clou du troisième livre.

De même *la création du double*, qui, achevant le deuxième livre est le pivot des deux parties de l'ouvrage, renvoie dans le premier livre à *l'enfant divisé*.

Cette *Spaltung* ou refente du moi, sur quoi la plume de Freud *in articulo mortis* s'est arrêtée, nous semble bien être ici le phénomène spécifique. Occasion de s'étonner encore que le sens commun des psychanalystes le bannisse de toute réflexion méditée, pour s'abstraire dans une notion comme la faiblesse du moi, dont la pertinence se mesure une fois de plus pour le sujet Gide par l'assertion qu'il peut produire sans que la démente sa conduite. « Il ne m'est pas arrivé souvent de renoncer : un délai, c'est tout ce qu'obtient de moi la traverse [16]. »

Faut-il pour éveiller leur attention, leur montrer le maniement d'un masque qui ne démasque la figure qu'il représente qu'à se dédoubler et qui ne la représente qu'à la remasquer ? Leur expliquer de là que c'est quand il est fermé qu'il la compose, et quand il est ouvert qu'il la dédouble [17].

Quand Gide devant Robert de Bonnières se déclare : « Nous devons tous représenter [18] », et quand dans son ironique *Paludes* [19], il s'interroge sur l'être et le paraître, ceux, qui, d'avoir un masque de louage, se persuadent qu'ils ont par-dessous un visage, pensent : « littérature ! » sans soupçonner qu'il exprime là un problème si personnel, qu'il est le problème tout court de la personne.

L'*idéal du moi*, de Freud, se peint sur ce masque complexe,

---

16. Cité par Delay, II, p. 479, de *Si le grain ne meurt*, p. 357, à rapprocher du « Tant pis j'agirai autrement ». (Delay, II, p. 18), écrit dans son carnet de notes à la date du 1ᵉʳ janvier 1891 sous le coup du refus majeur qu'il essuyait de Madeleine.
17. Ce masque est à leur disposition au chapitre : Art, de l'*Anthropologie structurale* de notre ami Claude Lévi-Strauss, spécialement aux p. 287-290.
18. Delay, II, p. 70, citant la scène de *Si le grain ne meurt*, I, p. 274-275, et rappelant que Gide donne la formule pour le « pur secret » de sa vie.
19. Et dans le *Journal*-1881, p. 25, cité dans Delay, II, p. 52.

et il se forme, avec le refoulement d'un désir du sujet, par l'adoption inconsciente de l'image même de l'Autre qui de ce désir a la jouissance avec le droit et les moyens.

L'enfant Gide entre la mort et l'érotisme masturbatoire, n'a de l'amour que la parole qui protège et celle qui interdit ; la mort a emporté avec son père celle qui humanise le désir. C'est pourquoi le désir est confiné pour lui au clandestin.

Un soir, qu'il nous a dit, fut pour lui le rendez-vous de son destin, l'illumination de sa nuit et son engagement dans des vœux. Vœux au nom desquels il devait faire de sa cousine Madeleine Rondeaux son épouse, et qui lui ouvrirent ce qu'il maintint jusqu'à la fin avoir été l'amour unique.

Comment concevoir ce qui s'est produit dans cet instant qui « décida de sa vie » et qu'il ne peut écrivant *La Porte étroite* « se remémorer sans angoisse » ? Qu'est-ce que cette « ivresse d'amour, de pitié, d'un indistinct mélange d'enthousiasme, d'abnégation, de vertu », où il en appelle à Dieu pour « s'offrir, ne concevant plus d'autre but à sa vie que de protéger cette enfant contre la peur, contre le mal, contre la vie [20] ».

Ferait-on, comme y penche Jean Delay, de l'événement une formation mythique de la mémoire, il n'en serait que plus significatif. Car dans sa position de garçon de treize ans en proie aux plus « rouges tourmentes » de l'enfance, en présence d'une fille de quinze, cette vocation à la protéger signe l'immixtion de l'adulte. Cet adulte est d'autant plus certainement identifiable à la personne même dont il la protège que c'est sa présence à ce moment à l'étage que le jeune André a traversé d'un élan, qui l'a appelé dans la maison de tout l'attrait du clandestin, si tant est qu'elle ne fut pas l'objet de sa visite. C'est à savoir son aimable tante en train d'y dissiper les chaleurs de Phèdre, qui que ce fût qui s'employât, selon les deux versions données par Gide, à l'y seconder.

Or cette personne, si nous en croyons *La Porte étroite*, qui apporte ici en tout cas la vérité de la fiction, a précisément joué à l'endroit du jeune garçon le rôle de séductrice, et l'on ne peut manquer de relever que ses manœuvres ressemblent singulièrement aux suppliciantes délices [21], dont la confession

---

20. Cf. Delay, I, p. 299-302 et *La Porte étroite*, p. 26-28.
21. Cf. *Et nunc manet in te*, Éd. Ides et Calendes, Neuchâtel et Paris, p. 41.

tenue pour scandaleuse que nous en a fait Gide dans *Et nunc manet in te*, qu'elles se soient situées ou non durant son voyage de noces, correspond bien à ce qu'il ne dissimulait guère de ses fascinations les plus enfiévrées.

Il semble donc qu'ici ce soit en la femme que le sujet se trouve mué comme désirant. La Putiphar se cache sous la Pasiphaé qu'il se dira devenir, mugissante à s'ouvrir à la pénétration de la nature, de même que le modèle de sa tante se devine où Jean Delay l'indique, sous le mimodrame de son hystérie infantile.

Par ce biais dans l'imaginaire, il devient l'enfant désiré, c'est-à-dire ce qui lui a manqué, dans l'insondable rapport qui unit l'enfant aux pensées qui ont environné sa conception, et aussi lui revient un peu de cette grâce, dont l'absolue absence sur sa photo d'enfant remua en M. François Mauriac une sorte d'horreur théologale.

Mais cette mue ne vient qu'en résidu d'une soustraction symbolique, qui s'est faite à la place où l'enfant confronté à la mère, ne peut que reproduire l'abnégation de sa jouissance et l'enveloppement de son amour. Le désir n'a laissé ici que son incidence négative, pour donner forme à l'idéal de l'ange qu'un impur contact ne saurait effleurer.

Que ce soit bien l'amour que cet amour « embaumé [22] contre le temps [23] », dont Gide dira : « Personne ne peut soupçonner ce qu'est l'amour d'un uraniste [24]... », pourquoi se fermer à son témoignage ? Parce qu'il n'est pas conforme à la compréhension de l'amour pour courrier du cœur, à laquelle il faut bien dire que les psychanalystes dans la chimère génitale-oblative se sont conformés ?

Or Jean Delay le souligne fort bien, il n'y a rien là qui ne se soutienne d'une tradition très antique, et qui ne rende légitime l'évocation des nœuds mystiques de l'amour courtois. Gide lui-même n'a pas craint de rapprocher son union toute scellée bourgeoisement qu'elle fût, de celle mystique de Dante à Béatrice. Et si les psychanalystes étaient capables d'entendre ce que leur maître a dit de l'instinct de mort, ils

---

22. Cf. Delay, I, note de la page 225.
23. Relation de Roger Martin du Gard, dans *Schlumberger*, p. 193.
24. *Id.*, dans *Schlumberger*, p. 186 et 193.

sauraient reconnaître qu'un accomplissement de la vie peut se confondre avec le vœu d'y mettre un terme.

En fait le sentiment de Gide pour sa cousine a bien été le comble de l'amour, si aimer, c'est donner ce qu'on n'a pas, et s'il lui a donné l'immortalité.

Cet amour qui prend corps d'une méditation manichéenne, devait naître au point où la mort avait déjà doublé l'objet manquant. Reconnaissons son passage dans cette sœur supposée que Gide se donne dans les *Cahiers d'André Walter* pour faire de son héroïne celle qui substitue subtilement à la défunte son image [25]. Il fait mourir cette sœur imaginaire en 1885, soit, à la faire naître avec lui, à l'âge qu'a Madeleine quand son amour s'empare d'elle. Et malgré M. Jean Schlumberger [26], il n'y a pas lieu de faire bon marché de ce que Gide dans ses derniers combats pour amener Madeleine au mariage, écrive d'elle à Valéry : « C'est Morella [27]. » Femme de l'au-delà, reniée en sa fille, laquelle meurt quand Poe l'appelle par son nom qu'il fallait taire... Le cryptogramme de la position de l'objet aimé par rapport au désir est là, dans sa duplication sur elle-même rappliquée. La seconde mère, celle du désir, est mortifère et ceci explique l'aisance avec laquelle la forme ingrate de la première, celle de l'amour, vient à s'y substituer, pour se surimposer [28] sans que le charme en soit rompu, à celle de la femme idéale.

Reste à savoir pourquoi le désir et sa violence, qui pour être celle de l'intruse, n'était pas sans écho dans le jeune sujet (Jean Delay le souligne très justement) n'ont pas rompu ce charme mortifère, après lui avoir donné forme.

Ici nous croyons que Jean Delay est sur une juste piste, quand il voit en Madeleine l'ultime raison de ce que cet amour ait dû rester non réalisé, sauf qu'à coller en quelque sorte à la paroi de verre qui séparait les deux êtres qu'il anime

---

25. Cf. Delay, I, p. 494 et la note. – *Cahiers d'André Walter*, O.C.I., p. 40-41.
26. À qui ce rapprochement paraît « proprement saugrenu ». *Schlumberger*, p. 80.
27. Delay, II, p. 98, 173, et aussi I, p. 300.
28. Le livre de Jean Delay est plein de ces témoignages d'un phénomène banal, mais qui prend ici son relief du ravage où il s'inscrit. Cf. *Ainsi soit-il*, p. 128.

pour nous, il se leurre peut-être de sa minceur pour croire à sa fragilité.

Que Madeleine ait voulu le mariage blanc, c'est sur quoi le livre ne laisse pas de doute. Mais elle l'a voulu sur des fondements inconscients, qui se trouvaient les plus convenables à laisser l'impasse d'André en l'état.

La chose se trouve manifestée, comme il arrive des plus difficiles à voir, sous une forme qui devient la plus patente une fois désignée. L'abolition chez la fille de tout regard sur la mère, après que celle-ci eut quitté sa famille, est l'indice garant que le désir salutaire, dont l'enfant disgracié s'était vu imprimer une figure d'homme, ne ferait plus de rentrée du dehors.

Aussi bien n'est-il pas besoin d'être grand clerc pour le lire sous la plume de Madeleine : elle reste très longtemps, après le drame et bien au-delà de la frontière du mariage, fixée à son amour pour son père. Qu'elle note ses penchants d'âme, à la troisième ligne elle évoque sa figure, entendons-le, au sens propre : à savoir de l'au-delà[29].

Que se fût-il passé si Madeleine eût offert à André, de Mathilde sa mère à qui elle ressemblait, une figure que la couleur du sexe eût ranimée ?

Nous croyons quant à nous que, pour étreindre cette Ariane, il lui eût fallu tuer un Minotaure qui eût surgi d'entre ses bras.

Sans doute Gide a-t-il rêvé d'être Thésée. Mais le sort d'Ariane matée eût-il été plus court, la vicissitude de Thésée n'en aurait pas été changée.

Ce n'est pas seulement pour verser à droite plutôt qu'à gauche que le désir, à l'être humain, fait des difficultés.

Le privilège d'un désir qui assiège le sujet, ne peut tomber en désuétude, qu'à ce que soit cent fois repris ce tournant du labyrinthe, où le feu d'une rencontre a imprimé son blason.

Sans doute le sceau de cette rencontre n'est-il pas seule-

---

29. Entre autres, voir Delay, II, p. 187. « Je ne connais peut-être bien que deux états d'âme quant aux choses de la vie : l'anxiété de l'avenir – la tristesse du regret de papa... » – Lettre de Madeleine Rondeaux à sa tante Juliette Gide d'octobre 1892. Et encore Delay, II, p. 25, note la citation du Journal de Madeleine que la note 3 place en février 1891.

ment une empreinte, mais un hiéroglyphe, et peut-il être d'un texte à d'autres transféré.

Mais toutes les métaphores n'épuiseront pas son sens qui est de n'en pas avoir, d'être la marque de ce fer que la mort porte dans la chair, quand le verbe l'a désintriquée de l'amour.

Cette marque, qui ne diffère peut-être pas de ce que l'Apôtre appelle l'écharde dans la chair, a toujours été en horreur à la sagesse, qui a tout fait pour la négliger.

Observons que la sagesse en a été châtiée par cet air d'esclave qu'elle garde à travers les temps, et qu'elle doit sans doute à l'embarras de trimballer ce fer sous sa robe, en faisant mine de rien.

Et l'on pourrait, à y repenser, reprendre la question du Maître sous un nouveau jour, en précisant que ce n'est pas tant sa jouissance qui l'occupe, mais son désir qu'il ne néglige pas.

Avec les temps descendants, il apparaît remarquable que ce soit autour d'une mise en question du désir par la sagesse, que renaisse un drame où le verbe est intéressé.

C'est bien pourquoi Gide a son importance. Quelque chétive après tout que soit sa singularité, il s'y intéresse, et le monde qu'il agite pour elle, y est intéressé, parce qu'une chance en dépend qu'on peut dire être celle de l'aristocratie. C'est même la seule et dernière chance qu'a celle-ci de n'être pas rejetée dans les mauvaises herbes.

Disons que les mauvaises herbes font appel de ce qu'elles ont déjà fourni à la culture, et que la psychanalyse, faite pour apporter à la barre la plus formidable déposition en ce débat, y est attendue, pour quand sera dissipé l'état de brume où le poids de sa responsabilité l'a fait plonger.

Sur ce terrain Jean Delay a su apercevoir dans la construction d'André Gide la pièce essentielle, celle par quoi la fabrication du masque ouvert à un dédoublement dont la répercussion à l'infini épuise l'image d'André Walter (1er des deux volumes), trouve la dimension de la *persona* qui devient André Gide, pour qu'il nous fasse entendre que ce n'est pas ailleurs que dans ce masque que s'offre à nous le secret du désir, et avec lui le secret de toute noblesse.

Cette pièce, c'est le message de Goethe, dont Jean Delay

précise à quelques jours près, avec l'articulation qu'elle constitue, la date d'immixtion [30].

À reconnaître l'effet décisif de ce message à cette date, il n'y avait eu avant Jean Delay que la mère d'André Gide, – par quoi se démontre que la passion d'une femme sans dons peut obtenir la vérité que la méthode reconstruit quand elle est jointe à la finesse, sans que le bon sens, en l'occasion représenté par Charles Gide, n'y ait vu que du feu [31].

Jean Delay ne nous fait pas moins sentir le poids de la pièce manquante, celle que représente la perte de la quasi-totalité des lettres de Gide dans une correspondance qui a couvert l'espace de sa vie d'homme jusqu'en 1918.

C'est à leur destruction par sa femme à cette date que nous devons la projection par Gide sur son amour d'un témoignage qui fit scandale pour les uns et qui reste un problème pour tous : où l'analyse de Jean Delay apporte sa lumière en y prenant sa gravité, et qu'elle scelle en somme d'une confirmation objective [32].

Ce témoignage auquel Gide a donné le titre d'*Et nunc manet in te*, fut écrit après la mort de sa femme. Le titre, si l'on en restitue la citation, précise, si c'était nécessaire, le sens du texte. Il évoque le châtiment, qui par-delà la tombe pèse sur Orphée, du ressentiment d'Eurydice pour ce que, de s'être retourné pour la voir pendant leur remontée des enfers, Orphée l'a condamnée à y faire retour [33].

Ce n'est donc pas l'objet aimé que ce titre invoque pour demeurer au-dedans de celui qui sous son signe se confesse, mais bien plutôt une peine éternelle :

Poenaque respectus [34] *et nunc manet, Orpheus, in te.*

Pousserons-nous jusqu'au sens extraordinairement ironique que prendrait ce choix, à indiquer que le poème du Moustique dont il est extrait, attribué à Virgile, tourne autour de la mort que cet insecte recueille de la main même du

---

30. Cf. Delay, II, p. 155-159, 177, 245 et suiv. (le chapitre : Préméditations), p. 264 (le mythe de Lyncéus), p. 277.
31. Lettre de Charles Gide à Mme Paul Gide, 16 avril 1895, inédite, dans Delay, p. 496-497.
32. Cf. Delay, I, De l'angélisme, p. 492-519 ; II, Le mariage blanc, p. 557-592, et les pages magistrales de : La consultation, p. 516-557.
33. Dont rapprocher une remarque du *Journal*, p. 840.
34. Mon exemplaire, des Aldes, porte ici une virgule que les éditions contemporaines critiques omettent, il me semble conformément au sens.

berger dont, en le réveillant par sa piqûre, il a assuré le salut, et que les nouvelles des enfers que le moustique donne en rêve au berger, lui vaudront le cénotaphe qui portera sa mémoire à la postérité ?

Au vrai on ne songe guère en lisant ces lignes à s'interroger sur les limites du bon goût. Elles sont tout simplement atroces par la conjonction d'un deuil qui insiste à renouveler ses vœux : je l'ai aimée et je l'aime à jamais, et de la misère d'un regard dessillé sur ce que fut le sort de l'autre, et à qui ne reste plus pour s'y retenir que le ravage d'une inhumaine privation, surgi de la mémoire avec le spectre offensé de son plus tendre besoin.

Nous ne nous chargeons pas d'appliquer ici ce que nous professons sur le désir, en tant que précisément ce besoin, chez chacun il le recule. Car il n'y a pas là de vérité qui serve à rendre la justice.

Rien du désir qui est manque, ne peut être pesé ni posé dans des plateaux, si ce n'est ceux de la logique.

Nous voudrions que ce livre gardât, pour les hommes dont le destin est dans la vie de faire passer le sillon d'un manque, c'est-à-dire pour tous les hommes, et pour ceux-là aussi qui s'en désolent, c'est-à-dire beaucoup d'entre eux, son tranchant de couteau.

C'est dire assez que nous ne sommes pas de ceux pour qui la figure de Madeleine, si meurtrie qu'elle y paraisse, en sortirait, comme il se prétend, diminuée.

Quelque ombre qui sur un visage soit portée de la rampe tragique, elle ne le défigure pas. Celle que Gide ici projette, part du même point où le travail de Jean Delay place ses lumières, et d'où nous-même dirigeons l'éclairage psychanalytique.

Un sentiment différent prouve qu'à s'animer du respectable, il peut être d'un effet moins respectueux.

M. Jean Schlumberger reproche à André Gide d'avoir obscurci la figure de sa femme, du noir des ténèbres où il allait à sa rencontre. Pense-t-il éclaircir ces ténèbres de ses souvenirs en teintes claires ?

Il est difficile de ne pas mettre au compte du fâcheux une prétention réparatrice, quand elle s'efforce vainement, pour la convaincre d'en rabattre, contre une voix défunte.

Le défi dont elle s'anime à nous produire un défenseur des

vertus patriciennes *(sic)*[35] se soutient mal de se poursuivre sur le laus d'un bien-être bourgeois, et aussi bien le témoignage s'en affaiblit d'une inattention avouée à ce qui se jouait en réalité derrière l'art des apparences[36].

À la vérité l'honneur rendu à ces vertus nous ferait plutôt observer que la lice courtoise ne gagne rien à se parer de Courteline, et que la remarque « que Gide eut après tout un bonheur sur mesure[37] », à faire entrer la paix chez soi dans ce contexte, peut paraître déplacée.

Ce témoignage restreindrait en somme de lui-même sa portée aux susceptibilités d'un élan distingué, s'il ne tendait à nous convaincre que Madeleine était une oie et que les idées de son monde à la fin du XIXᵉ siècle égalaient l'homosexualité au cannibalisme, à la bestialité des mythes et aux sacrifices humains[38], ce qui suppose une ignorance des classiques à laquelle Madeleine échappait en tout cas.

Cet effort pourtant n'a pas été vain à nous fournir des témoignages plus probants. Il en ressort que Madeleine, fine, cultivée, douée, mais combien secrète, sut ne pas voir ce qu'elle voulait ignorer, – que son rayonnement hors d'un cercle intime pouvait se tempérer assez pour ne pas retenir spécialement une personnalité plus efficiente à se communiquer, – que le cristal de son jugement que Gide exalta, pouvait laisser apparaître l'angle opaque de sa réfraction sous des aspects de quelque dureté[39].

Offrir pourtant l'occasion d'estimer au prix de traits de classe, la classe d'une personnalité, mérite peut-être l'image, dont la verdeur première d'un Bernard Frank ne se serait pas fait faute, du pavé du lion.

Pourquoi ne pas voir que celle qui fut sans doute toute absorbée dans le mystère du destin qui l'unit à André Gide, se dérobe aussi sûrement à toute approche mondaine, qu'elle s'est soustraite, avec quelle fermeté de glace, à un messager

---

35. Jean Schlumberger, *Madeleine et André Gide*, p. 18, Gallimard, 1956.
36. *Op. cit.*, p. 184.
37. *Op. cit.*, p. 169.
38. *Op. cit.*, p. 94.
39. Témoignage de Mme van Rysselberghe, dans Schlumberger, p. 143-144. – Contre Gide, *Et nunc...* éd. citée plus haut, p. 69.

assez sûr de porter la parole du ciel pour s'immiscer en son alcôve[40].

Jusqu'où elle vint à devenir ce que Gide la fit être[41], reste impénétrable, mais le seul acte où elle nous montre clairement s'en séparer est celui d'une femme, d'une vraie femme, dans son entièreté de femme.

Cet acte est celui de brûler les lettres, – qui sont ce qu'elle a « de plus précieux ». Qu'elle n'en donne d'autre raison que d'avoir « dû faire quelque chose[42] », y ajoute le signe du déchaînement que provoque la seule intolérable trahison.

L'amour, le premier auquel accède en dehors d'elle cet homme dont la figure lui a trahi cent fois la fugace convulsion, – elle le reconnaît à ce qu'elle lit sur son visage : moins de noblesse, dit-elle simplement[43].

Dès lors le gémissement d'André Gide, celui d'une femelle[44] de primate frappée au ventre, et où il brame l'arrachement de ce redoublement de lui-même qu'étaient ses lettres, et ce pour quoi il les appelle son enfant, ne peut apparaître que remplir exactement la béance que l'acte de la femme a voulu ouvrir dans son être, en la creusant longuement l'une après l'autre des lettres jetées au feu de son âme flambante.

André Gide, retournant dans son cœur l'intention rédemptrice qu'il prête à ce regard qu'il nous peint tenant pour rien son halètement, à cette passante qui traverse son trépas sans le croiser, se trompe. Pauvre Jason parti pour la conquête de la toison dorée du bonheur, il ne reconnaît pas Médée !

La question pourtant que nous voulons soulever ici est ailleurs. Et elle passera par le rire, diversement modulé par les lois de la politesse, qui accueille la nouvelle par Gide

---

40. Cf. Correspondance de Claudel et de Gide, établie par Robert Mallet (Gallimard). Lettre de Madeleine Gide à Paul Claudel du 27 août 1925, – répondant à un billet de Paul Claudel, donné également.
41. « Alissa, [...], elle ne l'était pas, mais elle l'est devenue », répond André Gide à une question de Jean Delay, Delay, I, p. 502-503 ; II, p. 32.
42. Cf. Schlumberger, p. 197.
43. *Op. cit.*, p. 199.
44. Il faut rendre justice à M. Jean Schlumberger d'avoir perçu ce côté femelle des longs pleurs d'André Gide. Il en déduit ce qu'une attitude plus virile eût dû lui inspirer : « pousser la porte de sa femme ». Pour quoi faire ? Lui donner une petite bise sans doute, pour arranger tout ça. Cf. Schlumberger, p. 213.

propagée innocemment de son drame, car à la perte qu'il proclame être celle du legs le plus précieux qu'il destinait à la postérité, ce rire donne la réponse.

Ce rire a réduit Gide lui-même à sourire d'avoir écrit : « Peut-être n'y eut-il jamais plus belle correspondance[45]. » Mais qu'il l'ait pleuré comme telle, qu'il nous ait témoigné du coup porté en son être par ce deuil, en des termes qu'il n'a retrouvés que pour la perte de Madeleine, après que les années lui eurent ramené étrangement sa confiance et sa proximité, cela ne mérite-t-il pas qu'on le pèse ? Et comment le peser ?

Ce rire, il faut le reconnaître, n'a pas le sens de l'indifférence avec laquelle l'auteur du livre que nous venons de verser à ce dossier, nous dit avoir accueilli au fond d'une loge du Vieux-Colombier, la plainte de Gide. Et il serait vain de l'attribuer à l'obscénité propre aux tourbes confraternelles.

En ce rire plutôt entendons-nous résonner le sens humain qu'éveille la grande comédie, et nous n'étoufferons pas l'écho qu'il reçoit de l'imbroglio inimitable, où Molière nous figure l'exaltation de la cassette d'Harpagon par le quiproquo qui la lui fait substituer à sa propre fille quand c'est un amoureux qui lui en parle.

C'est dire que nous ne visons pas ici la perte qu'en la correspondance de Gide l'humanité a faite, ou les humanités, mais cet échange fatidique par où la lettre vient à prendre la place même d'où le désir s'est retiré.

À la dernière page du livre où, à la suite d'*Et nunc manet in te*[46], sont recueillies les pages qui, sur les relations de Gide à Madeleine, complètent le *Journal* nous lisons, terminant des lignes dont notre tête bourdonne, cette phrase : « qui n'offre plus, à la place ardente du cœur, qu'un trou ». Elle semble nous clouer la plainte de l'amant sur la place laissée déserte au cœur vivant de l'être aimé.

Or nous avons mal lu : il s'agit du vide laissé pour le lecteur, par la suppression des pages ici restituées, dans le texte du *Journal*. Mais c'est en lisant mal que nous avons bien lu pourtant.

---

45. Cf. la note de la page 83 du complément du *Journal*, joint à *Et nunc...* dans l'édition de Neuchâtel.
46. Édition de Neuchâtel.

Voici donc où se brise cette ironie de Gide qui serait presque unique, n'y eût-il Heine, à évoquer cette touche mortelle dont pour lui l'amour fut frappé, ce « Non, nous ne serons pas de vrais amants, ma chère », dont Jean Delay relève la note sur son carnet du 3 janvier 1891, pour en suivre le chemin et les séquences dans les papiers et dans les œuvres[47].

Voici où s'éteint le courage de celui qui pour faire reconnaître son désir, encourut la dérision, voire risqua l'infortune, – où l'abandonne aussi l'intuition qui de son *Corydon* « fait plus qu'un tract[48] », mais un étonnant aperçu de la théorie de la libido.

Voici où fléchit l'humour d'un homme à qui sa richesse assurait l'indépendance, mais que le fait d'avoir posé la question de sa particularité, mit en posture de Maître au-delà de sa bourgeoisie.

Ces lettres où il mit son âme, elles... n'avaient pas de double. Et leur nature de fétiche apparue provoque le rire qui accueille la subjectivité prise au dépourvu.

Tout finit à la comédie, mais qui fera finir le rire ?

Est-ce le Gide qui se suffit en ses jours ultimes à laisser sa main courir sur le papier les histoires d'almanach, les souvenirs d'enfance et les prouesses de bonne fortune entremêlées, qui prennent de son *Ainsi soit-il* un étrange phosphore[49] ?

« Signora Velcha, avez-vous bientôt fini ? », d'où venait-elle sur les lèvres de petites filles comme tout le monde, ses cousines, l'incantation pour elles irrévocable à s'y risquer, qu'elles lui dévoilèrent une fois en ce recès de toit inaccessible où la scandait leur danse ? Du même trio de magiciennes fatidique à se représenter dans son destin.

Et cette main qui la transcrit, est-ce encore la sienne, quand

---

47. Cette ironie presque parodique des œuvres, depuis les *Poésies* jusqu'à *Paludes*, Delay la commente en ces termes où pointe le ton de la sienne propre quand sur la précieuse *Tentative amoureuse*, il conclut : « En somme Luc, enchanté de réaliser son désir, s'en désenchante en le réalisant et se retrouve désolé, tandis que Gide, en exprimant le désir de ce double au lieu de le vivre, s'en désenchante aussi, mais dans un sens tout différent : il s'en désenvoûte et devient joyeux, de sorte que le désenchantement au sens de charme est un réenchantement au sens de chant. »

48. C'est le cas qu'en fait M. François Porché, dont le jugement est recueilli dans le volume de la N.R.F.

49. Cf. Delay, I, p. 184. *Ainsi soit-il*, p. 95-96.

il lui arrive déjà de pouvoir croire qu'il est mort ? Immobile, est-ce la main de l'adolescent pris dans les glaces du pôle du voyage d'Urien, et qui tend ces mots qu'on peut lire : *Hic desperatus*[50] ? Remuante, imite-t-elle le pianotage d'agonie, qui fit à Gide accorder à la mort de sa mère, la musique d'un effort déçu vers la beauté ? *Haec desperata*[51] ?

Le mouvement de cette main n'est pas en elle-même, mais en ces lignes, les miennes, qui ici continuent celles que Gide a tracées, les vôtres qui seront celles de ce *Nietzsche* que vous nous annoncez, Jean Delay.

Il ne s'arrêtera, ce mouvement, qu'au rendez-vous que vous connaissez déjà puisque vous allez à sa rencontre, à la question sur la figure qu'offre le verbe au-delà de la comédie quand d'elle-même elle tourne à la farce : comment savoir d'entre les bateleurs celui qui tient le vrai Polichinelle[52] ?

---

50. Delay, II, p. 211.
51. Delay, II, p. 501.
52. *Ecco, ecco, il vero Pulcinella :* qui se souvient du lieu où Nietzsche évoque ce cri d'estrade d'un moine à Naples, agitant un crucifix, nous fera plaisir en nous donnant la référence que nous n'arrivons pas à retrouver (1966).

Kant avec Sade

> Cet écrit devait servir de préface à *La Philosophie dans le boudoir*. Il a paru dans la revue *Critique* (n° 191, avril 1963) en manière de compte rendu de l'édition des œuvres de Sade à laquelle il était destiné. Éd. du Cercle du livre précieux, 1963, 15 vol.

Que l'œuvre de Sade anticipe Freud, fût-ce au regard du catalogue des perversions, est une sottise, qui se redit dans les lettres, de quoi la faute, comme toujours, revient aux spécialistes.

Par contre nous tenons que le boudoir sadien s'égale à ces lieux dont les écoles de la philosophie antique prirent leur nom : Académie, Lycée, Stoa. Ici comme là, on prépare la science en rectifiant la position de l'éthique. En cela, oui, un déblaiement s'opère qui doit cheminer cent ans dans les profondeurs du goût pour que la voie de Freud soit praticable. Comptez-en soixante de plus pour qu'on dise pourquoi tout ça.

Si Freud a pu énoncer *son* principe du plaisir sans avoir même à se soucier de marquer ce qui le distingue de sa fonction dans l'éthique traditionnelle, sans plus risquer qu'il fût entendu, en écho au préjugé incontesté de deux millénaires, pour rappeler l'attrait préordonnant la créature à son bien avec la psychologie qui s'inscrit dans divers mythes de bienveillance, nous ne pouvons qu'en rendre hommage à la montée insinuante à travers le XIXe siècle du thème du « bonheur dans le mal ».

Ici Sade est le pas inaugural d'une subversion, dont, si piquant que cela semble au regard de la froideur de l'homme, Kant est le point tournant, et jamais repéré, que nous sachions, comme tel.

La Philosophie dans le boudoir vient huit ans après la *Critique de la raison pratique*. Si, après avoir vu qu'elle s'y accorde, nous démontrons qu'elle la complète, nous dirons qu'elle donne la vérité de la *Critique*.

Du coup, les postulats où celle-ci s'achève : l'alibi de l'immortalité où elle refoule progrès, sainteté et même amour, tout ce qui pourrait venir de satisfaisant de la loi, la garantie qu'il lui faut d'une volonté pour qui l'objet à quoi la loi se rapporte fût intelligible, perdant même le plat appui de la fonction d'utilité où Kant les confinait, rendent l'œuvre à son diamant de subversion. Par quoi s'explique l'incroyable exaltation qu'en reçoit tout lecteur non prévenu par la piété académique. Effet à quoi ne gâtera rien qu'on en ait rendu compte.

Qu'on soit bien dans le mal, ou si l'on veut, que l'éternel féminin n'attire pas en haut, on pourrait dire que ce virage a été pris sur une remarque philologique : nommément que ce qui avait été admis jusque-là, qu'on est bien dans le bien, repose sur une homonymie que la langue allemande n'admet pas : *Man fühlt sich wohl im Guten*. C'est la façon dont Kant nous introduit à sa *Raison pratique*.

Le principe du plaisir, c'est la loi du bien qui est le *wohl*, disons le bien-être. Dans la pratique, il soumettrait le sujet au même enchaînement phénoménal qui détermine ses objets. L'objection qu'y apporte Kant est, selon son style de rigueur, intrinsèque. Nul phénomène ne peut se prévaloir d'un rapport constant au plaisir. Nulle loi donc d'un tel bien ne peut être énoncée qui définirait comme volonté le sujet qui l'introduirait dans sa pratique.

La recherche du bien serait donc une impasse, s'il ne renaissait, *das Gute*, le bien qui est l'objet de la loi morale. Il nous est indiqué par l'expérience que nous faisons d'entendre au-dedans de nous des commandements, dont l'impératif se présente comme catégorique, autrement dit inconditionnel.

Notons que ce bien n'est supposé le Bien, que de se proposer, comme on vient de le dire, envers et contre tout objet qui y mettrait sa condition, de s'opposer à quelque que ce soit des biens incertains que ces objets puissent apporter, dans une équivalence de principe, pour s'imposer comme supérieur de sa valeur universelle. Ainsi le poids n'en apparaît que d'exclure, pulsion ou sentiment, tout ce dont le sujet peut pâtir dans son intérêt pour un objet, ce que Kant pour autant désigne comme « pathologique ».

Ce serait donc par induction sur cet effet qu'on y retrouverait le Souverain Bien des Antiques, si Kant à son accoutumée ne précisait encore que ce Bien n'agit pas comme contrepoids, mais, si l'on peut dire, comme antipoids, c'est-à-dire de la soustraction de poids qu'il produit dans l'effet d'amour-propre *(Selbstsucht)* que le sujet ressent comme contentement *(arrogantia)* de ses plaisirs, pour ce qu'un regard à ce Bien rend ces plaisirs moins respectables [1]. Textuel, autant que suggestif.

Retenons le paradoxe que ce soit au moment où ce sujet n'a plus en face de lui aucun objet, qu'il rencontre une loi, laquelle n'a d'autre phénomène que quelque chose de signifiant déjà, qu'on obtient d'une voix dans la conscience, et qui, à s'y articuler en maxime, y propose l'ordre d'une raison purement pratique ou volonté.

Pour que cette maxime fasse la loi, il faut et il suffit qu'à l'épreuve d'une telle raison, elle puisse être retenue comme universelle en droit de logique. Ce qui, rappelons-le de ce droit, ne veut pas dire qu'elle s'impose à tous, mais qu'elle vaille pour tous les cas, ou pour mieux dire, qu'elle ne vaille en aucun cas, si elle ne vaut pas en tout cas.

Mais cette épreuve devant être de raison, pure quoique pratique, ne peut réussir que pour des maximes d'un type qui offre une prise analytique à sa déduction.

Ce type s'illustre de la fidélité qui s'impose à la restitution d'un dépôt [2] : la pratique du dépôt reposant sur les deux oreilles qui, pour constituer le dépositaire, doivent se boucher à toute condition à opposer à cette fidélité. Autrement dit, pas de dépôt sans dépositaire à la hauteur de sa charge.

On pourra sentir le besoin d'un fondement plus synthétique, même dans ce cas évident. Illustrons-en à notre tour le défaut, fût-ce au prix d'une irrévérence, d'une maxime retou-

---

[1]. Nous renverrons à la très acceptable traduction de Barni, qui remonte à 1848, ici p. 247 et suiv., et à l'édition Vorländer (chez Meiner) pour le texte allemand, ici p. 86.

[2]. Cf. la scolie du théorème III du chapitre premier de *l'Analytique de la Raison pure pratique*, Barni, p. 163 ; Vorländer, p. 31.

chée du père Ubu : « Vive la Pologne, car s'il n'y avait pas de Pologne, il n'y aurait pas de Polonais. »

Que nul par quelque lenteur, voire émotivité, ne doute ici de notre attachement à une liberté sans laquelle les peuples sont en deuil. Mais sa motivation ici analytique, encore qu'irréfutable, prête à ce que l'indéfectible s'en tempère de l'observation que les Polonais se sont recommandés de toujours par une résistance remarquable aux éclipses de la Pologne, et même à la déploration qui s'ensuivait.

On retrouve ce qui fonde Kant à exprimer le regret qu'à l'expérience de la loi morale, nulle intuition n'offre d'objet phénoménal.

Nous conviendrons que tout au long de la *Critique* cet objet se dérobe. Mais il se devine à la trace, que laisse l'implacable suite qu'apporte Kant à démontrer son dérobement et dont l'œuvre retire cet érotisme, sans doute innocent, mais perceptible, dont nous allons montrer le bien-fondé par la nature dudit objet.

C'est pourquoi nous prions que s'arrêtent en ce point même de nos lignes, pour les reprendre par après, tous ceux de nos lecteurs qui sont à l'endroit de la *Critique* dans un rapport encore vierge, de ne pas l'avoir lue. Qu'ils y contrôlent si elle a bien l'effet que nous disons, nous leur en promettons en tout cas ce plaisir qui se communique de l'exploit.

Les autres nous suivront maintenant dans *la Philosophie dans le boudoir*, dans sa lecture tout au moins.

Pamphlet, s'avère-t-elle, mais dramatique, où un éclairage de scène permet au dialogue comme aux gestes de se poursuivre aux limites de l'imaginable : cet éclairage s'éteint un moment pour faire place, pamphlet dans le pamphlet, à un factum intitulé : « Français, encore un effort si vous voulez être républicains... »

Ce qui s'y énonce est pour l'ordinaire entendu, sinon apprécié, comme une mystification. Il n'est pas besoin d'être alerté par la portée reconnue au rêve dans le rêve de pointer un rapport plus proche au réel, pour voir dans la dérision ici de l'actualité historique une indication de la même sorte. Elle est patente, et l'on fera mieux d'y regarder à deux fois.

Disons que le nerf du factum est donné dans la maxime à proposer sa règle à la jouissance, insolite à s'y faire droit à

Kant avec Sade

la mode de Kant, de se poser comme règle universelle. Énonçons la maxime :

« J'ai le droit de jouir de ton corps, peut me dire quiconque, et ce droit, je l'exercerai, sans qu'aucune limite m'arrête dans le caprice des exactions que j'aie le goût d'y assouvir. »

Telle est la règle où l'on prétend soumettre la volonté de tous, pour peu qu'une société lui donne effet par sa contrainte.

Humour noir au mieux, pour tout être raisonnable, à répartir de la maxime au consentement qu'on lui suppose.

Mais outre que, s'il est quelque chose à quoi nous ait rompu la déduction de la *Critique*, c'est à distinguer le rationnel de la sorte de raisonnable qui n'est qu'un recours confus au pathologique, nous savons maintenant que l'humour est le transfuge dans le comique de la fonction même du « surmoi ». Ce qui, pour animer d'un avatar cette instance psychanalytique et l'arracher à ce retour d'obscurantisme à quoi l'emploient nos contemporains, peut aussi bien relever l'épreuve kantienne de la règle universelle du grain de sel qui lui manque.

Dès lors ne sommes-nous pas incités à prendre plus au sérieux ce qui se présente à nous pour ne pas l'être tout à fait ? Nous ne demanderons pas, on s'en doute, s'il faut ni s'il suffit qu'une société sanctionne un droit à la jouissance en permettant à tous de s'en réclamer, pour que dès lors sa maxime s'autorise de l'impératif de la loi morale.

Nulle légalité positive ne peut décider si cette maxime peut prendre rang de règle universelle, puisque aussi bien ce rang peut l'opposer éventuellement à toutes.

Ce n'est pas question qui se tranche à seulement l'imaginer, et l'extension à tous du droit que la maxime invoque n'est pas ici l'affaire.

On n'y démontrerait au mieux qu'une possibilité du général, ce qui n'est pas l'universel, lequel prend les choses comme elles se fondent et non comme elles s'arrangent.

Et l'on ne saurait omettre cette occasion de dénoncer l'exorbitant du rôle que l'on confère au moment de la réciprocité en des structures, notamment subjectives, qui y répugnent intrinsèquement.

La réciprocité, relation réversible de s'établir sur une ligne simple à unir deux sujets qui, de leur position « réciproque », tiennent cette relation pour équivalente, trouve difficilement à se placer comme temps logique d'aucun franchissement du sujet dans son rapport au signifiant, et bien moins encore comme étape d'aucun développement, recevable ou non comme psychique (où l'enfant a toujours bon dos pour les placages d'intention pédagogique).

Quoi qu'il en soit, c'est un point à rendre déjà à notre maxime qu'elle peut servir de paradigme d'un énoncé excluant comme telle la réciprocité (la réciprocité et non la charge de revanche).

Tout jugement sur l'ordre infâme qui introniserait notre maxime est donc indifférent en la matière, qui est de lui reconnaître ou de lui refuser le caractère d'une règle recevable comme universelle en morale, la morale depuis Kant reconnue pour une pratique inconditionnelle de la raison.

Il faut évidemment lui reconnaître ce caractère pour la simple raison que sa seule annonce (son kérygme) a la vertu d'instaurer à la fois – et cette réjection radicale du pathologique, de tout égard pris à un bien, à une passion, voire à une compassion, soit la réjection par où Kant libère le champ de la loi morale, – et la forme de cette loi qui est aussi sa seule substance, en tant que la volonté ne s'y oblige qu'à débouter de sa pratique toute raison qui ne soit pas de sa maxime elle-même.

Certes ces deux impératifs entre quoi peut être tendue, jusqu'au brisement de la vie, l'expérience morale, nous sont dans le paradoxe sadien imposés comme à l'Autre, et non comme à nous-mêmes.

Mais ce n'est là distance que de premier abord, car de façon latente l'impératif moral n'en fait pas moins, puisque c'est de l'Autre que son commandement nous requiert.

On aperçoit ici tout nûment se révéler ce à quoi nous introduirait la parodie plus haut donnée de l'universel évident du devoir du dépositaire, à savoir que la bipolarité dont s'instaure la Loi morale n'est rien d'autre que cette refente du sujet qui s'opère de toute intervention du signifiant : nommément du sujet de l'énonciation au sujet de l'énoncé.

La Loi morale n'a pas d'autre principe. Encore faut-il qu'il soit patent, sauf à prêter à cette mystification que le gag du « Vive la Pologne ! » fait sentir.

En quoi la maxime sadienne est, de se prononcer de la

bouche de l'Autre, plus honnête qu'à faire appel à la voix du dedans, puisqu'elle démasque la refente, escamotée à l'ordinaire, du sujet.

Le sujet de l'énonciation s'y détache aussi clairement que du « Vive la Pologne », où seulement s'isole ce qu'évoque toujours de *fun* sa manifestation.

Qu'on se reporte seulement, pour confirmer cette perspective, à la doctrine dont Sade lui-même fonde le règne de son principe. C'est celle des droits de l'homme. C'est de ce qu'aucun homme ne peut être d'un autre homme la propriété, ni d'aucune façon l'apanage, qu'il ne saurait en faire prétexte à suspendre le droit de tous à jouir de lui chacun à son gré[3]. Ce qu'il en subira de contrainte n'est pas tant de violence que de principe, la difficulté pour qui la fait sentence, n'étant pas tant de l'y faire consentir que de la prononcer à sa place.

C'est donc bien l'Autre en tant que libre, c'est la liberté de l'Autre, que le discours du droit à la jouissance pose en sujet de son énonciation, et pas d'une façon qui diffère du *Tu es* qui s'évoque du fonds tuant de tout impératif.

Mais ce discours n'est pas moins déterminant pour le sujet de l'énoncé, à le susciter à chaque adresse de son équivoque contenu : puisque la jouissance, à s'avouer impudemment dans son propos même, se fait pôle dans un couple dont l'autre est au creux qu'elle fore déjà au lieu de l'Autre pour y dresser la croix de l'expérience sadienne.

Suspendons d'en dire le ressort à rappeler que la douleur, qui projette ici sa promesse d'ignominie, ne fait que recouper la mention expresse qu'en fait Kant parmi les connotations de l'expérience morale. Ce qu'elle vaut pour l'expérience sadienne se verra mieux de l'approcher par ce qu'aurait de démontant l'artifice des Stoïciens à son endroit : le mépris.

Qu'on imagine une reprise d'Épictète dans l'expérience sadienne : « Tu vois, tu l'as cassée », dit-il en désignant sa jambe. Rabattre la jouissance à la misère de tel effet où trébuche sa recherche, n'est-ce pas la tourner en dégoût ?

En quoi se montre que la jouissance est ce dont se modifie l'expérience sadienne. Car elle ne projette d'accaparer une volonté, qu'à l'avoir traversée déjà pour s'installer au plus

---

3. Cf. l'édition de Sade présentée, t. III, p. 501-502.

intime du sujet qu'elle provoque au-delà, d'atteindre sa pudeur.

Car la pudeur est amboceptive des conjonctures de l'être : entre deux, l'impudeur de l'un à elle seule faisant le viol de la pudeur de l'autre. Canal à justifier, s'il le fallait, ce que nous avons d'abord produit de l'assertion, à la place de l'Autre, du sujet.

Interrogeons cette jouissance précaire d'être suspendue dans l'Autre à un écho qu'elle ne suscite qu'à l'abolir à mesure, d'y joindre l'intolérable. Ne nous paraît-elle pas enfin ne s'exalter que d'elle-même à la façon d'une autre, horrible liberté ?

Aussi bien allons-nous voir se découvrir ce troisième terme qui, au dire de Kant, ferait défaut dans l'expérience morale. C'est à savoir l'objet, que, pour l'assurer à la volonté dans l'accomplissement de la Loi, il est contraint de renvoyer à l'impensable de la Chose-en-soi. Cet objet, ne le voilà-t-il pas, descendu de son inaccessibilité, dans l'expérience sadienne, et dévoilé comme Être-là, *Dasein*, de l'agent du tourment ?

Non sans garder l'opacité du transcendant. Car cet objet est étrangement séparé du sujet. Observons que le héraut de la maxime n'a pas besoin d'être ici plus que point d'émission. Il peut être une voix à la radio, rappelant le droit promu du supplément d'effort qu'à l'appel de Sade les Français auraient consenti, et la maxime devenue pour leur République régénérée Loi organique.

Tels phénomènes de la voix, nommément ceux de la psychose, ont bien cet aspect de l'objet. Et la psychanalyse n'était pas loin en son aurore d'y référer la voix de la conscience.

On voit ce qui motive Kant à tenir cet objet pour dérobé à toute détermination de l'esthétique transcendantale, encore qu'il ne manque pas d'apparaître à quelque bosse du voile phénoménal, n'étant pas sans feu ni lieu, ni temps dans l'intuition, ni sans mode qui se situe dans l'irréel, ni sans effet dans la réalité : ce n'est pas seulement que la phénoménologie de Kant fasse ici défaut, c'est que la voix même folle impose l'idée du sujet, et qu'il ne faut pas que l'objet de la loi suggère une malignité du Dieu réel.

Assurément le christianisme a éduqué les hommes à être

peu regardants du côté de la jouissance de Dieu, et c'est en quoi Kant fait passer son volontarisme de la Loi-pour-la-Loi, lequel en remet, peut-on dire, sur l'ataraxie de l'expérience stoïcienne. On peut penser que Kant y est sous la pression de ce qu'il entend de trop près, non pas de Sade, mais de tel mystique de chez lui, en le soupir qui étouffe ce qu'il entrevoit au-delà d'avoir vu que son Dieu est sans figure : *Grimmigkeit* ? Sade dit : Être-suprême-en-méchanceté.

Mais pfutt ! *Schwärmereien*, noirs essaims, nous vous chassons pour revenir à la fonction de la présence dans le fantasme sadien.

Ce fantasme a une structure qu'on retrouvera plus loin et où l'objet n'est qu'un des termes où peut s'éteindre la quête qu'il figure. Quand la jouissance s'y pétrifie, il devient le fétiche noir où se reconnaît la forme bel et bien offerte en tel temps et lieu, et de nos jours encore, pour qu'on y adore le dieu.

C'est ce qu'il advient de l'exécuteur dans l'expérience sadique, quand sa présence à la limite se résume à n'en être plus que l'instrument.

Mais que sa jouissance s'y fige, ne la dérobe pas à l'humilité d'un acte dont il ne peut faire qu'il n'y vienne comme être de chair, et, jusqu'aux os, serf du plaisir.

Duplication qui ne reflète, ni ne réciproque (pourquoi ne mutuellerait-elle pas ?) celle qui s'est opérée dans l'Autre des deux altérités du sujet.

Le désir, qui est le suppôt de cette refente du sujet, s'accommoderait sans doute de se dire volonté de jouissance. Mais cette appellation ne le rendrait pas plus digne de la volonté qu'il invoque chez l'Autre, en la tentant jusqu'à l'extrême de sa division d'avec son pathos ; car pour ce faire, il part battu, promis à l'impuissance.

Puisqu'il part soumis au plaisir, dont c'est la loi de le faire tourner en sa visée toujours trop court. Homéostase toujours trop vite retrouvée du vivant au seuil le plus bas de la tension dont il vivote. Toujours précoce la retombée de l'aile, dont il lui est donné de pouvoir signer la reproduction de sa forme. Aile pourtant qui a ici à s'élever à la fonction de figurer le lien du sexe à la mort. Laissons-la reposer sous son voile éleusinien.

Le plaisir donc, de la volonté là-bas rival qui stimule, n'est plus ici que complice défaillant. Dans le temps même de la jouissance, il serait tout simplement hors de jeu, si le fantasme n'intervenait pour le soutenir de la discorde même où il succombe.

Pour le dire autrement, le fantasme fait le plaisir propre au désir. Et revenons sur ce que désir n'est pas sujet, pour n'être nulle part indicable dans un signifiant de la demande quelle qu'elle soit, pour n'y être pas articulable encore qu'il y soit articulé.

La prise du plaisir dans le fantasme est ici aisée à saisir.

L'expérience physiologique démontre que la douleur est d'un cycle plus long à tous égards que le plaisir, puisqu'une stimulation la provoque au point où le plaisir finit. Si prolongée qu'on la suppose, elle a pourtant comme le plaisir son terme : c'est l'évanouissement du sujet.

Telle est la donnée vitale dont le fantasme va profiter pour fixer dans le sensible de l'expérience sadienne, le désir qui paraît dans son agent.

Le fantasme est défini par la forme la plus générale qu'il reçoit d'une algèbre construite par nous à cet effet, soit la formule ($ ◊ a$), où le poinçon ◊ se lit « désir de », à lire de même dans le sens rétrograde, introduisant une identité qui se fonde sur une non-réciprocité absolue. (Relation coextensive aux formations du sujet.)

Quoi qu'il en soit, cette forme s'avère particulièrement aisée à animer dans le cas présent. Elle y articule en effet le plaisir auquel a été substitué un instrument (objet a de la formule) à la sorte de division soutenue du sujet qu'ordonne l'expérience.

Ce qui ne s'obtient qu'à ce que son agent apparent se fige en la rigidité de l'objet, dans la visée que sa division de sujet lui soit tout entière de l'Autre renvoyée.

Une structure quadripartite est depuis l'inconscient toujours exigible dans la construction d'une ordonnance subjective. Ce à quoi satisfont nos schémas didactiques.

Modulons le fantasme sadien d'un nouveau de ces schémas :

SCHÉMA 1 : $d \rightarrow a$ ⚔ ◊ $\S$

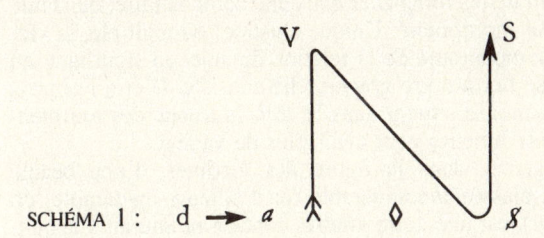

[Schéma : V en haut à gauche, S en haut à droite, avec une ligne sinueuse en forme de N reliant V à $\S$ en passant par ⚔.]

La ligne du bas satisfait à l'ordre du fantasme en tant qu'il supporte l'utopie du désir.

La ligne sinueuse inscrit la chaîne qui permet un calcul du sujet. Elle est orientée, et son orientation y constitue un ordre où l'apparition de l'objet a à la place de la cause s'éclaire de l'universel de sa relation à la catégorie de la causalité, lequel, à forcer le seuil de la déduction transcendantale de Kant, instaurerait sur la cheville de l'impur une nouvelle Critique de la Raison.

Reste le V qui à cette place tenant le haut du pavé paraît imposer la volonté dominant toute l'affaire, mais dont la forme aussi évoque la réunion de ce qu'il divise en le retenant ensemble d'un *vel*, à savoir en donnant à choisir ce qui fera le $\S$ (S barré) de la raison pratique, du S sujet brut du plaisir (sujet « pathologique »).

C'est donc bien la volonté de Kant qui se rencontre à la place de cette volonté qui ne peut être dite de jouissance qu'à expliquer que c'est le sujet reconstitué de l'aliénation au prix de n'être que l'instrument de la jouissance. Ainsi Kant, d'être mis à la question « avec Sade », c'est-à-dire Sade y faisant office, pour notre pensée comme dans son sadisme, d'instrument, avoue ce qui tombe sous le sens du « Que veut-il ? » qui désormais ne fait défaut à personne.

Qu'on se serve maintenant de ce graphe sous sa forme succincte, pour se retrouver dans la forêt du fantasme, que Sade dans son œuvre développe sur un plan de système.

On verra qu'il y a une statique du fantasme, par quoi le point d'aphanisis, supposé en $\S$, doit être dans l'imagination indéfiniment reculé. D'où la peu croyable survie dont Sade dote les victimes des sévices et tribulations qu'il leur inflige en sa fable. Le moment de leur mort n'y semble motivé que du besoin de les remplacer dans une combinatoire, qui seule exige leur multiplicité. Unique (Justine) ou multiple, la victime a la monotonie de la relation du sujet au signifiant, en quoi, à se fier à notre graphe, elle consiste. D'être l'objet *a* du fantasme, se situant dans le réel, la troupe des tourmenteurs (voir Juliette) peut avoir plus de variété.

L'exigence, dans la figure des victimes, d'une beauté toujours classée incomparable (et d'ailleurs inaltérable, cf. plus haut), est une autre affaire, dont on ne saurait s'acquitter avec quelques postulats banaux, bientôt controuvés, sur l'attrait sexuel. On y verra plutôt la grimace de ce que nous avons démontré, dans la tragédie, de la fonction de la beauté : barrière extrême à interdire l'accès à une horreur fondamentale. Qu'on songe à l'*Antigone* de Sophocle et au moment où y éclate l'Ερως ἀνιχατε μάκαν[4].

Cette excursion ne serait pas de mise ici, si elle n'introduisait ce qu'on peut appeler la discordance des deux morts, introduite par l'existence de la condamnation. L'entre-deux-morts de l'en-deçà est essentiel à nous montrer qu'il n'est pas autre que celui dont se soutient l'au-delà.

On le voit bien au paradoxe que constitue dans Sade sa position à l'endroit de l'enfer. L'idée de l'enfer, cent fois réfutée par lui et maudite comme moyen de sujétion de la tyrannie religieuse, revient curieusement motiver les gestes d'un de ses héros, pourtant des plus férus de la subversion libertine dans sa forme raisonnable, nommément le hideux Saint-Fond[5]. Les pratiques, dont il impose à ses victimes le supplice dernier, se fondent sur la croyance qu'il peut en rendre pour elles dans l'au-delà le tourment éternel. Conduite dont par son recel relatif au regard de ses complices, et créance dont par son embarras à s'en expliquer, le personnage souligne l'authenticité. Aussi bien l'entendons-nous à quelques pages de là tenter de les rendre plausibles en son discours par le mythe d'une attraction tendant à rassembler les « particules du mal ».

Cette incohérence dans Sade, négligée par les sadistes, un peu hagiographes eux aussi, s'éclairerait à relever sous sa plume le terme formellement exprimé de la seconde

---

4. *Antigone*, v. 781.
5. Cf. *Histoire de Juliette*, éd. Jean-Jacques Pauvert, t. II, p. 196 et s.

mort. Dont l'assurance qu'il en attend contre l'affreuse routine de la nature (celle qu'à l'entendre ailleurs, le crime a la fonction de rompre) exigerait qu'elle allât à une extrémité où se redouble l'évanouissement du sujet : avec lequel il symbolise dans le vœu que les éléments décomposés de notre corps, pour ne pas s'assembler à nouveau, soient eux-mêmes anéantis.

Que Freud cependant reconnaisse le dynamisme de ce vœu[6] en certains cas de sa pratique, qu'il en réduise très clairement, trop clairement peut-être, la fonction à une analogie au principe du plaisir, en l'ordonnant à une « pulsion » (demande) « de mort », voilà ce à quoi se refusera le consentement spécialement de tel qui n'a pu même apprendre en la technique qu'il doit à Freud, non plus qu'en ses leçons, que le langage ait d'autre effet qu'utilitaire, ou de parade tout au plus. Freud lui sert dans les congrès.

Sans doute, aux yeux de pareils fantoches, les millions d'hommes pour qui la douleur d'exister est l'évidence originelle pour les pratiques de salut qu'ils fondent dans leur foi au Bouddha, sont-ils des sous-développés, ou plutôt, comme pour Buloz, directeur de *la Revue des Deux Mondes*, qui le dit tout net à Renan en lui[7] refusant son article sur le Bouddhisme, ceci après Burnouf, soit quelque part les années 50 (du siècle dernier), pour eux n'est-il « pas possible qu'il y ait des gens aussi bêtes que cela ».

N'ont-ils donc pas, s'ils croient avoir meilleure oreille que les autres psychiatres, entendu cette douleur à l'état pur modeler la chanson d'aucuns malades qu'on appelle mélancoliques ?

Ni recueilli un de ces rêves dont le rêveur reste bouleversé, d'avoir dans la condition ressentie d'une renaissance intarissable, été au fond de la douleur d'exister ?

Ou pour remettre à leur place ces tourments de l'enfer qui n'ont jamais pu s'imaginer au-delà de ce dont les hom-

---

6. Dynamisme subjectif : la mort physique donne son objet au vœu de la seconde mort.
7. Cf. la préface de Renan à ses *Nouvelles études d'histoire religieuse* de 1884.

mes assurent en ce monde l'entretien traditionnel, les adjurerons-nous de penser à notre vie quotidienne comme devant être éternelle ?

Il ne faut rien espérer, même du désespoir, contre une bêtise, en somme sociologique, et dont nous ne faisons état que pour qu'on n'attende au-dehors rien de trop, concernant Sade, des cercles où l'on a une expérience plus assurée des formes du sadisme.

Notamment sur ce qui s'en répand d'équivoque, concernant la relation de réversion qui unirait le sadisme à une idée du masochisme dont on imagine mal au-dehors le pêle-mêle qu'elle supporte. Mieux vaut d'y trouver le prix d'une historiette, fameuse, sur l'exploitation de l'homme par l'homme : définition du capitalisme on le sait. Et le socialisme alors ? C'est le contraire.

Humour involontaire, c'est le ton dont une certaine diffusion de la psychanalyse prend effet. Il fascine d'être de plus inaperçu.

Il est pourtant des doctrinaires qui font effort pour une toilette plus soignée. On y va du bon faiseur existentialiste, ou plus sobrement, du *ready-made* personnaliste. Cela donne que le sadique « nie l'existence de l'Autre ». C'est tout à fait, on l'avouera, ce qui vient d'apparaître dans notre analyse.

À la suivre, n'est-ce pas plutôt que le sadisme rejette dans l'Autre la douleur d'exister, mais sans qu'il voie que par ce biais lui-même se mue en un « objet éternel », si M. Whitehead veut bien nous recéder ce terme ?

Mais pourquoi ne nous ferait-il pas bien commun ? N'est-ce pas là, rédemption, âme immortelle, le statut du chrétien ? Pas trop vite, pour n'aller pas non plus trop loin.

Apercevons plutôt que Sade n'est pas dupé par son fantasme, dans la mesure où la rigueur de sa pensée passe dans la logique de sa vie.

Car proposons ici un devoir à nos lecteurs.

La délégation que Sade fait à tous, dans sa République, du droit à la jouissance, ne se traduit dans notre graphe par aucune réversion de symétrie sur axe ou centre quelconque, mais seulement d'un pas de rotation d'un quart de cercle, soit :

Kant avec Sade

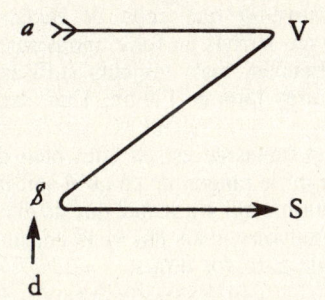

SCHÉMA 2 :

V, la volonté de jouissance ne laisse plus contester sa nature de passer dans la contrainte morale exercée implacablement par la Présidente de Montreuil sur le sujet dont il se voit que sa division n'exige pas d'être réunie dans un seul corps.

(Remarquons que seul le Premier Consul scelle cette division de son effet d'aliénation administrativement confirmé.)

Cette division ici réunit comme S le sujet brut incarnant l'héroïsme propre au pathologique sous l'espèce de la fidélité à Sade dont vont témoigner ceux qui furent d'abord complaisants à ses excès[8], sa femme, sa belle-sœur, – son valet, pourquoi pas ? –, d'autres dévouements effacés de son histoire.

Pour Sade, l'$, (S barré), on voit enfin que comme sujet c'est dans sa disparition qu'il signe, les choses ayant été à leur terme. Sade disparaît sans que rien incroyablement, encore moins que de Shakespeare, nous reste de son image, après qu'il ait dans son testament ordonné qu'un fourré efface jusqu'à la trace sur la pierre d'un nom scellant son destin.

Μὴ φῦναι[9], ne pas être né, sa malédiction moins sainte que celle d'Œdipe, ne le porte pas chez les Dieux, mais s'éternise : (*a*), dans l'œuvre dont d'un revers de main Jules Janin nous montre l'insubmersible flottaison, la faisant saluer des livres qui la masquent, à l'en croire, en toute digne bibliothèque, saint Jean Chrysostome ou les *Pensées*.

---

8. Qu'on n'entende pas que nous fassions ici crédit à la légende qu'il soit intervenu personnellement dans la détention de Sade. Cf. Gilbert Lély, *Vie du Marquis de Sade*, t. II, p. 577-580, et la note 1 de la page 580.
9. Chœur d'*Œdipe à Colonne*, v. 1125.

Œuvre ennuyeuse que celle de Sade, à vous entendre, oui, comme larrons en foire, monsieur le juge et monsieur l'académicien, mais toujours suffisante à vous faire l'un par l'autre, l'un et l'autre, l'un dans l'autre, vous déranger [10].

C'est qu'un fantasme est en effet bien dérangeant puisqu'on ne sait où le ranger, de ce qu'il soit là, entier dans sa nature de fantasme qui n'a réalité que de discours et n'attend rien de vos pouvoirs, mais qui vous demande, lui, de vous mettre en règle avec vos désirs.

Que le lecteur s'approche maintenant avec révérence de ces figures exemplaires qui, dans le boudoir sadien, s'agencent et se défont en un rite forain. « La posture se rompt. »
Pause cérémonielle, scansion sacrée.
Saluez-y les objets de la loi, de qui vous ne saurez rien, faute de savoir comment vous retrouver dans les désirs dont ils sont cause.

> *Il est bon d'être charitable*
> *Mais avec qui ? Voilà le point.*

Un nommé M. Verdoux le résout tous les jours en mettant des femmes au four jusqu'à ce qu'il passe lui-même à la chaise électrique. Il pensait que les siens désiraient vivre confortables. Plus éclairé, le Bouddha se donnait à dévorer à ceux qui ne connaissent pas la route. Malgré cet éminent patronage qui pourrait bien ne se fonder que d'un malentendu (il n'est pas sûr que la tigresse aime à manger du Bouddha), l'abnégation de M. Verdoux relève d'une erreur qui mérite sévérité puisqu'un peu de graine de *Critique*, qui ne coûte pas cher, la lui eût évitée. Personne ne doute que la pratique de la Raison eût été plus économique en même temps que plus légale, les siens eussent-ils dû la sauter un peu.

« Mais que sont, direz-vous, toutes ces métaphores et pourquoi... »

---

10. Cf. Maurice Garçon, *l'Affaire Sade*, J.-J. Pauvert, 1957. Il cite J. Janin de *la Revue de Paris* de 1834, dans sa plaidoirie p. 84-90. Deuxième référence p. 62 : J. Cocteau comme témoin écrit que Sade est ennuyeux, non sans avoir reconnu en lui le philosophe et le moralisateur.

Les molécules, monstrueuses à s'assembler ici pour une jouissance spinthrienne, nous réveillent à l'existence d'autres plus ordinaires à rencontrer dans la vie, dont nous venons d'évoquer les équivoques. Plus respectables soudain que ces dernières, d'apparaître plus pures en leurs valences.

Désirs... ici seuls à les lier, et exaltés d'y rendre manifeste que le désir, c'est le désir de l'Autre.

Si l'on nous a lu jusqu'ici, on sait que le désir plus exactement se supporte d'un fantasme dont un pied au moins est dans l'Autre, et justement celui qui compte, même et surtout s'il vient à boiter.

L'objet, nous l'avons montré dans l'expérience freudienne, l'objet du désir là où il se propose nu, n'est que la scorie d'un fantasme où le sujet ne revient pas de sa syncope. C'est un cas de nécrophilie.

Il vacille de façon complémentaire au sujet, dans le cas général.

C'est ce en quoi il est aussi insaisissable que selon Kant l'est l'objet de la Loi. Mais ici pointe le soupçon que ce rapprochement impose. La loi morale ne représente-t-elle pas le désir dans le cas où ce n'est plus le sujet, mais l'objet qui fait défaut ?

Le sujet, à y rester seul en présence, sous la forme de la voix, au-dedans, sans queue ni tête à ce qu'elle dit le plus souvent, ne paraît-il pas se signifier assez de cette barre dont le bâtarde le signifiant $\text{\$}$, lâché du fantasme ($\text{\$} \lozenge a$) dont il dérive, dans les deux sens de ce terme ?

Si ce symbole rend sa place au commandement du dedans dont s'émerveille Kant, il nous dessille à la rencontre qui, de la Loi au désir, va plus loin qu'au dérobement de leur objet, pour l'une comme pour l'autre.

C'est la rencontre où joue l'équivoque du mot liberté : sur laquelle, à faire main basse, le moraliste nous paraît toujours plus impudent encore qu'imprudent.

Écoutons plutôt Kant lui-même l'illustrer une fois de plus [11] : « Supposez, nous dit-il, que quelqu'un prétende ne pouvoir résister à sa passion, lorsque l'objet aimé et l'occasion se présentent est-ce que, si l'on avait dressé un gibet

---

11. Barni, p. 173. C'est la scolie du problème II *(Aufgabe)* du théorème III du chapitre premier de l'*Analytique*, éd. Vorländer p. 25.

devant la maison où il trouve cette occasion, pour l'y attacher immédiatement après qu'il aurait satisfait son désir, il lui serait encore impossible d'y résister ? Il n'est pas difficile de deviner ce qu'il répondrait. Mais si son prince lui ordonnait, sous peine de mort [12], de porter un faux témoignage contre un honnête homme qu'il voudrait perdre au moyen d'un prétexte spécieux, regarderait-il comme possible de vaincre en pareil cas son amour de la vie, si grand qu'il pût être ? S'il le ferait ou non, c'est ce qu'il n'osera peut-être pas décider, mais que cela lui soit possible, c'est ce dont il conviendra sans hésiter. Il juge donc qu'il peut faire quelque chose parce qu'il a la conscience de le devoir, et il reconnaît ainsi en lui-même la liberté qui, sans la loi morale, lui serait toujours demeurée inconnue. »

La première réponse ici supposée d'un sujet dont on nous avertit d'abord que chez lui beaucoup se passe en paroles, nous fait penser, qu'on ne nous en donne pas la lettre, quand pourtant tout est là. C'est que, pour la rédiger, on préfère s'en remettre à un personnage dont nous risquerions en tout cas d'offenser la vergogne, car en aucun, il ne mangerait de ce pain-là. C'est à savoir ce bourgeois idéal devant lequel ailleurs, sans doute pour faire pièce à Fontenelle, le centenaire trop galant, Kant déclare mettre chapeau bas [13].

Nous dispenserons donc le mauvais garçon du témoignage sous serment. Mais il se pourrait qu'un tenant de la passion, et qui serait assez aveugle pour y mêler le point d'honneur, fît problème à Kant, de le forcer à constater que nulle occasion ne précipite plus sûrement certains vers leur but, que de le voir s'offrir au défi, voire au mépris du gibet.

Car le gibet n'est pas la Loi, ni ne peut être ici par elle voituré. Il n'y a de fourgon que de la police, laquelle peut bien être l'État, comme on le dit, du côté de Hegel. Mais la Loi est autre chose, comme on le sait depuis Antigone.

Kant d'ailleurs n'y contredit pas par son apologue : le gibet n'y vient que pour qu'il y attache, avec le sujet, son amour de la vie.

Or c'est à quoi le désir peut dans la maxime : *Et non propter vitam vivendi perdere causas*, passer chez un être

---

12. Le texte porte : d'une mort sans délai.
13. Cf. p. 253 de la trad. Barni, p. 90 à l'éd. Vorländer.

moral, et justement de ce qu'il est moral, passer au rang d'impératif catégorique, pour peu qu'il soit au pied du mur. Ce qui est justement où on le pousse ici.

Le désir, ce qui s'appelle le désir suffit à faire que la vie n'ait pas de sens à faire un lâche. Et quand la loi est vraiment là, le désir ne tient pas, mais c'est pour la raison que la loi et le désir refoulé sont une seule et même chose, c'est même ce que Freud a découvert. Nous marquons le point à la mi-temps, professeur.

Mettons notre succès au tableau de la piétaille, reine du jeu comme on sait. Car nous n'avons fait intervenir ni notre Cavalier, ce dont nous avions pourtant beau jeu, puisque ce serait Sade, que nous croyons ici assez qualifié, – ni notre Fou, ni notre Tour, les droits de l'homme, la liberté de pensée, ton corps est à toi, ni notre Dame, figure appropriée à désigner les prouesses de l'amour courtois.

C'eût été déplacer trop de monde, pour un résultat moins sûr.

Car si j'arguë que Sade, pour quelques badinages, a encouru en connaissance de cause (voir ce qu'il fait de ses « sorties », licites ou non) d'être embastillé durant le tiers de sa vie, badinages un peu appliqués sans doute, mais d'autant plus démonstratifs au regard de la récompense, je m'attire Pinel et sa pinellerie qui rapplique. Folie morale, opine-t-elle. En tous les cas, belle affaire. Me voici rappelé à la révérence pour Pinel à qui nous devons un des plus nobles pas de l'humanité. – Treize ans de Charenton pour Sade, sont en effet de ce pas. – Mais ce n'était pas sa place. – Tout est là. C'est ce pas même qui l'y mène. Car pour sa place, tout ce qui pense est d'accord là-dessus, elle était ailleurs. Mais voilà : ceux qui pensent bien, pensent qu'elle était dehors, et les bien-pensants, depuis Royer-Collard qui le réclama à l'époque, la voyaient au bagne, voire sur l'échafaud. C'est justement ce en quoi Pinel est un moment de la pensée. Bon gré mal gré, il cautionne l'abattement qu'à droite et à gauche, la pensée fait subir aux libertés que la Révolution vient de promulguer en son nom.

Car à considérer les droits de l'homme sous l'optique de la philosophie, nous voyons apparaître ce qu'au reste tout le monde sait maintenant de leur vérité. Ils se ramènent à la liberté de désirer en vain.

Belle jambe, mais occasion d'y reconnaître notre liberté de prime-saut de tout à l'heure, et de confirmer que c'est bien la liberté de mourir.

Mais aussi de nous attirer le renfrognement de ceux qui la trouvent peu nutritive. Nombreux à notre époque. Renouvellement du conflit des besoins et des désirs, où comme par hasard c'est la Loi qui vide l'écaille.

Pour la pièce à faire à l'apologue kantien, l'amour courtois n'offre pas une voie moins tentante, mais elle exige d'être érudite. Être érudit par position, c'est s'attirer les érudits, et les érudits en ce champ, c'est l'entrée de clowns.

Déjà Kant ici pour un rien nous ferait perdre notre sérieux, faute qu'il ait le moindre sens du comique (à preuve ce qu'il en dit en son lieu).

Mais quelqu'un qui en manque, lui, tout à fait absolument, l'a-t-on remarqué, c'est Sade. Ce seuil peut-être lui serait fatal et une préface n'a pas été faite pour desservir.

Ainsi passons au second temps de l'apologue de Kant. Il n'est pas plus concluant à ses fins. Car supposé que son ilote ait le moindre à-propos, il lui demandera si par hasard il serait de son devoir de porter un vrai témoignage, au cas que ce fût le moyen dont le tyran pût satisfaire son envie.

Devrait-il dire que l'innocent est un Juif par exemple, s'il l'est vraiment, devant un tribunal, on a vu ça, qui y trouve matière à reprendre, – ou encore qu'il soit athée, quand justement il se pourrait que lui-même fût homme à mieux s'entendre sur la portée de l'accusation qu'un consistoire qui ne veut qu'un dossier, – et la déviation de « la ligne », va-t-il la plaider non coupable dans un moment et dans un lieu où la règle du jeu est l'autocritique, – et puis quoi ? après tout, un innocent est-il jamais tout à fait blanc, va-t-il dire ce qu'il sait ?

On peut ériger en devoir la maxime de contrer le désir du tyran, si le tyran est celui qui s'arroge le pouvoir d'asservir le désir de l'Autre.

Ainsi sur les deux longueurs (et la médiation précaire), dont Kant se fait levier pour montrer que la Loi met en balance non seulement le plaisir, mais douleur, bonheur ou aussi bien pression de la misère, voire amour de la vie, tout le pathologique, il s'avère que le désir peut n'avoir pas seulement le même succès, mais l'obtenir à meilleur droit.

Mais si l'avantage que nous avons laissé prendre à la *Critique* de l'alacrité de son argumentation, devait quelque chose à notre désir de savoir où elle voulait en venir, l'ambiguïté de ce succès ne peut-il en retourner le mouvement vers une révision des concessions surprises ?

Telle par exemple la disgrâce dont un peu vite furent frappés tous objets à se proposer comme biens, d'être incapables d'en faire l'accord des volontés : simplement d'y introduire la compétition. Ainsi Milan dont Charles Quint et François Ier ont su ce qu'il leur en coûta d'y voir le même bien l'un et l'autre.

C'est bien là méconnaître ce qu'il en est de l'objet du désir.

Que nous ne pouvons introduire ici qu'à rappeler ce que nous enseignons sur le désir, à formuler comme désir de l'Autre, pour ce qu'il est d'origine désir de son désir. Ce qui fait l'accord des désirs concevable, mais non pas sans danger. Pour la raison qu'à ce qu'ils s'ordonnent en une chaîne qui ressemble à la procession des aveugles de Breughel, chacun sans doute, a la main dans la main de celui qui le précède, mais nul ne sait où tous s'en vont.

Or à rebrousser chemin, tous font bien l'expérience d'une règle universelle, mais pour n'en pas savoir plus long.

La solution conforme à la Raison pratique serait-elle qu'ils tournent en rond ?

Même manquant, le regard est bien là objet à présenter à chaque désir sa règle universelle, en matérialisant sa cause, en y liant la division « entre centre et absence » du sujet.

Tenons-nous-en dès lors à dire qu'une pratique comme la psychanalyse, qui reconnaît dans le désir la vérité du sujet, ne peut méconnaître ce qui va suivre, sans démontrer ce qu'elle refoule.

Le déplaisir y est reconnu d'expérience pour donner son prétexte au refoulement du désir, à se produire sur la voie de sa satisfaction : mais aussi bien pour donner la forme que prend cette satisfaction même dans le retour du refoulé.

Semblablement le plaisir redouble-t-il son aversion à reconnaître la loi, de supporter le désir d'y satisfaire qu'est la défense.

Si le bonheur est agrément sans rupture du sujet à sa vie, comme le définit très classiquement la *Critique*[14], il est clair qu'il se refuse à qui ne renonce pas à la voie du désir. Ce renoncement peut être voulu, mais au prix de la vérité de l'homme, ce qui est assez clair par la réprobation qu'ont encourue devant l'idéal commun les Épicuriens, voire les Stoïciens. Leur ataraxie destitue leur sagesse. On ne leur tient aucun compte de ce qu'ils abaissent le désir ; car non seulement on ne tient pas la Loi pour remontée d'autant, mais c'est par là, qu'on le sache ou non, qu'on la sent jetée bas.

Sade, le ci-devant, reprend Saint-Just là où il faut. Que le bonheur soit devenu un facteur de la politique est une proposition impropre. Il l'a toujours été et ramènera le sceptre et l'encensoir qui s'en accommodent fort bien. C'est la liberté de désirer qui est un facteur nouveau, non pas d'inspirer une révolution, c'est toujours pour un désir qu'on lutte et qu'on meurt, mais de ce que cette révolution veuille que sa lutte soit pour la liberté du désir.

Il en résulte qu'elle veut aussi que la loi soit libre, si libre qu'il la lui faut veuve, la Veuve par excellence, celle qui envoie votre tête au panier pour peu qu'elle bronche en l'affaire. La tête de Saint-Just fût-elle restée habitée des fantasmes d'Organt, il eût peut-être fait de Thermidor son triomphe.

Le droit à la jouissance s'il était reconnu, reléguerait dans une ère dès lors périmée, la domination du principe du plaisir. À l'énoncer, Sade fait glisser pour chacun d'une fracture imperceptible l'axe ancien de l'éthique : qui n'est rien d'autre que l'égoïsme du bonheur.

Dont on ne peut dire que toute référence en soit éteinte chez Kant à la familiarité même dont elle lui fait compagnie, et plus encore aux rejetons qu'on en saisit dans les exigences dont il arguë aussi bien pour une rétribution dans l'au-delà que pour un progrès ici-bas.

---

14. Théorème II du chapitre premier de l'*Analytique*, dans l'éd. Vorländer, p. 25, tout à fait improprement traduit par Barni, p. 159.

Qu'un autre bonheur s'entrevoie dont nous dîmes le nom d'abord, et le statut du désir change, imposant son réexamen.

Mais c'est ici que quelque chose doit se juger. Jusqu'où Sade nous mène-t-il dans l'expérience de cette jouissance, ou seulement de sa vérité ?

Car ces pyramides humaines, fabuleuses à démontrer la jouissance en sa nature de cascade, ces buffets d'eau du désir édifiés pour qu'elle irise les jardins d'Este d'une volupté baroque, plus haut encore la feraient-ils sourdre dans le ciel, que plus proche nous attirerait la question de ce qui est là ruisselant.

Des imprévisibles quanta dont l'atome amour-haine se moire au voisinage de la Chose d'où l'homme émerge par un cri, ce qui s'éprouve, passées certaines limites, n'a rien à faire avec ce dont le désir se supporte dans le fantasme qui justement se constitue de ces limites.

Ces limites, nous savons que dans sa vie Sade est passé au-delà.

Et cette épure de son fantasme dans son œuvre, sans doute ne nous l'aurait-il pas donnée autrement.

Peut-être étonnerons-nous à mettre en question ce que de cette expérience réelle, l'œuvre traduirait aussi.

À nous en tenir au boudoir, pour un aperçu assez vif des sentiments d'une fille envers sa mère, il reste que la méchanceté, si justement située par Sade dans sa transcendance, ne nous apprend pas ici beaucoup de nouveau sur ses modulations de cœur.

Une œuvre qui se veut méchante ne saurait se permettre d'être une méchante œuvre, et il faut dire que *la Philosophie* prête à cette pointe par tout un côté de bonne œuvre.

Ça prêche un peu trop là-dedans.

Sans doute est-ce un traité de l'éducation des filles[15] et soumis comme tel aux lois d'un genre. Malgré l'avantage qu'il prend de mettre au jour le « sadique-anal » qui enfumait ce sujet dans son insistance obsédante aux deux siècles précédents, il reste un traité de l'éducation. Le sermon y est assommant pour la victime, infatué de la part de l'instituteur.

L'information historique, ou pour mieux dire érudite, y est

---

15. Sade l'indique expressément dans son titre complet.

grise et fait regretter un La Mothe le Vayer. La physiologie s'y compose de recettes de nourrice. Pour ce qui en serait de l'éducation sexuelle, on croit lire un opuscule médical de nos jours sur le sujet, ce qui est tout dire.

Plus de suite dans le scandale irait à reconnaître dans l'impuissance où se déploie communément l'intention éducative, celle même contre quoi le fantasme ici s'efforce : d'où naît l'obstacle à tout compte rendu valable des effets de l'éducation, puisque ne peut s'y avouer de l'intention ce qui a fait les résultats.

Ce trait eût pu être impayable, des effets louables de l'impuissance sadique. Que Sade l'ait manqué, laisse à penser.

Sa carence se confirme d'une autre non moins remarquable : l'œuvre jamais ne nous présente le succès d'une séduction où pourtant se couronnerait le fantasme : celle par quoi la victime, fût-ce en son dernier spasme, viendrait à consentir à l'intention de son tourmenteur, voire s'enrôlerait de son côté par l'élan de ce consentement.

En quoi se démontre d'une autre vue que le désir soit l'envers de la loi. Dans le fantasme sadien, on voit comment ils se soutiennent. Pour Sade, on est toujours du même côté, le bon ou le mauvais ; aucune injure n'y changera rien. C'est donc le triomphe de la vertu : ce paradoxe ne fait que retrouver la dérision propre au livre édifiant, que la Justine vise trop pour ne pas l'épouser.

Au nez qui remue près, qu'on trouve à la fin du *Dialogue d'un prêtre et d'un moribond*, posthume (avouez que voilà un sujet peu propice à d'autres grâces que la grâce divine), le manque dans l'œuvre se fait sentir parfois d'un mot d'esprit, et l'on peut dire plus largement de ce wit, dont Pope, depuis près d'un siècle avait alors dit l'exigence.

Évidemment, ceci s'oublie de l'invasion pédantesque qui pèse sur les lettres françaises depuis la *W.W.II*.

Mais s'il vous faut un cœur bien accroché pour suivre Sade quand il prône la calomnie, premier article de la moralité à instituer dans sa république, on préférerait qu'il y mît le piquant d'un Renan. « Félicitons-nous, écrit ce dernier, que Jésus n'ait rencontré aucune loi qui punît l'outrage envers une classe de citoyens. Les Pharisiens eussent été inviolables [16]. » Et il continue : « Ses exquises moqueries, ses magiques provocations frappaient toujours au cœur. Cette tunique de Nessus du ridicule que le Juif, fils des Pharisiens, traîne en lambeaux après lui depuis dix-huit siècles, c'est Jésus qui l'a tissée par un artifice divin. Chef-d'œuvre de haute raillerie, ses traits se sont inscrits en ligne de feu sur la chair de l'hypocrite et du faux dévot. Traits incomparables, traits dignes d'un Fils de Dieu ! Un Dieu seul sait tuer de la sorte. Socrate et Molière ne font qu'effleurer la peau. Celui-ci porte jusqu'au fond des os le feu et la rage [17]. »

Car ces remarques prennent leur valeur de la suite que l'on sait, nous voulons dire la vocation de l'Apôtre du rang des Pharisiens et le triomphe des vertus pharisiennes, universel. Ce qui, l'on en conviendra, prête à un argument plus pertinent que l'excuse plutôt piètre dont se contente Sade en son apologie de la calomnie : que l'honnête homme en triomphera toujours.

Cette platitude n'empêche pas la sombre beauté qui rayonne de ce monument de défis. Celle-ci à nous témoigner de l'expérience que nous cherchons derrière la fabulation du fantasme. Expérience tragique, pour projeter ici sa condition en un éclairage d'au-delà toute crainte et pitié.

Sidération et ténèbres, telle est au contraire du mot d'esprit [18] la conjonction, qui en ces scènes nous fascine de sa brillance de charbon.

Ce tragique est de l'espèce qui se précisera plus tard dans le siècle en plus d'une œuvre, roman érotique ou drame religieux. Nous l'appellerions le tragique gâteux, dont on ne savait pas jusqu'à nous, sauf dans les blagues d'écolier, qu'il fût à un jet de pierre du tragique noble. Qu'on se réfère pour nous entendre à la trilogie claudélienne du *Père humilié*. (Pour nous entendre, qu'on sache aussi que nous avons démontré en cette œuvre les traits de la plus authentique tragédie. C'est Melpomène qui est croulante, avec Clio, sans qu'on voie laquelle enterrera l'autre.)

---

16. Cf. *Vie de Jésus*, 17ᵉ éd., p. 339.
17. *Op. cit.*, p. 346.
18. On sait le départ que prend Freud du « Sidération et lumière » de Heymans.

Nous voilà enfin en demeure d'interroger le *Sade, mon prochain* dont nous devons l'invocation à l'extrême perspicacité de Pierre Klossowski [19].

Sans doute la discrétion de cet auteur le fait-il abriter sa formule d'une référence à saint Labre. Nous ne nous en sentons pas plus porté à lui donner le même abri.

Que le fantasme sadien trouve mieux à se situer dans les portants de l'éthique chrétienne qu'ailleurs, c'est ce que nos repères de structure rendent facile à saisir.

Mais que Sade, lui, se refuse à être mon prochain, voilà ce qui est à rappeler, non pour le lui refuser en retour, mais pour y reconnaître le sens de ce refus.

Nous croyons que Sade n'est pas assez voisin de sa propre méchanceté, pour y rencontrer son prochain. Trait qu'il partage avec beaucoup et avec Freud notamment. Car tel est bien le seul motif du recul d'êtres, avertis parfois, devant le commandement chrétien.

Chez Sade, nous en voyons le test, à nos yeux crucial, dans son refus de la peine de mort, dont l'histoire suffirait à prouver, sinon la logique, qu'elle est un des corrélats de la Charité.

Sade s'est donc arrêté là, au point où se noue le désir à la loi.

Si quelque chose en lui s'est laissé retenir à la loi, pour y trouver l'occasion dont parle saint Paul, d'être démesurément pécheur, qui lui jetterait la pierre ? Mais il n'a pas été plus loin.

Ce n'est pas seulement que chez lui comme chez tout un chacun la chair soit faible, c'est que l'esprit est trop prompt pour n'être pas leurré. L'apologie du crime ne le pousse qu'à l'aveu détourné de la Loi. L'Être suprême est restauré dans le Maléfice.

Écoutez-le vous vanter sa technique, de mettre en œuvre aussitôt tout ce qui lui monte à la tête, pensant aussi bien, en remplaçant le repentir par la réitération, en finir avec la loi au-dedans. Il ne trouve rien de mieux pour nous encou-

---

19. C'est le titre de l'œuvre parue au Seuil en 1947. Disons que c'est la seule contribution de notre temps à la question sadienne qui ne nous paraisse pas entachée des tics du bel esprit. (Cette phrase, trop élogieuse pour les autres, fut mise d'abord dans notre texte à l'adresse d'un futur académicien, lui-même expert en malices.)

rager à le suivre que la promesse que la nature magiquement, femme qu'elle est, nous cédera toujours plus.

On aurait tort de se fier à ce typique rêve de puissance.

Il nous indique assez en tout cas qu'il ne saurait être question que Sade, comme P. Klossowski le suggère tout en marquant qu'il n'y croit pas, ait atteint cette sorte d'apathie qui serait « d'être rentré au sein de la nature, à l'état de veille, dans notre monde [20] », habité par le langage.

De ce qui manque ici à Sade, nous nous sommes interdit de dire un mot. Qu'on le sente dans la gradation de *La philosophie* à ce que ce soit l'aiguille courbe, chère aux héros de Buñuel qui soit appelée enfin à résoudre chez la fille un *penisneid*, qui se pose un peu là.

Quoi qu'il en soit, il apparaît qu'on n'a rien gagné à remplacer ici Diotime par Domancé, personne que la voie ordinaire semble effrayer plus qu'il ne convient, et qui, Sade l'a-t-il vu, clôt l'affaire par un *Noli tangere matrem*. V... ée et cousue, la mère reste interdite. Notre verdict est confirmé sur la soumission de Sade à la Loi.

D'un traité vraiment du désir, peu donc ici, voire rien de fait.

Ce qui s'en annonce dans ce travers pris d'une rencontre, n'est au plus qu'un ton de raison.

R. G. Septembre 1962.

---

20. Cf. la note p. 94, *op. cit.*

VII

Subversion du sujet et dialectique du désir dans l'inconscient freudien

> Ce texte représente la communication que nous avons apportée à un Congrès réuni à Royaumont par les soins des « Colloques philosophiques internationaux », sous le titre de : *La dialectique*, Jean Wahl nous y invitant. Il se tint du 19 au 23 septembre 1960.
>
> C'est la date de ce texte, antérieur au Congrès de Bonneval dont ressortit celui qui lui succède, qui nous le fait publier :
>
> pour donner au lecteur l'idée de l'avance où s'est toujours tenu notre enseignement par rapport à ce que nous pouvions en faire connaître.
>
> (Le graphe ici produit a été construit pour notre Séminaire sur les formations de l'inconscient. Il s'élabora spécialement sur la structure du mot d'esprit, prise comme départ, devant un auditoire surpris. C'en fut le premier trimestre, soit le dernier de 1957. Un compte rendu avec la figure donnée ici, en a paru dans le *Bulletin de psychologie* à l'époque.)

Une structure est constituante de la praxis qu'on appelle la psychanalyse. Cette structure ne saurait être indifférente à une audience comme celle-ci, supposée être philosophiquement avertie.

Qu'être un philosophe veuille dire s'intéresser à ce à quoi tout le monde est intéressé sans le savoir, voilà un propos intéressant d'offrir la particularité que sa pertinence n'implique pas qu'il soit décidable. Puisqu'il ne peut être tranché qu'à ce que tout le monde devienne philosophe.

Je dis : sa pertinence philosophique, puisque tel est au bout du compte le schéma que Hegel nous a donné de l'Histoire dans *la Phénoménologie de l'esprit*.

Le résumer ainsi a l'intérêt de nous présenter une médiation aisée pour situer le sujet : d'un rapport au savoir.

Aisée aussi à démontrer l'ambiguïté d'un tel rapport.

La même ambiguïté que manifestent les effets de la science dans l'univers contemporain.

Le savant qui fait la science est bien un sujet lui aussi, et même particulièrement qualifié dans sa constitution, comme le démontre que la science n'est pas venue au monde toute seule (que l'accouchement n'en a pas été sans vicissitudes, et qu'il a été précédé de quelques échecs : avortement, ou prématuration).

Or ce sujet qui doit savoir ce qu'il fait, du moins on le présume, ne sait pas ce qui déjà en fait dans les effets de la science intéresse tout le monde. Du moins en appert-il ainsi dans l'univers contemporain : où tout le monde se trouve donc à son niveau sur ce point d'ignorance.

Ceci tout seul mérite qu'on parle d'un sujet de la science. Propos à quoi entend s'égaler une épistémologie dont on peut dire qu'elle y montre plus de prétention que de succès.

D'où, qu'on l'apprenne ici, la référence toute didactique que nous avons prise dans Hegel pour faire entendre aux fins de formation qui sont les nôtres, ce qu'il en est de la question du sujet telle que la psychanalyse la subvertit proprement.

Ce qui nous qualifie pour procéder dans cette voie est évidemment notre expérience de cette praxis. Ce qui nous y a déterminé, ceux qui nous suivent en témoigneront, c'est une carence de la théorie doublée d'abus dans sa transmission, qui, pour n'être sans danger pour la praxis elle-même, résultent, l'une comme les autres, dans une absence totale de statut scientifique. Poser la question des conditions minimales exigibles pour un tel statut, n'était peut-être pas un départ malhonnête. Il s'est avéré qu'il mène loin.

Ce n'est pas à l'ampleur d'une mise en cause sociale que nous nous rapportons ici : nommément au dépôt des conclusions que nous avons dû prendre contre les déviations notoires en Angleterre et Amérique de la praxis qui s'autorise du nom de psychanalyse.

C'est proprement la subversion que nous allons tenter de définir, en nous excusant auprès de cette assemblée dont nous venons d'invoquer la qualité, de ne pouvoir faire plus en sa présence qu'en dehors d'elle, à savoir la prendre comme telle pour pivot de notre démonstration, à charge pour nous d'y justifier ce peu de marge à son endroit.

Usant pourtant de sa faveur pour tenir pour accordé que les conditions d'une science ne sauraient être l'empirisme.

De second temps, se rencontrant ce qui s'est déjà constitué, d'étiquette scientifique, sous le nom de psychologie.

Que nous récusons. Précisément de ce que nous allons démontrer que la fonction du sujet telle que l'instaure l'expérience freudienne, disqualifie à la racine ce qui sous ce titre ne fait, de quelque forme qu'on en rhabille les prémisses, que perpétuer un cadre académique.

Le critère en est l'unité du sujet qui est fondé sur des présupposés de cette sorte de psychologie, y étant même à prendre pour symptomatique que le thème en soit toujours plus emphatiquement isolé, comme s'il s'agissait du retour d'un certain sujet de la connaissance ou s'il fallait que le psychique se fît valoir comme doublant l'organisme.

Il faut ici prendre étalon de l'idée où conflue toute une pensée traditionnelle d'habiliter le terme non sans fondement d'état de la connaissance. Qu'il s'agisse des états d'enthousiasme dans Platon, des degrés du *samadhi* dans le bouddhisme, ou de l'*Erlebnis*, expérience vécue de l'hallucinogène, il convient de savoir ce qu'une théorie quelconque en authentifie.

En authentifie dans le registre de ce que la connaissance comporte de connaturalité.

Il est clair que le savoir hégelien, dans l'*Aufhebung* logicisante sur lequel il se fonde, fait aussi peu de cas de ces états comme tels que la science moderne qui peut y reconnaître un objet d'expérience en tant qu'occasion de définir certaines coordonnées, mais en aucun cas une ascèse qui serait, disons : épistémogène ou noophore.

C'est bien en quoi leur référence est pour nous pertinente.

Car nous supposons qu'on est assez informé de la praxis freudienne pour saisir que de tels états n'y jouent aucun rôle, – mais ce dont on n'apprécie pas le relief, c'est le fait que cette prétendue psychologie des profondeurs ne songe pas à en obtenir une illumination par exemple, ne leur affecte même pas de cote sur ce qu'elle dessine de parcours.

Car c'est là le sens sur lequel on n'insiste pas, de cet écart dont Freud procède à l'endroit des états hypnoïdes, quand il s'agit d'en expliquer même seulement les phénomènes de l'hystérie. C'est là le fait énorme : qu'il y préfère le discours de l'hystérique. Ce que nous avons appelé « moments féconds » dans notre repérage de la connaissance paranoïaque, n'est pas une référence freudienne.

Nous avons quelque mal à faire entendre dans un milieu infatué du plus incroyable illogisme ce que comporte d'interroger l'inconscient comme nous le faisons, c'est-à-dire jusqu'à ce qu'il donne une réponse qui ne soit pas de l'ordre du ravissement, ou de la mise au sol, mais plutôt qu'« il dise pourquoi ».

Si nous conduisons le sujet quelque part, c'est à un déchiffrement qui suppose déjà dans l'inconscient cette sorte de logique : où se reconnaît par exemple une voix interrogative, voire le cheminement d'une argumentation.

Toute la tradition psychanalytique est là pour soutenir que la nôtre ne saurait y intervenir qu'à y entrer au bon endroit, et qu'à anticiper sur elle, elle n'en obtient que la fermeture.

En d'autres termes, la psychanalyse qui se soutient de son allégeance freudienne, ne saurait en aucun cas se donner pour un rite de passage à une expérience archétypique ou d'aucune façon ineffable : le jour où quelqu'un y fera entendre quelque chose de cet ordre qui ne sera pas un minus, ce serait que toute limite y aurait été abolie. Ce dont nous sommes encore loin [1].

Ceci n'est qu'approche de notre sujet. Car il s'agit de serrer de plus près ce que Freud en sa doctrine lui-même articule de constituer un pas « copernicien ».

Y suffit-il qu'un privilège soit relégué, en l'occasion celui qui met la terre à la place centrale ? La destitution subséquente de l'homme d'une place analogue par le triomphe de l'idée de l'évolution, donne le sentiment qu'il y aurait là un gain qui se confirmerait de sa constance.

Mais est-on si sûr que ce soit là gain ou progrès essentiel ? Rien fait-il apparaître que l'autre vérité, si nous appelons

---

1. Même à tenter d'intéresser sous la rubrique des phénomènes *Psi* à la télépathie, voire à toute la psychologie gothique qui puisse se ressusciter d'un Myers, le plus vulgaire batteur d'estrade ne pourra franchir le champ où Freud l'a contenu d'avance, à poser ce qu'il retient de ces phénomènes comme devant être au sens strict : traduit, dans les effets de recoupement de discours contemporains.

La théorie psychanalytique, même à se prostituer, reste bégueule (trait bien connu du bordel). Comme on dit depuis Sartre, c'est une respectueuse : elle ne fera pas le trottoir de n'importe quel côté (note de 1966).

Subversion du sujet et dialectique du désir

ainsi la vérité révélée, en ait pâti sérieusement ? Ne croit-on pas que l'héliocentrisme n'est pas, d'exalter le centre, moins leurrant que d'y voir la terre, et que le fait de l'écliptique donnait sans doute modèle plus stimulant de nos rapports avec le vrai, avant de perdre beaucoup de son intérêt de n'être plus que terre opinant du bonnet ?

En tout cas, ce n'est pas à cause de Darwin que les hommes se croient moins le dessus du panier d'entre les créatures, puisque c'est précisément ce dont il les convainc.

L'emploi du nom de Copernic à une suggestion langagière, a des ressources plus celées qui touchent justement à ce qui vient déjà de glisser de notre plume comme rapport au vrai : à savoir le surgissement de l'ellipse comme n'étant pas indigne du lieu dont prennent leur nom les vérités dites supérieures. La révolution n'est pas moindre de ne porter que sur les « révolutions célestes ».

Dès ce moment s'y arrêter n'a plus seulement le sens de révoquer une sottise de la tradition religieuse qui, on le voit assez, ne s'en porte pas plus mal, mais de nouer plus intimement le régime du savoir à celui de la vérité.

Car si l'ouvrage de Copernic, comme d'autres l'ont fait remarquer avant nous, n'est pas si copernicien qu'on le croit, c'est en ceci que la doctrine de la double vérité y donne encore son abri à un savoir qui jusque-là il faut le dire, donnait toute l'apparence de s'en contenter.

Nous voilà donc porté sur cette frontière sensible de la vérité et du savoir dont après tout l'on peut dire que notre science, d'un premier abord, paraît bien avoir repris la solution de la fermer.

Si pourtant l'histoire de la Science à son entrée dans le monde, nous est encore assez brûlante pour que nous sachions qu'à cette frontière quelque chose alors a bougé, c'est peut-être là que la psychanalyse se signale de représenter un nouveau séisme à y survenir.

Car reprenons de ce biais le service que nous attendons de la phénoménologie de Hegel. C'est d'y marquer une solution idéale, celle, si l'on peut dire, d'un révisionnisme permanent, où la vérité est en résorption constante dans ce qu'elle a de perturbant, n'étant en elle-même que ce qui manque à la réalisation du savoir. L'antinomie que la tradition scolastique posait comme principielle, est ici supposée résolue d'être imaginaire. La vérité n'est rien d'autre que ce dont le savoir ne peut apprendre qu'il le sait qu'à faire agir son ignorance. Crise réelle où l'imaginaire se résout, pour employer nos catégories, d'engendrer une nouvelle forme symbolique. Cette dialectique est convergente et va à la conjoncture définie comme savoir absolu. Telle qu'elle est déduite, elle ne peut être que la conjonction du symbolique avec un réel dont il n'y a plus rien à attendre. Qu'est ceci ? sinon un sujet achevé dans son identité à lui-même. À quoi se lit que ce sujet est déjà là parfait et qu'il est l'hypothèse fondamentale de tout ce procès. Il est en effet nommé comme étant son substrat, il s'appelle le *Selbstbewusstsein*, l'être de soi conscient, tout-conscient.

Plût au ciel qu'il en fût ainsi, mais l'histoire de la science elle-même, nous entendons de la nôtre et depuis qu'elle est née, si nous plaçons sa première naissance dans les mathématiques grecques, se présente plutôt en détours qui satisfont fort peu à cet immanentisme, et les théories, qu'on ne se laisse pas tromper là-dessus par la résorption de la théorie restreinte dans la théorie généralisée, ne s'emmanchent en fait nullement selon la dialectique : thèse, antithèse et synthèse.

D'ailleurs quelques craquements à se donner voix fort confuse dans les grandes consciences responsables de quelques changements cardinaux dans la physique, ne sont pas sans nous rappeler qu'après tout pour ce savoir comme pour les autres, c'est ailleurs que doit sonner l'heure de la vérité.

Et pourquoi ne verrions-nous pas que l'étonnant ménagement dont bénéficie le battage psychanalytique dans la science, peut être dû à ce qu'elle indique d'un espoir théorique qui ne soit pas seulement de désarroi ?

Nous ne parlons pas bien entendu de cet extraordinaire transfert latéral, par où viennent se retremper dans la psychanalyse les catégories d'une psychologie qui en réinvigore ses bas emplois d'exploitation sociale. Pour la raison que nous avons dite, nous considérons le sort de la psychologie comme scellé sans rémission.

Quoi qu'il en soit, notre double référence au sujet absolu de Hegel et au sujet aboli de la science donne l'éclairage nécessaire à formuler à sa vraie mesure le dramatisme de Freud : rentrée de la vérité dans le champ de la science, du

Subversion du sujet et dialectique du désir 279

même pas où elle s'impose dans le champ de sa praxis : refoulée, elle y fait retour.

Qui ne voit la distance qui sépare le malheur de la conscience dont, si puissant qu'en soit le burinement dans Hegel, on peut dire qu'il n'est encore que suspension d'un savoir, – du malaise de la civilisation dans Freud, même si ce n'est que dans le souffle d'une phrase comme désavouée qu'il nous marque ce qui, à le lire ne peut s'articuler autrement que le rapport de travers (en anglais on dirait : *skew*) qui sépare le sujet du sexe ?

Rien donc, dans notre biais pour situer Freud, qui s'ordonne de l'astrologie judiciaire où trempe le psychologue. Rien qui procède de la qualité, voire de l'intensif, ni d'aucune phénoménologie dont puisse se rassurer l'idéalisme. Dans le champ freudien, malgré les mots, la conscience est trait aussi caduc à fonder l'inconscient sur sa négation (cet inconscient-là date de saint Thomas) que l'affect est inapte à tenir le rôle du sujet protopathique, puisque c'est un service qui n'y a pas de titulaire.

L'inconscient, à partir de Freud, est une chaîne de signifiants qui quelque part (sur une autre scène, écrit-il) se répète et insiste pour interférer dans les coupures que lui offre le discours effectif et la cogitation qu'il informe.

Dans cette formule, qui n'est nôtre que pour être conforme aussi bien au texte freudien qu'à l'expérience qu'il a ouvert, le terme crucial est le signifiant, ranimé de la rhétorique antique par la linguistique moderne, en une doctrine dont nous ne pouvons marquer ici les étapes, mais dont les noms de Ferdinand de Saussure et de Roman Jakobson indiqueront l'aurore et l'actuelle culmination, en rappelant que la science pilote du structuralisme en Occident a ses racines dans la Russie où a fleuri le formalisme. Genève 1910, Pétrograd 1920 disent assez pourquoi l'instrument en a manqué à Freud. Mais ce défaut de l'histoire ne rend que plus instructif le fait que les mécanismes décrits par Freud comme ceux du processus primaire, où l'inconscient trouve son régime, recouvrent exactement les fonctions que cette école tient pour déterminer les versants les plus radicaux des effets du langage, nommément la métaphore et la métonymie, autrement dit les effets de substitution et de combinaison du signifiant dans les dimensions respectivement synchronique et diachronique où ils apparaissent dans le discours.

La structure du langage une fois reconnue dans l'inconscient, quelle sorte de sujet pouvons-nous lui concevoir ?

On peut ici tenter, dans un souci de méthode, de partir de la définition strictement linguistique du Je comme signifiant : où il n'est rien que le *shifter* ou indicatif qui dans le sujet de l'énoncé désigne le sujet en tant qu'il parle actuellement.

C'est dire qu'il désigne le sujet de l'énonciation, mais qu'il ne le signifie pas. Comme il est évident au fait que tout signifiant du sujet de l'énonciation peut manquer dans l'énoncé, outre qu'il y en a qui diffèrent du Je, et pas seulement ce qu'on appelle insuffisamment les cas de la première personne du singulier, y adjoignît-on son logement dans l'invocation plurielle, voire dans le *Soi* de l'auto-suggestion.

Nous pensons par exemple avoir reconnu le sujet de l'énonciation dans le signifiant qu'est le *ne* dit par les grammairiens *ne* explétif, terme où s'annonce déjà l'opinion incroyable de tels parmi les meilleurs qui en tiennent la forme pour livrée au caprice. Puisse la charge que nous lui donnons, les faire s'y reprendre, avant qu'il *ne* soit avéré qu'ils n'y comprennent rien (retirez ce *ne*, mon énonciation perd sa valeur d'attaque Je m'élidant dans l'impersonnel). Mais je crains ainsi qu'ils *n'*en viennent à me honnir (glissez sur cet *n'* et son absence ramenant la crainte alléguée de l'avis de ma répugnance à une assertion timide, réduit l'accent de mon énonciation à me situer dans l'énoncé).

Mais si je dis « tue », pour ce qu'ils m'assomment, où me situé-je sinon dans le tu dont je les toise ?

Ne boudez pas, j'évoque de biais ce que je répugne à couvrir de la carte forcée de la clinique.

À savoir, la juste façon de répondre à la question : Qui parle ? quand il s'agit du sujet de l'inconscient. Car cette réponse ne saurait venir de lui, s'il ne sait pas ce qu'il dit, ni même qu'il parle, comme l'expérience de l'analyse tout entière nous l'enseigne.

Par quoi la place de l'inter-dit, qu'est l'intra-dit d'un entre-deux-sujets, est celle même où se divise la transparence du sujet classique pour passer aux effets de *fading* qui spécifient le sujet freudien de son occultation par un signifiant toujours plus pur : que ces effets nous mènent sur les confins où lapsus et mot d'esprit en leur collusion se confondent, ou même là où l'élision est tellement la plus allusive à rabattre en son gîte la présence, qu'on s'étonne que la chasse au *Dasein* n'en ait pas plus fait son profit.

Pour que ne soit pas vaine notre chasse, à nous analystes, il nous faut tout ramener à la fonction de coupure dans le discours, la plus forte étant celle qui fait barre entre le signifiant et le signifié. Là se surprend le sujet qui nous intéresse puisque à se nouer dans la signification, le voilà logé à l'enseigne du pré-conscient. Par quoi l'on arriverait au paradoxe de concevoir que le discours dans la séance analytique ne vaut que de ce qu'il trébuche ou même s'interrompt : si la séance elle-même ne s'instituait comme rupture dans un faux discours, disons dans ce que le discours réalise à se vider comme parole, à n'être plus que la monnaie à la frappe usée dont parle Mallarmé, qu'on se passe de main à main « en silence ».

Cette coupure de la chaîne signifiante est seule à vérifier la structure du sujet comme discontinuité dans le réel. Si la linguistique nous promeut le signifiant à y voir le déterminant du signifié, l'analyse révèle la vérité de ce rapport à faire des trous du sens les déterminants de son discours.

C'est la voie où s'accomplit l'impératif que Freud porte au sublime de la gnomique présocratique : *Wo es war, soll Ich werden*, que nous avons plus d'une fois commenté et que nous allons tout de suite faire comprendre autrement.

Nous contentant d'un pas dans sa grammaire : là où ce fut..., qu'est-ce à dire ? Si ce n'était que ça qui eût été (à l'aoriste), comment venir là même pour m'y faire être, de l'énoncer maintenant ?

Mais le français dit : Là où c'était... Usons de la faveur qu'il nous offre d'un imparfait distinct. Là où c'était à l'instant même, là où c'était pour un peu, entre cette extinction qui luit encore et cette éclosion qui achoppe, Je peux venir à l'être de disparaître de mon dit.

Énonciation qui se dénonce, énoncé qui se renonce, ignorance qui se dissipe, occasion qui se perd, qu'est-ce qui reste ici sinon la trace de ce qu'il faut bien qui soit pour choir de l'être ?

Un rêve rapporté par Freud dans son article : *Formulations sur les deux principes de l'événement psychique*[2], nous livre, liée au pathétique dont se soutient la figure d'un père défunt d'y être celle d'un revenant, la phrase : Il ne savait pas qu'il était mort.

Dont nous avons déjà pris prétexte à illustrer la relation du sujet au signifiant, par une énonciation dont l'être tremble de la vacillation qui lui revient de son propre énoncé.

Si la figure ne subsiste que de ce qu'on ne lui dise pas la vérité qu'elle ignore, qu'en est-il donc du *Je* dont cette subsistance dépend ?

Il ne savait pas... Un peu plus il savait, ah ! que jamais ceci n'arrive ! Plutôt qu'il sache, que Je meure. Oui, c'est ainsi que Je viens là, là où c'était : qui donc savait que J'étais mort ?

Être de non-étant, c'est ainsi qu'advient Je comme sujet qui se conjugue de la double aporie d'une subsistance véritable qui s'abolit de son savoir et d'un discours où c'est la mort qui soutient l'existence.

Mettrons-nous cet être en balance avec celui que Hegel comme sujet a forgé, d'être le sujet qui tient sur l'histoire le discours du savoir absolu ? On se souvient qu'il nous témoigne en avoir éprouvé la tentation de la folie. Et notre voie n'est-elle pas celle qui la surmonte, d'aller jusqu'à la vérité de la vanité de ce discours.

N'avançons pas ici notre doctrine de la folie. Car cette excursion eschatologique n'est là que pour désigner de quelle béance se séparent, la freudienne de l'hégelienne, ces deux relations du sujet au savoir.

Et qu'il n'en est pas de plus sûre racine que les modes dont s'y distingue la dialectique du désir.

Car dans Hegel, c'est au désir, à la *Begierde*, qu'est remise la charge de ce minimum de liaison qu'il faut que garde le sujet à l'antique connaissance, pour que la vérité soit immanente à la réalisation du savoir. La ruse de la raison veut dire que le sujet dès l'origine et jusqu'au bout sait ce qu'il veut.

C'est là que Freud rouvre à la mobilité d'où sortent les révolutions, le joint entre vérité et savoir.

En ceci que le désir s'y noue au désir de l'Autre, mais qu'en cette boucle gît le désir de savoir.

---

2. *G.W.*, t. VIII, p. 237-238.

Subversion du sujet et dialectique du désir

Le biologisme de Freud n'a rien à faire avec cette abjection prêcheuse qui vous vient par bouffées de l'officine psychanalytique.

Et il fallait vous faire vivre l'instinct de mort qu'on y abomine, pour vous mettre au ton de la biologie de Freud. Car éluder l'instinct de mort de sa doctrine, c'est la méconnaître absolument.

De l'abord que nous vous y avons ménagé, reconnaissez dans la métaphore du retour à l'inanimé dont Freud affecte tout corps vivant, cette marge au-delà de la vie que le langage assure à l'être du fait qu'il parle, et qui est juste celle où cet être engage en position de signifiant, non seulement ce qui s'y prête de son corps d'être échangeable, mais ce corps lui-même. Où apparaît donc que la relation de l'objet au corps ne se définit nullement comme d'une identification partielle qui aurait à s'y totaliser, puisque au contraire cet objet est le prototype de la signifiance du corps comme enjeu de l'être.

Nous relevons ici le gant du défi qu'on nous porte à traduire du nom d'instinct ce que Freud appelle *Trieb* : ce que *drive* traduirait assez bien en anglais, mais qu'on y évite, et ce pour quoi le mot *dérive* serait en français notre recours de désespoir, au cas où nous n'arriverions pas à donner à la bâtardise du mot *pulsion* son point de frappe.

Et de là nous insistons à promouvoir que, fondé ou non dans l'observation biologique, l'instinct parmi les modes de connaissance que la nature exige du vivant pour qu'il satisfasse ses besoins, se définit comme cette connaissance qu'on admire de ne pouvoir être un savoir. Mais autre chose est ce dont il s'agit chez Freud, qui est bien un savoir, mais un savoir qui ne comporte pas la moindre connaissance, en ce qu'il est incrit en un discours, dont, tel l'esclave-messager de l'usage antique, le sujet qui en porte sous sa chevelure le codicille qui le condamne à mort, ne sait ni le sens ni le texte, ni en quelle langue il est écrit, ni même qu'on l'a tatoué sur son cuir rasé pendant qu'il dormait.

Cet apologue force à peine la note du peu de physiologie que l'inconscient intéresse.

On l'appréciera à la contre-épreuve de la contribution que la psychanalyse a apportée à la physiologie depuis qu'elle existe : cette contribution est nulle, fût-ce concernant les organes sexuels. Aucune fabulation ne prévaudra contre ce bilan.

Car la psychanalyse implique bien entendu le réel du corps et de l'imaginaire de son schéma mental. Mais pour reconnaître leur portée dans la perspective qui s'y autorise du développement, il faut d'abord s'apercevoir que les intégrations plus ou moins parcellaires qui paraissent en faire l'ordonnance, y fonctionnent avant tout comme les éléments d'une héraldique, d'un blason du corps. Comme ceci se confirme à l'usage qu'on en fait pour lire les dessins d'enfant.

Là est le principe, nous y reviendrons, du privilège paradoxal, qui reste celui du phallus dans la dialectique inconsciente, sans que suffise à l'expliquer la théorie produite de l'objet partiel.

Nous faut-il dire maintenant que si l'on conçoit quelle sorte d'appui nous avons cherché dans Hegel pour critiquer une dégradation de la psychanalyse si inepte qu'elle ne se trouve d'autre titre à l'intérêt que d'être celle d'aujourd'hui, il est inadmissible qu'on nous impute d'être leurré par une exhaustion purement dialectique de l'être, et que nous ne saurions tenir tel philosophe[3] pour irresponsable quand il autorise ce malentendu.

Car loin de céder à une réduction logicisante, là où il s'agit du désir, nous trouvons dans son irréductibilité à la demande le ressort même de ce qui empêche aussi bien de le ramener au besoin. Pour le dire elliptiquement : que le désir soit articulé, c'est justement par là qu'il n'est pas articulable. Nous l'entendons : dans le discours qui lui convient, éthique et non psychologique.

Il nous faut dès lors pousser beaucoup plus loin devant vous la topologie que nous avons élaborée pour notre enseigne-

---

3. Il s'agit de l'ami qui nous a convié à ce colloque, après avoir quelques mois auparavant, laissé paraître les réserves qu'il prenait de son ontologie personnelle contre les « psychanalystes » à son gré trop portés sur l'hégélianisme, comme si quelqu'un d'autre que nous y offrait prise dans cette collectivité.

Ceci dans le bâton rompu de pages de son journal jetées aux vents (de hasard sans doute) qui les lui avaient arrachées.

Sur quoi nous lui fîmes tenir que, pour y intéresser cette sienne ontologie des termes mêmes divertissants dont il l'habille en des billets familiers, nous en trouvions le procédé, « sûrement pas, mais peut-être » destiné à égarer les esprits.

Subversion du sujet et dialectique du désir

ment dans ce dernier lustre, soit introduire un certain graphe dont nous prévenons qu'il n'assure qu'entre autres l'emploi que nous allons en faire, ayant été construit et mis au point à ciel ouvert pour repérer dans son étagement la structure la plus largement pratique des données de notre expérience. Il nous servira ici à présenter où se situe le désir par rapport à un sujet défini de son articulation par le signifiant.

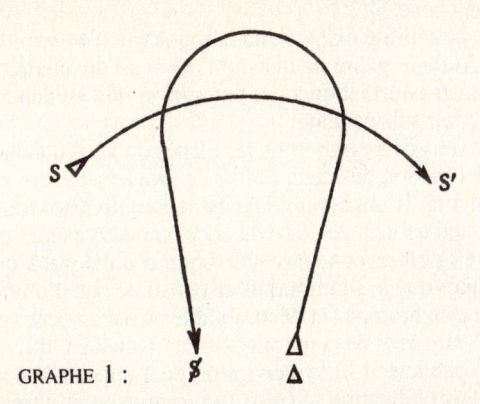

GRAPHE 1 :

Voici ce qu'on pourrait dire en être la cellule élémentaire (cf. graphe 1). S'y articule ce que nous avons appelé le point de capiton par quoi le signifiant arrête le glissement autrement indéfini de la signification. La chaîne signifiante est censée être supportée par le vecteur $\overrightarrow{S \cdot S'}$. Sans même entrer dans la finesse de la direction rétrograde où se produit son croisement redoublé par le vecteur $\overrightarrow{\Delta \cdot \mathcal{S}}$, – que seulement en ce dernier l'on voie le poisson qu'il croche, moins propre à figurer ce qu'il dérobe à la saisie en sa nage vive que l'intention qui s'efforce à le noyer dans le flot du pré-texte, à savoir la réalité qui s'imagine dans le schéma éthologique du retour du besoin.

Ce point de capiton, trouvez-en la fonction diachronique dans la phrase, pour autant qu'elle ne boucle sa signification qu'avec son dernier terme, chaque terme étant anticipé dans la construction des autres, et inversement scellant leur sens par son effet rétroactif.

Mais la structure synchronique est plus cachée, et c'est

elle qui nous porte à l'origine. C'est la métaphore en tant que s'y constitue l'attribution première, celle qui promulgue « le chien faire miaou, le chat faire oua-oua », par quoi l'enfant d'un seul coup, en déconnectant la chose de son cri, élève le signe à la fonction du signifiant, et la réalité à la sophistique de la signification, et, par le mépris de la vraisemblance, ouvre la diversité des objectivations à vérifier, de la même chose.

Cette possibilité exige-t-elle la topologie d'un jeu à quatre coins ? Voilà le genre de question qui n'a l'air de rien et qui peut donner pourtant quelque tintouin, si doit en dépendre la construction subséquente.

Nous vous en épargnerons les étapes en vous donnant tout de go la fonction des deux points de croisement dans ce graphe primaire. L'un, connoté A, est le lieu du trésor du signifiant, ce qui ne veut pas dire du code, car ce n'est pas que s'y conserve la correspondance univoque d'un signe à quelque chose, mais que le signifiant ne se constitue que d'un rassemblement synchronique et dénombrable où aucun ne se soutient que du principe de son opposition à chacun des autres. L'autre, connoté $s(A)$, est ce qu'on peut appeler la ponctuation où la signification se constitue comme produit fini.

Observons la dissymétrie de l'un qui est un lieu (place plutôt qu'espace) à l'autre qui est un moment (scansion plutôt que durée).

Tous deux participent de cette offre au signifiant que constitue le trou dans le réel, l'un comme creux de recel, l'autre comme forage pour l'issue.

La soumission du sujet au signifiant, qui se produit dans le circuit qui va de $s(A)$ à A pour revenir de A à $s(A)$, est proprement un cercle pour autant que l'assertion qui s'y instaure, faute de se clore sur rien que sur sa propre scansion, autrement dit faute d'un acte où elle trouverait sa certitude, ne renvoie qu'à sa propre anticipation dans la composition du signifiant, en elle-même insignifiante.

La quadrature de ce cercle, pour être possible, n'exige que la complétude de la batterie signifiante installée en A, symbolisant dès lors le lieu de l'Autre. À quoi l'on voit que cet Autre n'est rien que le pur sujet de la moderne stratégie des jeux, comme tel parfaitement accessible au calcul de la conjecture, pour autant que le sujet réel, pour y régler le sien, n'a à y tenir aucun compte d'aucune aberration dite subjective au sens commun, c'est-à-dire psychologique, mais de la seule inscription d'une combinatoire dont l'exhaustion est possible.

Cette quadrature est pourtant impossible, mais seulement du fait que le sujet ne se constitue qu'à s'y soustraire et à la décompléter essentiellement pour à la fois devoir s'y compter et n'y faire fonction que de manque.

L'Autre comme site préalable du pur sujet du signifiant, y tient la position maîtresse, avant même d'y venir à l'existence, pour le dire avec Hegel et contre lui, en Maître absolu. Car ce qui est omis dans la platitude de la moderne théorie de l'information, c'est qu'on ne peut même parler de code que si c'est déjà le code de l'Autre, or c'est bien d'autre chose qu'il s'agit dans le message, puisque c'est de lui que le sujet se constitue, par quoi c'est de l'Autre que le sujet reçoit même le message qu'il émet. Et sont justifiées les notations A et $s(A)$.

Messages de code et codes de message se distingueront en formes pures dans le sujet de la psychose, celui qui se suffit de cet Autre préalable.

Observons entre parenthèses que cet Autre distingué comme lieu de la Parole, ne s'impose pas moins comme témoin de la Vérité. Sans la dimension qu'il constitue, la tromperie de la Parole ne se distinguerait pas de la feinte qui, dans la lutte combative ou la parade sexuelle, en est pourtant bien différente. Se déployant dans la capture imaginaire, la feinte s'intègre dans le jeu d'approche et de rupture constituant la danse originaire, où ces deux situations vitales trouvent leur scansion, et les partenaires qui s'y ordonnent, ce que nous oserons écrire leur dansité. L'animal au reste s'en montre capable quand il est traqué ; il arrive à dépister en amorçant un départ qui est de leurre. Cela peut aller aussi loin qu'à suggérer chez le gibier la noblesse d'honorer ce qu'il y a dans la chasse de parade. Mais un animal ne feint pas de feindre. Il ne fait pas de traces dont la tromperie consisterait à se faire prendre pour fausses, étant les vraies, c'est-à-dire celles qui donneraient la bonne piste. Pas plus qu'il n'efface ses traces, ce qui serait déjà pour lui se faire sujet du signifiant.

Tout ceci n'a été articulé que de façon confuse par des philosophes pourtant professionnels. Mais il est clair que la

Parole ne commence qu'avec le passage de la feinte à l'ordre du signifiant, et que le signifiant exige un autre lieu, – le lieu de l'Autre, l'Autre témoin, le témoin Autre qu'aucun des partenaires, – pour que la Parole qu'il supporte puisse mentir, c'est-à-dire se poser comme Vérité.

Ainsi c'est d'ailleurs que de la Réalité qu'elle concerne que la Vérité tire sa garantie : c'est de la Parole. Comme c'est d'elle qu'elle reçoit cette marque qui l'institue dans une structure de fiction.

Le dit premier décrète, légifère, aphorise, est oracle, il confère à l'autre réel son obscure autorité.

Prenez seulement un signifiant pour insigne de cette toute-puissance, ce qui veut dire de ce pouvoir tout en puissance, de cette naissance de la possibilité, et vous avez le trait unaire qui, de combler la marque invisible que le sujet tient du signifiant, aliène ce sujet dans l'identification première qui forme l'idéal du moi.

Ce qu'inscrit la notation I (A) que nous devons substituer à ce stade à l'$, S barré du vecteur rétrograde, en nous le faisant reporter de sa pointe à son départ (cf. graphe 2).

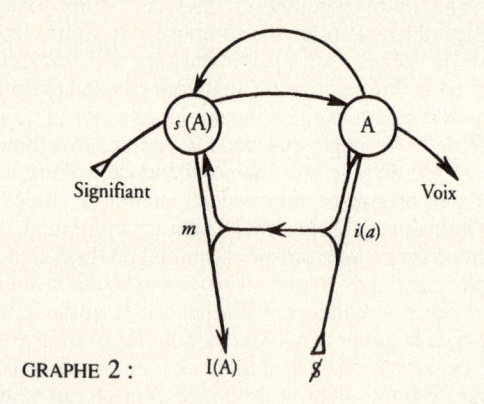

GRAPHE 2 :

Effet de rétroversion par quoi le sujet à chaque étape devient ce qu'il était comme d'avant et ne s'annonce : il aura été, – qu'au futur antérieur.

Ici s'insère l'ambiguïté d'un méconnaître essentiel au me

connaître. Car tout ce dont le sujet peut s'assurer, dans cette rétrovisée, c'est venant à sa rencontre l'image, elle anticipée, qu'il prit de lui-même en son miroir. Nous ne reprendrons pas ici la fonction de notre « stade du miroir », point stratégique premier dressé par nous en objection à la faveur accordée dans la théorie au prétendu *moi autonome*, dont la restauration académique justifiait le contresens proposé de son renforcement dans une cure désormais déviée vers un succès adaptatif : phénomène d'abdication mentale, lié au vieillissement du groupe dans la diaspora de la guerre, et réduction d'une pratique éminente à un label propre à l'exploitation de l'*American way of life* [4].

Quoi qu'il en soit, ce que le sujet trouve en cette image altérée de son corps, c'est le paradigme de toutes les formes de la ressemblance qui vont porter sur le monde des objets une teinte d'hostilité en y projetant l'avatar de l'image narcissique, qui, de l'effet jubilatoire de sa rencontre au miroir, devient dans l'affrontement au semblable le déversoir de la plus intime agressivité.

C'est cette image qui se fixe, moi idéal, du point où le sujet s'arrête comme idéal du moi. Le moi est dès lors fonction de maîtrise, jeu de prestance, rivalité constituée. Dans la capture qu'il subit de sa nature imaginaire, il masque sa duplicité, à savoir que la conscience où il s'assure d'une existence incontestable (naïveté qui s'étale dans la méditation d'un Fénelon) ne lui est nullement immanente, mais bien transcendante puisqu'elle se supporte du trait unaire de l'idéal du moi (ce que le cogito cartésien ne méconnaît pas [5]). Par quoi l'ego transcendantal lui-même se trouve relativé, impliqué qu'il est dans la méconnaissance où s'inaugurent les identifications du moi.

Ce procès imaginaire qui de l'image spéculaire va à la constitution du moi sur le chemin de la subjectivation par le signifiant, est signifié dans notre graphe par le vecteur $\overrightarrow{i(a).m}$ à sens unique, mais articulé doublement, une première fois en court-circuit sur $\overline{S}.\,I(\overline{A})$, une seconde fois en voie de retour sur $s(A).\,A$. Ce qui montre que le moi ne s'achève qu'à être articulé non comme Je du discours, mais comme métonymie de sa signifi-

---

4. Nous ne laissons ce paragraphe qu'en stèle d'une bataille dépassée (note de 1962 : où avions-nous la tête ?).

5. Les parenthèses ici des rajouts, épinglant des développements sur l'identification, postérieurs (1962).

cation (ce que Damourette et Pichon prennent pour la personne étoffée qu'ils opposent à la personne subtile, cette dernière n'étant autre que la fonction plus haut désignée comme *shifter*).

La promotion de la conscience comme essentielle au sujet dans la séquelle historique du *cogito* cartésien, est pour nous l'accentuation trompeuse de la transparence du Je en acte aux dépens de l'opacité du signifiant qui le détermine, et le glissement par quoi le *Bewusstsein* sert à couvrir la confusion du *Selbst*, vient justement dans *la Phénoménologie de l'esprit*, à démontrer, de la rigueur de Hegel, la raison de son erreur.

Le mouvement même qui désaxe le phénomène de l'esprit vers la relation imaginaire à l'autre (à l'autre, c'est-à-dire au semblable à connoter d'un petit a), met au jour son effet : à savoir l'agressivité qui devient le fléau de la balance autour de quoi va se décomposer l'équilibre du semblable au semblable en ce rapport du Maître à l'Esclave, gros de toutes les ruses par où la raison va y faire cheminer son règne impersonnel.

Cette servitude inaugurale des chemins de la liberté, mythe sans doute plutôt que genèse effective, nous pouvons ici montrer ce qu'elle cache précisément de l'avoir révélé comme jamais auparavant.

La lutte qui l'instaure, est bien dite de pur prestige, et l'enjeu, il y va de la vie, bien fait pour faire écho à ce danger de la prématuration générique de la naissance, ignoré de Hegel et dont nous avons fait le ressort dynamique de la capture spéculaire.

Mais la mort, justement d'être tirée à la fonction de l'enjeu, – pari plus honnête que celui de Pascal quoiqu'il s'agisse aussi d'un poker, puisqu'ici la relance est limitée, – montre du même coup ce qui est élidé d'une règle préalable aussi bien que du règlement conclusif. Car il faut bien en fin de compte que le vaincu ne périsse pas pour qu'il fasse un esclave. Autrement dit le pacte est partout préalable à la violence avant de la perpétuer, et ce que nous appelons le symbolique domine l'imaginaire, en quoi on peut se demander si le meurtre est bien le Maître absolu.

Car il ne suffit pas d'en décider par son effet : la Mort. Il s'agit encore de savoir quelle mort[6], celle que porte la vie ou celle qui la porte.

---

6. Là aussi référence à ce que nous avons professé dans notre séminaire

Sans faire tort à la dialectique hégélienne d'un constat de carence, dès longtemps soulevé sur la question du lien de la société des maîtres, nous ne voulons ici qu'y souligner ce qui, à partir de notre expérience, saute aux yeux comme symptomatique, c'est-à-dire comme installation dans le refoulement. C'est proprement le thème de la Ruse de la raison dont l'erreur plus haut désignée n'amoindrit pas la portée de séduction. Le travail, nous dit-il, auquel s'est soumis l'esclave en renonçant à la jouissance par crainte de la mort, sera justement la voie par où il réalisera la liberté. Il n'y a pas de leurre plus manifeste politiquement, et du même coup psychologiquement. La jouissance est facile à l'esclave et elle laissera le travail serf.

La ruse de la raison séduit par ce qui y résonne d'un mythe individuel bien connu de l'obsessionnel, dont on sait que la structure n'est pas rare dans l'*intelligentsia*. Mais pour peu que celui-ci échappe à la mauvaise foi du professeur, il ne se leurre qu'assez difficilement de ce que ce soit son travail qui doive lui rendre l'accès à la jouissance. Rendant un hommage proprement inconscient à l'histoire écrite par Hegel, il trouve souvent son alibi dans la mort du Maître. Mais quoi de cette mort ? Simplement il l'attend.

En fait c'est du lieu de l'Autre où il s'installe, qu'il suit le jeu, rendant tout risque inopérant, spécialement celui d'aucune joute, dans une « conscience-de-soi » pour qui il n'est de mort que pour rire.

Ainsi, que les philosophes ne croient pas pouvoir faire bon marché de l'irruption que fut la parole de Freud, concernant le désir.

Et ce sous le prétexte que la demande, avec les effets de la frustration, a tout submergé de ce qui leur parvient d'une pratique tombée à une banalité éducative que ne relèvent même plus ses mollesses.

Oui, les traumatismes énigmatiques de la découverte freudienne, ne sont plus que des envies rentrées. La psychanalyse se nourrit de l'observation de l'enfant et de l'infantilisme des observations. Épargnons-en les comptes rendus, tous tant qu'ils sont, si édifiants.

---

sur l'Éthique de la psychanalyse (1959-60 à paraître) sur la seconde mort. Nous voulons bien avec Dylan Thomas qu'il n'y en ait pas deux. Mais alors le Maître absolu est-il bien la seule qui reste ?

Et tels que l'humour n'y est plus de mise jamais.

Leurs auteurs sont désormais trop soucieux d'une position d'honorables, pour y faire encore la moindre part au côté irrémédiablement saugrenu que l'inconscient entretient de ses racines linguistiques.

Impossible pourtant à ceux qui prétendent que ce soit par l'accueil fait à la demande que s'introduit la discordance dans les besoins supposés à l'origine du sujet, de négliger le fait qu'il n'y a de demande qui ne passe à quelque titre par les défilés du signifiant.

Et si l'*ananké* somatique de l'impuissance de l'homme à se mouvoir, *a fortiori* à se suffire, un temps après sa naissance, assure son sol à une psychologie de la dépendance, comment éliderait-elle le fait que cette dépendance est maintenue par un univers de langage, justement en ceci que par et à travers lui, les besoins se sont diversifiés et démultipliés au point que la portée en apparaît d'un tout autre ordre, qu'on la rapporte au sujet ou à la politique ? Pour le dire : au point que ces besoins soient passés au registre du désir, avec tout ce qu'il nous impose de confronter à notre nouvelle expérience, de ses paradoxes de toujours pour le moraliste, de cette marque d'infini qu'y relèvent les théologiens, voire de la précarité de son statut, telle qu'elle s'annonce dans le dernier cri de sa formule, poussé par Sartre : le désir, passion inutile.

Ce que la psychanalyse nous démontre concernant le désir dans sa fonction qu'on peut dire la plus naturelle puisque c'est d'elle que dépend le maintien de l'espèce, ce n'est pas seulement qu'il soit soumis dans son instance, son appropriation, sa normalité pour tout dire, aux accidents de l'histoire du sujet (notion du traumatisme comme contingence), c'est bien que tout ceci exige le concours d'éléments structuraux qui, pour intervenir, se passent fort bien de ces accidents, et dont l'incidence inharmonique, inattendue, difficile à réduire, semble bien laisser à l'expérience un résidu qui a pu arracher à Freud l'aveu que la sexualité devait porter la trace de quelque fêlure peu naturelle.

On aurait tort de croire que le mythe freudien de l'Œdipe en finisse là-dessus avec la théologie. Car il ne se suffit pas d'agiter le guignol de la rivalité sexuelle. Et il conviendrait plutôt d'y lire ce qu'en ses coordonnées Freud impose à notre réflexion ; car elles reviennent à la question d'où lui-même est parti : qu'est-ce qu'un Père ?

– C'est le Père mort, répond Freud, mais personne ne l'entend, et pour ce que Lacan en reprend sous le chef du Nom-du-Père, on peut regretter qu'une situation peu scientifique le laisse toujours privé de son audience normale [7].

La réflexion analytique a pourtant tourné vaguement autour de la méconnaissance problématique chez certains primitifs de la fonction du géniteur, voire y a-t-on débattu, sous le pavillon de contrebande du « culturalisme », sur les formes d'une autorité, dont on ne peut même pas dire qu'aucun secteur de l'anthropologie y ait apporté une définition de quelque ampleur.

Faudra-t-il que nous soyons rejoints par la pratique qui prendra peut-être en un temps force d'usage, d'inséminer artificiellement les femmes en rupture du ban phallique, avec le sperme d'un grand homme, pour tirer de nous sur la fonction paternelle un verdict ?

L'Œdipe pourtant ne saurait tenir indéfiniment l'affiche dans des formes de société où se perd de plus en plus le sens de la tragédie.

Partons de la conception de l'Autre comme du lieu du signifiant. Tout énoncé d'autorité n'y a d'autre garantie que son énonciation même, car il est vain qu'il le cherche dans un autre signifiant, lequel d'aucune façon ne saurait apparaître hors de ce lieu. Ce que nous formulons à dire qu'il n'y a pas de métalangage qui puisse être parlé, plus aphoristiquement : qu'il n'y a pas d'Autre de l'Autre. C'est en imposteur que se présente pour y suppléer, le Législateur (celui qui prétend ériger la Loi).

Mais non pas la Loi elle-même, non plus que celui qui s'en autorise.

Que de cette autorité de la Loi, le Père puisse être tenu pour le représentant originel, voilà qui exige de spécifier sous quel mode privilégié de présence il se soutient au-delà du sujet qui est amené à occuper réellement la place de l'Autre, à savoir de la Mère. La question est donc reculée.

---

7. Que nous ayons porté ce trait à cette époque, fût-ce en termes plus vigoureux, en ce détour, prend valeur de rendez-vous de ce que ce soit précisément sur le Nom-du-Père que nous ayons trois ans plus tard pris la sanction de mettre en sommeil les thèses que nous avions promises à notre enseignement, en raison de la permanence de cette situation.

Il paraîtra étrange que, s'ouvrant là l'espace démesuré qu'implique toute demande : d'être requête de l'amour, nous n'y laissions pas plus d'ébat à ladite question.

Mais la concentrions sur ce qui se ferme en deçà, du même effet de la demande, pour faire proprement la place du désir.

C'est en effet très simplement, et nous allons dire en quel sens, comme désir de l'Autre que le désir de l'homme trouve forme, mais d'abord à ne garder qu'une opacité subjective pour y représenter le besoin.

Opacité dont nous allons dire par quel biais elle fait en quelque sorte la substance du désir.

Le désir s'ébauche dans la marge où la demande se déchire du besoin : cette marge étant celle que la demande, dont l'appel ne peut être inconditionnel qu'à l'endroit de l'Autre, ouvre sous la forme du défaut possible qu'y peut apporter le besoin, de n'avoir pas de satisfaction universelle (ce qu'on appelle : angoisse). Marge qui, pour linéaire qu'elle soit, laisse apparaître son vertige, pour peu qu'elle ne soit pas recouverte par le piétinement d'éléphant du caprice de l'Autre. C'est ce caprice néanmoins qui introduit le fantôme de la Toute-puissance non pas du sujet, mais de l'Autre où s'installe sa demande (il serait temps que ce cliché imbécile fût, une fois pour toutes, et pour tous, remis à sa place), et avec ce fantôme la nécessité de son bridage par la Loi.

Mais nous nous arrêtons là encore pour revenir au statut du désir qui se présente comme autonome par rapport à cette médiation de la Loi, pour la raison que c'est du désir qu'elle s'origine, en le fait que par une symétrie singulière, il renverse l'inconditionnel de la demande d'amour, où le sujet reste dans la sujétion de l'Autre, pour le porter à la puissance de la condition absolue (où l'absolu veut dire aussi détachement).

Pour le gain obtenu sur l'angoisse à l'endroit du besoin, ce détachement est réussi dès son plus humble mode, celui sous lequel tel psychanalyste l'a entrevu dans sa pratique de l'enfant, le dénommant : l'objet transitionnel, autrement dit : la bribe de lange, le tesson chéri que ne quittent plus la lèvre, ni la main.

Disons-le, ce n'est là qu'emblème ; le représentant de la représentation dans la condition absolue, est à sa place dans l'inconscient, où il cause le désir selon la structure du fantasme que nous allons en extraire.

Car là se voit que la nescience où reste l'homme de son

Subversion du sujet et dialectique du désir

désir est moins nescience de ce qu'il demande, qui peut après tout se cerner, que nescience d'où il désire.

Et c'est à quoi répond notre formule que l'inconscient est discours de l'Autre, où il faut entendre le de au sens du *de* latin (détermination objective) : *de Alio in oratione* (achevez : *tua res agitur*).

Mais aussi en y ajoutant que le désir de l'homme est le désir de l'Autre, où le de donne la détermination dite par les grammairiens subjective, à savoir que c'est en tant qu'Autre qu'il désire (ce qui donne la véritable portée de la passion humaine).

GRAPHE 3 :

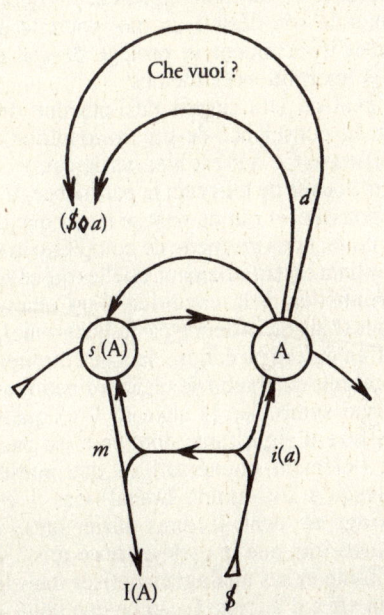

C'est pourquoi la question *de* l'Autre qui revient au sujet de la place où il en attend un oracle, sous le libellé d'un : *Che vuoi ?* que veux-tu ? est celle qui conduit le mieux au chemin de son propre désir, – s'il se met, grâce au savoir-faire d'un partenaire du nom de psychanalyste, à la reprendre, fût-ce sans bien le savoir, dans le sens d'un : Que me veut-il ?

C'est cet étage surimposé de la structure qui va pousser

notre graphe (cf. graphe 3) vers sa forme complétée, de s'y introduire d'abord comme le dessin d'un point d'interrogation planté au cercle du grand A de l'Autre, symbolisant d'une homographie déroutante la question qu'il signifie.

De quel flacon est-ce là l'ouvre-bouteille ? De quelle réponse le signifiant, clef universelle ?

Remarquons qu'un indice peut être trouvé dans la claire aliénation qui laisse au sujet la faveur de buter sur la question de son essence, en ce qu'il peut ne pas méconnaître que ce qu'il désire se présente à lui comme ce qu'il ne veut pas, forme assumée de la dénégation où s'insère singulièrement la méconnaissance de lui-même ignorée, par quoi il transfère la permanence de son désir à un moi pourtant évidemment intermittent, et inversement se protège de son désir en lui attribuant ces intermittences mêmes.

Bien sûr peut-on être surpris de l'étendue de ce qui est accessible à la conscience-de-soi, à condition qu'on l'ait appris par ailleurs. Ce qui est bien ici le cas.

Car pour retrouver de tout ceci la pertinence, il faut qu'une étude assez poussée, et qui ne peut se situer que dans l'expérience analytique, nous permette de compléter la structure du fantasme en y liant essentiellement, quelles qu'en soient les élisions occasionnelles, à la condition d'un objet (dont nous n'avons fait plus haut qu'effleurer par la diachronie le privilège), le moment d'un *fading* ou éclipse du sujet, étroitement lié à la *Spaltung* ou refente qu'il subit de sa subordination au signifiant.

C'est ce que symbolise le sigle $(\mathcal{S} \lozenge a)$ que nous avons introduit, au titre d'algorithme dont ce n'est pas par hasard qu'il rompt l'élément phonématique que constitue l'unité signifiante jusqu'à son atome littéral. Car il est fait pour permettre vingt et cent lectures différentes, multiplicité admissible aussi loin que le parlé en reste pris à son algèbre.

Cet algorithme et ses analogues utilisés dans le graphe ne démentent en effet d'aucune façon ce que nous avons dit de l'impossibilité d'un métalangage. Ce ne sont pas des signifiants transcendants ; ce sont les index d'une signification absolue, notion qui, sans autre commentaire, paraîtra, nous l'espérons, appropriée à la condition du fantasme.

Sur le fantasme ainsi posé, le graphe inscrit que le désir se règle, homologue à ce qu'il en est du moi au regard de l'image du corps, à ceci près qu'il marque encore l'inversion

Subversion du sujet et dialectique du désir

des méconnaissances où se fondent respectivement l'un et l'autre. Ainsi se ferme la voie imaginaire, par où je dois dans l'analyse advenir, là où *s*'était l'inconscient.

Disons, pour relever la métaphore de Damourette et Pichon sur le moi grammatical en l'appliquant à un sujet auquel elle est mieux destinée, que le fantasme est proprement l'« étoffe » de ce Je qui se trouve primordialement refoulé, de n'être indicable que dans le *fading* de l'énonciation.

Voici maintenant en effet notre attention sollicitée par le statut subjectif de la chaîne signifiante dans l'inconscient, ou mieux dans le refoulement primordial *(Urverdrängung)*.

On conçoit mieux dans notre déduction qu'il ait fallu s'interroger sur la fonction qui supporte le sujet de l'inconscient, de saisir qu'il soit difficile de le désigner nulle part comme sujet d'un énoncé, donc comme l'articulant, quand

GRAPHE COMPLET :

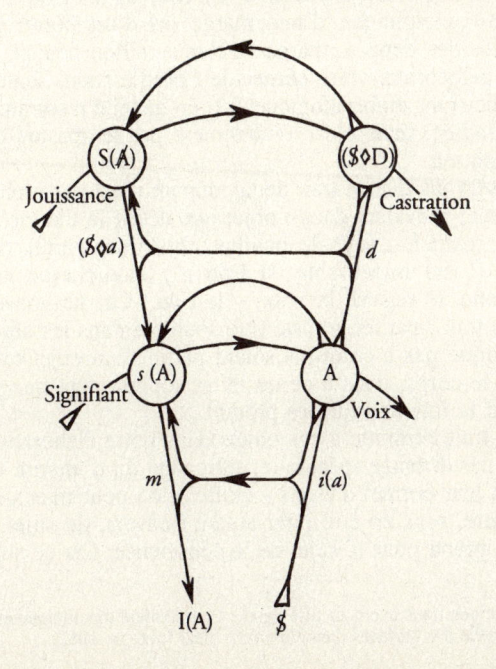

il ne sait même pas qu'il parle. D'où le concept de la pulsion où on le désigne d'un repérage organique, oral, anal, etc. qui satisfait à cette exigence d'être d'autant plus loin du parler que plus il parle.

Mais si notre graphe complet nous permet de placer la pulsion comme trésor des signifiants, sa notation comme ($ ◊ D) maintient sa structure en la liant à la diachronie. Elle est ce qui advient de la demande quand le sujet s'y évanouit. Que la demande disparaisse aussi, cela va de soi, à ceci près qu'il reste la coupure, car celle-ci reste présente dans ce qui distingue la pulsion de la fonction organique qu'elle habite : à savoir son artifice grammatical, si manifeste dans les réversions de son articulation à la source comme à l'objet (Freud là-dessus est intarissable).

La délimitation même de la « zone érogène » que la pulsion isole du métabolisme de la fonction (l'acte de la dévoration intéresse d'autres organes que la bouche, demandez-le au chien de Pavlov) est le fait d'une coupure qui trouve faveur du trait anatomique d'une marge ou d'un bord : lèvres, « enclos des dents », marge de l'anus, sillon pénien, vagin, fente palpébrale, voire cornet de l'oreille (nous évitons ici les précisions embryologiques). L'érogénéité respiratoire est mal étudiée, mais c'est évidemment par le spasme qu'elle entre en jeu.

Observons que ce trait de la coupure n'est pas moins évidemment prévalent dans l'objet que décrit la théorie analytique : mamelon, scybale, phallus (objet imaginaire), flot urinaire. (Liste impensable, si l'on n'y ajoute avec nous le phonème, le regard, la voix, – le rien.) Car ne voit-on pas que le trait : partiel, à juste titre souligné dans les objets, ne s'applique pas à ce qu'ils soient partie d'un objet total qui serait le corps, mais à ce qu'ils ne représentent que partiellement la fonction qui les produit.

Un trait commun à ces objets dans notre élaboration : ils n'ont pas d'image spéculaire, autrement dit d'altérité[8]. C'est ce qui leur permet d'être l'« étoffe », ou pour mieux dire la doublure, sans en être pour autant l'envers, du sujet même qu'on prend pour le sujet de la conscience. Car ce sujet qui

---

8. Ce que nous avons justifié depuis d'un modèle topologique emprunté à la théorie des surfaces dans l'*analysis situs* (note de 1962).

croit pouvoir accéder à lui-même à se désigner dans l'énoncé, n'est rien d'autre qu'un tel objet. Interrogez l'angoissé de la page blanche, il vous dira qui *est* l'étron de son fantasme.

C'est à cet objet insaisissable au miroir que l'image spéculaire donne son habillement. Proie saisie aux rets de l'ombre, et qui, volée de son volume gonflant l'ombre, retend le leurre fatigué de celle-ci d'un air de proie.

Ce que le graphe nous propose maintenant se situe au point où toute chaîne signifiante s'honore à boucler sa signification. S'il faut attendre un tel effet de l'énonciation inconsciente, c'est ici en S (A̸), et le lire : signifiant d'un manque dans l'Autre, inhérent à sa fonction même d'être le trésor du signifiant. Ceci pour autant que l'Autre est requis *(ché vuoi)* de répondre de la valeur de ce trésor, c'est-à-dire de répondre, certes de sa place dans la chaîne inférieure, mais dans les signifiants constituants de la chaîne supérieure, autrement dit en termes de pulsion.

Le manque dont il s'agit est bien ce que nous avons déjà formulé : qu'il n'y ait pas d'Autre de l'Autre. Mais ce trait du Sans-Foi de la vérité, est-ce bien là le dernier mot qui vaille à donner, à la question : que me veut l'Autre ?, sa réponse, quand nous, analyste, en sommes le porte-parole ? – Sûrement pas, et justement en ce que notre office n'a rien de doctrinal. Nous n'avons à répondre d'aucune vérité dernière, spécialement ni pour ni contre aucune religion.

C'est beaucoup déjà qu'ici nous devions placer, dans le mythe freudien, le Père mort. Mais un mythe ne se suffit pas de ne supporter aucun rite, et la psychanalyse n'est pas le rite de l'Œdipe, remarque à développer plus tard.

Sans doute le cadavre est-il bien un signifiant, mais le tombeau de Moïse est aussi vide pour Freud que celui du Christ pour Hegel. Abraham à aucun d'eux n'a livré son mystère.

Pour nous, nous partirons de ce que le sigle S (A̸) articule, d'être d'abord un signifiant. Notre définition du signifiant (il n'y en a pas d'autre) est : un signifiant, c'est ce qui représente le sujet pour un autre signifiant. Ce signifiant sera donc le signifiant pour quoi tous les autres signifiants représentent le sujet : c'est dire que faute de ce signifiant, tous les autres ne représenteraient rien. Puisque rien n'est représenté que pour.

Or la batterie des signifiants, en tant qu'elle est, étant par là même complète, ce signifiant ne peut être qu'un trait qui se trace de son cercle sans pouvoir y être compté. Symbolisable par l'inhérence d'un (– 1) à l'ensemble des signifiants.

Il est comme tel imprononçable, mais non pas son opération, car elle est ce qui se produit chaque fois qu'un nom propre est prononcé. Son énoncé s'égale à sa signification.

D'où résulte qu'à calculer celle-ci, selon l'algèbre dont nous faisons usage, à savoir :

$$\frac{S \text{ (signifiant)}}{s \text{ (signifié)}} = s \text{ (l'énoncé)}, \text{ avec } S = (-1), \text{ on a : } s = \sqrt{-1}.$$

C'est ce qui manque au sujet pour se penser épuisé par son *cogito*, à savoir ce qu'il est d'impensable. Mais d'où provient cet être qui apparaît en quelque sorte en défaut dans la mer des noms propres ?

Nous ne pouvons le demander à ce sujet en tant que Je. Pour le savoir il lui manque tout, puisque si ce sujet, moi J'étais mort, nous l'avons dit, il ne le saurait pas. Qu'il me sait donc pas vivant. Comment donc me le prouverai-Je ?

Car je puis à la rigueur prouver à l'Autre qu'il existe, non bien sûr avec les preuves de l'existence de Dieu dont les siècles le tuent, mais en l'aimant, solution apportée par le kérygme chrétien.

C'est au reste une solution trop précaire pour que nous songions même à y fonder un détour pour ce qui est notre problème, à savoir : Que suis-Je ?

Je suis à la place d'où se vocifère que « l'univers est un défaut dans la pureté du Non-Être ».

Et ceci non pas sans raison, car à se garder, cette place fait languir l'Être lui-même. Elle s'appelle la Jouissance, et c'est elle dont le défaut rendrait vain l'univers.

En ai-je donc la charge ? – Oui sans doute. Cette jouissance dont le manque fait l'Autre inconsistant, est-elle donc la mienne ? L'expérience prouve qu'elle m'est ordinairement interdite, et ceci non pas seulement, comme le croiraient les imbéciles, par un mauvais arrangement de la société, mais je dirais par la faute de l'Autre s'il existait : l'Autre n'existant pas, il ne me reste qu'à prendre la faute sur Je, c'est-à-dire à croire à ce à quoi l'expérience nous conduit tous, Freud en tête : au péché originel. Car si même nous n'en avions de Freud l'aveu exprès autant que navré, il resterait que le mythe, dernier-né dans l'histoire, que nous devons à sa plume, ne peut servir à rien de plus que celui de la pomme maudite, à ceci près qui ne vient pas à son actif de mythe, que, plus succinct, il est sensiblement moins crétinisant.

Mais ce qui n'est pas un mythe, et que Freud a formulé pourtant aussitôt que l'Œdipe, c'est le complexe de castration.

Nous trouvons dans ce complexe le ressort majeur de la subversion même que nous tentons ici d'articuler avec sa dialectique. Car proprement inconnu jusqu'à Freud qui l'introduit dans la formation du désir, le complexe de castration ne peut plus être ignoré d'aucune pensée sur le sujet.

Dans la psychanalyse sans doute, bien loin qu'on ait tenté de l'articuler plus avant, c'est très précisément à ne pas s'en expliquer qu'on s'est employé. C'est pourquoi ce grand corps, tout semblable à un Samson, est réduit à tourner la meule pour les Philistins de la psychologie générale.

Assurément il y a là ce qu'on appelle un os. Pour être justement ce qu'on avance ici : structural du sujet, il y constitue essentiellement cette marge que toute pensée a évitée, sautée, contournée ou bouchée chaque fois qu'elle réussit apparemment à se soutenir d'un cercle : qu'elle soit dialectique ou mathématique.

C'est pourquoi nous menons volontiers ceux qui nous suivent sur les lieux où la logique se déconcerte de la disjonction qui éclate de l'imaginaire au symbolique, non pour nous complaire aux paradoxes qui s'y engendrent, ni à aucune prétendue crise de la pensée, mais pour ramener bien au contraire leur faux-brillant à la béance qu'ils désignent, toujours pour nous très simplement édifiante, et surtout pour essayer d'y forger la méthode d'une sorte de calcul dont l'inappropriation comme telle ferait tomber le secret.

Tel ce fantôme de la cause, que nous avons poursuivi dans la plus pure symbolisation de l'imaginaire par l'alternance du semblable au dissemblable[9].

Observons donc bien ce qui objecte à conférer à notre signifiant S (Ж) le sens du *Mana* ou d'un quelconque de ses congénères. C'est que nous ne saurons nous contenter de

---

9. Plus récemment, en sens opposé, dans la tentative d'homologuer des surfaces topologiquement définies aux termes ici mis en jeu de l'articulation subjective. Voire dans la simple réfutation du prétendu paradoxe du « Je mens » (note de 1962).

l'articuler de la misère du fait social, fût-il traqué jusque dans un prétendu fait total.

Sans doute Claude Lévi-Strauss, commentant Mauss, a-t-il voulu y reconnaître l'effet d'un symbole zéro. Mais c'est plutôt du signifiant du manque de ce symbole zéro qu'il nous paraît s'agir en notre cas. Et c'est pourquoi nous avons indiqué, quitte à encourir quelque disgrâce, jusqu'où nous avons pu pousser le détournement de l'algorithme mathématique à notre usage : le symbole $\sqrt{-1}$, encore écrit i dans la théorie des nombres complexes, ne se justifie évidemment que de ne prétendre à aucun automatisme dans son emploi subséquent.

Ce à quoi il faut se tenir, c'est que la jouissance est interdite à qui parle comme tel, ou encore qu'elle ne puisse être dite qu'entre les lignes pour quiconque est sujet de la Loi, puisque la Loi se fonde de cette interdiction même.

La loi en effet commanderait-elle : Jouis, que le sujet ne pourrait y répondre que par un : J'ouïs, où la jouissance ne serait plus que sous-entendue.

Mais ce n'est pas la Loi elle-même qui barre l'accès du sujet à la jouissance, seulement fait-elle d'une barrière presque naturelle un sujet barré. Car c'est le plaisir qui apporte à la jouissance ses limites, le plaisir comme liaison de la vie, incohérente, jusqu'à ce qu'une autre, et elle non contestable, interdiction s'élève de cette régulation découverte par Freud comme processus primaire et pertinente loi du plaisir.

On a dit que Freud n'a fait là que suivre la voie où déjà s'avançait la science de son temps, voire la tradition d'un long passé. Pour mesurer la vraie audace de son pas, il suffit de considérer sa récompense, qui ne s'est pas fait attendre : l'échec sur l'hétéroclite du complexe de castration.

C'est la seule indication de cette jouissance dans son infinitude qui comporte la marque de son interdiction, et, pour constituer cette marque, implique un sacrifice : celui qui tient en un seul et même acte avec le choix de son symbole, le phallus.

Ce choix est permis de ce que le phallus, soit l'image du pénis, est négativé à sa place dans l'image spéculaire. C'est ce qui prédestine le phallus à donner corps à la jouissance, dans la dialectique du désir.

Il faut donc distinguer du principe du sacrifice, qui est

symbolique, la fonction imaginaire qui s'y dévoue, mais qui le voile du même coup qu'elle lui donne son instrument.

La fonction imaginaire est celle que Freud a formulée présider à l'investissement de l'objet comme narcissique. C'est là-dessus que nous sommes revenu nous-même en démontrant que l'image spéculaire est le canal que prend la transfusion de la libido du corps vers l'objet. Mais pour autant qu'une partie reste préservée de cette immersion, concentrant en elle le plus intime de l'auto-érotisme, sa position « en pointe » dans la forme la prédispose au fantasme de caducité où vient s'achever l'exclusion où elle se trouve de l'image spéculaire et du prototype qu'elle constitue pour le monde des objets.

C'est ainsi que l'organe érectile vient à symboliser la place de la jouissance, non pas en tant que lui-même, ni même en tant qu'image, mais en tant que partie manquante à l'image désirée : c'est pourquoi il est égalable au $\sqrt{-1}$ de la signification plus haut produite, de la jouissance qu'il restitue par le coefficient de son énoncé à la fonction de manque de signifiant : (-1).

S'il lui est donné de nouer ainsi l'interdiction de la jouissance, ce n'est pas pour autant pour ces raisons de forme, mais bien que leur outrepassement signifie ce qui ramène toute jouissance convoitée à la brièveté de l'auto-érotisme : les voies toutes tracées par la conformation anatomique de l'être parlant, à savoir la main du singe encore perfectionnée, n'ont en effet pas été dédaignées dans une certaine ascèse philosophique comme voies d'une sagesse abusivement qualifiée de cynique. Certains de nos jours, obsédés sans doute par ce souvenir, ont cru, parlant à notre personne, pouvoir faire relever Freud lui-même de cette tradition : technique du corps, comme dit Mauss. Il reste que l'expérience analytique nous enseigne le caractère originel de la culpabilité qu'engendre sa pratique.

Culpabilité liée au rappel de la jouissance que manque l'office rendu à l'organe réel, et consécration de la fonction du signifiant imaginaire à frapper les objets d'interdiction.

Telle est en effet la fonction radicale à laquelle une époque plus sauvage de l'analyse trouvait des causes plus accidentelles (éducatives), de même qu'elle infléchissait vers le traumatisme les autres formes auxquelles elle avait le mérite de s'intéresser, de sacralisation de l'organe (circoncision).

Le passage du $(-\varphi)$ (petit phi) de l'image phallique d'un côté à l'autre de l'équation de l'imaginaire au symbolique, le positive en tout cas, même s'il vient à remplir un manque. Tout support qu'il soit du (-1), il y devient Φ (grand phi), le phallus symbolique impossible à négativer, signifiant de la jouissance. Et c'est ce caractère du Φ qui explique et les particularités de l'abord de la sexualité par la femme, et ce qui fait du sexe mâle le sexe faible au regard de la perversion.

Nous n'aborderons pas ici la perversion pour autant qu'elle accentue à peine la fonction du désir chez l'homme, en tant qu'il institue la dominance, à la place privilégiée de la jouissance, de l'objet a du fantasme qu'il substitue à l'$\cancel{A}$. La perversion y ajoute une récupération du φ qui ne paraîtrait guère originale, s'il n'y intéressait pas l'Autre comme tel de façon très particulière. Seule notre formule du fantasme permet de faire apparaître que le sujet ici se fait l'instrument de la jouissance de l'Autre.

Il intéresse plus les philosophes, de saisir la pertinence de cette formule chez le névrosé, justement parce qu'il la fausse.

Le névrosé en effet, hystérique, obsessionnel ou plus radicalement phobique, est celui qui identifie le manque de l'Autre à sa demande, Φ à D.

Il en résulte que la demande de l'Autre prend fonction d'objet dans son fantasme, c'est-à-dire que son fantasme (nos formules permettent de le savoir immédiatement) se réduit à la pulsion : ($\cancel{S} \lozenge D$). C'est pourquoi le catalogue des pulsions a pu être dressé chez le névrosé.

Mais cette prévalence donnée par le névrosé à la demande, qui pour une analyse basculant dans la facilité, a fait glisser toute la cure vers le maniement de la frustration, cache son angoisse du désir de l'Autre, impossible à méconnaître quand elle n'est couverte que de l'objet phobique, plus difficile à comprendre pour les deux autres névroses, quand on n'a pas le fil qui permet de poser le fantasme comme désir de l'Autre. On en trouve alors les deux termes comme éclatés : l'un chez l'obsessionnel pour autant qu'il nie le désir de l'Autre en formant son fantasme à accentuer l'impossible de l'évanouissement du sujet, l'autre chez l'hystérique pour autant que le

Subversion du sujet et dialectique du désir

désir ne s'y maintient que de l'insatisfaction qu'on y apporte en s'y dérobant comme objet.

Ces traits se confirment du besoin qu'a, fondamental, l'obsessionnel de se porter caution de l'Autre, comme du côté Sans-Foi de l'intrigue hystérique.

En fait l'image du Père idéal est un fantasme de névrosé. Au-delà de la Mère, Autre réel de la demande dont on voudrait qu'elle calme le désir (c'est-à-dire son désir), se profile l'image d'un père qui fermerait les yeux sur les désirs. Par quoi est plus marquée encore que révélée la vraie fonction du Père qui foncièrement est d'unir (et non pas d'opposer) un désir à la Loi.

Le Père souhaité du névrosé est clairement, il se voit, le Père mort. Mais aussi bien un Père qui serait parfaitement le maître de son désir, ce qui vaudrait autant pour le sujet.

On voit là un des écueils que doit éviter l'analyste, et le principe du transfert dans ce qu'il a d'interminable.

C'est pourquoi une vacillation calculée de la « neutralité » de l'analyste, peut valoir pour une hystérique plus que toutes les interprétations, au risque de l'affolement qui peut en résulter. Bien entendu pourvu que cet affolement n'entraîne pas la rupture et que la suite convainque le sujet que le désir de l'analyste n'était pour rien dans l'affaire. Cette remarque n'est pas bien sûr un conseil technique, mais une vue ouverte sur la question du désir de l'analyste pour ceux qui ne sauraient en avoir autrement l'idée : comment l'analyste doit-il préserver pour l'autre la dimension imaginaire de sa non-maîtrise, de sa nécessaire imperfection, voilà qui est aussi important à régler que l'affermissement en lui volontaire de sa nescience quant à chaque sujet venant à lui en analyse, de son ignorance toujours neuve à ce qu'aucun ne soit un cas.

Pour revenir au fantasme, disons que le pervers s'imagine être l'Autre pour assurer sa jouissance, et que c'est ce que révèle le névrosé en s'imaginant être un pervers : lui pour s'assurer de l'Autre.

Ce qui donne le sens de la prétendue perversion mise au principe de la névrose. Elle est dans l'inconscient du névrosé en tant que fantasme de l'Autre. Mais cela ne veut pas dire que chez le pervers l'inconscient soit à ciel ouvert. Il se défend lui aussi à sa façon dans son désir. Car le désir est une défense, défense d'outre-passer une limite dans la jouissance.

Le fantasme, dans sa structure par nous définie, contient le $(-\varphi)$, fonction imaginaire de la castration sous une forme cachée et réversible d'un de ses termes à l'autre. C'est-à-dire qu'à la façon d'un nombre complexe, il imaginarise (si l'on nous permet ce terme) alternativement l'un de ces termes par rapport à l'autre.

Inclus dans l'objet a, c'est l'ἄγαλμα, le trésor inestimable qu'Alcibiade proclame être enfermé dans la boîte rustique qui lui forme la figure de Socrate. Mais observons que c'est affecté du signe $(-)$. C'est parce qu'il n'a pas vu la queue de Socrate, on nous permettra de le dire après Platon qui ne nous ménage pas les détails, qu'Alcibiade le séducteur exalte en lui l'ἄγαλμα, la merveille qu'il eût voulu que Socrate lui cédât en avouant son désir : la division du sujet qu'il porte en lui-même s'avouant avec éclat de cette occasion.

Telle est la femme derrière son voile : c'est l'absence du pénis qui la fait phallus, objet du désir. Évoquez cette absence d'une façon plus précise en lui faisant porter un mignon postiche sous un travesti de bal, et vous, ou plutôt elle, nous en direz des nouvelles : l'effet est garanti à 100 %, nous l'entendons auprès d'hommes sans ambages.

C'est ainsi qu'à montrer son objet comme châtré, Alcibiade parade comme désirant, – la chose n'échappe pas à Socrate –, pour un autre présent parmi les assistants, Agathon, que Socrate précurseur de l'analyse, et aussi bien, sûr de son affaire en ce beau monde, n'hésite pas à nommer comme objet du transfert, mettant au jour d'une interprétation le fait que beaucoup d'analystes ignorent encore : que l'effet amour-haine dans la situation psychanalytique se trouve au-dehors.

Mais Alcibiade n'est nullement un névrosé. C'est même parce qu'il est le désirant par excellence, et l'homme qui va aussi loin qu'il se peut dans la jouissance, qu'il peut ainsi (à l'appoint près d'une ivresse instrumentale) produire au regard de tous l'articulation centrale du transfert, mise en présence de l'objet paré de ses reflets.

Il n'en reste pas moins qu'il a projeté Socrate dans l'idéal du Maître parfait, qu'il l'a complètement, par l'action de $(-\varphi)$, imaginarisé.

Subversion du sujet et dialectique du désir

Chez le névrosé, le $(-\varphi)$ se glisse sous le $\mathcal{S}$ du fantasme, favorisant l'imagination qui lui est propre, celle du moi. Car la castration imaginaire, le névrosé l'a subie au départ, c'est elle qui soutient ce moi fort, qui est le sien, si fort, peut-on dire, que son nom propre l'importune, que le névrosé est au fond un Sans-Nom.

Oui, ce moi que certains analystes choisissent de renforcer encore, c'est ce sous quoi le névrosé couvre la castration qu'il nie.

Mais cette castration, contre cette apparence, il y tient.

Ce que le névrosé ne veut pas, et ce qu'il refuse avec acharnement jusqu'à la fin de l'analyse, c'est de sacrifier sa castration à la jouissance de l'Autre, en l'y laissant servir.

Et bien sûr n'a-t-il pas tort, car encore qu'il se sente au fond ce qu'il y a de plus vain à exister, un Manque-à-être ou un En-Trop, pourquoi sacrifierait-il sa différence (tout mais pas ça) à la jouissance d'un Autre qui, ne l'oublions pas, n'existe pas. Oui, mais si par hasard il existait, il en jouirait. Et c'est cela que le névrosé ne veut pas. Car il se figure que l'Autre demande sa castration.

Ce dont l'expérience analytique témoigne, c'est que la castration est en tout cas ce qui règle le désir, dans le normal et l'anormal.

À condition qu'elle oscille à alterner de $\mathcal{S}$ à a dans le fantasme, la castration fait du fantasme cette chaîne souple et inextensible à la fois par quoi l'arrêt de l'investissement objectal qui ne peut guère outrepasser certaines limites naturelles, prend la fonction transcendantale d'assurer la jouissance de l'Autre qui me passe cette chaîne dans la Loi.

À qui veut vraiment s'affronter à cet Autre, s'ouvre la voie d'éprouver non pas sa demande, mais sa volonté. Et alors : ou de se réaliser comme objet, de se faire la momie de telle initiation bouddhique, ou de satisfaire à la volonté de castration inscrite en l'Autre, ce qui aboutit au narcissisme suprême de la Cause perdue (c'est la voie du tragique grec, que Claudel retrouve dans un christianisme de désespoir).

La castration veut dire qu'il faut que la jouissance soit refusée, pour qu'elle puisse être atteinte sur l'échelle renversée de la Loi du désir.

Nous n'irons pas ici plus loin.

Cet article paraît en primeur : une pénurie inattendue des fonds qui d'ordinaire se prodiguent pour la publication, et intégrale, de ces sortes de colloques, l'ayant laissé en souffrance avec l'ensemble des belles choses qui de celui-ci firent l'ornement.

Notons pour la bonne règle que le développement « copernicien » est un rajout, et que la fin sur la castration n'eut pas le temps d'être dite, remplacée d'ailleurs par quelques traits sur la machine au sens moderne, dont peut se matérialiser le rapport du sujet au signifiant.

De la sympathie naturelle à toute discussion, n'excluons pas celle que nous inspira un discord. Le terme d'ahumain dont quelqu'un voulut marquer notre propos ne nous ayant d'aucune façon affligé, ce qu'il importe de nouveauté dans la catégorie nous flattant plutôt de lui avoir donné occasion de naître, – nous n'enregistrâmes pas d'un moindre intérêt le grésillement, prompt à le suivre, du mot d'« enfer » puisque la voix qui le portait, à se réclamer du marxisme, lui donnait un certain relief. Il faut l'avouer, nous sommes sensibles à l'humanisme quand il vient d'un bord où, pour n'être pas d'un usage moins rusé qu'ailleurs, à tout le moins résonne-t-il d'une note candide : « Quand le mineur revient à la maison, sa femme le frictionne... » Nous nous montrons là sans défense.

Ce fut dans un entretien personnel qu'un de nos proches nous demanda (ce fut la forme de sa question) si de parler pour le tableau noir impliquait la foi en un scribe éternel. Elle n'est pas nécessaire, lui fut-il répondu, à quiconque sait que tout discours prend ses effets de l'inconscient.

Position de l'inconscient
au congrès de Bonneval
reprise de 1960 en 1964

Henry Ey – de toute l'autorité dont il domine le milieu psychiatrique français – avait réuni dans son service de l'hôpital de Bonneval un très large concours de spécialistes, sur le thème de l'inconscient freudien (30 octobre-2 novembre 1960).

Le rapport de nos élèves Laplanche et Leclaire y promut une conception de nos travaux qui, parue aux *Temps modernes*, depuis fait foi, bien que manifestant de l'un à l'autre une divergence.

Les interventions qu'on apporte à un Congrès, quand le débat a un enjeu, exigent parfois autant de commentaire pour être situées.

Et il suffit que la réfection des textes soit pratiquée de façon générale pour que la tâche devienne ardue.

Elle perd d'ailleurs son intérêt avec le temps que nécessitent ces réfections. Car il faudrait lui substituer ce qui se passe dans ce temps considéré comme temps logique.

Bref, trois ans et demi après, pour n'avoir guère eu le loisir de surveiller l'intervalle, nous avons pris un parti dont voici comment Henri Ey le présente dans le livre sur ce Congrès, à paraître chez Desclée de Brouwer.

« Ce texte, écrit-il, résume les interventions de J. Lacan, interventions qui constituèrent par leur importance, l'axe même de toutes les discussions.

La rédaction de ces interventions a été condensée par Jacques Lacan dans ces pages écrites en mars 1964 à ma demande. »

Que le lecteur admette que pour nous ce temps logique ait pu réduire les circonstances à la mention qui en est faite, dans un texte qui se recense d'un plus intime rassemblement.

(1966)

Dans un colloque comme celui-ci, conviant, au titre de leur technique à chacun, des philosophes, des psychiatres, des psychologues et des psychanalystes, le commentaire manque à s'accorder sur le niveau de vérité où se tiennent les textes de Freud.

Il faut, sur l'inconscient, de l'expérience freudienne aller au fait.

L'inconscient *est* un concept forgé sur la trace de ce qui opère pour constituer le sujet.

L'inconscient *n'est pas* une espèce définissant dans la réalité psychique le cercle de ce qui n'a pas l'attribut (ou la vertu) de la conscience.

Il peut y avoir des phénomènes qui relèvent de l'inconscient sous ces deux acceptions : elles n'en restent pas moins l'une à l'autre étrangères. Elles n'ont entre elles de rapport que d'homonymie.

Le poids que nous donnons au langage comme cause du sujet, nous force de préciser : l'aberration florit de rabattre le concept premier indiqué, à l'appliquer aux phénomènes *ad libitum* enregistrables sous l'espèce homonyme ; restaurer le concept à partir de ces phénomènes, n'est pas pensable.

Accusons notre position, sur l'équivoque à quoi prêteraient le *est* et le *n'est pas* de nos positions de départ.

L'inconscient *est* ce que nous disons, si nous voulons entendre ce que Freud présente en ses thèses.

Dire que l'inconscient pour Freud *n'est pas* ce qu'on appelle ainsi ailleurs, n'y ajouterait que peu, si l'on n'entendait pas ce que nous voulons dire : que l'inconscient d'avant Freud *n'est pas* purement et simplement. Ceci parce qu'il ne dénomme rien qui vaille plus comme objet, ni qui mérite qu'on lui donne plus d'existence, que ce qu'on définirait à le situer dans l'*in-noir*.

L'inconscient avant Freud n'est rien de plus consistant que cet in-noir, soit l'ensemble de ce qu'on ordonnerait aux sens divers du mot noir, de ce qu'il refuserait l'attribut (ou la vertu) de la noirceur (physique ou morale).

Qu'y a-t-il de commun – pour prendre les quelque huit définitions que Dwelshauvers en collationne dans un livre ancien (1916), mais pas tellement hors de date de ce que l'hétéroclite ne s'en verrait pas réduit à le refaire de nos jours –, qu'y a-t-il de commun en effet entre l'inconscient

Position de l'inconscient

de la sensation (dans les effets de contraste ou d'illusion dits optiques), l'inconscient d'automatisme que développe l'habitude, le coconscient (?) de la double personnalité, les émergences idéiques d'une activité latente qui s'impose comme orientée dans la création de la pensée, la télépathie qu'on veut rapporter à cette dernière, le fonds acquis, voire intégré de la mémoire, le passionnel qui nous dépasse dans notre caractère, l'héréditaire qu'on reconnaît dans nos dons naturels, l'inconscient rationnel enfin ou l'inconscient métaphysique qu'implique « l'acte de l'esprit » ?

(Rien en cela ne se ressemble, sinon par confusion, de ce que les psychanalystes y ont adjoint d'obscurantisme, à ne pas distinguer l'inconscient de l'instinct, ou comme ils disent de l'instinctuel, – de l'archaïque ou du primordial, en une illusion décisivement dénoncée par Claude Lévi-Strauss, – voire du génétique d'un prétendu « développement ».)

Nous disons qu'il n'y a rien de commun à se fonder dans une objectivité psychologique, celle-ci fût-elle étendue des schémas d'une psychopathologie, et que ce chaos n'est que le réflecteur à révéler de la psychologie l'erreur centrale. Cette erreur est de tenir pour unitaire le phénomène de la conscience lui-même, de parler de la même conscience, tenue pour pouvoir de synthèse, dans la plage éclairée d'un champ sensoriel, dans l'attention qui le transforme, dans la dialectique du jugement et dans la rêverie commune.

Cette erreur repose sur le transfert indu à ces phénomènes du mérite d'une expérience de pensée qui les utilise comme exemples.

Le *cogito* cartésien, de cette expérience, est l'exploit majeur, peut-être terminal, en ce qu'il atteint une certitude de savoir. Mais il ne dénonce que mieux ce qu'a de privilégié le moment où il s'appuie, et combien frauduleux est d'en étendre le privilège, pour leur en faire un statut, aux phénomènes pourvus de conscience.

Pour la science, le *cogito* marque au contraire la rupture avec toute assurance conditionnée dans l'intuition.

Et la latence recherchée de ce moment fondateur, comme *Selbstbewusstsein*, dans la séquence dialectique d'une phénoménologie de l'esprit par Hegel, repose sur le présupposé d'un savoir absolu.

Tout démontre au contraire dans la réalité psychique, de

quelque façon qu'on en ordonne la texture, la distribution, hétérotope quant aux niveaux et sur chacun erratique, de la conscience.

La seule fonction homogène de la conscience est dans la capture imaginaire du moi par son reflet spéculaire et dans la fonction de méconnaissance qui lui en reste attachée.

La dénégation inhérente à la psychologie en cet endroit serait, à suivre Hegel, plutôt à porter au compte de la Loi du cœur et du délire de la présomption.

La subvention que reçoit cette présomption perpétuée, ne serait-ce que sous les espèces des honneurs scientifiques, ouvre la question d'où se tient le bon bout de son profit ; il ne saurait se réduire à l'édition de plus ou moins copieux traités.

La psychologie est véhicule d'idéaux : la psyché n'y représente plus que le parrainage qui la fait qualifier d'académique. L'idéal est serf de la société.

Un certain progrès de la nôtre illustre la chose, quand la psychologie ne fournit pas seulement aux voies, mais défère aux vœux de l'étude de marché.

Une étude de ce genre ayant conclu sur les moyens propres à soutenir la consommation aux U.S.A., la psychologie s'enrôla, et enrôla Freud avec elle, à rappeler à la moitié la plus offerte à cette fin, de la population, que la femme ne s'accomplit qu'à travers les idéaux du sexe (cf. Betty Friedan sur la vague de « mystique féminine » dirigée, en telle décade de l'après-guerre).

Peut-être la psychologie en ce débouché ironique, avoue-t-elle la raison de sa subsistance de toujours. Mais la science peut se souvenir que l'éthique implicite à sa formation, lui commande de refuser toute idéologie ainsi cernée. Aussi bien l'inconscient des psychologues est-il débilitant pour la pensée, du seul crédit qu'elle a à lui faire pour le discuter.

Or les débats de ce colloque ont eu ceci de remarquable qu'ils n'ont cessé de se tourner vers le concept freudien en sa difficulté, et qu'ils prenaient même leur force du biais de cette difficulté en chacun.

Ce fait est remarquable d'autant qu'à cette date dans le monde, les psychanalystes ne s'appliquent qu'à rentrer dans le rang de la psychologie. L'effet d'aversion que rencontre dans leur communauté tout ce qui vient de Freud, est avoué en clair notamment dans une fraction des psychanalystes présents.

Donnée qui ne peut être tenue à l'écart de l'examen du thème en cause. Non plus que cette autre, qu'on doive à notre enseignement que ce colloque ait renversé ce courant. Pas seulement pour en marquer le point – beaucoup l'ont fait –, mais pour ce que ceci nous oblige à rendre compte des voies que nous y avons prises.

Ce à quoi la psychanalyse se trouve conviée quand elle rentre au bercail de la « psychologie générale », c'est à soutenir ce qui mérite, seulement là et pas dans les lointains des colonies défuntes, d'être dénoncé comme mentalité primitive. Car la sorte d'intérêt que la psychologie vient à servir dans notre société présente, et dont nous avons donné une idée, y trouve son avantage.

La psychanalyse alors y subvient à fournir une astrologie plus décente que celle à quoi notre société continue de sacrifier en sourdine.

Nous trouvons donc justifiée la prévention que la psychanalyse rencontre à l'Est. C'était à elle de ne pas la mériter, restant possible qu'à ce qu'on lui offrît l'épreuve d'exigences sociales différentes, elle s'y fût trouvée moins traitable d'être plus mal traitée. Nous en préjugeons d'après notre propre position dans la psychanalyse.

La psychanalyse eût mieux fait d'approfondir son éthique et de s'instruire de l'examen de la théologie, selon une voie dont Freud nous a marqué qu'elle ne pouvait être évitée. À tout le moins, que sa déontologie dans la science lui fasse sentir qu'elle est responsable de la présence de l'inconscient en ce champ.

Cette fonction a été celle de nos élèves en ce colloque, et nous y avons contribué selon la méthode qui a été constamment la nôtre en pareille occasion, en situant chacun dans sa position quant au thème. Le pivot s'en indique assez dans les réponses consignées.

Il ne serait pas sans intérêt, si seulement pour l'historien, d'avoir les notes où sont recueillis les discours réellement prononcés, même coupés des manques qu'y ont laissé les défauts des enregistreurs mécaniques. Ils soulignent la carence de celui que ses services désignaient pour accentuer avec le plus de tact et de fidélité les détours d'un moment de combat dans un lieu d'échange, quand ses nœuds, sa culture, voire son entregent, lui permettaient d'en saisir mieux que quiconque les écoutes avec les intonations. Sa défaillance le portait déjà aux faveurs de la défection.

Nous ne déplorerons pas plus l'occasion là gâchée, puisque chacun depuis s'étant donné avec largeur le bénéfice d'un usage assez reçu, a refait soigneusement sa contribution. Nous en profiterons pour nous expliquer sur notre doctrine de l'inconscient à ce jour, et d'autant plus légitimement que des résistances de répartition singulière nous empêchèrent alors d'en dire plus.

Ce ménagement n'est pas politique, mais technique. Il relève de la condition suivante, établie par notre doctrine : les psychanalystes font partie du concept de l'inconscient, puisqu'ils en constituent l'adresse. Nous ne pouvons dès lors ne pas inclure notre discours sur l'inconscient dans la thèse même qu'il énonce, que la présence de l'inconscient, pour se situer au lieu de l'Autre, est à chercher en tout discours, en son énonciation.

Le sujet même du prétendant à soutenir cette présence, l'analyste, doit en cette hypothèse, du même mouvement être informé et « mis en cause », soit : s'éprouver assujetti à la refente du signifiant.

D'où l'aspect de spirale arrêtée qu'on observe dans le travail présenté par nos élèves S. Leclaire et J. Laplanche. C'est qu'ils l'ont limité à l'épreuve d'une pièce détachée.

Et c'est le signe même qu'en leur rigueur nos énoncés sont faits premièrement pour la fonction qu'ils ne *remplissent* qu'à leur place.

Au temps propédeutique, on peut illustrer l'effet d'énonciation à demander à l'élève s'il imagine l'inconscient chez l'animal, à moins de quelque effet de langage, et du langage humain. S'il consent en effet que ce soit bien la condition pour qu'il puisse seulement y penser, vous avez vérifié chez lui le clivage des notions d'inconscient et d'instinct.

Heureux auspice de départ, puisque à en appeler aussi bien à tout analyste, à quelque *credo* qu'il ait été mené plus avant, peut-il dire qu'en l'exercice de ses fonctions (supporter le discours du patient, en restaurer l'effet de sens, s'y mettre en cause d'y répondre, comme de se taire aussi bien), il ait jamais eu le sentiment d'avoir affaire à quelque chose qui ressemble à un instinct ?

La lecture des écrits analytiques et les traductions officielles de Freud (qui n'a jamais écrit ce mot) nous mettant de l'instinct plein la bouche, peut-être y a-t-il intérêt à obvier à une rhétorique qui obture toute efficace du concept. Le juste style du compte rendu de l'expérience n'est pas toute la théorie. Mais c'est le garant que les énoncés selon lesquels elle opère, préservent en eux ce recul de l'énonciation où s'actualisent les effets de métaphore et de métonymie, soit selon nos thèses les mécanismes mêmes décrits par Freud pour être ceux de l'inconscient.

Mais nous revient ici légitimement la question : sont-ce là effets de langage, ou effets de parole ? Tenons qu'elle n'adopte ici que le contour de la dichotomie de Saussure. Tournée vers ce qui intéresse son auteur, les effets sur la langue, elle fournit chaîne et trame à ce qui se tisse entre synchronie et diachronie.

À ce qu'on la retourne vers ce qui nous met en cause (autant que celui qui nous questionne, s'il n'est pas déjà égaré dans les portants de la question), à savoir le sujet, l'alternative se propose en disjonction. Or c'est bien cette disjonction même qui nous donne la réponse, ou plutôt c'est en menant l'Autre à se fonder comme le lieu de notre réponse en la donnant lui-même sous la forme inversant sa question en message, que nous introduisons la disjonction effective à partir de laquelle la question a un sens.

L'effet de langage, c'est la cause introduite dans le sujet. Par cet effet il n'est pas cause de lui-même, il porte en lui le ver de la cause qui le refend. Car sa cause, c'est le signifiant sans lequel il n'y aurait aucun sujet dans le réel. Mais ce sujet, c'est ce que le signifiant représente, et il ne saurait rien représenter que pour un autre signifiant : à quoi dès lors se réduit le sujet qui écoute.

Le sujet donc, on ne lui parle pas. Ça parle de lui, et c'est là qu'il s'appréhende, et ce d'autant plus forcément qu'avant que du seul fait que ça s'adresse à lui, il disparaisse comme sujet sous le signifiant qu'il devient, il n'était absolument rien. Mais ce rien se soutient de son avènement, maintenant produit par l'appel fait dans l'Autre au deuxième signifiant.

Effet de langage en ce qu'il naît de cette refente originelle, le sujet traduit une synchronie signifiante en cette primordiale pulsation temporelle qui est le fading constituant de son identification. C'est le premier mouvement.

Mais au second, le désir faisant son lit de la coupure signifiante où s'effectue la métonymie, la diachronie (dite « histoire ») qui s'est inscrite dans le fading, fait retour à la sorte de fixité que Freud décerne au vœu inconscient (dernière phrase de la *Traumdeutung*).

Ce subornement second ne boucle pas seulement l'effet du premier en projetant la topologie du sujet dans l'instant du fantasme ; il le scelle, en refusant au sujet du désir qu'il se sache effet de parole, soit ce qu'il est de n'être autre que le désir de l'Autre.

C'est en quoi tout discours est en droit de se tenir pour être, de cet effet, irresponsable. Tout discours, sauf celui de l'enseignant quand il s'adresse à des psychanalystes.

Pour nous, nous nous sommes toujours cru comptable d'un tel effet, et, bien qu'inégal à la tâche d'y parer, c'était la prouesse secrète à chacun de nos « séminaires ».

C'est que ceux qui viennent nous entendre ne sont pas les premiers communiants que Platon expose à l'interrogation de Socrate.

Que le « secondaire » d'où ils sortent doive se redoubler d'une propédeutique, en dit assez sur ses carences et sur ses superfétations. De leur « philosophie », la plupart n'ont gardé qu'un mixage de formules, un catéchisme en pagaille, qui les anesthésie à toute surprise de la vérité.

D'autant plus sont-ils proies offertes aux opérations prestige, aux idéaux de haut personnalisme par où la civilisation les presse de vivre au-dessus de leurs moyens.

Moyens mentaux s'entend.

L'idéal d'autorité à quoi s'accorde le candidat médecin, – l'enquête d'opinion où se défile le médiateur des impasses relationnelles, – le *meaning of meaning* où toute quête trouve son alibi, – la phénoménologie, van qui s'offre aux alouettes rôties du ciel, – l'éventail est vaste et la dispersion grande au départ d'une obtusion ordonnée.

La résistance, égale en son effet de dénier malgré Hegel et Freud, malheur de la conscience et malaise de la civilisation.

Une κοινή de la subjectivation la sous-tend, qui objective les fausses évidences du moi et détourne toute preuve d'une certitude vers sa procrastination. (Qu'on ne nous oppose ni les marxistes, ni les catholiques, ni les freudiens eux-mêmes ou nous demandons l'appel nominal.)

C'est pourquoi seul un enseignement qui concasse cette κοινή trace la voie de l'analyse qui s'intitule didactique, puisque les résultats de l'expérience sont faussés du seul fait de s'enregistrer dans cette κοινή.

Cet apport de doctrine a un nom : c'est tout simplement l'esprit scientifique, qui fait tout à fait défaut aux lieux de recrutement des psychanalystes.

Notre enseignement est anathème de ce qu'il s'inscrit dans cette vérité.

L'objection qu'on a fait valoir de son incidence dans le transfert des analystes en formation, fera rire les analystes futurs, si grâce à nous il en est encore pour qui Freud existe. Mais ce qu'elle prouve, c'est l'absence de toute doctrine de la psychanalyse didactique dans ses rapports avec l'affirmation de l'inconscient.

On comprendra dès lors que notre usage de la phénoménologie de Hegel ne comportait aucune allégeance au système, mais prêchait d'exemple à contrer les évidences de l'identification. C'est dans la conduite de l'examen d'un malade et dans le mode d'y conclure que s'affirme la critique contre le bestiaire intellectuel. C'est à ne pas éviter les implications éthiques de notre praxis dans la déontologie et dans le débat scientifique, qu'on démasquera la belle âme. La loi du cœur, nous l'avons dit, fait des siennes plus loin que la paranoïa. C'est la loi d'une ruse qui, dans la ruse de la raison, trace un méandre au cours fort ralenti.

Au-delà, les énoncés hégéliens, même à s'en tenir à leur texte, sont propices à dire toujours Autre-chose. Autre-chose qui en corrige le lien de synthèse fantasmatique, tout en conservant leur effet de dénoncer les identifications dans leurs leurres.

C'est notre *Aufhebung* à nous, qui transforme celle de Hegel, son leurre à lui, en une occasion de relever, au lieu et place des sauts d'un progrès idéal, les avatars d'un manque.

Pour confirmer en sa fonction ce point de manque, il n'y a pas mieux, passé là, que le dialogue de Platon, en tant qu'il relève du genre comique, qu'il ne recule pas à marquer le point où il n'y a plus qu'à opposer aux « insultes de bois le masque de guignol », qu'il garde visage de marbre à traverser les siècles au pied d'un canular, en attendant qui fera mieux dans la prise qu'il fige de son judo avec la vérité.

C'est ainsi qu'au *Banquet*, Freud est un convive qu'on peut se risquer à inviter impromptu, ne serait-ce qu'à se fier à la petite note où il nous indique ce qu'il lui doit dans sa justesse sur l'amour, et peut-être dans la tranquillité de son regard sur le transfert. Sans doute serait-il homme à y raviver ces propos bacchants, dont personne, à les avoir tenus, ne se souvient plus après l'ivresse.

Notre séminaire n'était pas « là où ça parle », comme il arrivait qu'on le dise plaisamment. Il suscitait *la place* d'où ça pouvait parler, ouvrant plus d'une oreille à entendre ce que, faute de le reconnaître, elle eût laissé passer comme indifférent. Et il est vrai qu'à le souligner naïvement du fait que c'était le soir même à moins que ce ne fût juste la veille, qu'il l'avait retrouvé dans la séance d'un patient, tel auditeur nous faisait merveille que ç'ait été, jusqu'à s'y faire textuel, ce que nous avions dit à notre séminaire.

La place en question, c'est l'entrée de la caverne au regard de quoi on sait que Platon nous guide vers la sortie, tandis qu'on imagine y voir entrer le psychanalyste. Mais les choses sont moins faciles, parce que c'est une entrée où l'on n'arrive jamais qu'au moment où l'on ferme (cette place ne sera jamais touristique), et que le seul moyen pour qu'elle s'entrouvre, c'est d'appeler de l'intérieur.

Ceci n'est pas insoluble, si le sésame de l'inconscient est d'avoir effet de parole, d'être structure de langage, mais exige de l'analyste qu'il revienne sur le mode de sa fermeture.

Béance, battement, une alternance de succion pour suivre certaines indications de Freud, voilà ce dont il nous faut rendre compte, et c'est à quoi nous avons procédé à le fonder dans une topologie.

La structure de ce qui se ferme, s'inscrit en effet dans une géométrie où l'espace se réduit à une combinatoire : elle est proprement ce qu'on y appelle un *bord*.

À l'étudier formellement, dans les conséquences de l'irréductibilité de sa coupure, on pourra y réordonner quelques fonctions, entre esthétique et logique, des plus intéressantes.

On s'y aperçoit que c'est la fermeture de l'inconscient qui donne la clef de son espace, et nommément de l'impropriété qu'il y a à en faire un dedans.

Elle démontre aussi le noyau d'un temps réversif, bien nécessaire à introduire en toute efficace du discours ; assez sensible déjà dans la rétroaction, sur laquelle nous insistons depuis longtemps, de l'effet de sens dans la phrase, lequel exige pour se boucler son dernier mot.

Le *nachträglich* (rappelons que nous avons été le premier à l'extraire du texte de Freud), le *nachträglich* ou après-coup selon lequel le trauma s'implique dans le symptôme, montre une structure temporelle d'un ordre plus élevé.

Mais surtout l'expérience de cette fermeture montre que ce ne serait pas un acte gratuit pour les psychanalystes, de rouvrir le débat sur la *cause*, fantôme impossible à conjurer de la pensée, critique ou non. Car la cause n'est pas, comme on le dit de l'être aussi, un leurre des formes du discours, – on l'aurait déjà dissipé. Elle perpétue la raison qui subordonne le sujet à l'effet du signifiant.

C'est seulement comme instance de l'inconscient, de l'inconscient freudien, que l'on saisit la cause à ce niveau dont un Hume entend la débusquer et qui est justement celui où elle prend consistance : la rétroaction du signifiant en son efficace, qu'il faut tout à fait distinguer de la cause finale.

C'est même à démontrer que c'est la seule et vraie cause première, que l'on verrait se rassembler l'apparente discordance des quatre causes d'Aristote, – et les analystes pourraient, de leur terrain, à cette reprise contribuer.

Ils en auraient la prime de pouvoir se servir du terme freudien de surdétermination autrement que pour un usage de pirouette. Ce qui va suivre amorcera le trait qui commande la relation de fonctionnement entre ces formes : leur articulation circulaire, mais non réciproque.

S'il y a fermeture et entrée, il n'est pas dit qu'elles séparent : elles donnent à deux domaines leur mode de conjonction. Ce sont respectivement le sujet et l'Autre, ces domaines n'étant ici à substantifier que de nos thèses sur l'inconscient.

Le sujet, le sujet cartésien, est le présupposé de l'inconscient, nous l'avons démontré en son lieu.

L'Autre est la dimension exigée de ce que la parole s'affirme en vérité.

L'inconscient est entre eux leur coupure en acte.

On la retrouve commandant les deux opérations fondamentales, où il convient de formuler la causation du sujet. Opérations qui s'ordonnent à un rapport circulaire, mais pour autant non réciproque.

La première, l'aliénation, est le fait du sujet. Dans un champ d'objets, aucune relation n'est concevable qui engendre l'aliénation, sinon celle du signifiant. Prenons pour origine cette donnée qu'aucun sujet n'a de raison d'apparaître dans le réel, sauf à ce qu'il y existe des êtres parlants. Une physique est concevable qui rende compte de tout au monde, y compris de sa part animée. Un sujet ne s'y impose que de ce qu'il y ait dans le monde des signifiants qui ne veulent rien dire et qui sont à déchiffrer.

Accorder cette priorité au signifiant sur le sujet, c'est, pour nous, tenir compte de l'expérience que Freud nous a ouverte, que le signifiant joue et gagne, si nous pouvons dire, avant que le sujet s'en avise, au point que dans le jeu du *Witz*, du mot d'esprit, par exemple, il surprenne le sujet. Par son flash, ce qu'il éclaire, c'est la division du sujet avec lui-même.

Mais qu'il la lui révèle ne doit pas nous masquer que cette division ne procède de rien d'autre que du même jeu, du jeu des signifiants... des signifiants, et pas des signes.

Les signes sont plurivalents : ils représentent sans doute quelque chose pour quelqu'un ; mais ce quelqu'un, son statut est incertain, de même que celui du langage prétendu de certains animaux, langage de signes qui n'admet pas la métaphore, ni n'engendre la métonymie.

Ce quelqu'un à la limite, ce peut être l'univers en tant qu'il y circule, nous dit-on, de l'information. Tout centre où elle se totalise peut être pris pour quelqu'un, mais pas pour un sujet.

Le registre du signifiant s'institue de ce qu'un signifiant représente un sujet pour un autre signifiant. C'est la structure, rêve, lapsus et mot d'esprit, de toutes les formations de l'inconscient. Et c'est aussi celle qui explique la division originaire du sujet. Le signifiant se produisant au lieu de l'Autre non encore repéré, y fait surgir le sujet de l'être qui n'a pas encore la parole, mais c'est au prix de le figer. Ce qu'il *y avait* là de prêt à parler, – ceci aux deux sens que l'imparfait du français donne à l'*il y avait*, de le mettre dans l'instant d'avant : il était là et n'y est plus, mais aussi dans l'instant d'après : un peu plus il y était d'avoir pu y être, – ce qu'*il y avait* là, disparaît de n'être plus qu'un signifiant.

Ce n'est donc pas que cette opération prenne son départ dans l'Autre, qui la fait qualifier d'aliénation. Que L'Autre soit pour le sujet le lieu de sa cause signifiante, ne fait ici que motiver la raison pourquoi nul sujet ne peut être cause de soi. Ce qui s'impose non pas seulement de ce qu'il ne soit pas Dieu, mais de ce que Dieu lui-même ne saurait l'être, si nous devons le penser comme sujet – saint Augustin l'a fort bien vu en refusant l'attribut de cause de soi au Dieu personnel.

L'aliénation réside dans la division du sujet que nous venons de désigner dans sa cause. Avançons-nous dans la structure logique. Cette structure est celle d'un *vel*, nouveau à produire ici son originalité. Il faut pour cela le dériver de ce qu'on appelle, en logique dite mathématique, une réunion (déjà reconnue pour définir un certain *vel*).

Cette réunion est telle que le *vel* que nous disons d'aliénation n'impose un choix entre ses termes qu'à éliminer l'un d'entre eux, toujours le même quel que soit ce choix. L'enjeu s'en limite donc apparemment à la conservation ou non de l'autre terme, quand la réunion est binaire.

Cette disjonction s'incarne de façon très illustrable, sinon dramatique, dès que le signifiant s'incarne à un niveau plus personnalisé dans la demande ou dans l'offre : dans « la bourse ou la vie » ou dans « la liberté ou la mort ».

Il ne s'agit que de savoir si vous voulez ou non *(sic aut non)* conserver la vie ou refuser la mort, car pour ce qui est de l'autre terme de l'alternative : la bourse ou la liberté, votre choix sera en tout cas décevant.

Il faut prendre garde que ce qui reste est de toute façon écorné : ce sera la vie sans la bourse, – et ce sera aussi, pour avoir refusé la mort, une vie un peu incommodée du prix de la liberté.

C'est là le stigmate de ce que le *vel* ici fonctionnant dialectiquement, opère bien sur le *vel* de la réunion logique qui, on le sait, équivaut à un *et (sic et non)*. Comme il s'illustre à ce qu'à plus long terme il faudra lâcher la vie après la bourse et qu'il ne restera enfin que la liberté de mourir.

De même notre sujet est mis au *vel* d'un certain sens à recevoir ou de la pétrification. Mais s'il garde le sens, c'est sur ce champ (du sens) que viendra mordre le non-sens qui se produit de son changement en signifiant. Et c'est bien du champ de l'Autre que ce non-sens relève, quoique produit comme éclipse du sujet.

La chose vaut d'être dite, car elle qualifie le champ de l'inconscient à prendre siège, dirons-nous, à la place de l'analyste, entendons-le littéralement : dans son fauteuil. C'en est au point que nous devrions lui laisser ce fauteuil en un « geste symbolique ». C'est l'expression en usage pour dire : un geste de protestation, et celui-ci aurait la portée de s'inscrire en faux contre la consigne qui s'est si joliment avouée dans la grossière devise, dans le francglaire, forgeons ce mot, directement sailli de l'ἀμαθία qu'une princesse a incarnée dans la psychanalyse française, pour substituer au ton présocratique du précepte de Freud : *Wo es war, soll Ich werden*, le couac du : le moi (de l'analyste sans doute) doit déloger le ça (bien entendu du patient).

Qu'on dispute à S. Leclaire de pouvoir tenir la séquence de la licorne pour inconsciente, sous le prétexte qu'il en est, lui, conscient, veut dire qu'on ne voit pas que l'inconscient n'a de sens qu'au champ de l'Autre, – et encore moins ceci qui en résulte : que ce n'est pas l'effet de sens qui opère dans l'interprétation, mais l'articulation dans le symptôme des signifiants (sans aucun sens) qui s'y sont trouvés pris[1].

Venons à la seconde opération, où se ferme la causation du sujet, pour y éprouver la structure du bord dans sa fonction de limite, mais aussi dans la torsion qui motive l'empiétement de l'inconscient. Cette opération nous l'appellerons : séparation. Nous y reconnaîtrons ce que Freud appelle *Ichspaltung* ou refente du sujet, et saisirons pourquoi, dans le texte où Freud l'introduit, il la fonde dans une refente non du sujet, mais de l'objet (phallique nommément).

La forme logique que vient à modifier dialectiquement cette seconde opération, s'appelle en logique symbolique : l'intersection, ou encore le produit qui se formule d'une appartenance *a*– et *à*–. Cette fonction ici se modifie d'une

---

1. Abréviation de notre réponse à une objection inopérante.

part prise du manque au manque, par quoi le sujet vient à retrouver dans le désir de l'Autre son équivalence à ce qu'il est comme sujet de l'inconscient.

Par cette voie le sujet se réalise dans la perte où il a surgi comme inconscient, par le manque qu'il produit dans l'Autre, suivant le tracé que Freud découvre comme la pulsion la plus radicale et qu'il dénomme : pulsion de mort. Un *ni à–* est ici appelé à remplir un autre *ni à–*. L'acte d'Empédocle, à y répondre, manifeste qu'il s'agit là d'un vouloir. Le *vel* fait retour en *velle*. Telle est la fin de l'opération. Le procès maintenant.

Separare, séparer, ici se termine en *se parere*, s'engendrer soi-même. Dispensons-nous des faveurs certaines que nous trouvons dans les étymologistes du latin, à ce glissement du sens d'un verbe à l'autre. Qu'on sache seulement que ce glissement est fondé dans leur commun appariement à la fonction de la *pars*.

La partie n'est pas le tout, comme on dit, mais d'ordinaire inconsidérément. Car il faudrait accentuer qu'elle n'a avec le tout rien à faire. Il faut en prendre son parti, elle joue sa partie toute seule. Ici, c'est de sa partition que le sujet procède à sa parturition. Et ceci n'implique pas la métaphore grotesque qu'il se mette au monde à nouveau. Ce que d'ailleurs le langage serait bien embarrassé d'exprimer d'un terme originel, au moins dans l'aire de l'indo-européen où tous les mots utilisés à cet emploi ont une origine juridique ou sociale. *Parere*, c'est d'abord procurer – (un enfant au mari). C'est pourquoi le sujet peut se procurer ce qui ici le concerne, un état que nous qualifierons de civil. Rien dans la vie d'aucun ne déchaîne plus d'acharnement à y arriver. Pour être *pars*, il sacrifierait bien une grande part de ses intérêts, et ce n'est pas pour s'intégrer à la totalité qu'au reste ne constituent nullement les intérêts des autres, et encore moins l'intérêt général qui s'en distingue tout autrement.

Separare, se parare : pour se parer du signifiant sous lequel il succombe, le sujet attaque la chaîne, que nous avons réduite au plus juste d'une binarité, en son point d'intervalle. L'intervalle qui se répète, structure la plus radicale de la chaîne signifiante, est le lieu que hante la métonymie, véhicule, du moins l'enseignons-nous, du désir.

C'est en tout cas sous l'incidence où le sujet éprouve dans

cet intervalle Autre chose à le motiver que les effets de sens dont le sollicite un discours, qu'il rencontre effectivement le désir de l'Autre, avant même qu'il puisse seulement le nommer désir, encore bien moins imaginer son objet.

Ce qu'il va y placer, c'est son propre manque sous la forme du manque qu'il produirait chez l'Autre de sa propre disparition. Disparition qu'il a, si nous pouvons le dire, sous la main, de la part de lui-même qui lui revient de son aliénation première.

Mais ce qu'il comble ainsi n'est pas la faille qu'il rencontre dans l'Autre, c'est d'abord celle de la perte constituante d'une de ses parts, et de laquelle il se trouve en deux parts constitué. Là gît la torsion par laquelle la séparation représente le retour de l'aliénation. C'est qu'il opère *avec* sa propre perte, qui le ramène à son départ.

Sans doute le « peut-il me perdre » est-il son recours contre l'opacité de ce qu'il rencontre au lieu de l'Autre comme désir, mais c'est pour ramener le sujet à l'opacité de l'être qui lui est revenu de son avènement de sujet, tel que d'abord il s'est produit de l'intimation de l'autre.

C'est là une opération dont le dessin fondamental va à se retrouver dans la technique. Car c'est à la scansion du discours du patient en tant qu'y intervient l'analyste, qu'on verra s'accorder cette pulsation du bord par où doit surgir l'être qui réside en deçà.

L'attente de l'avènement de cet être dans son rapport avec ce que nous désignons comme le désir de l'analyste dans ce qu'il a d'inaperçu, au moins jusqu'à ce jour, de sa propre position, voilà le ressort vrai et dernier de ce qui constitue le transfert.

C'est pourquoi le transfert est une relation essentiellement liée au temps et à son maniement. Mais l'être qui, à nous opérant du champ de la parole et du langage, de l'en-deçà de l'entrée de la caverne répond, quel est-il ? Nous irons à lui donner corps des parois de la caverne elles-mêmes qui vivraient, ou plutôt s'animeraient d'une palpitation dont le mouvement de vie est à saisir, maintenant, c'est-à-dire après que nous ayons articulé fonction et champ de la parole et du langage en son conditionnement.

Car nous ne voyons pas bien qu'on soit en droit de nous imputer de négliger le dynamique dans notre topologie : nous l'orientons, ce qui vaut mieux que d'en faire un lieu commun (le plus verbal n'est pas où l'on veut bien le dire).

Pour la sexualité où l'on nous rappellerait qu'est la force à quoi nous avons affaire et qu'elle est biologique, nous rétorquerons que l'analyste n'a peut-être pas tellement contribué qu'on a pu l'espérer un temps, à l'éclaircissement de ses ressorts, sinon à en prôner le naturel en des thèmes de ritournelles qui vont parfois au roucoulement. Nous allons essayer d'y apporter quelque chose de plus neuf, à recourir à une forme que Freud lui-même là-dessus n'a jamais prétendu dépasser : celle du mythe.

Et pour aller sur les brisées de l'Aristophane du *Banquet* plus haut évoqué, rappelons sa bête à deux dos primitive où se soudent des moitiés aussi fermes à s'unir que celles d'une sphère de Magdebourg, lesquelles séparées en un second temps par une intervention chirurgienne de la jalousie de Zeus, représentent les êtres affamés d'un introuvable complément que nous sommes devenus dans l'amour.

À considérer cette sphéricité de l'Homme primordial autant que sa division, c'est l'œuf qui s'évoque et qui peut-être s'indique comme refoulé à la suite de Platon dans la prééminence accordée pendant des siècles à la sphère dans une hiérarchie des formes sanctionnée par les sciences de la nature.

Considérons cet œuf dans le ventre vivipare où il n'a pas besoin de coquille, et rappelons que chaque fois que s'en rompent les membranes, c'est une partie de l'œuf qui est blessée, car les membranes sont, de l'œuf fécondé, filles au même titre que le vivant qui vient au jour par leur perforation. D'où il résulte qu'à la section du cordon, ce que perd le nouveau-né, ce n'est pas, comme le pensent les analystes, sa mère, mais son complément anatomique. Ce que les sages-femmes appellent le délivre.

Eh bien ! imaginons qu'à chaque fois que se rompent les membranes, par la même issue un fantôme s'envole, celui d'une forme infiniment plus primaire de la vie, et qui ne serait guère prête à redoubler le monde en microcosme.

À casser l'œuf se fait l'Homme, mais aussi l'Hommelette.

Supposons-la, large crêpe à se déplacer comme l'amibe, ultra-plate à passer sous les portes, omnisciente d'être menée par le pur instinct de la vie, immortelle d'être scissipare.

Voilà quelque chose qu'il ne serait pas bon de sentir se couler sur votre visage, sans bruit pendant votre sommeil, pour le cacheter.

À bien vouloir qu'en ce point le processus de digestion commence, on saisit que l'Hommelette aurait longtemps de quoi se sustenter (rappelons qu'il est des organismes, et déjà fort différenciés, qui n'ont pas d'appareil digestif).

Inutile d'ajouter que la lutte serait vite engagée contre un être aussi redoutable, mais qu'elle serait difficile. Car on peut supposer que l'absence d'appareil sensoriel chez l'Hommelette ne lui laissant pour se guider que le pur réel, elle en aurait avantage sur nous, hommes, qui devons toujours nous fournir d'un homuncule dans notre tête, pour faire du même réel une réalité.

Il ne serait pas facile en effet d'obvier aux chemins de ses attaques, au reste impossibles à prévoir, puisque aussi bien elle n'y connaîtrait pas d'obstacles. Impossible de l'éduquer, de la piéger pas plus.

Pour ce qui est de détruire l'Hommelette, on ferait bien de se garder qu'il n'en arrive qu'elle pullule, puisque y faire une entaille serait prêter à sa reproduction, et que la moindre de ses boutures à survivre, fût-ce d'une mise à feu, conserverait tous ses pouvoirs de nuire. Hors des effets d'un rayon mortel qu'encore faudrait-il éprouver, la seule issue serait de l'enfermer, à la prendre dans les mâchoires d'une sphère de Magdebourg par exemple, qui revient là, seul instrument comme par hasard à se proposer.

Mais il faudrait qu'elle y vienne toute et toute seule. Car à y mettre les doigts, de la pousser pour un rien qui déborde, le plus brave serait fondé à y regarder à deux fois, crainte qu'entre ses doigts elle ne lui glisse, et pour aller où se loger ?

À son nom près que nous allons changer pour celui plus décent de *lamelle* (dont le mot omelette au reste n'est qu'une métastase [2]). Cette image et ce mythe nous paraissent assez propres à figurer autant qu'à mettre en place, ce que nous appelons la *libido*.

L'image nous donne la *libido* pour ce qu'elle est, soit un

---

2. Il nous revient qu'à l'enseigne du bon lait, on se gausse de nos références à... la métastase et la métonymie *(sic)*. Il est rare que fasse rire celui dont le visage est parlant pour illustrer le slogan dont nous ferions sa marque : la bouse de vache qui rit.

organe, à quoi ses mœurs l'apparentent bien plus qu'à un champ de forces. Disons que c'est comme surface qu'elle ordonne ce champ de forces. Cette conception se met à l'épreuve, à reconnaître la structure de montage que Freud a conférée à la pulsion et à l'y articuler.

La référence à la théorie électro-magnétique et nommément à un théorème dit de Stokes, nous permettrait de situer dans la condition que cette surface s'appuie sur un bord fermé, qui est la zone érogène, la raison de la constance de la poussée de la pulsion sur laquelle Freud insiste tant [3].

On voit aussi que ce que Freud appelle le *Schub* ou la coulée de la pulsion, n'est pas sa décharge, mais est à décrire plutôt comme l'évagination aller et retour d'un organe dont la fonction est à situer dans les coordonnées subjectives précédentes.

Cet organe doit être dit irréel, au sens où l'irréel n'est pas l'imaginaire et précède le subjectif qu'il conditionne, d'être en prise directe avec le réel.

C'est ce à quoi notre mythe, comme tout autre mythe, s'efforce à donner une articulation symbolique plutôt qu'une image.

Notre lamelle représente ici cette part du vivant qui se perd à ce qu'il se produise par les voies du sexe.

Cette part n'est pas certes sans s'indiquer en des supports que l'anatomie microscopique matérialise dans les globules expulsés aux deux étapes des phénomènes qui s'ordonnent autour de la réduction chromosomique, dans la maturation d'une gonade sexuée.

À être représentée ici par un être mortifère, elle marque la relation, à laquelle le sujet prend sa part, de la sexualité, spécifiée dans l'individu, à sa mort.

De ce qui s'en représente dans le sujet, ce qui frappe, c'est

---

3. On sait ce que ce théorème énonce sur le flux de rotationnel. Il suppose un vecteur-champ défini dans le continu et le dérivable. Dans un tel champ, le rotationnel d'un vecteur étant articulé des dérivées de ses composantes, on démontre que la circulation de ce vecteur sur une ligne fermée est égale au flux de rotationnel qui s'engendre de la surface prenant appui sur cette ligne comme bord. C'est dire qu'à poser ainsi ce flux comme invariant, le théorème établit la notion d'un flux « à travers » un circuit d'orifice, soit tel que la surface de départ n'y entre plus en ligne de compte.

Pour les topologistes : $\int \vec{dl} \cdot \vec{V} = \iint \vec{dS} \cdot \text{Rot.} \vec{V}$.

la forme de coupure anatomique (ranimant le sens étymologique du mot : anatomie) où se décide la fonction de certains objets dont il faut dire non pas qu'ils sont partiels, mais qu'ils ont une situation bien à part.

Le sein, pour y prendre l'exemple des problèmes que suscitent ces objets, n'est pas seulement la source d'une nostalgie « régressive » pour avoir été celle d'une nourriture estimée. Il est lié au corps maternel, nous dit-on, à sa chaleur, voire aux soins de l'amour. Ce n'est pas donner là une raison suffisante de sa valeur érotique, dont un tableau (à Berlin) de Tiepolo dans son horreur exaltée à figurer sainte Agathe après son supplice, est mieux fait pour donner l'idée.

En fait il ne s'agit pas du sein, au sens de la matrice, quoiqu'on mêle à plaisir ces résonances où le signifiant joue à plein de la métaphore. Il s'agit du sein spécifié dans la fonction du sevrage qui préfigure la castration.

Or le sevrage est trop situé depuis l'investigation kleinienne dans le fantasme de la partition du corps de la mère pour que nous ne soupçonnions pas que c'est entre le sein et la mère que passe le plan de séparation qui fait du sein l'objet perdu en cause dans le désir.

Car à se souvenir de la relation de parasitisme où l'organisation mammifère met le petit, de l'embryon au nouveau-né, à l'endroit du corps de la mère, le sein apparaîtra comme la même sorte d'organe, à concevoir comme ectopie d'un individu sur un autre, que le placenta réalise aux premiers temps de la croissance d'un certain type d'organisme, lequel reste spécifié de cette intersection.

La *libido* est cette lamelle que glisse l'être de l'organisme à sa véritable limite, qui va plus loin que celle du corps. Sa fonction radicale dans l'animal se matérialise en telle éthologie par la chute subite de son pouvoir d'intimidation à la limite de son « territoire ».

Cette lamelle est organe, d'être instrument de l'organisme. Elle est parfois comme sensible, quand l'hystérique joue à en éprouver à l'extrême l'élasticité.

Le sujet parlant a ce privilège de révéler le sens mortifère de cet organe, et par là son rapport à la sexualité. Ceci parce que le signifiant comme tel, a, en barrant le sujet par première intention, fait entrer en lui le sens de la mort. (La lettre tue, mais nous l'apprenons de la lettre elle-même.) C'est ce par quoi toute pulsion est virtuellement pulsion de mort.

L'important est de saisir comment l'organisme vient à se prendre dans la dialectique du sujet. Cet organe de l'incorporel dans l'être sexué, c'est cela de l'organisme que le sujet vient à placer au temps où s'opère sa séparation. C'est par lui que de sa mort, réellement, il peut faire l'objet du désir de l'Autre.

Moyennant quoi viendront à cette place l'objet qu'il perd par nature, l'excrément, ou encore les supports qu'il trouve au désir de l'Autre : son regard, sa voix.

C'est à tourner ces objets pour en eux reprendre, en lui restaurer sa perte originelle, que s'emploie cette activité qu'en lui nous dénommons pulsion *(Trieb)*.

Il n'est pas d'autre voie où se manifeste dans le sujet d'incidence de la sexualité. La pulsion en tant qu'elle représente la sexualité dans l'inconscient n'est jamais que pulsion partielle. C'est là la carence essentielle, à savoir celle de ce qui pourrait représenter dans le sujet, le mode en son être de ce qui y est mâle ou femelle.

Ce que notre expérience démontre de vacillation dans le sujet concernant son être de masculin ou de féminin, n'est pas tellement à rapporter à sa bisexualité biologique, qu'à ce qu'il n'y a rien dans sa dialectique qui représente la bipolarité du sexe, si ce n'est l'activité et la passivité, c'est-à-dire une polarité pulsion-action-de-l'extérieur, qui est tout à fait impropre à la représenter dans son fonds.

C'est là où nous voulons en venir en ce discours, que la sexualité se répartit d'un côté à l'autre de notre *bord* en tant que seuil de l'inconscient, comme suit :

Du côté du vivant en tant qu'être à être pris dans la parole, en tant qu'il ne peut jamais enfin y tout entier advenir, dans cet en-deçà du seuil qui n'est pourtant ni dedans ni dehors, il n'y a d'accès à l'Autre du sexe opposé que par la voie des pulsions dites partielles où le sujet cherche un objet qui lui remplace cette perte de vie qui est la sienne d'être sexué.

Du côté de l'Autre, du lieu où la parole se vérifie de rencontrer l'échange des signifiants, les idéaux qu'ils supportent, les structures élémentaires de la parenté, la métaphore du père comme principe de la séparation, la division toujours rouverte dans le sujet dans son aliénation première, de ce côté seulement et par ces voies que nous venons de dire, l'ordre et la norme doivent s'instaurer qui disent au sujet ce qu'il faut faire comme homme ou femme.

Il n'est pas vrai que Dieu les fit mâle et femelle, si c'est le dire du couple d'Adam et Ève, comme aussi bien le contredit expressément le mythe ultra-condensé que l'on trouve dans le même texte sur la création de la compagne.

Sans doute y avait-il d'auparavant Lilith, mais elle n'arrange rien.

En rompant là, nous laissons au passé des débats où, pour ce qui concerne l'inconscient freudien, des interventions irresponsables se trouvaient bienvenues, justement de ce que les responsables n'y vinssent que de mauvaise grâce, pour n'en pas dire plus, d'un certain bord.

Un résultat n'en fut pas moins que la consigne de silence de ce bord opposée à notre enseignement, y fut rompue.

Que sur le complexe d'Œdipe, le point final, ou plutôt la vedette américaine, soit allé à un exploit herméneutique, confirme notre appréciation de ce colloque et a montré depuis ses suites.

Nous indiquons ici à nos risques l'appareil, d'où pourrait faire rentrée la précision [4].

---

4. Pointons pourtant encore qu'à restituer ici sous une forme ironique la fonction de l'objet « partiel » hors de la référence à la régression dont on la voile habituellement (entendons : que cette référence ne peut entrer en exercice qu'à partir de la structure qui définit cet objet – que nous appelons l'objet a), nous n'avons pas pu l'étendre jusqu'à ce point qui constitue son intérêt crucial, à savoir l'objet $(-\varphi)$ en tant que « cause » du complexe de castration.

Cet objet est abordé dans la communication qui vient maintenant.

Mais le complexe de castration qui est au nœud de nos développements actuels, dépasse les limites qu'assignent à la théorie les tendances qui se désignaient dans la psychanalyse comme nouvelles peu avant la guerre et dont elle reste encore affectée dans son ensemble.

On mesurera l'obstacle que nous avons ici à rompre au temps qu'il nous a fallu pour donner au discours de Rome la suite de ce texte, comme au fait qu'au moment où nous le corrigerons, sa collation originale soit encore attendue.

Du « Trieb » de Freud
et du désir du psychanalyste

La pulsion[1], telle qu'elle est construite par Freud, à partir de l'expérience de l'inconscient, interdit à la pensée psychologisante ce recours à l'instinct où elle masque son ignorance par la supposition d'une morale dans la nature.

La pulsion, on ne le rappellera jamais assez à l'obstination du psychologue qui, dans son ensemble et *per se*, est au service de l'exploitation technocratique, la pulsion freudienne n'a rien à faire avec l'instinct (aucune des expressions de Freud ne permet la confusion).

La libido n'est pas l'instinct sexuel. Sa réduction, à la limite, au désir mâle, indiquée par Freud, suffirait à nous en avertir.

La libido dans Freud est une énergie susceptible d'une quantimétrie d'autant plus aisée à introduire en théorie qu'elle est inutile, puisque seuls y sont reconnus certains *quanta* de constance.

Sa couleur sexuelle, si formellement maintenue par Freud comme inscrite au plus intime de sa nature, est couleur-de-vide : suspendue dans la lumière d'une béance.

Cette béance est celle que le désir rencontre aux limites

---

1. Ceci est le résumé de nos interventions à un remarquable colloque convoqué à Rome par le professeur Enrico Castelli. Deuxième d'une série sur le thème des problèmes introduits dans l'éthique par les effets de la science – qu'Enrico Castelli s'entend admirablement à dresser en apories questionneuses.
Ce colloque s'est tenu, sous le titre de : Technique et casuistique, du 7 au 12 janvier 1964 à l'Université de Rome.
Nous avons évité d'y livrer trop tôt à une diffusion qui n'eût pas été contrôlable, ce que nous avons articulé depuis sur la pulsion, à nos conférences de l'École Normale Supérieure qui ont commencé quelques jours après.
Ce texte a été donné aux *Atti* du colloque pour y résumer notre communication et nos interventions.

que lui impose le principe dit ironiquement du plaisir, pour être renvoyé à une réalité qui, elle, on peut le dire, n'est ici que champ de la praxis.

C'est de ce champ justement que le freudisme coupe un désir dont le principe se trouve essentiellement dans des impossibilités.

Tel est le relief que le moraliste eût pu y relever, si notre temps n'était pas aussi prodigieusement tourmenté d'exigences idylliques.

C'est ce que veut dire la référence constante chez Freud aux *Wunschgedanken (wishful thinking)* et à l'omnipotence de la pensée : ce n'est pas la mégalomanie qui est dénoncée, c'est la conciliation des contraires.

Ceci pourrait vouloir dire que Vénus est proscrite de notre monde : déchéance théologique.

Mais Freud nous révèle que c'est grâce au Nom-du-Père que l'homme ne reste pas attaché au service sexuel de la mère, que l'agression contre le Père est au principe de la Loi et que la Loi est au service du désir qu'elle institue par l'interdiction de l'inceste.

Car l'inconscient montre que le désir est accroché à l'interdit, que la crise de l'Œdipe est déterminante pour la maturation sexuelle elle-même.

Le psychologue a aussitôt détourné cette découverte à contresens pour en tirer une morale de la gratification maternelle, une psychothérapie qui infantilise l'adulte, sans que l'enfant en soit mieux reconnu.

Trop souvent le psychanalyste prend cette remorque. Qu'élude-t-on ici ?

Si la crainte de la castration est au principe de la normalisation sexuelle, n'oublions pas qu'à porter sans doute sur la transgression qu'elle prohibe dans l'Œdipe elle y affecte tout autant l'obéissance, en l'arrêtant sur sa pente homosexuelle.

C'est donc plutôt l'assomption de la castration qui crée le manque dont s'institue le désir. Le désir est désir de désir, désir de l'Autre, avons-nous dit, soit soumis à la Loi.

(C'est le fait que la femme doive en passer par la même dialectique – alors que rien ne semble l'y obliger : il lui faut perdre ce qu'elle n'a pas – qui nous met la puce à l'oreille : en nous permettant d'articuler que c'est le phallus par défaut, qui fait le montant de la dette symbolique : compte débiteur quand on l'a, – quand on ne l'a pas, créance contestée.)

La castration est le ressort tout à fait nouveau que Freud a introduit dans le désir, donnant au manque du désir le sens resté énigmatique dans la dialectique de Socrate, quoique conservé dans la relation du Banquet.

Dès lors l'ἄγαλμα de l'ἐρῶν s'avère le principe par quoi le désir change la nature de l'amant. Dans sa quête, Alcibiade vend la mèche de la tromperie de l'amour, et de sa bassesse (aimer, c'est vouloir être aimé) à quoi il était prêt à consentir.

Il ne nous a pas été permis, dans le contexte du débat, de pousser les choses jusqu'à démontrer que le concept de la pulsion la représente comme un montage.

Les pulsions sont nos mythes, a dit Freud. Il ne faut pas l'entendre comme un renvoi à l'irréel. C'est le réel qu'elles mythifient, à l'ordinaire des mythes : ici qui fait le désir en y reproduisant la relation du sujet à l'objet perdu.

Les objets à passer par profits et pertes ne manquent pas pour en tenir la place. Mais c'est en nombre limité qu'ils peuvent tenir un rôle que symboliserait au mieux l'automutilation du lézard, sa queue larguée dans la détresse. Mésaventure du désir aux haies de la jouissance, que guette un dieu malin.

Ce drame n'est pas l'accident que l'on croit. Il est d'essence : car le désir vient de l'Autre, et la jouissance est du côté de la Chose.

Ce que le sujet en reçoit d'écartèlement pluralisant, c'est à quoi s'applique la seconde topique de Freud. Occasion de plus à ne pas voir ce qui devrait y frapper, c'est que les identifications s'y déterminent du désir sans satisfaire la pulsion.

Ceci pour la raison que la pulsion divise le sujet et le désir, lequel désir ne se soutient que du rapport qu'il méconnaît, de cette division à un objet qui la cause. Telle est la structure du fantasme.

Dès lors quel peut être le désir de l'analyste ? Quelle peut être la cure à laquelle il se voue ?

Va-t-il tomber dans la prêcherie qui fait le discrédit du prêtre dont les bons sentiments ont remplacé la foi, et assumer comme lui une « direction » abusive ?

On ne saurait ici que remarquer qu'à ce libertin près

qu'était le grand comique du siècle du génie, on n'y a pas, non plus qu'au siècle des lumières, attenté au privilège du médecin, non moins religieux pourtant que d'autres.

L'analyste peut-il s'abriter de cette antique investiture, quand, laïcisée, elle va à une socialisation qui ne pourra éviter ni l'eugénisme, ni la ségrégation politique de l'anomalie ?

Le psychanalyste prendra-t-il la relève, non d'une eschatologie, mais des droits d'une fin première ?

Alors, quelle est la fin de l'analyse au-delà de la thérapeutique ? Impossible de ne pas l'en distinguer quand il s'agit de faire un analyste.

Car, nous l'avons dit sans entrer dans le ressort du transfert, c'est le désir de l'analyste qui au dernier terme opère dans la psychanalyse.

Le style d'un congrès philosophique porte, semble-t-il, plutôt chacun à faire valoir sa propre imperméabilité.

Nous n'y sommes pas plus inapte qu'un autre, mais dans le champ de la formation psychanalytique, ce procédé de déplacement fait la cacophonie de l'enseignement.

Disons que j'y lie la technique à la fin première.

Nous avons regretté en concluant que, dans l'ensemble, soit restée à l'écart la question qui est celle, profonde, d'Enrico Castelli.

Le nihilisme ici (et le reproche de nihilisme) ont eu bon dos pour nous garder d'affronter le démoniaque, ou l'angoisse, comme on voudra.

La science et la vérité

> Sténographie de la leçon d'ouverture du séminaire que nous avons tenu l'année 1965-66 à l'École normale supérieure sur *L'objet de la psychanalyse*, au titre de chargé de conférences de l'École pratique des hautes études (VIe section).
>
> Son texte a paru dans le premier numéro des *Cahiers pour l'analyse*, publiés par le Cercle d'épistémologie de l'E.N.S., soit en janvier 1966.

Le statut du *sujet* dans la psychanalyse, dirons-nous que l'année dernière nous l'ayons fondé ? Nous avons abouti à établir une structure qui rend compte de l'état de refente, de *Spaltung* où le psychanalyste le repère dans sa praxis.

Cette refente, il la repère de façon en quelque sorte quotidienne. Il l'admet à la base, puisque la seule reconnaissance de l'inconscient suffit à la motiver, et qu'aussi bien elle le submerge, si je puis dire, de sa constante manifestation.

Mais pour qu'il sache ce qu'il en est de sa praxis, ou seulement qu'il la dirige conformément à ce qui lui est accessible, il ne suffit pas que cette division soit pour lui un fait empirique, ni même que le fait empirique se soit formé en paradoxe. Il faut une certaine réduction parfois longue à s'accomplir, mais toujours décisive à la naissance d'une science ; réduction qui constitue proprement son objet. C'est ce que l'épistémologie se propose de définir en chaque cas comme en tous, sans s'être montrée, à nos yeux au moins, égale à sa tâche.

Car je ne sache pas qu'elle ait pleinement rendu compte par ce moyen de cette mutation décisive qui par la voie de la physique a fondé *La* science au sens moderne, sens qui se pose comme absolu. Cette position de la science se justifie d'un changement de style radical dans le *tempo* de son progrès, de la forme galopante de son immixtion dans notre monde, des réactions en chaîne qui caractérisent ce qu'on peut appeler les expansions de son énergétique. À tout cela nous paraît être radicale une modification dans notre position de sujet, au double sens : qu'elle y est inaugurale et que la science la renforce toujours plus.

Koyré ici est notre guide et l'on sait qu'il est encore méconnu.

Je n'ai donc pas franchi à l'instant le pas concernant la vocation de science de la psychanalyse. Mais on a pu remarquer que j'ai pris pour fil conducteur l'année dernière un certain moment du sujet que je tiens pour être un corrélat essentiel de la science : un moment historiquement défini dont peut-être nous avons à savoir s'il est strictement répétable dans l'expérience, celui que Descartes inaugure et qui s'appelle le *cogito*.

Ce corrélat, comme moment, est le défilé d'un rejet de tout savoir, mais pour autant prétend fonder pour le sujet un certain amarrage dans l'être, dont nous tenons qu'il constitue le sujet de la science, dans sa définition, ce terme à prendre au sens de porte étroite

Ce fil ne nous a pas guidé en vain, puisqu'il nous a mené à formuler en fin d'année notre division expérimentée du sujet, comme division entre le savoir et la vérité, l'accompagnant d'un modèle topologique, la bande de Moebius qui fait entendre que ce n'est pas d'une distinction d'origine que doit provenir la division où ces deux termes viennent se conjoindre.

Celui qui se fie sur Freud à la technique de lecture qu'il m'a fallu imposer quand il s'agit simplement de replacer chacun de ses termes dans leur synchronie, celui-là saura remonter de l'*Ichspaltung* sur quoi la mort abat sa main, aux articles sur le fétichisme (de 1927) et sur la perte de la réalité (de 1924), pour y constater que le remaniement doctrinal dit de la seconde topique n'introduit sous les termes de l'*Ich*, de l'*Uberich*, voire du *Es* nulle certification d'appareils, mais une reprise de l'expérience selon une dialectique qui se définit au mieux comme ce que le structuralisme, depuis, permet d'élaborer logiquement : à savoir le sujet, et le sujet pris dans une division constituante.

Après quoi le principe de réalité perd la discordance qui

le marquerait dans Freud s'il devait, d'une juxtaposition de textes, se partager entre une notion de la réalité qui inclut la réalité psychique et une autre qui en fait le corrélat du système perception-conscience.

Il doit être lu comme il se désigne en fait : à savoir la ligne d'expérience que sanctionne le sujet de la science.

Et il suffit d'y penser pour qu'aussitôt prennent leur champ ces réflexions qu'on s'interdit comme trop évidentes.

Par exemple : qu'il est impensable que la psychanalyse comme pratique, que l'inconscient, celui de Freud, comme découverte, aient pris leur place avant la naissance, au siècle qu'on a appelé le siècle du génie, le XVIIe, de la science, à prendre au sens absolu à l'instant indiqué, sens qui n'efface pas sans doute ce qui s'est institué sous ce même nom auparavant, mais qui plutôt qu'il n'y trouve son archaïsme, en tire le fil à lui d'une façon qui montre mieux sa différence de tout autre.

Une chose est sûre : si le sujet est bien là, au nœud de la différence, toute référence humaniste y devient superflue, car c'est à elle qu'il coupe court.

Nous ne visons pas, ce disant de la psychanalyse et de la découverte de Freud, cet accident que ce soit parce que ses patients sont venus à lui au nom de la science et du prestige qu'elle confère à la fin du XIXe siècle à ses servants, même de grade inférieur, que Freud a réussi à fonder la psychanalyse, en découvrant l'inconscient.

Nous disons, contrairement à ce qui se brode d'une prétendue rupture de Freud avec le scientisme de son temps, que c'est ce scientisme même si on veut bien le désigner dans son allégeance aux idéaux d'un Brücke, eux-mêmes transmis du pacte où un Helmholtz et un Du Bois-Reymond s'étaient voués de faire rentrer la physiologie et les fonctions de la pensée considérées comme y incluses, dans les termes mathématiquement déterminés de la thermodynamique parvenue à son presque achèvement en leur temps, qui a conduit Freud, comme ses écrits nous le démontrent, à ouvrir la voie qui porte à jamais son nom.

Nous disons que cette voie ne s'est jamais détachée des idéaux de ce scientisme, puisqu'on l'appelle ainsi, et que la marque qu'elle en porte, n'est pas contingente mais lui reste essentielle.

Que c'est de cette marque qu'elle conserve son crédit, malgré les déviations auxquelles elle a prêté, et ceci en tant que Freud s'est opposé à ces déviations, et toujours avec une sûreté sans retard et une rigueur inflexible.

Témoin sa rupture avec son adepte le plus prestigieux, Jung nommément, dès qu'il a glissé dans quelque chose dont la fonction ne peut être définie autrement que de tenter d'y restaurer un sujet doué de profondeurs, ce dernier terme au pluriel, ce qui veut dire un sujet composé d'un rapport au savoir, rapport dit archétypique, qui ne fût pas réduit à celui que lui permet la science moderne à l'exclusion de tout autre, lequel n'est rien que le rapport que nous avons défini l'année dernière comme ponctuel et évanouissant, ce rapport au savoir qui de son moment historiquement inaugural, garde le nom de *cogito*.

C'est à cette origine indubitable, patente en tout le travail de Freud, à la leçon qu'il nous laisse comme chef d'école, que l'on doit que le marxisme soit sans portée – et je ne sache pas qu'aucun marxiste y ait montré quelque insistance – à mettre en cause sa pensée au nom de ses appartenances historiques.

Je veux dire nommément : à la société de la double monarchie, pour les bornes judaïsantes où Freud reste confiné dans ses aversions spirituelles ; à l'ordre capitaliste qui conditionne son agnosticisme politique (qui d'entre vous nous écrira un essai, digne de Lamennais, sur l'indifférence en matière de politique ?) ; j'ajouterai : à l'éthique bourgeoise, pour laquelle la dignité de sa vie vient à nous inspirer un respect qui fait fonction d'inhibition à ce que son œuvre ait, autrement que dans le malentendu et la confusion, réalisé le point de concours des seuls hommes de la vérité qui nous restent, l'agitateur révolutionnaire, l'écrivain qui de son style marque la langue, je sais à qui je pense, et cette pensée rénovant l'être dont nous avons le précurseur.

On sent ma hâte d'émerger de tant de précautions prises à reporter les psychanalystes à leurs certitudes les moins discutables.

Il me faut pourtant y repasser encore, fût-ce au prix de quelques lourdeurs.

Dire que le sujet sur quoi nous opérons en psychanalyse ne peut être que le sujet de la science, peut passer pour paradoxe. C'est pourtant là que doit être prise une démarcation, faute de quoi tout se mêle et commence une malhonnêteté qu'on appelle ailleurs objective : mais c'est manque d'audace et manque d'avoir repéré l'objet qui foire. De notre position de sujet, nous sommes toujours responsables. Qu'on appelle cela où l'on veut, du terrorisme. J'ai le droit de sourire, car ce n'est pas dans un milieu où la doctrine est ouvertement matière à tractations, que je craindrais d'offusquer personne en formulant que l'erreur de bonne foi est de toute la plus impardonnable.

La position du psychanalyste ne laisse pas d'échappatoire, puisqu'elle exclut la tendresse de la belle âme. Si c'est un paradoxe encore que de le dire, c'est peut-être aussi bien le même.

Quoi qu'il en soit, je pose que toute tentative, voire tentation où la théorie courante ne cesse d'être relapse, d'incarner plus avant le sujet, est errance, – toujours féconde en erreur, et comme telle fautive. Ainsi de l'incarner dans l'homme, lequel y revient à l'enfant.

Car cet homme y sera le primitif, ce qui faussera tout du processus primaire, de même que l'enfant y jouera le sous-developpé, ce qui masquera la vérité de ce qui se passe, lors de l'enfance, d'originel. Bref, ce que Claude Lévi-Strauss a dénoncé comme l'illusion archaïque est inévitable dans la psychanalyse, si l'on ne s'y tient pas ferme en théorie sur le principe que nous avons à l'instant énoncé : qu'un seul sujet y est reçu comme tel, celui qui peut la faire scientifique.

C'est dire assez que nous ne tenons pas que la psychanalyse démontre ici nul privilège.

Il n'y a pas de science de l'homme, ce qu'il nous faut entendre au même ton qu'il n'y a pas de petites économies. Il n'y a pas de science de l'homme, parce que l'homme de la science n'existe pas, mais seulement son sujet.

On sait ma répugnance de toujours pour l'appellation de sciences humaines, qui me semble être l'appel même de la servitude.

C'est aussi bien que le terme est faux, la psychologie mise à part qui a découvert les moyens de se survivre dans les offices qu'elle offre à la technocratie ; voire, comme conclut d'un humour vraiment swiftien un article sensationnel de Canguilhem : dans une glissade de toboggan du Panthéon à la Préfecture de Police. Aussi bien est-ce au niveau de la sélection du créateur dans la science, du recrutement de la recherche et de son entretien, que la psychologie rencontrera son échec.

Pour toutes les autres sciences de cette classe, on verra facilement qu'elles ne font pas une anthropologie. Qu'on examine Lévy-Bruhl ou Piaget. Leurs concepts, mentalité dite prélogique, pensée ou discours prétendument égocentrique, n'ont de référence qu'à la mentalité supposée, à la pensée présumée, au discours effectif du sujet de la science, nous ne disons pas de l'homme de la science. De sorte que trop savent que les bornes : mentales certainement, la faiblesse de pensée : présumable, le discours effectif : un peu coton de l'homme de science (ce qui est encore différent) viennent à lester ces constructions, non dépourvues sans doute d'objectivité, mais qui n'intéressent la science que pour autant qu'elles n'apportent : rien sur le magicien par exemple et peu sur la magie, si quelque chose sur leurs traces, encore ces traces sont-elles de l'un ou de l'autre, puisque ce n'est pas Lévy-Bruhl qui les a tracées, – alors que le bilan dans l'autre cas est plus sévère : il ne nous apporte rien sur l'enfant, peu sur son développement, puisqu'il y manque l'essentiel, et de la logique qu'il démontre, j'entends l'enfant de Piaget, dans sa réponse à des énoncés dont la série constitue l'épreuve, rien d'autre que celle qui a présidé à leur énonciation aux fins d'épreuve, c'est-à-dire celle de l'homme de science, où le logicien, je ne le nie pas, dans l'occasion garde son prix.

Dans des sciences autrement valables, même si leur titre est à revoir, nous constatons que de s'interdire l'illusion archaïque que nous pouvons généraliser dans le terme de psychologisation du sujet, n'en entrave nullement la fécondité.

La théorie des jeux, mieux dite stratégie, en est l'exemple, où l'on profite du caractère entièrement calculable d'un sujet strictement réduit à la formule d'une matrice de combinaisons signifiantes.

Le cas de la linguistique est plus subtil, puisqu'elle doit intégrer la différence de l'énoncé à l'énonciation, ce qui est bien l'incidence cette fois du sujet qui parle, en tant que tel (et non pas du sujet de la science). C'est pourquoi elle va se centrer sur autre chose, à savoir la batterie du signifiant, dont il s'agit d'assurer la prévalence sur ces effets de signification. C'est bien aussi de ce côté qu'apparaissent les antinomies, à doser selon l'extrémisme de la position adoptée dans la sélection de l'objet. Ce qu'on peut dire, c'est qu'on va très loin dans l'élaboration des effets du langage, puisqu'on peut y construire une poétique qui ne doit rien à la référence à l'esprit du poète, non plus qu'à son incarnation.

C'est du côté de la logique qu'apparaissent les indices de réfraction divers de la théorie par rapport au sujet de la science. Ils sont différents pour le lexique, pour le morphème syntaxique et pour la syntaxe de la phrase.

D'où les différences théoriques entre un Jakobson, un Hjemslev et un Chomsky.

C'est la logique qui fait ici office d'ombilic du sujet, et la logique en tant qu'elle n'est nullement logique liée aux contingences d'une grammaire.

Il faut littéralement que la formalisation de la grammaire contourne cette logique pour s'établir avec succès, mais le mouvement de ce contour est inscrit dans cet établissement.

Nous indiquerons plus tard comment se situe la logique moderne (3e exemple). Elle est incontestablement la conséquence strictement déterminée d'une tentative de suturer le sujet de la science, et le dernier théorème de Gödel montre qu'elle y échoue, ce qui veut dire que le sujet en question reste le corrélat de la science, mais un corrélat antinomique puisque la science s'avère définie par la non-issue de l'effort pour le suturer.

Qu'on saisisse là la marque à ne pas manquer du structuralisme. Il introduit dans toute « science humaine » entre guillemets qu'il conquiert, un mode très spécial du sujet, celui pour lequel nous ne trouvons d'indice que topologique, mettons le signe générateur de la bande de Moebius, que nous appelons le huit intérieur.

Le sujet est, si l'on peut dire, en exclusion interne à son objet.

L'allégeance que l'œuvre de Claude Lévi-Strauss manifeste à un tel structuralisme ne sera ici portée au compte de notre thèse qu'à nous contenter pour l'instant de sa périphérie. Néanmoins il est clair que l'auteur met d'autant mieux en valeur la portée de la classification naturelle que le sauvage introduit dans le monde, spécialement pour une connaissance de la faune et de la flore dont il souligne qu'elle nous dépasse, qu'il peut arguer d'une certaine récupération, qui s'annonce dans la chimie, d'une physique des qualités sapides et odorantes, autrement dit d'une corrélation des valeurs perceptives à une architecture de molécules à laquelle nous sommes parvenus par la voie de l'analyse combinatoire, autrement dit par la mathématique du signifiant, comme en toute science jusqu'ici.

Le savoir est donc bien ici séparé du sujet selon la ligne correcte, qui ne fait nulle hypothèse sur l'insuffisance de son développement, laquelle au reste on serait bien en peine de démontrer.

Il y a plus : Cl. Lévi-Strauss, quand après avoir extrait la combinatoire latente dans les structures élémentaires de la parenté, il nous témoigne que tel informateur, pour emprunter le terme des ethnologues, est tout à fait capable d'en tracer lui-même le graphe lévi-straussien, que nous dit-il, sinon qu'il extrait là aussi le sujet de la combinatoire en question, celui qui sur son graphe n'a pas d'autre existence que la dénotation *ego* ?

À démontrer la puissance de l'appareil que constitue le mythème pour analyser les transformations mythogènes, qui à cette étape paraissent s'instituer dans une synchronie qui se simplifie de leur réversibilité, Cl. Lévi-Strauss ne prétend pas nous livrer la nature du mythant. Il sait seulement ici que son informateur, s'il est capable d'écrire le cru et le cuit, au génie près qui y met sa marque, ne peut aussi le faire sans laisser au vestiaire, c'est-à-dire au Musée de l'Homme, à la fois un certain nombre d'instruments opératoires, autrement dit rituels, qui consacrent son existence de sujet en tant que mythant, et qu'avec ce dépôt soit rejeté hors du champ de la structure ce que dans une autre grammaire on appellerait son assentiment. (*La grammaire de l'assentiment* de Newman, ce n'est pas sans force, quoique forgé à d'exécrables fins, – et j'aurai peut-être à en faire mention de nouveau.)

L'objet de la mythogénie n'est donc lié à nul développement, non plus qu'arrêt, du sujet responsable. Ce n'est pas à ce sujet-là qu'il se relate, mais au sujet de la science. Et le relevé s'en fera d'autant plus correctement que l'informateur lui-même sera plus proche d'y réduire sa présence à celle du sujet de la science.

Je crois seulement que Cl. Lévi-Strauss fera des réserves sur l'introduction, dans le recueil des documents, d'un questionnement inspiré de la psychanalyse, d'une collecte suivie des rêves par exemple, avec tout ce qu'il va entretenir de relation transférentielle. Pourquoi, si je lui affirme que notre praxis, loin d'altérer le sujet de la science duquel seulement il peut et veut connaître, n'apporte en droit nulle intervention qui ne tende à ce qu'il se réalise de façon satisfaisante, précisément dans le champ qui l'intéresse ?

Est-ce donc à dire qu'un sujet non saturé, mais calculable, ferait l'objet subsumant, selon les formes de l'épistémologie classique, le corps des sciences qu'on appellerait conjecturales, ce que moi-même j'ai opposé au terme de sciences humaines ?

Je le crois d'autant moins indiqué que ce sujet fait partie de la conjoncture qui fait la science en son ensemble.

L'opposition des sciences exactes aux sciences conjecturales ne peut plus se soutenir à partir du moment où la conjecture est susceptible d'un calcul exact (probabilité) et où l'exactitude ne se fonde que dans un formalisme séparant axiomes et lois de groupement des symboles.

Nous ne saurions pourtant nous contenter de constater qu'un formalisme réussit plus ou moins, quand il s'agit au dernier terme d'en motiver l'apprêt qui n'a pas surgi par miracle, mais qui se renouvelle suivant des crises si efficaces, depuis qu'un certain droit fil semble y avoir été pris.

Répétons qu'il y a quelque chose dans le statut de l'objet de la science, qui ne nous paraît pas élucidé depuis que la science est née.

Et rappelons que, si certes poser maintenant la question de l'objet de la psychanalyse, c'est reprendre la question que nous avons introduite à partir de notre venue à cette tribune, de la position de la psychanalyse dans ou hors la science, nous avons indiqué aussi que cette question ne saurait être résolue sans que sans doute s'y modifie la question de l'objet dans la science comme telle.

L'objet de la psychanalyse (j'annonce ma couleur et vous la voyez venir avec lui), n'est autre que ce que j'ai déjà avancé de la fonction qu'y joue l'objet a. Le savoir sur l'objet a serait alors la science de la psychanalyse ?

C'est très précisément la formule qu'il s'agit d'éviter, puisque cet objet *a* est à insérer, nous le savons déjà, dans la division du sujet par où se structure très spécialement, c'est de là qu'aujourd'hui nous sommes repartis, le champ psychanalytique.

C'est pourquoi il était important de promouvoir d'abord, et comme un fait à distinguer de la question de savoir si la psychanalyse est une science (si son champ est scientifique), – ce fait précisément que sa praxis n'implique d'autre sujet que celui de la science.

Il faut réduire à ce degré ce que vous me permettrez d'induire par une image comme l'ouverture du sujet dans la psychanalyse, pour saisir ce qu'il y reçoit de la vérité.

Cette démarche, on le sent, comporte une sinuosité qui tient de l'apprivoisement. Cet objet *a* n'est pas tranquille, ou plutôt faut-il dire, se pourrait-il qu'il ne vous laisse pas tranquilles ? et le moins ceux qui avec lui ont le plus à faire : les psychanalystes, qui seraient alors ceux que d'une façon élective j'essaierais de fixer par mon discours. C'est vrai. Le point où je vous ai donné aujourd'hui rendez-vous, pour être celui où je vous ai laissés l'an passé : celui de la division du sujet entre vérité et savoir, est pour eux un point familier. C'est celui où Freud les convie sous l'appel du : *Wo es war, soll Ich werden* que je retraduis, une fois de plus, à l'accentuer ici : là où c'était, là comme sujet dois-je advenir.

Or ce point, je leur en montre l'étrangeté à le prendre à revers, ce qui consiste ici plutôt à les ramener à son front. Comment ce qui était à m'attendre depuis toujours d'un être obscur, viendrait-il se totaliser d'un trait qui ne se tire qu'à le diviser plus nettement de ce que j'en peux savoir ?

Ce n'est pas seulement dans la théorie que se pose la question de la double inscription, pour avoir provoqué la perplexité où mes élèves Laplanche et Leclaire auraient pu lire dans leur propre scission dans l'abord du problème, sa solution. Elle n'est pas en tout cas du type gestaltiste, ni à chercher dans l'assiette où la tête de Napoléon s'inscrit dans l'arbre. Elle est tout simplement dans le fait que l'inscription ne mord pas du même côté du parchemin, venant de la planche à imprimer de la vérité ou de celle du savoir.

Que ces inscriptions se mêlent était simplement à résoudre dans la topologie : une surface où l'endroit et l'envers sont en état de se joindre partout, était à portée de main.

C'est bien plus loin pourtant qu'en un schème intuitif, c'est d'enserrer, si je puis dire, l'analyste en son être que cette topologie peut le saisir.

C'est pourquoi s'il la déplace ailleurs, ce ne peut être qu'en un morcellement de puzzle qui nécessite en tout cas d'être ramené à cette base.

Pour quoi il n'est pas vain de redire qu'à l'épreuve d'écrire : *je pense :* « *donc je suis* », avec des guillemets autour de la seconde clausule, se lit que la pensée ne fonde l'être qu'à se nouer dans la parole où toute opération touche à l'essence du langage.

Si *cogito sum* nous est fourni quelque part par Heidegger à ses fins, il faut en remarquer qu'il algébrise la phrase, et nous sommes en droit d'en faire relief à son reste : *cogito ergo*, où apparaît que rien ne se parle qu'à s'appuyer sur la cause.

Or cette cause, c'est ce que recouvre le *soll Ich*, le *dois-je* de la formule freudienne, qui, d'en renverser le sens, fait jaillir le paradoxe d'un impératif qui me presse d'assumer ma propre causalité.

Je ne suis pas pourtant cause de moi, et ce non pas d'être la créature. Du Créateur, il en est tout autant. Je vous renvoie là-dessus à Augustin et à son *De Trinitate*, au prologue.

La cause de soi spinozienne peut emprunter le nom de Dieu. Elle est Autre Chose. Mais laissons cela à ces deux mots que nous ne ferons jouer qu'à épingler qu'elle est aussi Chose autre que le Tout, et que ce Dieu, d'être autre ainsi, n'est pas pour autant le Dieu du panthéisme.

Il faut saisir dans cet *ego* que Descartes accentue de la superfluité de sa fonction dans certains de ses textes en latin (sujet d'exégèse que je laisse ici aux spécialistes), le point où il reste être ce qu'il se donne pour être : dépendant du dieu de la religion. Curieuse chute de l'*ergo*, l'*ego* est solidaire de ce Dieu. Singulièrement Descartes suit la démarche de le préserver du Dieu trompeur, en quoi c'est son partenaire qu'il préserve au point de le pousser au privilège exorbitant de ne garantir les vérités éternelles qu'à en être le créateur.

Cette communauté de sort entre l'*ego* et Dieu, ici marquée, est la même que profère de façon déchirante le contemporain de Descartes, Angelus Silesius, en ses adjurations mystiques, et qui leur impose la forme du distique.

On se souviendrait avec avantage, parmi ceux qui me suivent, de l'appui que j'ai pris sur ces jaculations, celles du Pèlerin chérubinique, à les reprendre dans la trace même de l'introduction au narcissisme que je poursuivais alors selon mon mode, l'année de mon commentaire sur le *Président Schreber.*

C'est qu'on peut boiter en ce joint, c'est le pas de la beauté, mais il faut y boiter juste.

Et d'abord, se dire que les deux côtés ne s'y emboîtent pas.

C'est pourquoi je me permettrai de le délaisser un moment, pour repartir d'une audace qui fut la mienne, et que je ne répéterai qu'à la rappeler. Car ce serait la répéter deux fois, *bis repetita* pourrait-elle être dite au sens juste où ce terme ne veut pas dire la simple répétition.

Il s'agit de *la Chose freudienne*, discours dont le texte est celui d'un discours second, d'être de la fois où je l'avais répété. Prononcé la première fois (puisse cette insistance vous faire sentir, en sa trivialité, le contrepied temporel qu'engendre la répétition), il le fut pour une Vienne où mon biographe repérera ma première rencontre avec ce qu'il faut bien appeler le fonds le plus bas du monde psychanalytique. Spécialement avec un personnage dont le niveau de culture et de responsabilité répondait à celui qu'on exige d'un garde du corps[1], mais peu m'importait, je parlais en l'air. J'avais seulement voulu que ce fût là que pour le centenaire de la naissance de Freud, ma voix se fît entendre en hommage. Ceci non pour marquer la place d'un lieu déserté, mais cette autre que cerne maintenant mon discours.

Que la voie ouverte par Freud n'ait pas d'autre sens que celui que je reprends : l'inconscient est langage, ce qui en est maintenant acquis l'était déjà pour moi, on le sait. Ainsi dans un mouvement, peut-être joueur à se faire écho du défi de Saint-Just haussant au ciel de l'enchâsser d'un public d'assemblée, l'aveu de n'être rien de plus que ce qui va à la poussière, dit-il, « et qui vous parle », – me vint-il l'inspiration qu'à voir dans la voie de Freud s'animer étrangement

---

1. Exécutant plus tard dans l'opération de destruction de notre enseignement dont la menée, connue de l'auditoire présent, ne concerne le lecteur que par la disparition de la revue *la Psychanalyse* et par notre promotion à la tribune d'où cette leçon est émise.

une figure allégorique et frissonner d'une peau neuve la nudité dont s'habille celle qui sort du puits, j'allais lui prêter voix.

« Moi, la vérité, je parle... » et la prosopopée continue. Pensez à la chose innommable qui, de pouvoir prononcer ces mots, irait à l'être du langage, pour les entendre comme ils doivent être prononcés, dans l'horreur.

Mais ce dévoilement, chacun y met ce qu'il y peut mettre. Mettons à son crédit le dramatique assourdi, quoique pas moins dérisoire pour autant, du *tempo* sur quoi se termine ce texte que vous trouverez dans le numéro 1 de 1956 de *l'Évolution psychiatrique*, sous le titre : *La Chose freudienne*[2].

Je ne crois pas que ce soit à cette horreur éprouvée que j'aie dû l'accueil plutôt frais que fit mon auditoire à l'émission répétée de ce discours, laquelle ce texte reproduit. S'il voulut bien en réaliser la valeur à son gré oblative, sa surdité s'y avéra particulière.

Ce n'est pas que la chose (la *Chose* qui est dans le titre) l'ait choqué, cet auditoire, – pas autant que tels de mes compagnons de barre, à l'époque, j'entends de barre sur un radeau où par leur truchement, j'ai patiemment concubiné dix ans durant, pour la pitance narcissique de nos compagnons de naufrage, avec la compréhension jaspersienne et le personnalisme à la manque, avec toutes les peines du monde à nous épargner à tous d'être peints au coaltar de l'âme-à-âme libéral. La chose, ce mot n'est pas joli, m'a-t-on dit textuellement, est-ce qu'il ne nous la gâche pas tout simplement, cette aventure des fins du fin de l'unité de la psychologie, où bien entendu l'on ne songe pas à chosifier, fi ! à qui se fier ? Nous vous croyions à l'avant-garde du progrès, camarade.

On ne se voit pas comme on est, et encore moins à s'aborder sous les masques philosophiques.

Mais laissons. Pour mesurer le malentendu là où il importe, au niveau de mon auditoire d'alors, je prendrai un propos qui s'y fit jour à peu près à ce moment, et qu'on pourrait trouver touchant de l'enthousiasme qu'il suppose : « Pourquoi, colporta quelqu'un, et ce thème court encore, pourquoi ne dit-il pas le vrai sur le vrai ? »

---

2. Cf. ces dernières lignes, t. I, p. 398.

Ceci prouve combien vains étaient tout ensemble mon apologue et sa prosopopée.

Prêter ma voix à supporter ces mots intolérables « Moi, la vérité, je parle... » passe l'allégorie. Cela veut dire tout simplement tout ce qu'il y a à dire de la vérité, de la seule, à savoir qu'il n'y a pas de métalangage (affirmation faite pour situer tout le logico-positivisme), que nul langage ne saurait dire le vrai sur le vrai, puisque la vérité se fonde de ce qu'elle parle, et qu'elle n'a pas d'autre moyen pour ce faire.

C'est même pourquoi l'inconscient qui le dit, le vrai sur le vrai, est structuré comme un langage, et pourquoi, moi, quand j'enseigne cela, je dis le vrai sur Freud qui a su laisser, sous le nom d'inconscient, la vérité parler.

Ce manque du vrai sur le vrai, qui nécessite toutes les chutes que constitue le métalangage en ce qu'il a de faux-semblant, et de logique, c'est là proprement la place de l'*Urverdrängung*, du refoulement originaire attirant à lui tous les autres, – sans compter d'autres effets de rhétorique, pour lesquels reconnaître, nous ne disposons que du sujet de la science.

C'est bien pour cela que pour en venir à bout, nous employons d'autres moyens. Mais il y est crucial que ces moyens ne sachent pas élargir ce sujet. Leur bénéfice touche sans doute à ce qui lui est caché. Mais il n'y a pas d'autre vrai sur le vrai à couvrir ce point vif que des noms propres, celui de Freud ou bien le mien, – ou alors des berquinades de nourrice dont on ravale un témoignage désormais ineffaçable : à savoir une vérité dont il est du sort de tous de refuser l'horrible, si pas plutôt de l'écraser quand il est irrefusable, c'est-à-dire quand on est psychanalyste, sous cette meule de moulin dont j'ai pris à l'occasion la métaphore, pour rappeler d'une autre bouche que les pierres, quand il faut, savent crier aussi.

Peut-être m'y verra-t-on justifié de n'avoir pas trouvé touchante la question me concernant, « Pourquoi ne dit-il pas... ? », venant de quelqu'un dont la place de ménage dans les bureaux d'une agence de vérité rendait la naïveté douteuse, et dès lors d'avoir préféré me passer des services où il s'employait dans la mienne, laquelle n'a pas besoin de chantres à y rêver de sacristie...

Faut-il dire que nous avons à connaître d'autres savoirs

La science et la vérité

que de celui de la science, quand nous avons à traiter de la pulsion épistémologique ?

Et revenir encore sur ce dont il s'agit : c'est d'admettre qu'il nous faille renoncer dans la psychanalyse à ce qu'à chaque vérité réponde son savoir ? Cela est le point de rupture par où nous dépendons de l'avènement de la science. Nous n'avons plus pour les conjoindre que ce sujet de la science.

Encore nous le permet-il, et j'entre plus avant dans son comment, – laissant ma Chose s'expliquer toute seule avec le noumène, ce qui me semble être bientôt fait : puisqu'une vérité qui parle a peu de chose en commun avec un noumène qui, de mémoire de raison pure, la ferme.

Ce rappel n'est pas sans pertinence puisque le médium qui va nous servir en ce point, vous m'avez vu l'amener tout à l'heure. C'est la cause : la cause non pas catégorie de la logique, mais en causant tout l'effet. La vérité comme cause, allez-vous, psychanalystes, refuser d'en assumer la question, quand c'est de là que s'est levée votre carrière ? S'il est des praticiens pour qui la vérité comme telle est supposée agir, n'est-ce pas vous ?

N'en doutez pas, en tout cas, c'est parce que ce point est voilé dans la science, que vous gardez cette place étonnamment préservée dans ce qui fait office d'espoir en cette conscience vagabonde à accompagner en collectif les révolutions de la pensée.

Que Lénine ait écrit : « La théorie de Marx est toute-puissante parce qu'elle est vraie », il laisse vide l'énormité de la question qu'ouvre sa parole : pourquoi, à supposer muette la vérité du matérialisme sous ses deux faces qui n'en sont qu'une : dialectique et histoire, pourquoi d'en faire la théorie accroîtrait-il sa puissance ? Répondre par la conscience prolétarienne et par l'action du politique marxiste, ne nous paraît pas suffisant.

Du moins la séparation de pouvoirs s'y annonce-t-elle, de la vérité comme cause au savoir mis en exercice.

Une science économique inspirée du *Capital* ne conduit pas nécessairement à en user comme pouvoir de révolution, et l'histoire semble exiger d'autres secours qu'une dialectique prédicative. Outre ce point singulier que je ne développerai pas ici, c'est que la science, si l'on y regarde de près, n'a pas de mémoire. Elle oublie les péripéties dont elle est née, quand elle est constituée, autrement dit une dimension de la vérité que la psychanalyse met là hautement en exercice.

Il me faut pourtant préciser. On sait que la théorie physique ou mathématique, après chaque crise qui se résout dans la forme pour quoi le terme de : théorie généralisée ne saurait nullement être pris pour vouloir dire : passage au général, conserve souvent à son rang ce qu'elle généralise, dans sa structure précédente. Ce n'est pas cela que nous disons. C'est le drame, le drame subjectif que coûte chacune de ces crises. Ce drame est le drame du savant. Il a ses victimes dont rien ne dit que leur destin s'inscrit dans le mythe de l'Œdipe. Disons que la question n'est pas très étudiée. J. R. Mayer, Cantor, je ne vais pas dresser un palmarès de ces drames allant parfois à la folie où des noms de vivants viendraient bientôt : où je considère que le drame de ce qui se passe dans la psychanalyse est exemplaire. Et je pose qu'il ne saurait ici s'inclure lui-même dans l'Œdipe, sauf à le mettre en cause.

Vous voyez le programme qui ici se dessine. Il n'est pas près d'être couvert. Je le vois même plutôt bloqué.

Je m'y engage avec prudence, et pour aujourd'hui vous prie de vous reconnaître dans des lumières réfléchies d'un tel abord.

C'est-à-dire que nous allons les porter sur d'autres champs que le psychanalytique à se réclamer de la vérité.

Magie et religion, les deux positions de cet ordre qui se distinguent de la science, au point qu'on a pu les situer par rapport à la science, comme fausse ou moindre science pour la magie, comme outrepassant ses limites, voire en conflit de vérité avec la science pour la seconde : il faut le dire pour le sujet de la science, l'une et l'autre ne sont qu'ombres, mais non pour le sujet souffrant auquel nous avons affaire.

Va-t-on dire ici : « Il y vient. Qu'est-ce que ce sujet souffrant sinon celui d'où nous tirons nos privilèges, et quel droit vous donnent sur lui vos intellectualisations ? »

Je partirai pour répondre de ce que je rencontre d'un philosophe couronné récemment de tous les honneurs facultaires. Il écrit : « La vérité de la douleur est la douleur elle-même. » Ce propos que je laisse aujourd'hui au domaine qu'il explore, j'y reviendrai pour dire comment la phénoménologie vient en prétexte à la contrevérité et le statut de celle-ci.

La science et la vérité

Je ne m'en empare que pour vous poser la question, à vous analystes : oui ou non, ce que vous faites, a-t-il le sens d'affirmer que la vérité de la souffrance névrotique, c'est d'avoir la vérité comme cause ?

Je propose :

Sur la magie, je pars de cette vue qui ne laisse pas de flou sur mon obédience scientifique, mais qui se contente d'une définition structuraliste. Elle suppose le signifiant répondant comme tel au signifiant. Le signifiant dans la nature est appelé par le signifiant de l'incantation. Il est mobilisé métaphoriquement. La Chose en tant qu'elle parle, répond à nos objurgations.

C'est pourquoi cet ordre de classification naturelle que j'ai invoqué des études de Claude Lévi-Strauss, laisse dans sa définition structurale entrevoir le pont de correspondances par lequel l'opération efficace est concevable, sous le même mode où elle a été conçue.

C'est pourtant là une réduction qui y néglige le sujet.

Chacun sait que la mise en état du sujet, du sujet chamanisant, y est essentielle. Observons que le chaman, disons en chair et en os, fait partie de la nature, et que le sujet corrélatif de l'opération a à se recouper dans ce support corporel. C'est ce mode de recoupement qui est exclu du sujet de la science. Seuls ses corrélatifs structuraux dans l'opération lui sont repérables, mais exactement.

C'est bien sous le mode de signifiant qu'apparaît ce qui est à mobiliser dans la nature : tonnerre et pluie, météores et miracles.

Tout est ici à ordonner selon les relations antinomiques où se structure le langage.

L'effet de la demande dès lors y est à interroger par nous dans l'idée d'éprouver si l'on y retrouve la relation définie par notre graphe avec le désir.

Par cette voie, seulement, à plus loin décrire, d'un abord qui ne soit pas d'un recours grossier à l'analogie, le psychanalyste peut se qualifier d'une compétence à dire son mot sur la magie.

La remarque qu'elle soit toujours magie sexuelle a ici son prix, mais ne suffit pas à l'y autoriser.

Je conclus sur deux points à retenir votre écoute : la magie, c'est la vérité comme cause sous son aspect de cause efficiente.

Le savoir s'y caractérise non pas seulement de rester voilé pour le sujet de la science, mais de se dissimuler comme tel, tant dans la tradition opératoire que dans son acte. C'est une condition de la magie.

Il ne s'agit sur ce que je vais dire de la religion que d'indiquer le même abord structural ; et aussi sommairement, c'est dans l'opposition de traits de structure que cette esquisse prend son fondement.

Peut-on espérer que la religion prenne dans la science un statut un peu plus franc ? Car depuis quelque temps, il est d'étranges philosophes à y donner de leurs rapports la définition la plus molle, foncièrement à les tenir pour se déployant dans le même monde, où la religion dès lors a la position enveloppante.

Pour nous, sur ce point délicat, où certains entendraient nous prémunir de la neutralité analytique, nous faisons prévaloir ce principe que d'être ami de tout le monde ne suffit pas à préserver la place d'où l'on a à opérer.

Dans la religion, la mise en jeu précédente, celle de la vérité comme cause, par le sujet, le sujet religieux s'entend, est prise dans une opération complètement différente. L'analyse à partir du sujet de la science conduit nécessairement à y faire apparaître les mécanismes que nous connaissons de la névrose obsessionnelle. Freud les a aperçus dans une fulgurance qui leur donne une portée dépassant toute critique traditionnelle. Prétendre y calibrer la religion, ne saurait être inadéquat.

Si l'on ne peut partir de remarques comme celle-ci : que la fonction qu'y joue la révélation se traduit comme une dénégation de la vérité comme cause, à savoir qu'elle dénie ce qui fonde le sujet à s'y tenir pour partie prenante, – alors il y a peu de chance de donner à ce qu'on appelle l'histoire des religions des limites quelconques, c'est-à-dire quelque rigueur.

Disons que le religieux laisse à Dieu la charge de la cause, mais qu'il coupe là son propre accès à la vérité. Aussi est-il amené à remettre à Dieu la cause de son désir, ce qui est proprement l'objet du sacrifice. Sa demande est soumise au

La science et la vérité

désir supposé d'un Dieu qu'il faut dès lors séduire. Le jeu de l'amour entre par là.

Le religieux installe ainsi la vérité en un statut de culpabilité. Il en résulte une méfiance à l'endroit du savoir, d'autant plus sensible dans les Pères de l'Église, qu'ils se démontrent plus dominants en matière de raison.

La vérité y est renvoyée à des fins qu'on appelle eschatologiques, c'est-à-dire qu'elle n'apparaît que comme cause finale, au sens où elle est reportée à un jugement de fin du monde.

D'où le relent obscurantiste qui s'en reporte sur tout usage scientifique de la finalité.

J'ai marqué au passage combien nous avons à apprendre sur la structure de la relation du sujet à la vérité comme cause dans la littérature des Pères, voire dans les premières décisions conciliaires. Le rationalisme qui organise la pensée théologique n'est nullement, comme la platitude se l'imagine, affaire de fantaisie.

S'il y a fantasme, c'est au sens le plus rigoureux d'institution d'un réel qui couvre la vérité.

Il ne nous semble pas du tout inaccessible à un traitement scientifique que la vérité chrétienne ait dû en passer par l'intenable de la formulation d'un Dieu Trois et Un. La puissance ecclésiale ici s'accommode fort bien d'un certain découragement de la pensée.

Avant d'accentuer les impasses d'un tel mystère, c'est la nécessité de son articulation qui pour la pensée est salubre et à laquelle elle doit se mesurer.

Les questions doivent être prises au niveau où le dogme achoppe en hérésies, – et la question du *Filioque* me paraît pouvoir être traitée en termes topologiques.

L'appréhension structurale doit y être première et permet seule une appréciation exacte de la fonction des images. Le *De Trinitate* ici a tous les caractères d'un ouvrage de théorie et il peut être pris par nous comme un modèle.

S'il n'en était pas ainsi, je conseillerais à mes élèves d'aller s'exposer à la rencontre d'une tapisserie du XVIe siècle qu'ils verront s'imposer à leur regard dans l'entrée du Mobilier National où elle les attend, déployée pour un ou deux mois encore.

Les Trois Personnes représentées dans une identité de

forme absolue à s'entretenir entre elles avec une aisance parfaite aux rives fraîches de la Création, sont tout simplement angoissantes.

Et ce que recèle une machine aussi bien faite, quand elle se trouve affronter le couple d'Adam et d'Ève en la fleur de son péché, est bien de nature à être proposé en exercice à une imagination de la relation humaine qui ne dépasse pas ordinairement la dualité.

Mais que mes auditeurs s'arment d'abord d'Augustin...

Ainsi semblé-je n'avoir défini que des caractéristiques des religions de la tradition juive. Sans doute sont-elles faites pour nous en démontrer l'intérêt, et je ne me console pas d'avoir dû renoncer à rapporter à l'étude de la Bible la fonction du Nom-du-Père[3].

Il reste que la clef est d'une définition de la relation du sujet à la vérité.

Je crois pouvoir dire que c'est dans la mesure où Cl. Lévi-Strauss conçoit le bouddhisme comme une religion du sujet généralisé, c'est-à-dire comportant une diaphragmatisation de la vérité comme cause, indéfiniment variable, qu'il flatte cette utopie de la voir s'accorder avec le règne universel du marxisme dans la société.

Peut-être est-ce là faire trop peu de cas des exigences du sujet de la science, et trop de confiance à l'émergence dans la théorie d'une doctrine de la transcendance de la matière.

L'œcuménisme ne nous paraît avoir ses chances, qu'à se fonder dans l'appel aux pauvres d'esprit.

Pour ce qui est de la science, ce n'est pas aujourd'hui que je puis dire ce qui me paraît la structure de ses relations à la vérité comme cause, puisque notre progrès cette année doit y contribuer.

Je l'aborderai par la remarque étrange que la fécondité prodigieuse de notre science est à interroger dans sa relation à cet aspect dont la science se soutiendrait : que la vérité comme cause, elle n'en voudrait-rien-savoir.

---

3. Nous avons mis en réserve le *Séminaire* que nous avions annoncé pour 1963-64 sur le Nom-du-Père, après avoir clos sa leçon d'ouverture (nov. 63) sur notre démission de la place de Sainte-Anne où nos séminaires depuis dix ans se tenaient.

On reconnaît là la formule que je donne de la *Verwerfung* ou forclusion, – laquelle viendrait ici s'adjoindre en une série fermée à la *Verdrängung*, refoulement, à la *Verneinung*, dénégation, dont vous avez reconnu au passage la fonction dans la magie et la religion.

Sans doute ce que nous avons dit des relations de la *Verwerfung* avec la psychose, spécialement comme *Verwerfung* du Nom-du-Père, vient-il là en apparence s'opposer à cette tentative de repérage structural.

Pourtant si l'on aperçoit qu'une paranoïa réussie apparaîtrait aussi bien être la clôture de la science, si c'était la psychanalyse qui était appelée à représenter cette fonction, – si d'autre part on reconnaît que la psychanalyse est essentiellement ce qui réintroduit dans la considération scientifique le Nom-du-Père, on retrouve là la même impasse apparente, mais on a le sentiment que de cette impasse même on progresse, et qu'on peut voir se dénouer quelque part le chiasme qui semble y faire obstacle.

Peut-être le point actuel où en est le drame de la naissance de la psychanalyse, et la ruse qui s'y cache à se jouer de la ruse consciente des auteurs, sont-ils ici à prendre en considération, car ce n'est pas moi qui ai introduit la formule de la paranoïa réussie.

Certes me faudra-t-il indiquer que l'incidence de la vérité comme cause dans la science est à reconnaître sous l'aspect de la cause formelle.

Mais ce sera pour en éclairer que la psychanalyse par contre en accentue l'aspect de cause matérielle. Telle est à qualifier son originalité dans la science.

Cette cause matérielle est proprement la forme d'incidence du signifiant que j'y définis.

Par la psychanalyse, le signifiant se définit comme agissant d'abord comme séparé de sa signification. C'est là le trait de caractère littéral qui spécifie le signifiant copulatoire, le phallus, quand surgissant hors des limites de la maturation biologique du sujet, il s'imprime effectivement, sans pouvoir être le signe à représenter le sexe étant du partenaire, c'est-à-dire son signe biologique ; qu'on se souvienne de nos formules différenciant le signifiant et le signe.

C'est assez dire au passage que dans la psychanalyse,

l'histoire est une autre dimension que celle du développement, – et que c'est aberration que d'essayer de l'y résoudre. L'histoire ne se poursuit qu'en contretemps du développement. Point dont l'histoire comme science a peut-être à faire son profit, si elle veut échapper à l'emprise toujours présente d'une conception providentielle de son cours.

Bref nous retrouvons ici le sujet du signifiant tel que nous l'avons articulé l'année dernière. Véhiculé par le signifiant dans son rapport à l'autre signifiant, il est à distinguer sévèrement tant de l'individu biologique que de toute évolution psychologique subsumable comme sujet de la compréhension.

C'est, en termes minimaux, la fonction que j'accorde au langage dans la théorie. Elle me semble compatible avec un matérialisme historique qui laisse là un vide. Peut-être la théorie de l'objet *a* y trouvera-t-elle sa place aussi bien.

Cette théorie de l'objet *a* est nécessaire, nous le verrons, à une intégration correcte de la fonction, au regard du savoir et du sujet, de la vérité comme cause.

Vous avez pu reconnaître au passage dans les quatre modes de sa réfraction qui viennent ici d'être recensés, le même nombre et une analogie d'épinglage nominal, qui sont à retrouver dans la physique d'Aristote.

Ce n'est pas hasard, puisque cette physique ne manque pas d'être marquée d'un logicisme, qui garde encore la saveur et la sapience d'un grammatisme originel.

Τοσαῦτα τὸν ἀριθμὸν τὸ διὰ τί περιείληφεν.

Nous restera-t-il valable que la cause soit pour nous exactement autant à se polymériser ?

Cette exploration n'a pas pour seul but de vous donner l'avantage d'une prise élégante sur des cadres qui échappent en eux-mêmes à notre juridiction. Entendez magie, religion, voire science.

Mais plutôt pour vous rappeler qu'en tant que sujets de la science psychanalytique, c'est à la sollicitation de chacun de ces modes de la relation à la vérité comme cause que vous avez à résister.

Mais ce n'est pas dans le sens où vous l'entendrez d'abord.

La magie n'est pour nous tentation qu'à ce que vous fassiez de ses caractères la projection sur le sujet à quoi vous avez à faire, – pour le psychologiser, c'est-à-dire le méconnaître.

La prétendue pensée magique, qui est toujours celle de l'autre, n'est pas un stigmate dont vous puissiez épingler l'autre. Elle est aussi valable chez votre prochain qu'en vous-même dans les limites les plus communes : car elle est au principe du moindre effet de commandement.

Pour tout dire, le recours à la pensée magique n'explique rien. Ce qu'il s'agit d'expliquer, c'est son efficience.

Pour la religion, elle doit bien plutôt nous servir de modèle à ne pas suivre, dans l'institution d'une hiérarchie sociale où se conserve la tradition d'un certain rapport à la vérité comme cause.

La simulation de l'Église catholique, qui se reproduit chaque fois que la relation à la vérité comme cause vient au social, est particulièrement grotesque dans une certaine Internationale psychanalytique pour la condition qu'elle impose à la communication.

Ai-je besoin de dire que dans la science, à l'opposé de la magie et de la religion, le savoir se communique ?

Mais il faut insister que ce n'est pas seulement parce que c'est l'usage, mais que la forme logique donnée à ce savoir inclut le mode de la communication comme suturant le sujet qu'il implique.

Tel est le problème premier que soulève la communication en psychanalyse. Le premier obstacle à sa valeur scientifique est que la relation à la vérité comme cause, sous ses aspects matériels, est restée négligée dans le cercle de son travail.

Conclurai-je à rejoindre le point d'où je suis parti aujourd'hui : division du sujet ? Ce point est un nœud.

Rappelons-nous où Freud le déroule : sur ce manque du pénis de la mère où se révèle la nature du phallus. Le sujet se divise ici, nous dit Freud à l'endroit de la réalité, voyant à la fois s'y ouvrir le gouffre contre lequel il se rempardera d'une phobie, et d'autre part le recouvrant de cette surface où il érigera le fétiche, c'est-à-dire l'existence du pénis comme maintenue, quoique déplacée.

D'un côté, extrayons le (pas-de) du (pas-de-pénis), à mettre entre parenthèses, pour le transférer au pas-de-savoir, qui est le pas-hésitation de la névrose.

De l'autre, reconnaissons l'efficace du sujet dans ce gnomon qu'il érige à lui désigner à toute heure le point de vérité.

Révélant du phallus lui-même qu'il n'est rien d'autre que ce point de manque qu'il indique dans le sujet.

Cet index est aussi celui qui nous pointe le chemin où nous voulons aller cette année, c'est-à-dire, là où vous-mêmes reculez d'être en ce manque, comme psychanalystes, suscités.

1er décembre 1965.

Appendice II[1]

La métaphore du sujet

Ce texte est le récrit, fait en juin 1961, d'une intervention apportée le 23 juin 1960 en réponse à M. Perelman, lequel arguait de *l'idée de rationalité et de la règle de justice* devant la Société de philosophie.

Il témoigne d'une certaine anticipation, à propos de la métaphore, de ce que nous formulons depuis d'une logique de l'inconscient.

Nous devons à M. François Regnault de nous l'avoir rappelé à temps pour que nous l'adjoignions à la seconde édition de ce volume.

Les procédés de l'argumentation intéressent M. Perelman pour le mépris où les tient la tradition de la science. Ainsi est-il amené devant une Société de philosophie à plaider la méprise.

Il vaudrait mieux qu'il passât au-delà de la défense pour qu'on vienne à se joindre à lui. Et c'est en ce sens que portera la remarque dont je l'avertis : que c'est à partir des manifestations de l'inconscient, dont je m'occupe comme analyste, que je suis venu à développer une théorie des effets du signifiant où je retrouve la rhétorique. Ce dont témoigne le fait que mes élèves, à lire ses ouvrages, y reconnaissent le bain même où je les mets.

Ainsi serai-je amené à l'interroger moins sur ce dont il a argué ici, peut-être avec trop de prudence, que sur tel point où ses travaux nous portent au plus vif de la pensée.

---

1. Cf. note de la page 526 du tome I.

La métaphore, par exemple, dont on sait que j'y articule un des deux versants fondamentaux du jeu de l'inconscient.

Je ne suis pas sans m'accorder à la façon dont M. Perelman la traite en y décelant une opération à quatre termes, voire à ce qu'il s'en justifie de la séparer décisivement de l'image.

Je ne crois pas qu'il soit fondé pour autant à croire l'avoir ramenée à la fonction de l'analogie [2].

Si nous tenons pour acquis dans cette fonction que les relations $\frac{A}{B}$ et $\frac{D}{C}$ se soutiennent dans leur effet propre de l'hétérogénéité même où elles se répartissent comme thème et phore, ce formalisme n'est plus valable pour la métaphore, et la meilleure preuve est qu'il se brouille dans les illustrations mêmes que M. Perelman y apporte.

Il y a bien, si l'on veut, quatre termes dans la métaphore, mais leur hétérogénéité passe par une ligne de partage : trois contre un, et se distingue d'être celle du signifiant au signifié.

Pour préciser une formule que j'en ai donnée dans un article intitulé « L'instance de la lettre dans l'inconscient » [3], je l'écrirai ainsi :

$$\frac{S}{S'_1} \cdot \frac{S'_2}{x} \rightarrow S\left(\frac{1}{s''}\right)$$

La métaphore est radicalement l'effet de la substitution d'un signifiant à un autre dans une chaîne, sans que rien de naturel ne le prédestine à cette fonction de phore, sinon qu'il s'agit de deux signifiants, comme tels réductibles à une opposition phonématique.

Pour le démontrer sur un des exemples mêmes de Monsieur Perelman, celui qu'il a judicieusement choisi du troisième dialogue de Berkeley [4] : un océan de fausse science, s'écrira ainsi, – car il vaut mieux y restaurer ce que la traduction déjà tend à y « endormir » (pour faire honneur avec M. Perelman à une métaphore très joliment trouvée par les rhétoriciens) :

---

2. Cf. les pages que nous nous permettons de qualifier d'admirables du *Traité de l'argumentation*, t. II (aux P.U.F.), p. 497-534.
3. Cf. *L'instance de la lettre dans l'inconscient*, p. 490-526 de notre t. I.
4. *Traité de l'argumentation*, p. 537.

$$\frac{\text{an ocean}}{\text{learning}} \text{ of } \frac{\text{false}}{x} \to \text{an ocean} \left(\frac{1}{?}\right).$$

Learning, enseignement, en effet, n'est pas science, et l'on y sent mieux encore que ce terme n'a pas plus à faire avec l'océan que les cheveux avec la soupe.

La cathédrale engloutie de ce qui s'est enseigné jusque-là concernant la matière, ne résonnera sans doute encore pas en vain à nos oreilles de se réduire à l'alternance de cloche sourde et sonore par où la phrase nous pénètre : lear-ning, lear-ning, mais ce n'est pas du fond d'une nappe liquide, mais de la fallace de ses propres arguments.

Dont l'océan est l'un d'entre eux, et rien d'autre. Je veux dire : littérature, qu'il faut rendre à son époque, par quoi il supporte ce sens que le cosmos à ses confins peut devenir un lieu de tromperie. Signifié donc, me direz-vous, d'où part la métaphore. Sans doute, mais dans la portée de son effet, elle franchit ce qui n'est là que récurrence, pour s'appuyer sur le non-sens de ce qui n'est qu'un terme entre autres du même learning.

Ce qui se produit, par contre, à la place du point d'interrogation dans la seconde partie de notre formule, est une espèce nouvelle dans la signification, celle d'une fausseté que la contestation ne saisit pas, insondable, onde et profondeur d'un ἄπειρος de l'imaginaire où sombre tout vase qui voudrait y puiser.

À être « réveillée » en sa fraîcheur, cette métaphore comme toute autre, s'avère ce qu'elle est chez les surréalistes.

La métaphore radicale est donnée dans l'accès de rage rapporté par Freud de l'enfant, encore inerme en grossièreté, que fut son homme-aux-rats avant de s'achever en névrosé obsessionnel, lequel, d'être contré par son père l'interpelle : « Du Lampe, du Handtuch, du Teller usw. » (Toi lampe, toi serviette, toi assiette..., et quoi encore.) En quoi le père hésite à authentifier le crime ou le génie.

En quoi nous-même entendons qu'on ne perde pas la dimension d'injure où s'origine la métaphore. Injure plus grave qu'on ne l'imagine à la réduire à l'invective de la guerre. Car c'est d'elle que procède l'injustice gratuitement faite à tout sujet d'un attribut par quoi n'importe quel autre sujet est suscité à l'entamer. « Le chat fait oua-oua, le chien fait miaou-miaou. » Voilà comment l'enfant épelle les pouvoirs du discours et inaugure la pensée.

On peut s'étonner que j'éprouve le besoin de pousser les choses aussi loin concernant la métaphore. Mais M. Perelman m'accordera qu'à invoquer, pour satisfaire à sa théorie analogique, les couples du nageur et du savant, puis de la terre ferme et de la vérité, et d'avouer qu'on peut ainsi les multiplier indéfiniment, ce qu'il formule manifeste à l'évidence qu'ils sont tous également hors du coup et revient à ce que je dis : que le fait acquis d'aucune signification n'a rien à faire en la question.

Bien sûr, dire la désorganisation constitutive de toute énonciation n'est pas tout dire, et l'exemple que M. Perelman réanime d'Aristote[5], du soir de la vie pour dire la vieillesse, nous indique assez de n'y pas montrer seulement le refoulement du plus déplaisant du terme métaphorisé pour en faire surgir un sens de paix qu'il n'implique nullement dans le réel.

Car si nous questionnons la paix du soir, nous y apercevons qu'elle n'a d'autre relief que de l'abaissement des vocalises : qu'il s'agisse du jabraille des moissonneurs ou du piaillement des oiseaux.

Après quoi, il nous faudra rappeler que tout blablabla que soit essentiellement le langage, c'est de lui pourtant que procèdent l'avoir et l'être.

Ce sur quoi jouant la métaphore par nous-même choisie dans l'article cité tout à l'heure[6], nommément : « Sa gerbe n'était pas avare ni haineuse » de Booz endormi, ce n'est pas chanson vaine qu'elle évoque le lien qui, chez le riche, unit la position d'avoir au refus inscrit dans son être. Car c'est là impasse de l'amour. Et sa négation même ne ferait rien de plus ici, nous le savons, que la poser, si la métaphore qu'introduit la substitution de « sa gerbe » au sujet, ne faisait surgir le seul objet dont l'avoir nécessite le manque à l'être : le phallus, autour de quoi roule tout le poème jusqu'à son dernier tour.

C'est dire que la réalité la plus sérieuse, et même pour

---

5. *Traité de l'argumentation*, p. 535.
6. Cf. *L'instance...*, p. 503.

La métaphore du sujet

l'homme la seule sérieuse, si l'on considère son rôle à soutenir la métonymie de son désir, ne peut être retenue que dans la métaphore.

Où veux-je en venir, sinon à vous convaincre que ce que l'inconscient ramène à notre examen, c'est la loi par quoi l'énonciation ne se réduira jamais à l'énoncé d'aucun discours ?

Ne disons pas que j'y choisis mes termes quoi que j'aie à dire. Encore qu'il ne soit pas vain de rappeler ici que le discours de la science, en tant qu'il se recommanderait de l'objectivité, de la neutralité, de la grisaille, voire du genre sulpicien, est tout aussi malhonnête, aussi noir d'intentions que n'importe quelle autre rhétorique.

Ce qu'il faut dire, c'est que le je de ce choix naît ailleurs que là où le discours s'énonce, précisément chez celui qui l'écoute.

N'est-ce pas donner le statut des effets de la rhétorique, en montrant qu'ils s'étendent à toute signification ? Que l'on nous objecte qu'ils s'arrêtent au discours mathématique, nous en sommes d'autant plus d'accord que ce discours, nous l'apprécions au plus haut degré de ce qu'il ne signifie rien.

Le seul énoncé absolu a été dit par qui de droit : à savoir qu'aucun coup de dé dans le signifiant, n'y abolira jamais le hasard, – pour la raison, ajouterons-nous, qu'aucun hasard n'existe qu'en une détermination de langage, et ce sous quelque aspect qu'on le conjugue, d'automatisme ou de rencontre.

Appendice III

Préface
à l'édition de poche des *Écrits*

> Ce texte est paru à titre de préface en tête de la première édition de poche des *Écrits*, publiée en 1970 ; celle-ci constituait une sélection, distribuée en deux volumes.
> Ce texte est initialement paru sans titre.
> Note de l'éditeur (1999)

*À quelqu'un,
grâce à qui ceci est plutôt signe...*

Un signifiant qui donne prise sur la Reine, que soumet-il à qui s'en empare ? Si la dominer d'une menace vaut le vol de la lettre que Poe nous présente en exploit, c'est dire que c'est à son pouvoir qu'il est passé la bride. À quoi enfin ? À la Féminité en tant qu'elle est toute-puissante, mais seulement d'être à la merci de ce qu'on appelle, ici pas pour des prunes, le Roi.

Par cette chaîne apparaît qu'il n'y a de maître que le signifiant. Atout maître : on a bâti les jeux de cartes sur ce fait du discours. Sans doute, pour jouer l'atout, faut-il qu'on ait la main. Mais cette main n'est pas maîtresse. Il n'y a pas trente-six façons de jouer une partie, même s'il n'y en a pas seulement une. C'est la partie qui commande, dès que la distribution est faite selon la règle qui la soustrait au moment de pouvoir de la main.

Ce que le conte de Poe démontre par mes soins, c'est que l'effet de sujétion du signifiant, de la lettre volée en l'occa-

Préface à l'édition de poche des Écrits

sion, porte avant tout sur son détenteur d'après-vol, et qu'à mesure de son parcours, ce qu'il véhicule, c'est cette Féminité même qu'il aurait prise en son ombre.

Serait-ce la lettre qui fait la Femme être ce sujet, à la fois tout-puissant et serf, pour que toute main à qui la Femme laisse la lettre, reprenne avec, ce dont à la recevoir, elle-même a fait lais ? « Lais » veut dire ce que la Femme lègue de ne l'avoir jamais eu : d'où la vérité sort du puits, mais jamais qu'à mi-corps.

Voici pourquoi le Ministre vient à être châtré, châtré, c'est le mot de ce qu'il croit toujours l'avoir : cette lettre que Dupin a su repérer de son évidence entre les jambes de sa cheminée de haute lisse.

Ici ne fait que s'achever ce qui d'abord le féminise comme d'un rêve, et j'ajoute (p. 41) que le chant dont ce Lecoq voudrait, en le poulet qu'il lui destine, faire son réveil (« un dessein si funeste... »), il n'a aucune chance de l'entendre : il supportera tout de la Reine, dès lors qu'elle va le défier.

Car la Reine redevenue gaie, voire maligne, ne fera pas pièce à sa puissance de ce qu'elle l'ait, sans qu'il le sache, désarmée, – en tout cas pas auprès du Roi dont on sait, par l'existence de la lettre, et c'est même tout ce qu'on en sait, que sa puissance est celle du Mort que chaque tour du jeu amincit.

Le pouvoir du Ministre s'affermit d'être à la mesure du masochisme qui le guette.

En quoi notre Dupin se montre égal en son succès à celui du psychanalyste, dont l'acte, ce n'est que d'une maladresse inattendue de l'autre qu'il peut venir à porter. D'ordinaire, son message est la seule chute effective de son traitement : autant que celui de Dupin, devant rester inrévélé, bien qu'avec lui l'affaire soit close.

Mais expliquerais-je, comme on en fera l'épreuve du texte qui ici garde le poste d'entrée qu'il a ailleurs, ces termes toujours plus, moins ils seront entendus.

Moins entendus des psychanalystes, de ce qu'ils soient pour eux aussi en vue que la lettre volée, qu'ils la voient même en eux, mais qu'à partir de là ils s'en croient, comme Dupin, les maîtres.

Ils ne sont maîtres en fait que d'user de mes termes à tort et à travers. Ce à quoi plusieurs se sont ridiculisés. Ce sont les mêmes qui m'affirment que ce dont les autres se méfient, c'est d'une rigueur à laquelle ils se sentiraient inégaux.

Mais ce n'est pas ma rigueur qui inhibe ces derniers, puisque ses pièges n'ont d'exemple que de ceux qui m'en font avis.

Que l'opinion qui reste Reine, m'en sache gré, n'aurait de sens que de lui valoir ce livre de poche, *vademecum* qu'on l'appelait dans l'ancien temps, et rien de neuf, si je n'en profitais pour situer ce qu'elle m'apporte de mes *Écrits* comme bruit.

Je dois me persuader qu'ils ne soient pierre dans l'eau qu'à ce qu'elle en fût déjà l'onde, et même l'onde de retour.

Ceci m'est rendu tangible de ce que ceux ici choisis, me semblent épaves tombées au fond. Pourquoi m'en étonnerais-je ? quand ces *Écrits*, ce n'est pas seulement recueillis qu'ils furent en mémoire de rebuts, mais composés qu'ils ont été à ce titre.

Répétant dans leur sort de sonde, celui de la psychanalyse en tant qu'esquif gobé d'emblée par cette mer.

Drôle de radoub que de montrer qu'il ne nage bien qu'à atterrir.

Car c'est un fait d'histoire : mettez à son banc une chiourme éprouvée d'ahaner à la voix, et la psychanalyse s'échoue, – au soulagement des gens du bord. Jamais aucun progressisme n'a fait mieux, ni d'une façon si sûre à rassurer, ce qu'il faut faire tout de suite.

Bref on lira mon discours dit de Rome en 1953, sans que puisse plus compter que j'aie été strictement empêché, depuis le terme mis en France aux plaisirs d'une Occupation dont la nostalgie devait encore la hanter vingt ans par la plume si juste en son exquisité de Sartre, strictement barré, dis-je, de toute charge, si mince fût-elle, d'enseignement. L'opposition m'en étant notifiée comme provenant d'un Monsieur Piéron dont je n'eus au reste aucun signe direct à moi, au titre de mon incompréhensibilité.

On voit que je l'étais de principe, car je n'avais eu l'occasion de la démontrer qu'aux plus banaux de ses entours, et ce que j'avais écrit alors, n'était nullement abstrus (si peu que je rougirais de republier ma thèse, même si elle ne relève pas de ce que l'ignorance alors enseignante tenait pour le bon sens en l'illustrant de Bergson).

Je voudrais qu'on me crédite de ce que ce retard qui me fut imposé, de huit ans, me force à pousser, tout au long de ce rapport, d'âneries, soyons exact : de paulhaneries, que je ne puis que hihaner pour les oreilles qui m'entendent. Même le cher Paulhan ne m'en a point tenu rigueur, lui qui savait jusqu'où « Kant avec Sade » détonnerait dans son bestiaire [1] (cet *Écrit* est ici absent).

Le ménage n'est jamais bien fait que par qui pourrait faire mieux. Le tâcheron est donc impropre à la tâche, même si la tâche réduit quiconque à faire le tâcheron. J'appelle tâche ranger ce qui traîne.

Énoncer que l'inconscient s'est rencontré d'abord dans le discours, que c'est toujours là qu'on le trouve dans la psychanalyse, ce peut nécessiter qu'on l'articule avec appui, s'il en faut le préliminaire : avant qu'il vienne comme second temps que le discours lui-même mérite qu'on s'arrête aux structures qui lui sont propres, dès que l'on songe que cet effet ne semble pas y aller de soi.

C'est une idée qui se précise de relever ces structures mêmes, et ce n'est nullement s'en remettre aux lois de la linguistique que de les prier de nous dire si elles s'en sentent dérangées.

On doit s'habituer aux maniements des schèmes, scientifiquement repris d'une éthique (la stoïcienne en l'occasion), du signifiant et du λεκτόν. Et aussitôt on s'aperçoit que ce λεκτόν ne se traduit pas bien. On le met en réserve, et on joue un temps du signifié, plus accessible et plus douillet à ceux qui s'y retrouvent, dans l'illusion qu'ils pensent quoi que ce soit qui vaille plus que tripette.

Le long de la route, on s'aperçoit, avec retard heureusement, c'est mieux de ne pas s'y arrêter, que s'élèvent des protestations. « Le rêve ne pense pas... », écrit un professeur fort pertinent dans toutes les preuves qu'il en donne. Le rêve est plutôt comme une inscription chiffonnée. Mais quand ai-je dit quoi que ce soit qui y objecte ? Même si au chiffonné, je n'ai, selon ma méthode de commentaire

---

1. La N.R.F., un n. fût-il redoublé dans son sigle.

qui s'astreint à s'en tenir aux documents, fait sort qu'au niveau de la girafe que le petit Hans en qualifie.

Outre que cet auteur ne saurait même avancer les faits dont il arguë qu'à tenir pour établi ce que j'articule du rêve, soit qu'il requière un support textuel, ce que j'appelle proprement l'instance de la lettre avant toute grammatologie, où peut-il prendre que j'aie dit que le rêve pense ? Question que je pose sans m'être relu.

Par contre il découvre que ce que j'inscris comme effet du signifiant, ne répond nullement au signifié que cerne la linguistique, mais bel et bien au sujet.

J'applaudis à cette trouvaille d'autant plus qu'à la date où paraissent ses remarques, il y a beau temps que je martèle à qui veut l'entendre, que le signifiant (et c'est en quoi je le distingue du signe) est ce qui représente un sujet pour un autre signifiant.

Je dis à qui veut l'entendre, car une telle articulation suppose un discours ayant déjà porté des effets, effets de λεκτόν précisément. Car c'est d'une pratique de l'enseignement où se démontre que l'insistance de ce qui est énoncé, n'est pas à tenir pour seconde dans l'essence du discours, – que prend corps, quoique je l'aie pointé de ce ressort dès sa première sortie, mon terme du : point de capiton. Par quoi λεκτόν se trouve traduit à mon gré, sans que je m'en targue, étant plutôt que stoïcologue, stoïque d'avance à l'endroit de ce qui pourra s'en redire.

Ce n'est pas pour autant aller aussi loin que je pourrais dans ce que m'apporte ma parution en livre de poche. Elle tient pour moi d'un inénarrable que seul mesurera un jour un bilan statistique d'un matériel de syntagmes auxquels j'ai donné cours.

J'ai fourni de meilleurs emboîtages tout un marché de la culture. Mea culpa.

Il n'y a pas de métalangage. Cette affirmation est possible de ce que j'en aie ajouté un à la liste de ceux qui courent les champs de la science. Elle sera justifiée, s'il produit l'effet dont s'assurera que l'inconscient EST un discours.

Ce serait que le psychanalyste vienne à en être le λεκτόν, mais pas démoli pour autant.

Que le lecteur du livre de poche se laisse prendre au jeu que j'ai célébré à moi tout seul, à Vienne d'abord, puis à

Paris, en l'honneur de la *Chose freudienne* pour le centenaire de Freud. S'il s'anime de la rigolade pincée, dont l'a accueilli mon auditoire d'alors, il saura qu'il est déjà de mes intimes et qu'il peut venir à mon École, pour y faire le ménage.

... de quelque chose à lire de ce
14. XII. 69.

Index raisonné des concepts majeurs

Le lecteur trouvera ici un index qui se veut clef.

Idée conforme à un ouvrage qui introduit moins qu'il ne met en question, propice au lecteur qu'on suppose y venir de quelque point un peu ferme.

Que ce point soit du dehors, la clef, comme il se doit, favorise cette position d'y apporter mesure interne, dans une actualité qui peut s'étendre de ce que la psychanalyse rénove dans la théorie du sujet jusqu'à préparer à en faire la personnelle épreuve, avec dans l'éventail les signes d'accord pour quelques spécialistes.

Que ce point soit du dedans, soit d'où la psychanalyse est appliquée, la médiation dès lors se renverse, encore faut-il y distinguer les praticiens qui suivent notre enseignement de ceux qui s'en abstiennent. Elle sera pour les premiers occasion vraisemblable d'y mesurer l'excès d'un texte dont ils savent quelle est l'expérience. Chance pour les seconds d'avoir qu'en faire dans la leur.

J. L.

ÉCLAIRCISSEMENT

1. Le lecteur trouvera dans cet index, établi suivant un ordre que nous avons institué, les concepts majeurs de la théorie de Lacan, référés aux occurrences qui en donnent les définitions essentielles, les fonctions et les propriétés principales.

2. Dans les pages relevées à la suite des termes de l'index, c'est le concept qu'on doit chercher, non le mot. Nous avons choisi pour désigner le subsumé l'expression qui nous parais-

Index raisonné des concepts majeurs 371

sait la plus adéquate et la plus compréhensive, procédant ordinairement par rétroaction à partir du dernier état de la théorie.

3. Il ne nous a pas échappé qu'avec une telle articulation, c'était une interprétation que nous nous trouvions par le fait proposer. Aussi nous a-t-il paru opportun de l'expliciter en deux mots, afin qu'on puisse, après avoir suivi notre raison, la décompter de la somme de l'index.

4. Nous avons pris le parti d'isoler les concepts qui, touchant à la théorie du sujet, intéressent, ne serait-ce qu'en leur déniant leur nom, les sciences humaines dans leur ensemble, – avec pour effet de ponctuer la spécificité de l'expérience analytique (dans sa définition lacanienne : mise en jeu de la réalité de l'inconscient, introduction du sujet au langage de son désir).

5. Si le signifiant est constituant pour le sujet (I, A), on peut suivre, à travers ses défilés, le procès de la transformation (de la mutilation) qui de l'homme fait un sujet, par le biais du narcissisme (I, B). Que le temps logique de cette histoire ne soit pas linéaire, les propriétés de la surdétermination symbolique l'expliquent (I, C).

6. On doit reprendre ensuite dans leur simultanéité les éléments successivement présentés (II, A, B, C). On notera que la topologie du sujet ne trouve son statut qu'à être rapportée à la géométrie du Moi (II, B, 4 et II, C, 3). Dès lors, on est en mesure de saisir le fonctionnement de la communication : dans sa structure, trouvent leur place toutes les pièces du jeu (II, D).

7. De la structure de la communication, on déduira quel est le pouvoir de la cure, de quelle oreille écouter l'inconscient, quelle formation donner aux analystes (III, A, B). La dernière partie (III, C) se centre sur le signifiant éminent du désir. La section suivante (IV) est clinique (le recensement en est succinct).

8. Quant à l'épistémologie lacanienne, elle marque, à notre sens, la position de la psychanalyse *dans* la coupure épistémologique, pour autant qu'à travers le champ freudien le sujet forclos de la science fait retour dans l'*impossible* de son discours. Il n'y a donc qu'une seule idéologie dont Lacan fasse la théorie : celle du « moi moderne », c'est-à-dire du sujet paranoïaque de la civilisation scientifique, dont la psychologie dévoyée théorise l'imaginaire, au service de la libre entreprise.

9. La densité de certains textes rend inutile leur fraction-

nement dans l'index. Voici lesquels : *Introduction au séminaire sur « la Lettre volée »* (théorie de la chaîne) ; *Kant avec Sade* (le désir et la Loi ; la structure du fantasme) ; *Subversion du sujet et dialectique du désir* (le sujet et le signifiant) ; *Position de l'inconscient* (le désir et le fantasme ; l'aliénation et la refente).

10. Qu'on nous permette d'ajouter ici que nous savons le discours lacanien fermé à l'enthousiasme, pour avoir reconnu dans ce qu'on nomme son « ouverture » le progrès d'une systématisation dont la cohérence a été, par le *Rapport de Rome*, définitivement établie, et la clôture assurée. C'est pourquoi, selon le concept que nous avons de ces *Écrits*, on gagne à les étudier comme se formant en système, en dépit de l'ellipse du style, nécessaire, dit Lacan, à la formation des analystes. Pour notre part, n'ayant pas à nous soucier de l'efficace de la théorie en ce champ, nous encouragerons le lecteur en avançant qu'il n'y a pas de limite extérieure (c'est-à-dire que ne produise le fonctionnement de la pensée sous la contrainte de sa structure) à l'expansion de la formalisation dans le champ du discours, par ceci qu'il n'est aucun lieu où sa puissance défaille dont elle ne puisse cerner les entours – et réduire le trou, en changeant de syntaxe. Quitte à voir ailleurs se reformer son négatif. Nous en appelons à Boole, à Carnap, aux études de M. Guéroult sur Berkeley.

JACQUES-ALAIN MILLER.

I. L'ORDRE SYMBOLIQUE

A. LA SUPRÉMATIE DU SIGNIFIANT

(voir : *Le lieu de l'Autre*.)

1. L'extériorité, l'autonomie, et le déplacement du signifiant ; ses défilés.
  a. L'extériorité : t. 1, *11-12*, 20, *29-30*, *39-40*, 42, *53*, 60-61, *273-274*.

Index raisonné des concepts majeurs

b. Les défilés : t. 1, *53, 274-275*, 412, 442, *466-467, 492, 505* (et le nom propre) ; t. 2, *96, 129-131*, 182, *292-293*.

2. *L'unité signifiante.*
   a. Symbole, lettre, signifiant : t. 1, 13, 19, *24*, 26, 32, 61, 161, *270-274*, 293, *317*, 360-361, *390, 498* ; t. 2, *13-14*, 71, 104-105, 299-300.
   b. Articulation : t. 1, *411* ; t. 2, *124-126*.
   c. Matérialité et lieu de la lettre : t. 1, *23-27*, 299, *492* ; t. 2, 135, 140.

3. *La structure : le symbolique, l'imaginaire, le réel :* t. 1, *11* (suprématie du symbolique sur l'imaginaire et le réel), t. 1, *25* (le réel « réaliste » et le réel symbolisé), t. 1, *31* (la situation imaginaire), t. 1, *52* (prise du symbolique sur le réel), t. 1, *53* (détermination de l'imaginaire par le symbolique), t. 1, *68-70* (le stade du miroir, règle de partage entre l'imaginaire et le symbolique), t. 1, *148* (préséance de l'imaginaire sur le réel), t. 1, *274* (production du réel par le symbolique), t. 1, *348* (l'imaginaire distingué de l'illusoire), t. 1, *381-397* (intersection du symbolique et du réel sans intermédiaire imaginaire : l'hallucination, passion du sujet, et l'*acting-out*, action du sujet), t. 1, *434* (partage de l'imaginaire et du symbolique), t. 1, *461-462* distribution de l'imaginaire, du réel et du symbolique) ; t. 2, *10-19* (hallucination), t. 2, *24* (suprématie du symbolique sur l'imaginaire), t. 2, *28* (suprématie du symbolique sur le réel), t. 2, *32* (intrusion de l'imaginaire dans le réel), t. 2, *124-126* (la structure), t. 2, *147-148* (clivage de l'imaginaire et du symbolique), t. 2, *198* (distribution), t. 2, *206* (suprématie du symbolique sur l'imaginaire).

4. *La suprématie du signifiant sur le signifié :* t. 1, 28-29, 31, 370, *465-466, 495-500*, 508 ; t. 2, 166, *172, 183*.

B. LES DÉFILÉS DU SIGNIFIANT

1. La genèse du Moi : l'identification imaginaire (voir : *La fonction du Moi*).

  a. La symbolisation primordiale et l'identification primaire (la demande d'amour et le « Fort-Da ») : t. 1, *46, 317* ; t. 2, 43, *71, 96, 169*.
  b^1. Le stade du miroir : t. 1, 53, *69-70, 92-99, 184-187*, 248, 262, *424-426* ; t. 2, *30*, 46, 49, *152*.
  b^2. Le narcissisme : t. 1, 33, *109-119, 409*.
  b^3. L'agressivité : t. 1, *100-123*, 140-141, *248, 343-344* (voir : *Le corps morcelé*).
  c^1. Le surmoi : t. 1, 114-115, 129-136, *135-136*, 358, 431 ; t. 2, *96*, 130, 160-161, 247.
  c^2. Le Moi-idéal : t. 1, *93* ; t. 2, *145-160, 289*.

2. La production du sujet : l'identification symbolique (voir : *La structure du sujet*).

  a. L'Idéal du Moi, l'introjection et la fonction du trait unaire : t. 1, 55-56, 90, *467-468* ; t. 2, 31, *117*, 130, 132, *145-160*, 230, 289, 299-300.
  b. Le Nom-du-Père (instance du Père symbolique, ou mort) et le refoulement originaire : t. 1, *276* ; t. 2, *34, 55-61*, 293, *297, 329-330* (voir : *La forclusion*).
  c. La Loi (le pacte, la dette symboliques) : t. 1, 28, 31-32, 36-37, 125, *270, 275-277*, 353, *430-432* ; t. 2, 248.
  d. L'Œdipe (l'identification secondaire, normalisante) : t. 1, *97, 114-118, 181, 275* ; t. 2, *32*.

C. LA CHAÎNE SIGNIFIANTE

1. La répétition (l'automatisme de répétition, l'insistance de la chaîne) : t. 1, 11-16, *29-30, 39, 43*, 67, 69, 148, *316, 499-500* ; t. 2, 35-36, 134 (voir : *La régression*).

2. *Les deux principes (réalité, plaisir)* : t. 1, *67-68* ; t. 2, *127*, 243-244, *251-252*.

3. *La surdétermination et le temps logique (anticipation et rétroaction ; hasard, rencontre et destin)* : t. 1, *51-52*, 195-211 *(209-211)*, *254-255*, 285, 347, 389 ; t. 2, *30*, 32, *156*, 288, *317*.

4. *La mémoration, la remémoration* : t. 1, *42* (opposée à la mémoire comme propriété du vivant), t. 1, 45, *46* (sa liaison essentielle à la loi), t. 1, *428-429* (opposée à la réminiscence imaginaire), t. 1, 516.

5. *La mort, la seconde mort, la pulsion de mort, le réel comme impossible, l'être de l'étant* : t. 1, 100, *122-123*, *314-319*, 344, *347-348*, 377-378, 381, *384-387*, 427, 436, *517-518* ; t. 2, *30*, *51*, 136, 232, 254, *290-291*.

II. LE MOI, LE SUJET

A. LE CORPS, LE MOI, LE SUJET
(L'ORGANISME, LE CORPS PROPRE, LE CORPS MORCELÉ)

(voir : *Le stade du miroir, Le sujet de la chaîne.*)

t. 1, *40*, 69, 93, 96, *103-104*, 147, 151, *158*, 181, *260-261*, *278-279*, 299, 412, 510 ; t. 2, *30*, 87, *127*, 135, *188-189*, 204-205, 225, *283-284*, *298-299*, *327-328*.

B. LA FONCTION DU MOI

(voir : *La genèse du Moi, La théorie de l'idéologie.*)

1. L'illusion d'autonomie.
   a. La méconnaissance : t. 1, *38-40*, 56, 90-91, 98, *108-113, 164, 177-191*, 247-248, *336*, 344, *345*, 351, 372, *425* ; t. 2, *145-160, 312.*
   b. La structure paranoïaque du Moi (et de la connaissance humaine) : t. 1, 65, *95, 111, 425.*
   c. Les formations du Moi (idéaux de la personne) : t. 2, 145-162 (voir : *Le surmoi, Le Moi-idéal, L'Idéal du Moi*).
   d. La mise en scène : t. 1, 12, *509-510* ; t. 2, *114, 126,* 251-252, *258* (voir : *Le désir et le fantasme*).
   e. La défense : t. 1, 97, 102, *334-336* ; t. 2, 132-144 (voir : *La « frustration », La résistance*).
   f. L'amour et la haine : t. 1, 99, 262, 343 ; t. 2, 82, 95 (voir : *La symbolisation primordiale, Le narcissisme, L'objet* a).

2. La projection.
   a. L'identification à l'autre, le transitivisme, la projection, la relation duelle : t. 1, 14-16, 20, *57-59*, 74-75, 81-82, 101-102, 108-109, 179-180, *210-231*, 342-343, *421* ; t. 2, 132, *247-248.*
   b. L'animal (la psychologie animale) : t. 1, *94-95, 188-191*, 298, 341, *344*, 449, *482, 493* ; t. 2, 29, *287.*
   c^1. Catégories hégéliennes : la lutte à mort, la reconnaissance, le prestige, le Maître absolu : t. 1, *33*, 119-122, 146, 248, *312, 347-348, 429-430* ; t. 2, 152, *289-290.*
   c^2. La conscience-de-soi, l'infatuation, la belle âme, la loi du cœur, la ruse de la Raison, le savoir absolu : t. 1, *170-175, 232, 290-291*, 406-407, *412, 473*, 486 ; t. 2, *277-279, 311, 317.*

3. La « psychologie collective » : t. 1, *19*, 144-145, 472-473, 487 ; t. 2, *117, 214* (voir : *L'Idéal du Moi, Le trait unaire*).

4. La géométrie du Moi (espace imaginaire) : t. 1, 70, *95, 121-122*, 182-183, *187-188*, 308, *421* (voir : *La topologie du sujet*).

Index raisonné des concepts majeurs 377

C. LA STRUCTURE DU SUJET

1. Le sujet vrai.
   a. Le sujet de la chaîne : t. 1, *283-284*, 370 ; t. 2, *9-11, 29-30, 132-133, 142-144, 155-156.*
   b^1. Le sujet de la science : t. 1, *279-282* ; t. 2, *54, 273-274, 335-340* (voir : *La psychanalyse et la science*).
   b^2. « Wo es war, soll Ich werden » : t. 1, *414-415, 521* ; t. 2, *147-148, 281-282, 296-297, 344-345.*
   b^3. « Cogito, (ergo) sum » : t. 1, *162, 513-515* ; t. 2, *290, 311, 345.*
   c. Le jugement primaire, le refoulement, la dénégation, la forclusion : (voir l'index allemand à *Bejahung, Verdrängung, Verneinung, Verwerfung*).

2. La division, la refente et le fading *du sujet :*
   t. 1, *10*, 54-55, 94, *230*, 290-291, 333, *366* ; t. 2, 120, *133*, 167-168, *188-189*, 210, 275, 296, 315, *319-324* (voir : *Le désir et le fantasme*).

3. La topologie du sujet (espace symbolique) :
   t. 1, *10*, 55, *319*, 324, *364-365*, 379, *430* ; t. 2, 18-19, *29-32*, 126, 167, 256-257, 284, 298-299 (voir : *Le lieu de la lettre, La géométrie du Moi, Le lieu de l'autre, La métaphore*).

D. LA COMMUNICATION INTERSUBJECTIVE

1. Critique du positivisme.
   a. Le langage-signe : t. 1, 18-19, *294-295*, 410-411, 494-495.
   b. Le métalangage : t. 1, *269, 349-350, 351-352, 495* ; t. 2, 293, 348.

2. *La fonction du « je » et le sujet de l'énonciation :*
t. 1, *116-117*, 200-201, *205-206*, *249-250*, 297-298, 408, 514 ; t. 2, *13-19*, 93, *140-144*, 280-282 (voir : *La surdétermination*).

3. *L'Autre.*
   a. Formule de la communication : « Le langage humain constitue une communication où l'émetteur reçoit du récepteur son propre message sous une forme inversée » : t. 1, *9*, 41, 245-246, 294, *296-298*, *347*, 352, *436*, *471* ; t. 2, *111*.
   b. L'Autre et l'autre : t. 1, *263*, *426-427*, 525 ; t. 2, 286 (voir : *La projection*).
   c. Le lieu de l'Autre : t. 1, *53*, 269, *428-430*, *435-436*, *451*, *522-523* ; t. 2, *25-31*, *50*, *52-53*, 105-106, *133*, 155, 279, 284-297 (voir : *La suprématie du symbolique*).
   d. « L'inconscient, c'est le discours de l'Autre » : t. 1, 263, *377*, *467* ; t. 2, *27*, *105-106*, 109-111, *131*, *295*, *310*, *319* (voir : *« Le désir de l'homme, c'est le désir de l'Autre »*).

III. LE DÉSIR ET SON INTERPRÉTATION

A. LES FORMATIONS DE L'INCONSCIENT

(voir : *La communication*.)

1. *Le symptôme (la censure et la vérité ; le refoulement et le retour du refoulé)* : t. 1, 19, 102, *165-166*, *231-232*, 258, 263, 267, 278-279, 291-292, 357, *370*, *384*, *415*, 424, 444, 465, 502, 526 ; t. 2, 167, 183, *187-193* (voir : *La vérité*).

2. *La rhétorique de l'inconscient.*
   a. La pointe du désir : t. 1, *166-167*, *256-260*, *265-269*, *376-377*, *464-465*, *468-469*, *506-521* ; t. 2, *97-100*, 137-138.

Index raisonné des concepts majeurs 379

b^1. La métaphore : t. 1, *261* (opposée à l'analogie), *503-504*, *512-513* ; t. 2, *35*, *127*, *186*, 286.
b^2. La métonymie : t. 1, 69-70, *502-503*, *512* ; t. 2, 186.

B. L'EXPÉRIENCE ANALYTIQUE

1. a. La technique : t. 1, 67, 81-87, 238, 240-241, *251, 256*, 285-286, *361*.
b. L'association « libre » : t. 1, *52*, 60, 80-81, *469* (voir : *La surdétermination*).

2. a. La parole vide (discours de l'imaginaire) : t. 1, 83-84, *247, 252, 345, 426* (voir : *Le narcissisme, L'illusion d'autonomie*).
b. Abjection de la théorie du Moi dans l'analyse (dédoublement du Moi et identification à l'analyste) : t. 1, 54 (abjection), 250-251, *302-303*, 322 (abjection), *336-337, 343, 404* (abjection), 485 ; t. 2, 128 (voir : *La théorie de l'idéologie*).
c. La « frustration » : t. 1, *247-248, 458-459*.
d. La résistance : t. 1, 106, 117, 289, *332-334, 368-370, 375*, 415-417, *430*, 459 ; t. 2, 72, 201.

3. a. La neutralité et la réponse de l'analyste : t. 1, *105-109, 249-250, 301-302, 305, 308, 345-346, 357-358, 426-428, 436* ; t. 2, 66.
b. Le transfert : t. 1, 106-107 (négatif), 212-223, *222*, 266, 327, *516, 519* ; t. 2, 73-74, 79-89, *102*, 317.
c. La demande intransitive et la régression : t. 1, *247-255, 347, 387-390* ; t. 2, *94-97, 112-116* (voir : *Le lieu de l'Autre, La répétition, besoin, demande, désir*).

4. a. La ponctuation, l'interprétation : t. 1, *250*, 292, *308, 311-312, 330-333*, 336, 363, *371, 500* ; t. 2, 197 (voir : *La répétition*).
b. Le but et la fin de l'analyse (la parole pleine, le langage du désir, la subjectivation de la mort) : t. 1, 99, *249, 292-*

293, 300, *319*, 340, *347, 379-380, 521* ; t. 2, *154, 157-159, 160*, 163-164 (voir : *La mort, La castration*).

5. *La formation des analystes.*
   a. Le savoir de l'analyste et la psychanalyse didactique : t. 1, 227-231, 293-294, *348-361*, 432-433, 491 (voir : *L'épistémologie*).
   b. Les sociétés analytiques : t. 1, 236-239, 241-245, 329, *453-456, 471-484, 485-489* ; t. 2, 62-64, 199-200 (voir : *La théorie de l'idéologie*).

C. LE PHALLUS

1. *Les pulsions :* t. 1, *55, 146-147, 342, 464* ; t. 2, 22, 74, *134-145, 298-299, 328-329, 331-334.*

2. *L'objet a :* t. 1, *45-46* ; t. 2, *31-32, 60, 77, 81-82, 89, 91, 106-107, 117, 133, 159-160,* 241, *246,* 252-253, 259, *298-299, 306-307, 328.*

3. *La jouissance, la castration :* t. 1, *36,* 38, 40, 67, 70, *230, 364-365, 384-391,* 436 ; t. 2, *33-34, 43,* 85, *103-110, 160, 163-174,* 193, *210,* 300-301.

4. *Le désir.*
   a. « Le désir de l'homme, c'est le désir de l'Autre » : t. 1, 97, *180-181,* 266, 277, 342 ; t. 2, 171.
   b. Le désir et la Loi ; le besoin, la demande, le désir ; le désir et le fantasme : t. 1, *515-516, 526* ; t. 2, 83, 92, *99-100, 104-107,* 111, *114,* 118, *131,* 160-162, *168-170,* 207-208, 234, 237, *243-269,* 293-296, *305-306, 316.*

Index raisonné des concepts majeurs 381

IV. CLINIQUE

A. CLINIQUE FREUDIENNE

1. Dora : t. 1, 212-223, 288, 303-304 ; t. 2, 73, 116.

2. L'homme aux rats : t. 1, 288-290, 300-301, 352-353 ; t. 2, 73-75.

3. L'homme aux loups : t. 1, 254, 288, 299, 309-310, 383-391, 401 ; t. 2, 142.

4. Le Président Schreber : t. 1, 242, 305 ; t. 2, 14-16, 20-23, 26, 35-61, 346.

5. Le petit Hans : t. 1, 242, 517.

6. Irma (cas de l'injection d'-) : t. 1, 16.

7. Signorelli (oubli du nom) : t. 1, 378-379, 444-445.

8. Le rêve de la bouchère : t. 2, 98-106.

B. CLINIQUE PSYCHIATRIQUE

1. La névrose.
  a. La névrose : en général : t. 1, 34, 123, 148, 332, 448-449, 462, 517 ; t. 2, 156-157 ; hystérie : t. 1, 97, 107, 301, 449 ; phobie : t. 1, 107, 445 ; t. 2, 87-88, 159.
  b. La névrose obsessionnelle : t. 1, 97, 107, 301-302, 312, 448-451 ; t. 2, 34, 74-75, 86, 110.

2. La perversion : en général : t. 1, 56, 148, 342 ; t. 2, 32-33,

159 ; sado-masochisme : t. 1, 67, 119 ; t. 2, 208-209 ; scoptophilie : t. 1, 119 ; homosexualité : t. 1, 119, 262 ; t. 2, 212-213 (féminine), t. 2, 224-229 (masculine).

3. *La psychose* (voir : *Verwerfung*).
   a. La psychose (en général) : t. 1, *176-177, 186* ; t. 2, *9-61* ; t. 1, 65 (automatisme mental), t. 1, 70 (dépersonnalisation), t. 1, 167 (automatisme), t. 1, 176-177, 186, 440 (automatisme), t. 1, 524 ; t. 2, 9-61.
   b. La paranoïa (au sens kraepelinien) : t. 1, 66, 97, 109-111, 141, 167-169.

V. ÉPISTÉMOLOGIE ET THÉORIE DE L'IDÉOLOGIE

A. ÉPISTÉMOLOGIE

1. *La coupure épistémologique (l'exemple de la physique)* : t. 1, *86-87*, 90-91, 102, 152, *282-283*, 398 ; t. 2, 9, *189-190*, 276-277.

2. *La vérité.*
   a. La vérité comme fiction, comme secret, comme symptôme : t. 1, 16, *20* (opposée à l'exactitude), t. 1, *21-22*, 43-44, 192, *254, 284* (opposée à l'exactitude), t. 1, *311* (opposée à l'exactitude), t. 1, *364*, 408, 448 ; t. 2, 220-221, *287-288*.
   b. La psychanalyse et la science : t. 1, *78-79*, 229, *264, 282-283, 286-287, 359-360*, 379-380, *510, 525* ; t. 2, 202, *335-358*.

3. *La conjecture.*
   a. Les sciences conjecturales (« humaines ») : t. 1, *275, 282-287, 470*, 493-495 ; t. 2, *335-344*.
   b. La psychologie comme science ; son objet : t. 1, 30, 72-80, *178, 187, 416* ; t. 2, *179*.

Index raisonné des concepts majeurs 383

B. THÉORIE DE L'IDÉOLOGIE

1. L'idéologie de la liberté : théorie du moi autonome, humanisme, droits de l'homme, responsabilité, anthropomorphisme, idéaux, maturation instinctuelle, etc. : t. 1, 120-121, 126, *136-138*, 260-262, 418, 483, *488, 514* ; t. 2, *54*, 67-68, 249, 255, 261, 289, *347*.

2. L'idéologie de la libre entreprise : American way of life, human relations, human engineering, brain trust, success, happiness, happy end, basic personnality, pattern, etc. : t. 1, 243-244, *334*, 356, 374, 393, 395-396, 399-400, 413, 438-440, 473 ; t. 2, 68, *81, 313, 339-340*.

Table commentée
des représentations graphiques

AVERTISSEMENT

S'il est vrai que la perception éclipse la structure, infailliblement un schéma conduira le sujet à « oublier, dans une image intuitive, l'analyse qui la supporte » (*Écrits*, t. 2, p. 52).

C'est au symbolisme à interdire la capture imaginaire – ce en quoi sa difficulté se déduit de la théorie.

Au moment de lire sur les schémas de Lacan quelques éclaircissements, il convient qu'on se souvienne de cette mise en garde.

Il reste qu'une telle précaution rend manifeste l'inadéquation de principe de la représentation graphique à son objet (l'*objet* de la psychanalyse), *dans l'espace de l'intuition* (défini, si l'on veut, par l'esthétique kantienne). Aussi toutes les constructions recueillies ici (à l'exception des réseaux de la surdétermination, qui fonctionnent dans l'ordre du signifiant) n'ont-elles qu'un rôle didactique, et entretiennent avec la structure un rapport d'analogie.

Par contre, *il n'y a plus d'occultation du symbolique* dans la topologie que Lacan met en place désormais, parce que cet espace est celui-là même où se schématisent les relations de la logique du sujet.

L'inadéquation des analogies se trouve pointée sans équivoque par Lacan sur le modèle optique des idéaux de la personne, exactement dans l'absence de l'objet *a* symbolique. On peut apprendre, par la note ajoutée au schéma $\mathcal{R}$ (*Écrits*, t. 2, p. 31-32), les règles de transformation de la géométrie intuitive en topologie du sujet.

J.-A. M.

I. LE SCHÉMA DE LA DIALECTIQUE INTERSUBJECTIVE
(DIT « SCHÉMA L »)

Schéma complet : t. 1, p. 53 ; schéma simplifié : t. 2, p. 27.
Représentation du schéma par la chaîne L : t. 1, p. 55.

Le schéma met en évidence que la relation duelle du moi à sa projection, $a\ a'$ (indifféremment son image et celle de l'autre) fait obstacle à l'avènement du sujet S au lieu de sa détermination signifiante, A. Le quaternaire est fondamental : « une structure quadripartite est depuis l'inconscient toujours exigible dans la construction d'une ordonnance subjective » (t. 2, p. 252). Pourquoi ? Parce que restituer la relation imaginaire dans la structure qui la met en scène entraîne le redoublement de ses termes : le petit autre étant exponentié en grand Autre, l'annulation du sujet de la chaîne signifiante venant doubler le moi. La symétrie ou réciprocité appartient au registre imaginaire, et la position du Tiers implique celle du quatrième, qui reçoit, selon les niveaux de l'analyse, le nom de sujet barré, ou celui de mort (cf. t. 2, p. 66, le bridge analytique).

II. LE MODÈLE OPTIQUE DES IDÉAUX DE LA PERSONNE

Figure 1 : t. 2, p. 150 ; Figure 2 : t. 2, p. 151 ; Figure 3 : t. 2, p. 157.

Figure 1 : « L'illusion du bouquet renversé » dans Bouasse.

L'illusion consiste dans la production, par le moyen d'un miroir sphérique, de l'image réelle (inverse et symétrique) d'un bouquet caché, prenant place dans l'encolure d'un vase réel, fonctionnant comme support d'accommodation.

Cette illusion reçoit rétroactivement son interprétation de

la seconde figure (t. 2, p. 152-153) : l'image réelle, désignée dès lors par *i (a)*, représente l'image spéculaire du sujet, tandis que l'objet réel *a* supporte la fonction de l'objet partiel, précipitant la formation du corps. On a ici une phase antérieure (selon un ordre de dépendance logique) au stade du miroir – qui suppose la présence de l'Autre réel (t. 2, p. 155).

Figure 2 : Variation de la précédente.

Dans la seconde figure, le bouquet et le vase échangent leurs rôles, alors que, par la localisation de l'observateur à l'intérieur du miroir sphérique, et l'interposition du miroir-plan A, une image virtuelle est produite.

Ce montage doit s'interpréter ainsi :

1° La réalité du vase et son image réelle *i (a)*, invisibles à l'observateur (et absentes de la représentation), figurent la réalité du corps et son image réelle, fermés à la perception du sujet.

2° Seule lui est accessible l'image virtuelle *i'* (a) de l'illusion, reflet imaginaire où s'anticipe le développement de son corps dans une aliénation définitive. À noter que l'image réelle comme l'image virtuelle sont toutes deux du registre imaginaire, mais la seconde (perception médiée par le rapport à l'Autre) redouble l'illusion de la première (perception « directe » – comme telle, fictive).

3° Enfin, c'est le point I (point de l'idéal du Moi, où situer le trait unaire) qui commande pour le sujet son image de soi (t. 2, p. 156).

Figure 3 : Transformation de la précédente.

La figure 3 s'obtient à partir de la précédente par la rotation à 90° du miroir-plan A et le déplacement du sujet jusqu'au point I. Elle a pour objet de représenter le moment de la cure où l'analyste (dont la position est située par le miroir), se neutralisant comme autre imaginaire, annule les effets de mirage produits par le sujet, et où celui-ci franchit la relation duelle et la parole vide pour percevoir son image réelle : il accède au langage de son désir. L'évanouissement de l'image virtuelle s'interprète comme la dissolution de l'image narcissique, qui remet le sujet dans la position de la première figure, à ceci près qu'il n'y a été reconduit que par l'effacement du miroir-plan (donc par sa médiation), et on ne négligera pas le résidu de l'opération : la nouvelle image virtuelle qui se reforme dans le miroir horizontal, et signale comme fictive la perception directe.

C'est ainsi qu'« une psychanalyse qui joue dans le symbolique [s'avère capable de] remanier un Moi [...] constitué dans son statut imaginaire » (t. 2, p. 154).

Le modèle, qui donne les fonctions imaginaires et réelles de l'objet a, ne dit rien de sa fonction symbolique (t. 2, p. 159).

III. LA STRUCTURE DU SUJET

Schéma R : t. 2, p. 31 ; schéma de Schreber (I) : t. 2, p. 49 ; Schémas de Sade, 1 : t. 2, p. 253, 2 : t. 2, p. 257.

1. *Composition du symbolique, de l'imaginaire et du réel (dit « Schéma R »)*

Le *schéma R* est fait de la réunion de deux triangles, ternaire symbolique et ternaire imaginaire, par le quadrangle du réel, délimité dans un carré par la base de chacun. Si le triangle du symbolique occupe à lui seul une moitié du carré, les deux autres figures se partagent la seconde, – c'est que les structurant, il doit dans le dessin les recouvrir. Quant au pointillé, il est mis pour l'imaginaire.

Cette construction demande une double lecture :

1. Elle peut se lire comme représentation de la statique du sujet ; on y distingue ainsi : *a)* le triangle $\mathcal{I}$ reposant sur la relation duelle du Moi à l'Autre (narcissime, projection, captation), avec pour sommet ζ, le phallus, objet imaginaire « où le sujet s'identifie [...] avec son être de vivant » (t. 2, p. 30), c'est-à-dire espèce sous laquelle le sujet se représente à soi ; *b)* le champ $\mathcal{S}$: avec les trois fonctions de l'Idéal du Moi I

où le sujet se repère dans le registre du symbolique (voir le modèle optique), du signifiant de l'objet M, du Nom-du-Père P au lieu de l'Autre A. On peut considérer que la ligne I M double le rapport du sujet à l'objet du désir par la médiation de la chaîne signifiante, rapport que l'algèbre lacanienne doit plus tard écrire $S \lozenge a$ (mais la ligne se révèle aussitôt représentation inadéquate) ; c) le champ $\mathcal{R}$ encadré et maintenu par la relation imaginaire et le rapport symbolique.

2. Mais c'est aussi bien l'histoire du sujet qui est notée ici : sur le segment i M, se placent les figures de l'autre imaginaire, qui culminent dans la figure de la mère, Autre réel, inscrite dans le symbolique sous le signifiant de l'objet primordial, extérieur premier du sujet, qui porte chez Freud le nom de *das Ding* (cf. *Écrits*, t. 2, p. 133) ; sur le segment m I, se succèdent les identifications imaginaires formatrices du Moi de l'enfant jusqu'à ce qu'il reçoive son statut dans le réel, de l'identification symbolique. On retrouve donc une synchronie spécifiée du ternaire $\mathcal{S}$: l'enfant en I se relie à la mère en M, comme désir de son désir ; en position tierce, le Père véhiculé par la parole maternelle.

Lacan montre dans sa note de 1966 comment traduire ce carré dans sa topologie. La surface $\mathcal{R}$ est à prendre comme la *mise-à-plat* de la figure qu'on obtiendrait en joignant i à I et m à M, donc par la torsion qui caractérise dans l'espace complet la bande de Moebius : la présentation du schéma en deux dimensions est donc à référer à la coupure qui étale la bande. On comprend ainsi que la droite I M ne puisse renvoyer au rapport du sujet à l'objet du désir : le sujet n'est que la coupure de la bande, et ce qui en tombe se nomme : objet a, ce qui vérifie et complète la formule de Jean-Claude Milner sur « $S \lozenge a$ » : « les termes sont hétérogènes, alors qu'il y a homogénéité attachée aux places » (*Cahiers pour l'analyse*, n° 3, p. 96). C'est là le pouvoir du symbole.

2. *Schéma de Schreber.*

« Schéma de la structure du sujet au terme du procès psychotique. »

Ce schéma est une variation du précédent : la forclusion

du Nom-du-Père (ici P_0), qui entraîne l'absence de la représentation du sujet S par l'image phallique (ici Φ_0), désaxe le rapport des trois champs : divergence de l'imaginaire et du symbolique, réduction du réel à leur décalage.

Le point i du moi délirant se substitue au sujet, tandis que l'idéal du Moi I prend la place de l'Autre. Le trajet Sa a'A se transforme en trajet i a a' I.

3. *Schémas de Sade (1 et 2).*

Schémas du fantasme sadien.

Quatre termes sont en jeu : a, objet du désir dans le fantasme ; S, son corrélat (selon $\mathcal{S} \lozenge a$), le *fading* du sujet ; S : le sujet dit « sujet brut du plaisir » dont on peut avancer qu'il connote dans l'imaginaire l'organisme, à partir de quoi le sujet barré de la chaîne est à naître ; enfin V, la volonté comme volonté de jouissance, qui s'enlève sur le plaisir comme le sujet barré sur le réel. On notera que la division du sujet « n'exige pas d'être réuni en un seul corps » (t. 2, p. 257), puisqu'il n'y a pas d'homologie de l'espace symbolique à l'espace de l'intuition.

La transformation du premier au second schéma, qui « ne se traduit [...] par aucune réversion de symétrie sur axe au centre quelconque » (t. 2, p. 256), exprime seulement le déplacement de la fonction de la cause, suivant le temps du fantasme sadien.

IV. LES RÉSEAUX DE LA SURDÉTERMINATION

Réseau 1-3 : t. 1, p. 48 ; Répartitoire A Δ : t. 1, p. 49 ; Tableaux Ω et o : t. 1, p. 50.

Représentation du réseau 1-3 : t. 1, p. 56 ; Réseau α, β, γ, δ : t. 1, p. 57.

Le montage progressif des réseaux fait émerger certaines des propriétés de la surdétermination :

1. Réseau 1-3 : émergence de l'anticipation simple par un réseau de répartition dissymétrique, où la mémoire apparaît

comme la loi élémentaire de la répétition (graphe connexe et pseudo-symétrique).

2. Répartitoire A Δ, et tableaux : émergence, par le moyen d'une seconde répartition dissymétrique, d'une anticipation complexe complétée par la rétroaction.

3. Représentation du réseau 1-3 : transformation du précédent en réseau α, β, γ, δ.

V. LES GRAPHES DU DÉSIR

Graphe 1 : t. 2, p. 285 ; Graphe 2 : t. 2, p. 288 ; Graphe 3 : t. 2, p. 295 ; Graphe 4 : t. 2, p. 297.

On peut lire sur le premier graphe l'inversion qui constitue le sujet dans sa traversée de la chaîne signifiante. Cette inversion se fait par l'*anticipation*, dont la loi impose au premier croisement (sur le vecteur $\overline{S.S'}$) le dernier mot (à comprendre aussi « fin mot », c'est-à-dire ponctuation), et la *rétroaction*, énoncée dans la formule de la communication intersubjective, qui rend nécessaire un second croisement, où situer le récepteur et sa batterie. Le second graphe compose, à partir de la cellule élémentaire, l'identification imaginaire et l'identification symbolique dans la synchronie subjective ; la chaîne signifiante reçoit ici sa spécification de parole. Elle devient vecteur de la pulsion, entre désir et fantasme, dans le graphe complet – le graphe intermédiaire ponctuant seulement la question du sujet à l'Autre : « Que me veut-il », à inverser dans son retour : « Que me veux-tu ? »

Termes de Freud en allemand

On joint ici un index des termes de Freud qui sont cités dans ce recueil, en allemand. Leur sens est donné dans le texte, quand ce n'est pas de son commentaire qu'il s'agit, voire d'un développement sur la traduction du terme ou de la formule. Rappeler simplement leur pagination peut être commode à qui voudrait, après lecture, les retrouver.

J. L.

Ablehnung : t. 1, 340.
Abzug : t. 1, 535.
Ansätze : t. 2, 192.
Asymptotisch : t. 2, 50.
Aufgehoben : t. 1, 531 ; t. 2, 170.
Aufhebt : t. 2, 169.
Aufhebung : t. 1, 529 ; t. 2, 143, 170, 275, 317.
Aussen und Innen : t. 1, 387.
Ausstossung : t. 1, 532.
Ausstossung aus dem Ich : t. 1, 386.

Bedingungen : t. 2, 177.
Begehren (das) : t. 2, 168.
Bejahung : t. 1, 380, 385-386, 390, 532, 534 ; t. 2, 36, 137, 139.
Bildung : t. 1, 427.

Darstellbarkeit (Rücksicht auf-) : t. 1, 508.
Destruktionstrieb : t. 1, 535.
Dichtung : t. 2, 220.
Ding (das) : t. 2, 133.
Durcharbeiten : t. 1, 247 ; t. 2, 190.
Durcharbeitung : t. 2, 107.

Einbeziehung : t. 1, 532.
Einbeziehung ins Ich : t. 1, 386.
Endliche (Analyse) : t. 2, 121, 164.
Entstellung : t. 1, 11, 508 ; t. 2, 106, 139-140.
Entwurf : t. 2, 138.
Erniedrigung : t. 2, 84, 173.
Ersatz : t. 1, 528, 534, 535.
Es (das) : t. 1, 414, 521 (v. Wo es war...).
Espe ((W)espe) : t. 2, 142.

Termes de Freud en allemand

Fixierung : t. 2, 112.
Fort ! Da ! : t. 1, 317 ; t. 2, 53, 72.

Gegenstück : t. 1, 469.
Gegenwunschtraüme : t. 1, 266.
Gleichschwebende : t. 1, 469.
Grundsprache : t. 2, 15.

Ich (das) : (v. Wo es war, soll Ich...).
Ich ideal : t. 1, 179 ; t. 2, 148 et s.
Ichspaltung : t. 2, 322, 336.
Ideal ich : t. 1, 93 ; t. 2, 148 et s.

Kern unseres Wesen : t. 1, 515, 525 ; t. 2, 64.

Massen : t. 1, 211.
Mensch : t. 2, 163.

Nachfolge : t. 1, 535.
Nachträglich : t. 1, 255 ; t. 2, 162, 319.

Prägung : t. 1, 11, 429.

Realität : t. 1, 68.

Schauplatz (ein andere) : t. 2, 26, 105, 167.
Schub : t. 2, 327.
Schwärmereien : t. 2, 251.
Spaltung : t. 2, 111, 120, 168-169, 171, 230, 296, 335.

Tagtraum : t. 1, 509.
Traumarbeit : t. 1, 508.
Traumdeutung : t. 1, 507 ; t. 2, 100, 191.
Traumgedanke : t. 1, 509.
Trieb : t. 1, 147 ; t. 2, 74, 283, 329, 331.
Triebentmischung : t. 1, 535.

Überich : t. 2, 336.
Übertragung : t. 1, 519.
Unbehagen in der Kultur (das) : t. 1, 279.
Unendliche (Analyse) : t. 2, 121.
Unglauben : t. 1, 340.
Urbild : t. 1, 115, 179, 344, 425.
Urverdrängt : t. 2, 171.
Urverdrängung : t. 2, 168, 188, 297, 348.

Verdichtung : t. 1, 508.
Verdrängt : t. 2, 35.
Verdrängung : t. 1, 11, 384-385 ; t. 2, 171, 173, 355.
Vereinigung : t. 1, 532, 534, 535.
Verliebtheit : t. 1, 54.
Verneinung : t. 1, 11, 98, 108, 139, 343, 351, 363, 367, 378-379, 385, 397, 527-537 ; t. 2, 36, 72, 137, 143, 355.
Versagung : t. 1, 458.
Verschiebung : t. 1, 508.
Verurteilung : t. 1, 528.
Versöhnung : t. 1, 521.
Verwerfung : t. 1, 11, 358, 362, 384-386 ; t. 2, 36, 55-56, 59-60, 147, 355.
Vorstellung : t. 1, 387 ; t. 2, 206.

Termes de Freud en allemand

Vorstellungsrepräsentanz : t. 2, 192.

Wahrheit : t. 2, 220.
Widerstehen : t. 1, 368.
Wiedergefunden : t. 1, 387.
Wiederholungszwang : t. 1, 11, 45 ; t. 2, 36, 134.
Wirklichkeit : t. 1, 68.
Witz : t. 1, 363, 376, 464, 505, 519 ; t. 2, 138, 320.
Wo es war, soll Ich werden : t. 1, 414, 521 ; t. 2, 62, 281, 322, 344-345.

Wunderblock : t. 1, 42.
Wunsch : t. 2, 97.
Wunscherfüllung : t. 1, 509 ; t. 2, 106.
Wunschgedanken : t. 2, 332.

Zeichen : t. 2, 36.
Zwang : t. 1, 536.
Zwangsbefürchtung : t. 1, 300.
Zwangsneurose : t. 1, 279.

Index des noms cités
(tome 2)

Abraham, K. : 82-83, 120, 165.
Agrippa, Menenius : 154.
Alby, J.-M. : 46.
Alcibiade : 306, 333.
Andréas-Salomé, Lou : 206.
Anna, O. (Cas) : 180.
Aristophane : 325.
Aristote : 52, 92, 319.
Augustin (saint) : 321, 345, 354.

Balint, Michaël : 85, 158.
Bastide, R. : 126.
Blake, W. : 225.
Boehme, K. : 71.
Bonnières, Robert de : 230.
Boswell : 219.
Bouasse, J. : 150.
Brentano, Franz : 139.
Breton, André : 88, 119.
Breughel, Pierre : 263.
Brücke, Ernst : 179, 337.
Bruno, Giordano : 190.
Brunot et Bruneau : 140.
Buloz, F. : 255.
Buñuel, Luis : 269.
Burnouf : 255.
Byron, G. : 37.

Canguilhem, G. : 339.
Cantor, G. : 350.
Casari, O. : 37.
Castelli, Enrico : 331, 334.
Charcot, E. : 29.
Charles Quint : 263.
Chomsky, N. : 341.
Claudel, Paul : 307.
Cocteau, Jean : 187, 258.
Copernic, N. : 277.
Cyrano de Bergerac : 158.

Damourette : 290, 297.
Dante : 232.
Darwin, C.-R. : 277.
Delay, Jean : 217, 242.
Descartes, René : 336, 345.
Deutsch, Hélène : 165.
Devereux, G. : 121.
Dora (Cas) : 73, 116.
Du Bois-Reymond, Emil : 179, 337.
Dwelshauvers : 310.

Eckermann : 219.
Empédocle : 323.
Épictète : 249.
Ey, Henri : 309.

Fechner, G. T. : 26.
Federn, P. : 154.

Index des noms cités

Fénelon : 289.
Fenichel, Otto : 43, 149, 211.
Ferenczi, S. : 85, 90, 121, 177.
Flechsig (Prof. Paul-Émile et les autres) : 58.
Fliess, Robert : 36, 98, 138, 148.
Fontenelle : 260.
François de Sales (saint) : 92.
François Ier : 263.
Frank, Bernard : 238.
Freud, Anna : 81.
Friedan, Betty : 312.
Fromm, E. : 149.

Garçon, Maurice : 258.
Gavarni : 37.
Gide, André : 217-242.
Gide, Madeleine (née Rondeaux) : 217-242.
Gide, Paul : 224.
Glover, Edward : 70-71, 122.
Gödel, K. : 341.
Goethe : 219, 222.
Green, André : 55.

Haeckel, E. : 37.
Hans (Cas du petit) : 44.
Hartmann, Heinz : 76, 122, 128.
Hegel : 260, 273, 311-312.
Heidegger, M. : 345.
Helmholtz, H. von : 179, 337.
Héraclite : 39.
Hesnard, Angelo : 226.
Heuyer, G. : 15.
Heymans, G. : 267.
Hjemslev, L. : 341.
Homme aux loups (Cas de l') : 142.
Homme aux rats (Cas de l') : 73-75.
Horney, Karen : 165, 167.
Hunter, R. : 14.

Jakobson, Roman : 13, 77, 279, 341.
Janin, J. : 257.
Jarry, Alfred : 87, 138.
Jaspers, Karl : 15, 113, 128.
Jean Chrysostome (saint) : 258.
Jespersen, O. : 13.
Johnson : 219.
Jones, Ernest : 33-34, 165, 175-183, 185-192, 194, 196-201, 206-207, 210, 212-213.
Jung, Carl Gustav : 28, 71, 178, 338.

Kant, E. : 160, 243-269.
Katan, M. : 21.
Kierkegaard, S. : 195.
Klein, Mélanie : 32, 91, 144, 166, 181, 207.
Klossowski, Pierre : 268-269.
Koyré, Alexandre : 190, 336.
Kris, Ernst : 76-78, 86, 122, 128.

Labre (saint Benoît) : 268.
Lagache, Daniel : 79, 122, 124-162.
Lamennais, F. de : 338.

Index des noms cités

La Mothe le Vayer, F. : 266.
Laplanche, J. : 314, 344.
Leclaire, S. : 122, 314, 322, 344.
Lely, Gilbert : 257.
Lénine : 349.
Lévi-Strauss, Claude : 125, 230, 302, 311, 339-358.
Lévy-Bruhl, Lucien : 340.
Loewenstein, R. : 122, 128, 187.
Longus : 147.

Macalpine, Mme Ida : 14, 22-25, 33, 39-40, 52, 94, 122.
Malebranche, Nicolas : 41.
Mallarmé, Stéphane : 281.
Marivaux : 228.
Martin du Gard, Roger : 232.
Marx, Karl : 349.
Mauriac, François : 119, 232.
Mauss, Marcel : 302.
Mayer, J.-R. : 350.
Moebius, A. : 32, 336, 341.
Molière : 240, 267.
Müller, Josine : 208.
Myers, F. W. H. : 276.

Napoléon : 344.
Newman (Cardinal) : 342.
Niederland, W. G. : 44, 51, 58.
Nietzsche, F. : 26.
Nodet, Ch.-H. : 64.
Nunberg, H. : 149.

Pascal, Blaise : 54, 290.
Paul (saint) : 268.

Pavlov I. P. : 298.
Piaget, Jean : 129, 340.
Pichon, Édouard : 44, 290, 297.
Pinel, P. : 261.
Platon : 306, 316, 325.
Poe, Edgar : 233.
Pope, Alexander : 266.
Porché, F. : 241.
Proust, Marcel : 219.

Queneau, Raymond : 180.

Rank, Otto : 177, 187.
Renan, Ernest : 255, 266.
Rivière, Jacques : 226.
Rondeaux, Édouard : 223.
Royer-Collard, P.-P. : 261.

Sachs, Hans : 177, 187.
Sade : 243-269.
Saint-Just : 92, 264, 346.
Sainte-Beuve : 219, 221.
Salel, Hugues : 42.
Sartre, Jean-Paul : 276, 292.
Saussure, F. de : 100, 279, 315.
Schlumberger, Jean : 217-242.
Schmideberg, Melitta : 76-77, 123.
Schreber (Cas du président) : 14-15, 20-22, 26, 35-61.
Shakespeare : 138, 257.
Sharpe, Ella : 90, 123.
Silberer : 179.
Silesius, Angelus : 345.
Socrate : 267, 306, 316.
Sokolnicka (Mme) : 226.
Sophocle : 254.

Index des noms cités

Stokes : 327.
Strachey, J. : 85.

Tarde, Gabriel de : 103.
Teilhard de Chardin, Pierre : 161.
Thomas (saint) : 279.
Thomas, Dylan : 291.
Tiepolo, G. D. : 328.
Tristan l'Hermite : 158.

Valéry, Paul : 233.
Vinci, Léonard de : 119.
Virgile : 236.

Wahl, Jean : 273.
Whitehead : 256.
Williams, J.-D. : 123.
Winnicott, D. W. : 89, 123.

Repères bibliographiques dans l'ordre chronologique
(tome 2)

D'une question préliminaire à tout traitement possible de la psychose.
Renvoi au séminaire des deux premiers semestres de l'année 1955-56. Rédaction : décembre 1957-janvier 1958. Paru dans *la Psychanalyse*, P.U.F., vol. 4, 1959, p. 1 à 50.

Jeunesse de Gide ou la lettre et le désir.
Paru dans le n° 131 de la revue *Critique*, avril 1958, p. 291 à 315.

La signification du phallus (Die Bedeutung des Phallus).
Conférence prononcée en allemand le 9 mai 1958 à l'Institut Max-Planck de Munich sur invitation du professeur Paul Matussek.

La direction de la cure et les principes de son pouvoir.
Premier rapport du Colloque international de Royaumont, réuni du 10 au 13 juillet 1958 à l'invitation de la Société française de psychanalyse. Paru dans *la Psychanalyse*, vol. 6, P.U.F., 1961, p. 149 à 206.

Remarque sur le rapport de Daniel Lagache : « Psychanalyse et structure de la personnalité ».
Rapport au Colloque de Royaumont, 10-13 juillet 1958. Rédaction définitive : Pâques 1960. Publié dans *la Psychanalyse*, vol. 6, P.U.F., 1961, p. 111 à 147.

À la mémoire d'Ernest Jones : Sur sa théorie du symbolisme.
Guitrancourt, janvier-mars 1959. Paru dans *la Psychanalyse*, vol. 5, P.U.F., 1960, p. 1 à 20.

Propos directifs pour un Congrès sur la sexualité féminine.
  Colloque international de psychanalyse du 5 au 9 septembre 1960 à l'Université municipale d'Amsterdam. Écrit deux ans avant le Congrès. Paru dans le n° 7 de *la Psychanalyse*, P.U.F., 1962, p. 3 à 14.

Subversion du sujet et dialectique du désir dans l'inconscient freudien.
  Communication à un congrès réuni à Royaumont par les soins des « Colloques philosophiques internationaux » sous le titre *la Dialectique*, sur invitation de Jean Wahl, du 19 au 23 septembre 1960.

Position de l'inconscient.
  Congrès réuni à l'hôpital de Bonneval sur le thème de l'inconscient freudien du 30 octobre au 2 novembre 1960. Interventions condensées en mars 1964 à la demande d'Henri Ey pour le livre sur ce congrès, *l'Inconscient*, paru chez Desclée de Brouwer en 1966.

Kant avec Sade.
  Devait servir de préface à *la Philosophie dans le boudoir* (Éd. du Cercle du livre précieux, 1963, 15 vol.). R.G. septembre 1962. Paru dans la revue *Critique*, n° 191, avril 1963.

Du « Trieb » de Freud et du désir du psychanalyste.
  Résumé des interventions à un colloque convoqué par le professeur Enrico Castelli sous le titre « Technique et Casuistique » du 7 au 12 janvier 1964 à l'Université de Rome. Publié dans *Atti del colloquio internazionale su « Tecnica e casistica »*, Rome, 1964.

La science et la vérité.
  Sténographie de la leçon d'ouverture du séminaire tenu l'année 1965-66 à l'École normale supérieure (rue d'Ulm) sur *l'Objet de la psychanalyse*, au titre de chargé de conférences de l'École pratique des hautes études (VIe section), le 1er décembre 1965. Paru dans le premier numéro des *Cahiers pour l'analyse* publiés par le Cercle d'épistémologie de l'École normale supérieure en janvier 1966.

TABLE

V

D'une question préliminaire à tout traitement
    possible de la psychose 9
La direction de la cure et les principes de son pouvoir . 62
Remarque sur le rapport de Daniel Lagache :
    « Psychanalyse et structure de la personnalité » .. 124
La signification du phallus 163
À la mémoire d'Ernest Jones : Sur sa théorie
    du symbolisme 175
D'un syllabaire après coup 196
Propos directifs pour un Congrès sur la sexualité
    féminine 203

VI

Jeunesse de Gide ou la lettre et le désir 217
Kant avec Sade 243

VII

Subversion du sujet et dialectique du désir
    dans l'inconscient freudien 273
Position de l'inconscient 309
Du « Trieb » de Freud et du désir du psychanalyste . 331
La science et la vérité 335

Appendice II : La métaphore du sujet 359

Appendice III : Préface à l'édition de poche des *Écrits* . 364

Index raisonné des concepts majeurs,
  par Jacques-Alain Miller 370

Table commentée des représentations graphiques . . . 384

Termes de Freud en allemand 391

Index des noms cités 394

Repères bibliographiques dans l'ordre chronologique . 398

Jacques Lacan
au Champ freudien

L'ŒUVRE ÉCRIT

Écrits

Autres Écrits

De la psychose paranoïaque dans ses rapports
avec la personnalité
suivi de Premiers Écrits sur la paranoïa

Télévision

*

LE SÉMINAIRE DE JACQUES LACAN
texte établi par Jacques-Alain Miller

Livre I : Les Écrits techniques de Freud

Livre II : Le Moi dans la théorie de Freud
et dans la technique de la psychanalyse

Livre III : Les Psychoses

Livre IV : La Relation d'objet

Livre V : Les Formations de l'inconscient

Livre VII : L'Éthique de la psychanalyse

Livre VIII : Le Transfert

Livre X : L'Angoisse

Livre XI : Les Quatre Concepts fondamentaux
de la psychanalyse

Livre XVI : D'un Autre à l'autre

Livre XVII : L'Envers de la psychanalyse

Livre XVIII : D'un discours qui ne serait pas du semblant

Livre XIX : ... ou pire

Livre XX : Encore

Livre XXIII : Le Sinthome

*

PARADOXES DE LACAN
série présentée par Jacques-Alain Miller

Le Triomphe de la religion
précédé de Discours aux catholiques

Des Noms-du-Père

Mon enseignement

Le Mythe individuel du névrosé
ou *Poésie et vérité dans la névrose*

Je parle aux murs

*

L'intégralité des *Écrits* est parue, en deux volumes,
dans la collection « Points Essais »,
ainsi que *De la psychose paranoïaque
dans ses rapports avec la personnalité,
Les Écrits techniques de Freud, Le Moi dans
la théorie de Freud
et dans la technique de la psychanalyse,
Les Quatre Concepts fondamentaux de la psychanalyse*
et *Encore*.

COMPOSITION : I.G.S. CHARENTE-PHOTOGRAVURE À L'ISLE-D'ESPAGNAC
IMPRESSION : NORMANDIE ROTO IMPRESSION S.A.S. À LONRAI
DÉPÔT LÉGAL : OCTOBRE 1999. N° 38053-7 (131899)
IMPRIMÉ EN FRANCE

Éditions Points

Le catalogue complet de nos collections est sur Le Cercle Points, ainsi que des interviews de vos auteurs préférés, des jeux-concours, des conseils de lecture, des extraits en avant-première…

www.lecerclepoints.com

Collection Points Essais

378. Madame du Deffand et son monde, *par Benedetta Craveri*
379. Rompre les charmes, *par Serge Leclaire*
380. Éthique, *par Spinoza*
381. Introduction à une politique de l'homme
     par Edgar Morin
382. Lectures 1. Autour du politique
     par Paul Ricœur
383. L'Institution imaginaire de la société
     par Cornelius Castoriadis
384. Essai d'autocritique et autres préfaces, *par Nietzsche*
385. Le Capitalisme utopique, *par Pierre Rosanvallon*
386. Mimologiques, *par Gérard Genette*
387. La Jouissance de l'hystérique, *par Lucien Israël*
388. L'Histoire d'Homère à Augustin
     *préfaces et textes d'historiens antiques
     réunis et commentés par François Hartog*
389. Études sur le romantisme, *par Jean-Pierre Richard*
390. Le Respect, *collectif dirigé par Catherine Audard*
391. La Justice, *collectif dirigé par William Baranès
     et Marie-Anne Frison Roche*
392. L'Ombilic et la Voix, *par Denis Vasse*
393. La Théorie comme fiction, *par Maud Mannoni*
394. Don Quichotte ou le roman d'un Juif masqué
     par Ruth Reichelberg
395. Le Grain de la voix, *par Roland Barthes*
396. Critique et Vérité, *par Roland Barthes*
397. Nouveau Dictionnaire encyclopédique
     des sciences du langage
     par Oswald Ducrot et Jean-Marie Schaeffer
398. Encore, *par Jacques Lacan*
399. Domaines de l'homme
     Les Carrefours du labyrinthe II, *par Cornelius Castoriadis*

400. La Force d'attraction, *par J.-B. Pontalis*
401. Lectures 2, *par Paul Ricœur*
403. Histoire de la philosophie au XXᵉ siècle
    par Christian Delacampagne
405. Esquisse d'une théorie de la pratique
    par Pierre Bourdieu
406. Le siècle des moralistes, *par Bérengère Parmentier*
407. Littérature et Engagement, de Pascal à Sartre
    par Benoît Denis
408. Marx, une critique de la philosophie, *par Isabelle Garo*
409. Amour et Désespoir, *par Michel Terestchenko*
410. Les Pratiques de gestion des ressources humaines
    par François Pichault et Jean Mizet
411. Précis de sémiotique générale, *par Jean-Marie Klinkenberg*
413. Refaire la Renaissance, *par Emmanuel Mounier*
415. Droit humanitaire, *par Mario Bettati*
416. La Violence et la Paix, *par Pierre Hassner*
417. Descartes, *par John Cottingham*
418. Kant, *par Ralph Walker*
419. Marx, *par Terry Eagleton*
420. Socrate, *par Anthony Gottlieb*
423. Les Cheveux du baron de Münchhausen
    par Paul Watzlawick
424. Husserl et l'Énigme du monde, *par Emmanuel Housset*
425. Sur le caractère national des langues
    par Wilhelm von Humboldt
426. La Cour pénale internationale, *par William Bourdon*
427. Justice et Démocratie, *par John Rawls*
428. Perversions, *par Daniel Sibony*
429. La Passion d'être un autre, *par Pierre Legendre*
430. Entre mythe et politique, *par Jean-Pierre Vernant*
432. Heidegger. Introduction à une lecture, *par Christian Dubois*
433. Essai de poétique médiévale, *par Paul Zumthor*
434. Les Romanciers du réel, *par Jacques Dubois*
435. Locke, *par Michael Ayers*
436. Voltaire, *par John Gray*
437. Wittgenstein, *par P.M.S. Hacker*
438. Hegel, *par Raymond Plant*
439. Hume, *par Anthony Quinton*
440. Spinoza, *par Roger Scruton*
441. Le Monde morcelé
    Les Carrefours du labyrinthe III, *par Cornelius Castoriadis*
442. Le Totalitarisme, *par Enzo Traverso*
443. Le Séminaire Livre II, *par Jacques Lacan*
444. Le Racisme, une haine identitaire, *par Daniel Sibony*
445. Qu'est-ce que la politique ?, *par Hannah Arendt*
447. Foi et Savoir, *par Jacques Derrida*

448. Anthropologie de la communication, *par Yves Winkin*
449. Questions de littérature générale, *par Emmanuel Fraisse et Bernard Mouralis*
450. Les Théories du pacte social, *par Jean Terrel*
451. Machiavel, *par Quentin Skinner*
452. Si tu m'aimes, ne m'aime pas, *par Mony Elkaïm*
453. C'est pour cela qu'on aime les libellules *par Marc-Alain Ouaknin*
454. Le Démon de la théorie, *par Antoine Compagnon*
455. L'Économie contre la société *par Bernard Perret, Guy Roustang*
456. Entretiens de Francis Ponge avec Philippe Sollers *par Philippe Sollers - Francis Ponge*
457. Théorie de la littérature, *par Tzvetan Todorov*
458. Gens de la Tamise, *par Christine Jordis*
459. Essais sur le politique, *par Claude Lefort*
460. Événements III, *par Daniel Sibony*
461. Langage et Pouvoir symbolique, *par Pierre Bourdieu*
462. Le Théâtre romantique, *par Florence Naugrette*
463. Introduction à l'anthropologie structurale, *par Robert Deliège*
464. L'Intermédiaire, *par Philippe Sollers*
465. L'Espace vide, *par Peter Brook*
466. Étude sur Descartes, *par Jean-Marie Beyssade*
467. Poétique de l'ironie, *par Pierre Schoentjes*
468. Histoire et Vérité, *par Paul Ricœur*
469. La Charte des droits fondamentaux de l'Union européenne *Introduite et commentée par Guy Braibant*
470. La Métaphore baroque, d'Aristote à Tesauro, *par Yves Hersant*
471. Kant, *par Ralph Walker*
472. Sade mon prochain, *par Pierre Klossowski*
473. Seuils, *par Gérard Genette*
474. Freud, *par Octave Mannoni*
475. Système sceptique et autres systèmes, *par David Hume*
476. L'Existence du mal, *par Alain Cugno*
477. Le Bal des célibataires, *par Pierre Bourdieu*
478. L'Héritage refusé, *par Patrick Champagne*
479. L'Enfant porté, *par Aldo Naouri*
480. L'Ange et le Cachalot, *par Simon Leys*
481. L'Aventure des manuscrits de la mer Morte *par Hershel Shanks (dir.)*
482. Cultures et Mondialisation *par Philippe d'Iribarne (dir.)*
483. La Domination masculine, *par Pierre Bourdieu*
484. Les Catégories, *par Aristote*
485. Pierre Bourdieu et la théorie du monde social, *par Louis Pinto*
486. Poésie et Renaissance, *par François Rigolot*
487. L'Existence de Dieu, *par Emanuela Scribano*

488. Histoire de la pensée chinoise, *par Anne Cheng*
489. Contre les professeurs, *par Sextus Empiricus*
490. La Construction sociale du corps, *par Christine Detrez*
491. Aristote, le philosophe et les savoirs
    par Michel Crubellier et Pierre Pellegrin
492. Écrits sur le théâtre, *par Roland Barthes*
493. La Propension des choses, *par François Jullien*
494. La Mémoire, l'Histoire, l'Oubli, *par Paul Ricœur*
495. Un anthropologue sur Mars, *par Oliver Sacks*
496. Avec Shakespeare, *par Daniel Sibony*
497. Pouvoirs politiques en France, *par Olivier Duhamel*
498. Les Purifications, *par Empédocle*
499. Panorama des thérapies familiales
    collectif sous la direction de Mony Elkaïm
500. Juger, *par Hannah Arendt*
501. La Vie commune, *par Tzvetan Todorov*
502. La Peur du vide, *par Olivier Mongin*
503. La Mobilisation infinie, *par Peter Sloterdijk*
504. La Faiblesse de croire, *par Michel de Certeau*
505. Le Rêve, la Transe et la Folie, *par Roger Bastide*
506. Penser la Bible, *par Paul Ricœur et André LaCocque*
507. Méditations pascaliennes, *par Pierre Bourdieu*
508. La Méthode
    5. L'humanité de l'humanité, *par Edgar Morin*
509. Élégie érotique romaine, *par Paul Veyne*
510. Sur l'interaction, *par Paul Watzlawick*
511. Fiction et Diction, *par Gérard Genette*
512. La Fabrique de la langue, *par Lise Gauvin*
513. Il était une fois l'ethnographie, *par Germaine Tillion*
514. Éloge de l'individu, *par Tzvetan Todorov*
515. Violences politiques, *par Philippe Braud*
516. Le Culte du néant, *par Roger-Pol Droit*
517. Pour un catastrophisme éclairé, *par Jean-Pierre Dupuy*
518. Pour entrer dans le XXIe siècle, *par Edgar Morin*
519. Points de suspension, *par Peter Brook*
520. Les Écrivains voyageurs au XXe siècle, *par Gérard Cogez*
521. L'Islam mondialisé, *par Olivier Roy*
522. La Mort opportune, *par Jacques Pohier*
523. Une tragédie française, *par Tzvetan Todorov*
524. La Part du père, *par Geneviève Delaisi de Parseval*
525. L'Ennemi américain, *par Philippe Roger*
526. Les Pousse-au-jouir du Maréchal Pétain, *par Gérard Miller*
527. L'Oubli de l'Inde, *par Roger-Pol Droit*
528. La Maladie de l'islam, *par Abdelwahab Meddeb*
529. Le Nu impossible, *par François Jullien*
530. Schumann. La Tombée du jour, *par Michel Schneider*
531. Le Corps et sa danse, *par Daniel Sibony*

532. Mange ta soupe et... tais-toi !, *par Michel Ghazal*
533. Jésus après Jésus, *par Gérard Mordillat et Jérôme Prieur*
534. Introduction à la pensée complexe, *par Edgar Morin*
535. Peter Brook. Vers un théâtre premier, *par Georges Banu*
536. L'Empire des signes, *par Roland Barthes*
537. L'Étranger ou L'Union dans la différence
   par Michel de Certeau
538. L'Idéologie et l'Utopie, *par Paul Ricœur*
539. En guise de contribution à la grammaire
   et à l'étymologie du mot « être », *par Martin Heidegger*
540. Devoirs et Délices, *par Tzvetan Todorov*
541. Lectures 3, *par Paul Ricœur*
542. La Damnation d'Edgar P. Jacobs
   par Benoît Mouchart et François Rivière
543. Nom de Dieu, *par Daniel Sibony*
544. Les Poètes de la modernité
   par Jean-Pierre Bertrand et Pascal Durand
545. Souffle-Esprit, *par François Cheng*
546. La Terreur et l'Empire, *par Pierre Hassner*
547. Amours plurielles, *par Ruedi Imbach et Inigo Atucha*
548. Fous comme des sages
   par Roger-Pol Droit et Jean-Philippe de Tonnac
549. Souffrance en France, *par Christophe Dejours*
550. Petit Traité des grandes vertus, *par André Comte-Sponville*
551. Du mal/Du négatif, *par François Jullien*
552. La Force de conviction, *par Jean-Claude Guillebaud*
553. La Pensée de Karl Marx, *par Jean-Yves Calvez*
554. Géopolitique d'Israël, *par Frédérique Encel, François Thual*
555. La Méthode
   6. Éthique, *par Edgar Morin*
556. Hypnose mode d'emploi, *par Gérard Miller*
557. L'Humanité perdue, *par Alain Finkielkraut*
558. Une saison chez Lacan, *par Pierre Rey*
559. Les Seigneurs du crime, *par Jean Ziegler*
560. Les Nouveaux Maîtres du monde, *par Jean Ziegler*
561. L'Univers, les Dieux, les Hommes, *par Jean-Pierre Vernant*
562. Métaphysique des sexes, *par Sylviane Agacinski*
563. L'Utérus artificiel, *par Henri Atlan*
564. Un enfant chez le psychanalyste, *par Patrick Avrane*
565. La Montée de l'insignifiance, Les Carrefours du labyrinthe IV
   par Cornelius Castoriadis
566. L'Atlantide, *par Pierre Vidal-Naquet*
567. Une vie en plus, *par Joël de Rosnay,
   Jean-Louis Servan-Schreiber, François de Closets,
   Dominique Simonnet*
568. Le Goût de l'avenir, *par Jean-Claude Guillebaud*
569. La Misère du monde, *par Pierre Bourdieu*

570. Éthique à l'usage de mon fils, *par Fernando Savater*
571. Lorsque l'enfant paraît t. 1, *par Françoise Dolto*
572. Lorsque l'enfant paraît t. 2, *par Françoise Dolto*
573. Lorsque l'enfant paraît t. 3, *par Françoise Dolto*
574. Le Pays de la littérature, *par Pierre Lepape*
575. Nous ne sommes pas seuls au monde, *par Tobie Nathan*
576. Ricœur, *textes choisis et présentés par Michael Fœssel et Fabien Lamouche*
577. Cantatrix Sopranica L. et autres écrits scientifiques *par Georges Perec*
578. Philosopher à Bagdad au Xe siècle, *par Al-Fārābī*
579. Mémoires. 1. La brisure et l'attente (1930-1955) *par Pierre Vidal-Naquet*
580. Mémoires. 2. Le trouble et la lumière (1955-1998) *par Pierre Vidal-Naquet*
581. Discours du récit, *par Gérard Genette*
582. Le Peuple « psy », *par Daniel Sibony*
583. Ricœur 1, *par L'Herne*
584. Ricœur 2, *par L'Herne*
585. La Condition urbaine, *par Olivier Mongin*
586. Le Savoir-déporté, *par Anne-Lise Stern*
587. Quand les parents se séparent, *par Françoise Dolto*
588. La Tyrannie du plaisir, *par Jean-Claude Guillebaud*
589. La Refondation du monde, *par Jean-Claude Guillebaud*
590. La Bible, *textes choisis et présentés par Philippe Sellier*
591. Quand la ville se défait, *par Jacques Donzelot*
592. La Dissociété, *par Jacques Généreux*
593. Philosophie du jugement politique, *par Vincent Descombes*
594. Vers une écologie de l'esprit 2, *par Gregory Bateson*
595. L'Anti-livre noir de la psychanalyse, *par Jacques-Alain Miller*
596. Chemins de sable, *par Chantal Thomas*
597. Anciens, Modernes, Sauvages, *par François Hartog*
598. La Contre-Démocratie, *par Pierre Rosanvallon*
599. Stupidity, *par Avital Ronell*
600. Fait et à faire, Les Carrefours du labyrinthe V *par Cornelius Castoriadis*
601. Au dos de nos images, *par Luc Dardenne*
602. Une place pour le père, *par Aldo Naouri*
603. Pour une naissance sans violence, *par Frédérick Leboyer*
604. L'Adieu au siècle, *par Michel del Castillo*
605. La Nouvelle Question scolaire, *par Éric Maurin*
606. L'Étrangeté française, *par Philippe d'Iribarne*
607. La République mondiale des lettres, *par Pascale Casanova*
608. Le Rose et le Noir, *par Frédéric Martel*
609. Amour et justice, *par Paul Ricœur*
610. Jésus contre Jésus, *par Gérard Mordillat et Jérôme Prieur*
611. Comment les riches détruisent la planète, *par Hervé Kempf*

612. Pascal, *textes choisis et présentés par Philippe Sellier*
613. Le Christ philosophe, *par Frédéric Lenoir*
614. Penser sa vie, *par Fernando Savater*
615. Politique des sexes, *par Sylviane Agacinski*
616. La Naissance d'une famille, *par T. Berry Brazelton*
617. Aborder la linguistique, *par Dominique Maingueneau*
618. Les Termes clés de l'analyse du discours
    par Dominique Maingueneau
619. La grande image n'a pas de forme, *par François Jullien*
620. « Race » sans histoire, *par Maurice Olender*
621. Figures du pensable, Les Carrefours du labyrinthe VI
    par Cornelius Castoriadis
622. Philosophie de la volonté 1, *par Paul Ricœur*
623. Philosophie de la volonté 2, *par Paul Ricœur*
624. La Gourmandise, *par Patrick Avrane*
625. Comment je suis redevenu chrétien, *par Jean-Claude Guillebaud*
626. Homo juridicus, *par Alain Supiot*
627. Comparer l'incomparable, *par Marcel Detienne*
629. Totem et Tabou, *par Sigmund Freud*
630. Malaise dans la civilisation, *par Sigmund Freud*
631. Roland Barthes, *par Roland Barthes*
632. Mes démons, *par Edgar Morin*
633. Réussir sa mort, *par Fabrice Hadjadj*
634. Sociologie du changement
    par Philippe Bernoux
635. Mon père. Inventaire, *par Jean-Claude Grumberg*
636. Le Traité du sablier, *par Ernst Jüng*
637. Contre la barbarie, *par Klaus Mann*
638. Kant, *textes choisis et présentés
    par Michaël Fœssel et Fabien Lamouche*
639. Spinoza, *textes choisis et présentés par Frédéric Manzini*
640. Le Détour et l'Accès, *par François Jullien*
641. La Légitimité démocratique, *par Pierre Rosanvallon*
642. Tibet, *par Frédéric Lenoir*
643. Terre-Patrie, *par Edgar Morin*
644. Contre-prêches, *par Abdelwahab Meddeb*
645. L'Éros et la Loi, *par Stéphane Mosès*
646. Le Commencement d'un monde, *par Jean-Claude Guillebaud*
647. Les Stratégies absurdes, *par Maya Beauvallet*
648. Jésus sans Jésus, *par Gérard Mordillat et Jérôme Prieur*
649. Barthes, *textes choisis et présentés par Claude Coste*
650. Une société à la dérive, *par Cornelius Castoriadis*
651. Philosophes dans la tourmente, *par Élisabeth Roudinesco*
652. Où est passé l'avenir ?, *par Marc Augé*
653. L'Autre Société, *par Jacques Généreux*
654. Petit Traité d'histoire des religions, *par Frédéric Lenoir*
655. La Profondeur des sexes, *par Fabrice Hadjadj*

656. Les Sources de la honte, *par Vincent de Gaulejac*
657. L'Avenir d'une illusion, *par Sigmund Freud,*
658. Un souvenir d'enfance de Léonard de Vinci
    par Sigmund Freud
659. Comprendre la géopolitique, *par Frédéric Encel*
660. Philosophie arabe
    textes choisis et présentés par Pauline Koetschet
661. Nouvelles Mythologies, *sous la direction de Jérôme Garcin*
662. L'Écran global, *par Gilles Lipovetsky et Jean Serroy*
663. De l'universel, *par François Jullien*
664. L'Âme insurgée, *par Armel Guerne*
665. La Raison dans l'histoire, *par Friedrich Hegel*
666. Hegel, *textes choisis et présentés par Olivier Tinland*
667. La Grande Conversion numérique, *par Milad Doueihi*
668. La Grande Régression, *par Jacques Généreux*
669. Faut-il pendre les architectes ?, *par Philippe Trétiack*
670. Pour sauver la planète, sortez du capitalisme, *par Hervé Kempf*
671. Mon chemin, *par Edgar Morin*
672. Bardadrac, *par Gérard Genette*
673. Sur le rêve, *par Sigmund Freud*
674. Claude Lévi-Strauss et l'anthropologie structurale
    par Marcel Hénaff
675. L'Expérience totalitaire. La signature humaine 1
    par Tzvetan Todorov
676. Manuel de survie des dîners en ville
    par Sven Ortoli et Michel Eltchaninoff
677. Casanova, l'homme qui aimait vraiment les femmes
    par Lydia Flem
678. Journal de deuil, *par Roland Barthes*
679. La Sainte Ignorance, *par Olivier Roy*
680. La Construction de soi
    par Alexandre Jollien
681. Tableaux de famille, *par Bernard Lahire*
682. Tibet, une autre modernité
    par Jean-Pierre Barou et Sylvie Crossman
683. D'après Foucault
    par Philippe Artières et Mathieu Potte-Bonneville
684. Vivre seuls ensemble. La signature humaine 2
    par Tzvetan Todorov
685. L'Homme Moïse et la religion monothéiste
    par Sigmund Freud
686. Trois Essais sur la théorie de la sexualité
    par Sigmund Freud
687. Pourquoi le christianisme fait scandale
    par Jean-Pierre Denis
688. Dictionnaire des mots français d'origine arabe
    par Salah Guemriche